张小丽 ◎ 著

何以建制

民国时期
教育学科制度化研究

社会科学文献出版社
SOCIAL SCIENCES ACADEMIC PRESS (CHINA)

本书受全国教育科学规划国家青年项目
"民国时期教育学科制度化问题研究"（COA160170）
资助出版

目 录

绪 论 …………………………………………………………………… 1
  一 国内外相关研究梳理 ……………………………………………… 3
  二 推进民国时期教育学科制度化研究的可能 …………………… 11
  三 本书主要内容 …………………………………………………… 13

第一章 教育学科知识版图的形塑：20世纪上半叶教育学科在中国图书分类法中的变迁 …………………………… 16
  一 新学书目中的"学制"、"学校"与"教育" ………………… 17
  二 杜威十进分类法传入前国人对"教育"的分类尝试 ………… 21
  三 清末各地图书馆的教育学科分类实践 ………………………… 24
  四 杜威十进分类法影响下的图书分类中的教育学科 …………… 26
  五 20世纪上半叶图书分类对教育学科知识版图的形塑 ……… 35

第二章 民国初年高等师范学校教育系科的设置与更易 ………… 41
  一 高师开办教育科的因缘 ………………………………………… 42
  二 北高师教育专攻科的历史境遇 ………………………………… 54
  三 武昌高师的教育补修科与教育专修科 ………………………… 81
  四 南高师的教育专修科 …………………………………………… 92
  五 北高师的教育研究科 …………………………………………… 113
  六 教育精神的更易：从赫尔巴特到杜威 ……………………… 136

第三章 与争议同行：教育学科在国立大学中的制度变迁 …………… 142
　一　教育系科在国立大学的设置 ………………………………………… 143
　二　"新教育"地位骤降：无宗旨的"新教育"受到各界批评 …… 146
　三　"师范大学制度"及大学中教育学科地位遭到质疑 …………… 158
　四　《大学组织法》和《大学规程》颁行后的"教育学院"
　　　与"教育学系" ……………………………………………………… 171
　五　师范学院中的教育学系（1938—1949） ………………………… 192
　六　困扰教育学科制度的问题 ………………………………………… 198

第四章 教育学科人才培养的制度化：大学教育学系的课程设置
　　　　变迁 ………………………………………………………………… 238
　一　选科制下的大学教育学系的课程设置问题——以几次调查
　　　为例 …………………………………………………………………… 240
　二　20世纪30年代教育部统制下各校大学教育学系的课程
　　　调整 …………………………………………………………………… 252
　三　"教育学系必修及选修科目表"的颁行 ………………………… 274
　四　20世纪30—40年代教育学系常用教材 ………………………… 287
　五　个案：国立北京大学教育学系的历史境遇（1924—1937）…… 295

第五章 未完成的教育研究机构的制度化 ………………………………… 342
　一　中央研究院教育研究所：始终未实现的"计划" ……………… 343
　二　教育部的"中央教育研究所"亦未成立 ………………………… 354
　三　20世纪30年代设置的大学教育研究机构 ……………………… 356
　四　个案：北平师范大学教育研究所的历史境遇 …………………… 368
　五　1938年之后的师范研究所、教育研究所及教育学研究所 …… 389

余论 无关"规训"的制度化 …………………………………………………… 401
　一　教育学科制度化的动力在培养师资的实践需要 ………………… 403

二 "教育"还是"教育学"? …………………………………… 408
三 大学教育学系培养目标的"学"与"术" ……………………… 411
四 "教育纷乱"并未因教育学科制度化而终止 ………………… 416

参考文献 ………………………………………………………… 425

后　记 …………………………………………………………… 442

绪　论

"教育学科"或者"教育学学科"在人文社会科学领域中是个特殊的存在。当下在国务院直属事业单位中国社会科学院的建制中，不设教育学研究所。另设的中国教育科学研究院则由教育部领导。国家社会科学基金项目的评审，教育学类课题是与教育部各行政部门、地方教育行政部门和中小学提出的教育研究课题合在一起，由全国教育科学规划领导小组办公室单独评审的。1978年以来，在各个时间节点的盘点文章中，也经常见到对教育学"缺乏不可取代的独特性和缺乏深入意义上的基本理论水平"[①]的评价。自民国以来，对教育学的类似评价便不绝于耳。与其充满争议的学术地位不同的是，在制度层面，教育学科却一路高歌猛进。

中国传统学术有没有"制度化"建制不好说，但近代以来中国学术是一种制度化学术，近代以来的学术研究是一种制度化的研究则为公论。华勒斯坦（Immanuel Wallerstein）在《超越年鉴学派?》一文中提出实现学科制度化的三种主要途径：大学以学科名称建立学系，成立国家级学者机构，图书馆以学科作为书籍分类的系统。[②] 以此为标准的

---

① 叶澜主编《二十世纪中国社会科学：教育学卷》，上海人民出版社，2005，第45页。
② 〔美〕华勒斯坦：《超越年鉴学派?》，〔美〕华勒斯坦等：《学科·知识·权力》，刘健芝等编译，生活·读书·新知三联书店，1999，第213—214页。

话，民国时期教育学科就已经完成"制度化"。民国初年图书分类中即有"教育"或"教育学"的分目；新中国成立前，中国的55所公私立大学大多数开设教育学系；虽然没有国家层面的教育学研究机构，但有6家可授予教育学硕士学位的大学教育学研究所。那么，在中国，教育学科是如何在现代大学建立并实现其制度化的？其间是否遇到一些特殊的问题？这是本书关注的问题。

"教育学科制度化"涉及两个概念：教育学科和学科制度化。民国时期并没有"学科制度""学科制度化"等概念。本书使用的"教育学科制度化"的立足点，即华勒斯坦及其追随者所提出的学科及学科制度化相关概念，在此基础上，关注民国时期教育学科的知识是如何通过制度和制度化而得以建立和传播的这一历史问题。"教育学科"在范围上，指民国时期教育管理机构的官方文件尤其是高等教育相关文件中出现的"教育类"所含范围（心理学及体育学除外）；制度载体为不同时期高等师范学校的教育专科，大学的教育科、教育学院、教育学系，大学师范学院的教育学系，以及独立师范学院教育学系。笔者注意到，中国作为"后发外生"型现代化国家，在制度建构上有其特殊性，"后来者"首先需要的不是创新，而是追踪、引进、模仿先进国家在制度层面的已有成果。不同国家教育学科的制度化也有类似问题。对于中国来说，教育学科制度化的三大主要途径可能与欧美差不多，但其发生顺序以及面临的时代问题则与之迥异。教育学科至今仍未完成"学科规训"，它在中国的"制度化"有其特殊的时代问题。本书并非要以"学科规训制度"为标准系统研究教育学科在中国的制度化过程，而是以问题为中心进行考察。简言之，本书拟从"教育学"类目在中国图书分类系统中的变迁、教育学科在高等教育体系中的制度化过程，以及大学附设教育研究机构的发展历程三个维度，研究民国时期教育学科制度的形成与变迁，探究教育学科制度在中国不同于欧美的境遇。考究清楚这些问题，既有助于理解与解释当下中国教育学科制度的现实，也有助于在历史进程中思索教育学科制度在未来的可能。

绪 论

一 国内外相关研究梳理

与教育学科制度化问题相关的研究大致分两方面，一是学科及学科制度化研究，二是民国时期教育学科制度化相关问题的历史研究。

(一) 学科及学科制度化相关研究

学科研究涉及科学史、科学哲学、知识社会学、科学社会学等领域。比较有影响的代表人物有库恩（Thomas S. Kuhn）、默顿（Robert K. Merton）、福柯（Michel Foucault）、华勒斯坦等，这些人的代表性著作在世界范围内产生了重大影响。国内陈燮君、朴雪涛、万力维、庞青山等学者，从科学社会学、知识社会学等角度对学科问题进行了研究。关于学科制度化的讨论，库恩在《科学革命的结构》中以"科学中的革命"为核心，对学科制度化进行了分析。他认为"科学中的革命"一直都与"制度的革命"有密切的联系，"科学中的革命"始终需要通过科学知识在不同时期的制度化得以实现。科学社会学的奠基人默顿指出，科学会在不同的社会结构中发展，而"科学的制度性目标是扩展被证实的知识"，并追问"哪些结构为它最充分的发展提供了制度环境"。① 福柯在《规训与惩罚》中对学科规训权力的诞生进行了谱系学的考察。在福柯的知识谱系学里，一个隐含的"考古"问题是，一门学科的知识是如何通过制度化而得以建立和传播的。华勒斯坦及其追随者在《开放社会科学》《学科·知识·权力》等著作中，在对18世纪到1945年社会科学的历史重建过程进行描述时，讨论了经济学、社会学、政治学等学科的制度化过程，提出三种实现学科制度化的主要途

---

① 〔美〕R. K. 默顿：《科学社会学》（上），鲁旭东、林聚任译，商务印书馆，2017，第384页。

径：大学以学科名称建立学系，成立国家级学者机构，图书馆以学科作为书籍分类的系统。①

福柯及华勒斯坦对学科与知识关系的论述，启发了国内外学者对学科史探究的视角与方法。② 在学术制度化的研究中，陈以爱的《中国现代学术研究机构的兴起——以北大研究所国学门为中心的探讨》、徐明华的《中央研究院与中国科学研究的制度化》及胡逢祥的《中国现代史学的制度建设及其运作》等成果就某机构或某学会、某学科的学术体制化做了初步分析。刘龙心的《学术与制度：学科体制与现代中国史学的建立》以后现代史学的问题意识研究中国史学的建立和发展，并从制度（尤其是大学）建构的角度探讨了学术、学人与制度间的互塑关系。左玉河的《中国近代学术体制之创建》及《移植与转化：中国现代学术机构的建立》全面研究近代学术体制转型。他认为近代学术体制的内容，包括学术研究主体、新式学会、现代大学、研究院、近代图书馆制度等九个方面，并对中国现代学术体制诸要素的建立过程进行了开创性的探究，其著作被誉为中国近代学术制度转型研究的"建基"之作。复旦大学中外现代化进程研究中心开展了相关研究，出版"学科、知识与近代中国研究书系"。章清教授对学科史研究颇有心得，他以史学为例，探讨中国近代学科知识形成的复杂过程。他提出，立足中国背景检讨近代学科知识的形成，重点要考虑两类相互联系的问题：西方以分科为标识的近代知识是如何传入的，以及中国本土是如何接引的。就西方分科知识的传播而言，应关注"西学"传

---

① 〔美〕华勒斯坦：《超越年鉴学派?》，〔美〕华勒斯坦等：《学科·知识·权力》，第213—214页。
② 主要有陈以爱《中国现代学术研究机构的兴起——以北大研究所国学门为中心的探讨》，江西教育出版社，2002；徐明华《中央研究院与中国科学研究的制度化》，《"中央研究院"近代史研究所集刊》第22期，1993年；胡逢祥《中国现代史学的制度建设及其运作》，《郑州大学学报》2004年第2期；刘龙心《学术与制度：学科体制与现代中国史学的建立》，新星出版社，2007；左玉河《中国近代学术体制之创建》，四川人民出版社，2008；左玉河《移植与转化：中国现代学术机构的建立》，大象出版社，2008。

入中国所涉及的相关著述，各学科专门术语的译介及标准术语的出现等问题。在中国本土如何接引分科知识问题上，他提出需要重视各分科知识生产的制度和社会背景，关注"学科的制度化"，如各层次教育中新课程的输入和介绍，相关研究机构的建立和发展，以及公众对新学科的反响等。①

社会学、政治学等学科，皆有在时代背景中呈现学科历程的相关作品。② 这些学科史研究的成果虽未涉及教育学科制度的变迁，但可以帮助教育学科制度研究建构较为全面的时代背景，其中所负载的历史资料、研究方法等也为教育学科梳理自身知识建构的历程提供了借鉴与参考。

（二）民国时期教育学科制度化相关问题的历史研究

近些年来，国内关于教育学史、教育学科史的研究成就斐然，瞿葆奎、叶澜、陈桂生、侯怀银、王坤庆等学者皆有颇具影响的研究。但总体来看，国内关于教育学科史的研究，多以教育学、教育学科思想及理论的演变为线索，较少制度建构层面的探讨。近代教育学术史研究与本研究相关的，一为民国时期大学教育学科制度方面的研究，一为民国时期教育研究机构方面的研究。

教育学科制度方面的研究，以齐梅和马林的《学科制度视野下的中国教育学学科发展研究》为代表。③ 该书侧重学科制度与学科规训理论对当代中国教育学科建设和发展的意义，未涉及教育学科制度在中国创建的历史。李政涛的《教育学科发展中的"制度"与"制度化"问

---

① 章清：《"学归于一"：近代中国学科知识成长的意义》，《天津社会科学》2021 年第 5 期。
② 姚纯安：《社会学在近代中国的进程（1895—1919）》，生活·读书·新知三联书店，2006；孙宏云：《中国现代政治学的展开：清华政治学系的早期发展（1926—1937）》，生活·读书·新知三联书店，2005；孙青：《晚清之"西政"东渐及本土回应》，上海书店出版社，2009。
③ 齐梅、马林：《学科制度视野下的中国教育学学科发展研究》，人民出版社，2012。

题》则试图从制度和制度化的角度,理解和探讨教育学科自身的形成与发展。① 从主旨上来说,该文与本研究不谋而合,只是侧重理论探讨,未对中国教育学科的制度历程进行阐述和说明。郑金洲《我国教育系科发展史略》分五个阶段简略梳理了 20 世纪中国教育系科的发展规模、课程设置、教学计划等情形。② 该文确为教育学科制度的历史梳理,为 20 世纪中国教育系科发展研究提供了基本的线索。大概限于篇幅及当时的资料,该文对教育系科的起点并未做详细绍述,对民国时期教育系科的历次变化亦几笔带过。此外,也有部分学位论文涉及制度研究,如 2009 年湖南师范大学聂劲松的博士学位论文《中国百年教育研究制度审视》,以及 2009 年华东师范大学陆道坤的博士学位论文《制度的输入与体制的构建——20 世纪中国高等师范教育体制的演变》等,均与本研究有部分交叉。

学系的设立,是知识分类和知识体制确立的体现。已经有很多研究者注意到,中国自 19 世纪中期开始大规模接触"西学"或曰"新学"以来,西方的分科之学即伸展到了学堂和学校的科系及科目设置中。教育学科在各级教育机构尤其是高等教育机构设置的相关研究,以侯怀银、项建英等学者的一系列论著为代表。侯怀银教授及其团队对综合大学及其他各类大学教育系科的变迁做了系列研究。③ 侯怀银教授的《民国教育学术研究》概述了民国时期教育系科的产生和发展、各种类型大学的教育学术人才培养以及教育学术研究机构等问题。④ 项建英的《近代中国大学教育学科研究》一书,是其主持的全国教育科

---

① 李政涛:《教育学科发展中的"制度"与"制度化"问题》,《华东师范大学学报》(教育科学版) 2001 年第 3 期。
② 郑金洲:《我国教育系科发展史略》,《华东师范大学学报》(教育科学版) 1999 年第 4 期。
③ 侯怀银、李艳莉:《民国时期教育系科的分布及其特征》,《高等教育研究》2011 年第 10 期;《综合性大学教育学科在中国:历程、现状和未来》,《国家教育行政学院学报》2019 年第 6 期。
④ 侯怀银:《民国教育学术研究》,湖南教育出版社,2018。

学"十一五"规划教育部重点课题"学术史视野下的近代中国大学教育学科研究"的成果；此外，她分门别类地对近代高等师范及各类大学的教育学科进行了考察。① 斯日古楞的《中国近代国立大学学科建制与发展史研究（1895—1937）》则将中国近代国立大学教育学科建制的演化作为案例，分析了国立大学学科建制的发展变化。②

具体到大学的教育学科，相关成果较为分散。喻永庆、冯建军等人探讨了东南大学教育学科的相关历史。③ 关于北京大学教育学科的研究，蔡磊砢等的《学堂兴 师道立：北京大学教育学科溯源（1902—1949）》，呈现了北京大学教育学科的编年史。④ 部分论文在论及综合大学教育学科设置模式时也会涉及北京大学教育学系。⑤ 还有著作部分涉及大学的教育系科。如《中国近代大学的现代转型：移植、调适与发展》一书的第二章第三节以北京大学教育学系为例说明了"转型与发展：教学模式的变革"，⑥ 对北大教育学系的课程设置做了较为系统的考察。关于北师大教育学科的历史，拙文《北高师教育专攻科的历史境遇》及《北高师教育研究科的历史境遇》对探讨教育学科进入高

---

① 项建英：《近代中国大学教育学科研究》，华东师范大学出版社，2012；肖朗、项建英：《学术史视野中的近代中国大学教育学科》，《社会科学战线》2009 年第 9 期；项建英：《论近代中国大学教育学科设置模式嬗变》，《江苏高教》2009 年第 3 期；项建英：《近代中国大学教育学科设置的四种模式》，《华东师范大学学报》（教育科学版）2012 年第 2 期。
② 斯日古楞：《中国近代国立大学学科建制与发展史研究（1895—1937）》，中国社会科学出版社，2016，第 242—269 页。
③ 喻永庆：《近代大学教育学科发展研究——以东南大学教育科为例》，《高教发展与评估》2014 年第 2 期；冯建军：《杜威中国之行与南高师——东南大学教育学科的发展》，《东南大学学报》2019 年第 4 期。
④ 蔡磊砢等编著《学堂兴 师道立：北京大学教育学科溯源（1902—1949）》，商务印书馆，2021。
⑤ 斯日古楞：《论中国近代国立大学教育学科建制的影响因素》，《高教探索》2015 年第 2 期；斯日古楞：《抗战前国立大学教育学科建制考》，《内蒙古师范大学学报》（教育科学版）2015 年第 7 期；项建英：《民国时期综合性大学教育学科论略——以中央大学、北京大学为个案》，《高教探索》2006 年第 5 期。
⑥ 周谷平等：《中国近代大学的现代转型：移植、调适与发展》，浙江大学出版社，2012，第 161—190 页。

等教育制度做了初步尝试，意图阐释一项制度的构建与落实，在教育理论的争论之外，与校内外各方派系的人事关系、学校存废的利益纠葛、教育与政治的牵连等更现实的方面密切相关。此外，李媛、沈一心的《北高师教育研究科与中国教育学科建设的早期探索》一文利用北师大所藏档案资料，对教育研究科的课程等史实做了考证。① 陈志科的《留美生与民国时期教育学》一书中也有涉及北师大教育学科的部分。② 此外还有部分以复旦大学、国立浙江大学、湖南大学、西南联大等校教育学科发展史为考察对象的论文。③

这些研究在部分核心史料的基础上，对大学教育学系的基本信息进行了梳理，为进一步的研究奠定了基础。同时，该领域仍有较大的拓展空间。已有研究大多偏重教育学科内线索的梳理，将教育系科在"中国近代"的笼统时空中进行看似有条理的归置，弱于将大学的教育学科置于大学、社会、时代的结构化背景中进行理解与说明，对清末民国时期各国立大学的教育学科建制演变及所谓影响因素几笔带过。而脱离了历史背景的"模式""建制"往往侧重于理论的建构，缺少史实的支撑，这样的论证方式往往会错过真正的历史问题。在史实考证层面，部分已有研究也并不严密，许多论断并不符合史实。涉及具体的机构和人的史实讹误俯拾皆是，且多以讹传讹。目前的研究对北高师教育专攻科、武昌高师的教育补修科、南高师的教育专修科在教育学科进入高等教育体系的制度意义亦未有重视。实际上，处于不同地域、不同历史时期的每所国立大学教育学系的设置与演变，都有其结构化的历史情境。

---

① 李媛、沈一心：《北高师教育研究科与中国教育学科建设的早期探索》，《高教探索》2018年第4期。
② 陈志科：《留美生与民国时期教育学》，天津人民出版社，2009，第94—132页。
③ 吕春辉：《复旦大学教育学系的历史变迁与图景》，《复旦教育论坛》2021年第6期；赵凯：《国立浙江大学教育学系创建始末考辨》，《教育史研究》2024年第1期；张欢欢：《湖南大学教育系科的发展与反思（1912—1953）》，硕士学位论文，湖南大学教育科学研究院，2017；李琳玉：《西南联大教育学学科发展研究》，硕士学位论文，云南师范大学高等教育与区域发展研究院，2018。

它们的政治背景会因地域和历史时期而有差异，人事会随着各种外在因素而变动，并不存在一个通用的背景板。所有这些，都只有在细致地爬梳历史资料的基础上，才能有生动丰富的呈现。

教育研究机构方面的研究，近几年虽受到关注，但成果仍较为薄弱。2012年，华中师范大学陈元的博士学位论文《民国时期我国大学研究院所研究》侧重民国时期大学研究院所的制度概括，罗列了各校研究院所组织、人事、学术研究及研究生教育等概况，未深入讨论教育研究机构的相关问题。涉及教育研究机构的成果主要有肖朗与王有春的《近代中国国立大学教育研究机构综论》，该文对民国时期国立大学教育研究机构的发展历程，以及4家教育研究所的活动进行了综论，未展开细述。王有春的博士学位论文《近代中国教育研究机构考察——学术史的视角》以及后续的论文，对民国时期各级教育研究机构进行了梳理。① 关于国立中山大学教育研究所的研究，主要体现在2003年华南师范大学胡耿的硕士学位论文《为谋新教育中国化——国立中山大学教育研究所研究（1927—1949）》中。该文在较充实的历史资料基础上，对中山大学教育研究所进行了白描式的呈现。② 关于北平师范大学教育研究所的始末，有拙文《国立北平师范大学教育研究所的历史境遇》。由于关注点不同，这些成果侧重史实的静态呈现，并未对教育学科制度建立及变迁的历史境遇进行深入探究。

至于"教育学"类目在图书分类系统中的变迁，目前尚无相关研究成果。邹振环、左玉河等学者曾撰文探讨近代知识结构、知识系统变迁与图书分类法的内在关联，指出在近代知识与制度转型的大背景下，类别知识观点的改革往往是学术视角转变的一种折射。一个时代的图书

---

① 肖朗、王有春：《近代中国国立大学教育研究机构综论》，《高等教育研究》2012年第8期；王有春：《近代中国教育研究机构考察——学术史的视角》，博士学位论文，浙江大学教育学院，2013；王有春：《民国时期中央研究院设立教育研究所的动议、结果及其原因探析》，《高教探索》2014年第3期。

② 胡耿：《为谋新教育中国化——国立中山大学教育研究所研究（1927—1949）》，硕士学位论文，华南师范大学教科院教育史研究所，2003。

分类，是那个时代知识序列化和系统化的重要表征。① 在近代中国，教育学科从无到有，其进入图书分类体系先于进入高等教育体系。教育学科在图书分类法中的变迁，对教育学科知识版图的塑造无疑具有重要的意义和作用。但目前学界在这方面的研究付之阙如。史学界已有的研究成果为本研究探讨教育学科如何进入中国近代知识分类系统，后续如何演变提供了理论参考。

国外未见直接涉及中国教育学科制度化及制度史的研究，但有研究基于学科规训的视角，反思本国教育学科及教育研究的历史与境遇。以美国为例。美国关于本国教育学科和教育研究的历史分析，主要有威斯康星大学麦迪逊分校托马斯·S. 波普科维茨（Thomas S. Popkewitz）的论文《知识和权力的变化地带：教育研究的一种社会认识论观点》② 以及埃伦·康德利夫·拉格曼的《一门捉摸不定的科学：困扰不断的教育研究的历史》③ 等。值得注意的是，陈瑶的《美国教育学科构建的开端》从知识形态、组织形态、研究形态三个维度系统论述了1865—1919年教育学科在美国的构建过程。④ 另外，台湾师范大学的刘蔚之教授有对20世纪上半叶美国主要大学教育学院的早期形成过程及其教育学发展的研究，尤其对芝加哥大学教育系及哥伦比亚大学师范学院教育学各分支学科着墨较多。⑤ 这些作品不仅从理论和方法上为本研究提供

---

① 邹振环：《中国图书分类法的沿革与知识结构的变化》，《复旦学报》1987年第3期；左玉河：《典籍分类与近代中国知识系统之演化》，《华东师范大学学报》（哲学社会科学版）2004年第6期。
② Thomas S. Popkewitz, "A Changing Terrain of Knowledge and Power: A Social Epistemology of Educational Research," *Educational Research* Vol. 26, No. 9 (1997).
③ 〔美〕埃伦·康德利夫·拉格曼：《一门捉摸不定的科学：困扰不断的教育研究的历史》，花海燕等译，教育科学出版社，2006。
④ 陈瑶：《美国教育学科构建的开端》，浙江教育出版社，2015。
⑤ 刘蔚之：《美国哥伦比亚大学师范学院中国学生博士论文分析（1914—1929）》，《教育研究集刊》第59辑第2期，2013年6月；《中国留美教育学者的知识学习与转化——以哥伦比亚大学师范学院为对象（1930—1950）》，《市北教育学刊》第51期，2015年8月；《美国社会效率派教育研究典范的崛起：以芝加哥大学教育系早期的课程角逐为例》，《课程与教学集刊》第23卷第2期，2020年4月。

了借鉴，同时也提供了民国时期与美国相关的教育学科制度背景及历史文献。

综上所述，民国时期教育学科制度化研究在以下三方面尚有拓展空间。第一，相对于近代中国知识转型、学科制度的建立和转型的研究成果，教育学科制度史相关研究数量不多，史学界、教育学界尚未对教育学科制度化过程进行系统考察和梳理。第二，关于制度化的研究有待深入。目前关于大学教育学系、教育研究机构的研究侧重事实描述，对制度变迁的论述多为从文本到文本的直线演化，知识与制度转型的大背景缺席，从而难以形成对教育学科制度化过程的整体、动态认识。第三，相关研究的历史资料尚有挖掘空间。已有研究在史实呈现方面尚有断层，相关史实可以通过进一步挖掘史料考证清楚。由此，对教育学科制度化的研究仍需不断开拓、深化。

二 推进民国时期教育学科制度化研究的可能

近些年来，晚清民国知识与制度转型的相关研究涉及传统学术与现代学科、中西新旧互掣下的制度移植与转型、知识输入与思想观念变迁等课题，学界深入探究了中外冲突融合的大背景下知识与制度体系沿革、移植、变更、调适等诸多问题。并强调，与其追求表面的井然有序、架构完整、全面界说，不如在基本的取向之下，先从具体的史实重建与问题发掘入手，随着研究的深入和扩展，逐步展现研究对象本身所具有的内在联系。① 对于处于知识与制度转型大背景中的教育学科制度来说，其"历史现场"就是顺着历史发展看从清末到民国教育学科的

---

① 孙宏云：《近代中国知识与制度转型学术研讨会述评》，《历史研究》2005 年第 3 期，第 176 页。

制度建构是如何从无到有地产生和转型的,到底有哪些因素影响和决定了教育学科制度化的方式和走向。要回答这些问题,均有赖于具体的研究。

教育学科制度史的相关研究,不能完全凭政治史摆布,也不能脱离时代背景将历史人物木偶化,以制度条文的罗列来替代生动而充满张力的历史进程。条文的罗列本身不能提供历史解释,教育学科制度的研究理应回到"历史现场"。与制度相关的研究,很难排除政治的影响。尤其是在政治大动荡时代,从预备立宪到民国肇建,到袁世凯复辟帝制、军阀混战,你方唱罢我登场;政治思想领域,新学旧学之争、维新复古之争、改良与革命之争,后浪推着前浪;大学中政潮与学潮缠绕,历史人物身份复杂多变,出身某地、毕业于某校、留学于某国,身为某科专家、某党党员……社会上存在各种矛盾,每个历史人物身上也存在各种矛盾。凡是制度的改革与变动,都很难用单一的政治或理论的视角解释,必然源于多重复杂因素的交织。厘清各个时期外来的教育学科制度在中国移植与转型过程中的人事脉络和利益关系,是本研究的基础和重点。

历史资料是本研究开展的基础。随着近年来各类数据库的建设,史料的获取较前大为便利,按照某一关键词检索,可以在较短时间内获取大量字面相关的文献资料,史料搜集及信息提取的效率随之大幅提高。相关史料的检出,是梳理基本史实必不可少的一步,为进一步的研究提供了资料线索,奠定了文献基础。与教育学科制度化问题相关联的历史资料,涉及不同历史主体。目前,全国教育会联合会的历届会议记录保存了关于教育系科设置的论争;南京国民政府行政院、教育部的档案中保存了相关制度出台前后的函电、会议过程记录;各大学各个历史时期的教育系科的规章、课程设置、人事变动等资料可由各校的校办刊物等佐证;学术界围绕大学教育系科、中等教育师资培养的论争、教育系科所处的学术氛围等历史问题,在《大公报》《申报》《教育杂志》《独立评论》等报章杂志中有所体现。与教育学科制度变迁直接相关的历史人物蒋梦麟、陈宝泉、李建勋、李蒸、庄泽宣等皆有回忆性资料、文

绪 论

集等留存。历史资料数据库所提供的便利，使本研究有可能在已有研究的基础上，挖掘新的史料，推进历史认识。

三 本书主要内容

本书以民国时期教育学科在中国的制度化过程为研究对象，具体分教育学科在中国图书分类系统中的制度化、教育学科在高等教育体系中的制度化及教育学科在研究机构中的制度化三个维度进行把握。

第一部分，"教育学"类目在中国图书分类法中的变迁。教育学科在中国图书分类系统的变迁是一个线性的过程，类别知识的变革是表象，变革的背后乃是学术转型。故对这部分的考察着眼于在近代知识与制度转型的大背景下，不同时代的学人如何看待与安置教育学科。"教育"及"教育学"进入图书分类系统早于进入高等教育系统。这一部分内容主要基于"类别知识观点的改革往往是学术视角转变的一种折射"的考虑，以19世纪末的西方近代学科分类体系及知识系统的引介、中西学书目表以及期刊栏目名称，20世纪初的中国图书分类法、各图书馆的图书目录为研究对象，考察"教育"、"教育学"及"教育科学"类目下辖范围的变迁。

第二部分，教育学科在高等教育体系中的制度化。教育学科在高等教育体系中的地位，一直与师资培养尤其是中等教育师资培养紧密结合。教育学科在高等教育体系中的制度化过程，背后是日本与欧美各国不同中等教育师资培养制度类型的角力。在高师制度下，中等教育师资由高等师范学校培养，教育学科是高师所有学科的通习课。世界范围内，因中等教育年限延长，对中等教育师资水平的要求随之提升。19世纪中期之后，欧美各国都有"教育学侵入大学之运动"。[①] 欧美各大

---

① 余家菊：《教育科在大学中之位置》，《醒狮》第64号，1925年12月，第5页。

学设置教育学科，与大学其他各学科联合培养中等教育师资，一边培养科学研究实力，一边努力于教育活动的研究。[①] 教育学科是在这样的大背景下，进入高等师范学校和大学的。本书以教育学科进入大学之前、之时、之后为标准，设置时间的纵向线索，以1922年、1928年为时间节点；以不同历史时期（选科制实行前后）学科职业制度化、学习与训练的制度化为横向线索；以个案为研究载体，用制度分析方法综合考量不同历史时期教育学科在高等教育体系中的制度化问题。

1915—1922年，教育学科进入高等师范学校。北高师设置教育专攻科及教育研究科，武昌高师设置教育补修科、教育专修科，南高师设置教育专修科，三所高师所设的专门的教育科，制度上并不统一，内容上各有描摹对象。教育专攻科、教育专修科及教育研究科在高师制度下各有所据地设置，在课程设置上，南高师教育专修科及北高师教育研究科已倾向于模仿美国哥伦比亚大学师范学院的课程内容。1922年学制实际上废止了高等师范制度，而将培养中等教育师资的责任归之大学。制度层面，仿照美国综合大学设师范学院（teachers college）制度，以教育学为专门学科，在大学中设置教育学院或教育学系。国立北京大学、国立东南大学等综合大学最先开始设置教育学系。教育学科由此进入大学。

1922—1928年，各大学成立教育学系。教育学科进入大学之后，围绕中等教育师资培养的制度、大学教育学系的培养目标、大学教育学系的课程等问题的论争此起彼伏，未有定论。由此，教育学科在高等教育体系中的制度化问题亦有中国特殊的时代底色。1928—1937年，南京国民政府教育部对大学教育学科组织规章及课程内容进行规范。教育部确立以基础知识作为制定大学课程标准的政策后，对各大学教育学系课程进行了"整理"，试图完成教育学系课程训练的制度化。全面抗战爆发后，1939年教育部公布"教育学系必修及选修科目表"，实现了课

---

① 许崇清：《论第五届教育联合会改革师范教育诸案》，《教育杂志》第12卷第9号，1920年9月，第12页。

程训练的制度化。陈立夫主政教育部期间，主张综合大学附设师范学院，教育学系为师范学院的核心学系；1946年朱家骅重新担任教育部长后，撤销大学附设师范学院，师范学院的教育学系恢复为教育学院或教育学系。

第三部分，未完成的教育学研究机构制度化。相较于其他学科的研究机构，民国时期教育研究机构的设立有其特殊的历史境遇。全国范围内的教育学研究机构始终未设立，而主要由大学设立教育研究所代之，且各大学教育研究所面临设立、发展及停办等各种问题。比照华勒斯坦所分析的学科制度化的途径，可以说全国范围的教育机构的制度化在民国时期并未实现，教育研究的制度化主要由大学附设教育研究所来体现。对这一问题的研究，从纵向上看，涉及大学附设教育研究机构的历史分期问题；从横向上看，涉及不同时期教育研究机构所面临的时代问题，如国民政府教育部的"整理"与大学管理者及师生的矛盾，教育学者与非教育学者就教育学研究机构的论争等，从中折射出国民政府对教育学研究及教育研究机构的态度，亦多方位展现了民国时期教育研究机构的步履维艰。尤其是，20世纪30年代国立北平师范大学教育研究机构从创办到停办，穿插着教育学者与其他学者的争论，充满了南京国民政府教育部与师大校长、学者的角力，充分体现了教育学科发展的内在要求与外在政治、文化、经济条件的矛盾，是研究中国教育学科制度化问题极好的切入点。

本书在论述以上三个维度的问题时，力图在史料基础上回到"历史现场"，阐明教育学科建制之初及其发展过程的历史逻辑，把握民国时期教育学科制度化过程的大节奏；通过分析各高等师范学校教育专科、国立北京大学教育学系、国立北平师范大学教育研究所等个案，呈现不同时期大节奏中的小侧面，以获得更为丰富生动的体认。希望通过这样的努力，能够较为系统地对教育学科在中国的建制因由、过程及其中的历史问题有所交代，能够理解和解释当下教育学科制度的现实和面临的困境，能够在"历史经验"的基础上提供教育学科制度发展的方向。

第一章

教育学科知识版图的形塑：20世纪上半叶教育学科在中国图书分类法中的变迁

叶澜教授在《中国教育学发展世纪问题的审视》中断言，与其他的人文学科相比，20世纪初中国的教育学缺乏内在的学科理论根基，一开始就采取了"传统中断"和"全盘引进"的方式，把西方的教育学当作适用的教育学，拿过来就用。① 这一论断有不少历史资料佐证。如1902年梁启超就说："今日泰西通行诸学科中，为中国所固有者，惟史学。"② 作为教育学科史的研究者，笔者忍不住要追问，既然除了史学，其他学科均由西学东渐而来，那么同处于近代知识与制度转型的时代际遇中，哪些因素决定了教育学科全盘引进的方式？传统是怎么中断的？与传统目录学、校雠学关系密切的图书分类法或能提供一些线索。

在近代知识与制度转型的大背景下，类别知识观点的改革往往是学术视角转变的一种折射。一个时代的图书分类，是那个时代知识序列化

---

① 叶澜：《中国教育学发展世纪问题的审视》，《教育研究》2004年第7期。
② 梁启超：《新史学》，《饮冰室合集·文集之九》（1），中华书局，1989，第1页。

第一章 教育学科知识版图的形塑：20世纪上半叶教育学科在中国图书分类法中的变迁

和系统化的重要表征。① 并且，图书馆以学科作为书籍分类的系统，也是该学科实现制度化的主要途径之一。② 同时由于图书分类法的工具性，其一旦形成，便在传播中形塑着接受者的知识分类系统。正如王云五所说："图书分类法无异全知识之分类，而据以分类的图书即可揭示属于全知识之何部门。"③

要考察19世纪后期以来不同时代的学人如何理解、安置教育类知识，图书分类法是一个较为妥帖的着眼点。20世纪上半叶各个时期的书目及图书分类法，既是教育学科在中国近代以来知识系统中所占位置的直接呈现，同时也是推广并固化教育学科内容、实现学科制度化的重要工具。考究教育学科在各时期图书分类体系中的名称及子目变迁，不仅可以勾勒教育学科在中国近代学术版图中从无到有、由简而繁的历程，同时也可解释教育学科在现代学术体系中面临的部分问题。

一 新学书目中的"学制"、"学校"与"教育"

中国图书分类法，从汉代的《七略》六类，到魏晋兴起而唐代确立的经、史、子、集四部，④ 都没有"教育"一项。但与"教育"相关的"学校"，则为中国所固有，经常出现在历代正史的"选举志"中，多指直省各府州县学等官学。19世纪以来，与文献分类相关的"学校"，则与晚清的经世思潮相关。作为经世思潮总汇的《皇朝经世文编》，按吏、户、礼、兵、刑、工六部分学术、治体、吏政、户政、礼政、兵政、刑政、工政八大类，其中"礼政"一类中有"学校"一

---

① 邹振环：《中国图书分类法的沿革与知识结构的变化》，《复旦学报》1987年第3期。
② 〔美〕华勒斯坦：《超越年鉴学派？》，〔美〕华勒斯坦等：《学科·知识·权力》，第213—214页。
③ 王云五：《漫谈读书》，《王云五全集》（10），九州出版社，2013，第177页。
④ 黄晏妤：《四部分类是图书分类而非学术分类》，《四川大学学报》2000年第2期。

项。后来几次续编刊刻的《皇朝经世文编》都沿用了这一体例,将"学校"列为礼政的重要内容。

1840年后,西学东渐,西书中译本的大量流通,引起了图书分类上的困难——原有的四部分类结构难以囊括这些异域的新知识。正如晚清新学书目的作者们感叹的:"世变所以频繁,学术因之愈广,昔为一辙,今出多途。四库狭其分门,九流隘其支派,必师前例,当〔有〕新闻。自哲理东舒,别裁间作,标题既杂,目录几穷。"① 基于对目录学的重视,19世纪末20世纪初,晚清学人以"书目"的形式开始了编制新分类法的尝试。甲午战后著名的书目,如《西学书目表》《日本书目志》《古越藏书楼书目》《东西学书录》《译书经眼录》《浙江藏书楼书目》等,几乎都将"学校"、"学制"或"教育"单列一目。

(一)《西学书目表》分类影响下的"学制"、"学校"与"教育"

1896年,梁启超撰《西学书目表》,突破中国旧有的目录学分类法,依据近代西方的学术分科观念及图书分类原则列举书目,这在中国图书分类史上尚属首次,影响此后中国图书分类数十年。② 梁启超将当时中国所译西书分为"学""政""教"三类。③ "学制"一目属中卷"西政诸书"。梁启超认为"西政之属,以通知四国为第一义,故史志居首,官制、学校,政所自出,故次之";虽然中国官立译书局、传教士所译之书中,与"西政"中的官制、学制及农政诸门相关者寥寥,但"本原所在,不可不讲"。④ "学制"目下收录7种:《西国学校》(又名《德国学校论略》,花之安辑)、《文学兴国策》(森有礼辑,林

---

① 沈兆祎:《新学书目提要》,通雅书局,1903,"总叙"第6页。
② 来新夏、柯平主编《目录学读本》,上海交通大学出版社,2014,第320页。
③ 实则表中"教类不录"。梁启超:《西学书目表序例》,《时务报》第8期,1896年9月,第3页。
④ 梁启超:《西学书目表序例》,《时务报》第8期,1896年9月,第4—5页。

第一章 教育学科知识版图的形塑：20世纪上半叶教育学科在中国图书分类法中的变迁

乐知译，任延旭述）、《七国新学备要》（李提摩太辑）、《肄业要览》（史本守著，颜永京译）、《西学课程汇编》（沈敦和）、《格致书院西学课程》（傅兰雅）、《教化议》（花之安）。①"学制"书目数量不多，但梁启超给予充分重视，单列一目，"悬其目以俟他日之增益云尔"。②

1899年，徐维则在《西学书目表》以及傅兰雅《译书事略》的基础上，增补新出的西学书，并补充日文转译书，撰《东西学书录》。全书分为史志、法政、学校等20目。③ 1901年袁俊德编纂的《富强斋丛书续全集》中的"学制"一门，收录《肄业要览》《西学课程》《德国学校论略》，以及姚锡光、张大镛等人考察日本学校的记录《日本学校述略》《日本各学校纪略》等共7种。④ 1902年，东山主人编纂的《新辑各国政治艺学全书》将西学书籍分为23个子目，"学校"目收录《各国学校考》《肄业要览》《西国学校》《西学课程汇编》4种。⑤

1902年，徐维则、顾燮光二人又出《增版东西学书录》，其中"学校（附礼仪）"目除了收录传教士相关论著外，另加上了大量日译书籍。如《教育学纲要》（林度涅尔著，剑潭钓徒译）、《学校管理法》（田中敬一编，周家树译）、《教育学》（立花铣三郎讲述，王国维译）等共计27种。又附"中国人辑著书"，"学校"收录《学校通议》（李钧甫）、《教育一得》（叶瀚）、《学堂教科论》（蔡元培）、《学政私议》（罗振玉）、《东瀛学校举概》（姚锡光）、《日本游学指南》（章宗祥）等11种。⑥

梁启超在晚清学术转型背景下用以接引东西方教育之学的架构，基本是依据中国传统上"学校"在"选举"或"礼政"中的位置，在《西学书目表》中，置"学制"于"政"之下。此后徐维则及顾燮光

---

① 梁启超：《西学书目表》（影印本），朝华出版社，2018，第32页。
② 梁启超：《西学书目表序例》，《时务报》第8期，1896年9月，第4页。
③ 姚名达：《目录学》，商务印书馆，1933，第149页。
④ 袁俊德辑《富强斋丛书续全集》，小仓山房，1901。
⑤ 东山主人编辑《新辑各国政治艺学全书》，鸿宝书局石印，1902，总目（无页码）。
⑥ 熊月之主编《晚清新学书目提要》，上海书店出版社，2014，第175页。

的分类,则将"学校"与"礼仪"结合在一起。① 1901年之后,随着中日教育交流空前频繁、人员往来的增多和大量日本教育相关文件的翻译,直译自日文的"教育"一词为国人所广泛接受,成为常用词汇之一。② 同时"教育"在新学书目及图书分类法中,也取代了"学制""学校",成为"政"下的一个类目。

(二)《日本书目志》中的"教育门"

康有为认为,"泰西之强,不在军兵炮械之末,而在其士人之学、新法之书。凡一名一器,莫不有学","泰西于各学以数百年考之,以数十国学士讲之,以功牌科第激厉之,其堂室门户条秩精详,而冥冥入微矣"。③ 1897年,康有为为了揭日本新学的全貌,购求日本书,撰写《日本书目志》。《日本书目志》分生理、理学、宗教、图史、政治、法律、农业、工业、商业、教育、文学、文字语言、美术、小说、兵书等15门,每门各分子目。"教育门"为"第十",共罗列10类,442种书。其中"教育学书"57种,"实地教育"67种,"幼稚女学"8种,"小学读本挂图"22种,"报告书"24种,"教育历史"8种,"教育杂书"57种,"小学读本(中学读本附)"105种,"少年教育书"36种,"汉文书(教育小说附)"58种。④ 与同时期收录传教士译书的各种西学书目相比,康有为这个书目为中国提供了另一种"教育"的图景,且不管其合理性如何,表面看来似乎更成体系。

据日本关西大学沈国威教授的研究,康有为可能通过转抄日本书肆的书目广告编辑《日本书目志》,未必翻过书。而日本书肆流行的这种图书分类体系,是一种出于商业销售目的的做法,远非日本知识界对于

---

① 熊月之主编《晚清新学书目提要》,第34页。
② 张小丽:《清末国人"教育"观念的演变》,《中国人民大学教育学刊》2011年第2期。
③ 康有为:《日本书目志·自序》,姜义华、张荣华编校《康有为全集》(3),中国人民大学出版社,2007,第263—264页。
④ 康有为:《日本书目志》卷10,姜义华、张荣华编校《康有为全集》(3),第395—419页。

西学的主流意见。① 康有为并不通日语，其书目中的按语也显示了康氏对日文书名望文生义，产生了许多误解，比如他将《微粒子病试验报告》《专卖特许发明细书》《蚕事试验成迹》之类也归于"教育门"。即便如此，"教育门"这一类目经由《日本书目志》及后来据此实施的大规模日文译书活动，对清末国人对"教育"这一学科的认知产生了深远的影响。

二 杜威十进分类法传入前国人对"教育"的分类尝试

1901年后，随着学制体系的议论及建立，从民间报刊到官方文牍，"教育"一词广泛流行，并且成为热点。正如时人所论，"现在的新党，没有一个不讲教育的，也没有一个不讲教育普及的"。② 在这种氛围中，"教育"概念所承载的资源越来越丰富，与"教育"相关的词汇初步形成。梁启超创设的"学""政"二部早已不足以包摄西方知识分类体系。此时的图书分类法寻求更为合理精细的类目来接引繁密的知识系统。相应地，"教育"图书分类亦不再满足于"学制""学校"的单一类目，而寻求更为详细的分目。

1910年，孙毓修参酌欧美通行的类别目次，略为变通，撰《图书馆》一文。文中将西学图书分为22部。其中"第三"为"教育部"，分为总记类、实地教育类、普通教育类、体育类、特殊教育类及校外教育类等6类，各类下设不同数量的"属"。细目如表1-1所示。

---

① 沈国威：《康有为及其〈日本书目志〉》，转引自孙青《晚清之"西政"东渐及本土回应——中国现代"政治学"形成的前史研究》，博士学位论文，复旦大学历史学系，2005，第46页。
② 光汉：《讲教育普及的法子》，《中国白话报》第13期，1904年，第27页。

表 1-1　孙毓修《图书馆》一文中"教育部"图书分类

教育部　第三	
总记类	教育学、儿童教育、儿童心理、教育史、教育制度法令、学事报告、统计之属
实地教育类	学校管理法、教授法、各科教授法之属
普通教育类	幼稚园、家庭教育之属
体育类	体操、学校卫生之属
特殊教育类	农业、学校园、水产、工业、女子教育之属
校外教育类	读书法、格言、童话、少年书之属

资料来源：孙毓修：《图书馆》（续），《教育杂志》第 2 年第 9 期，1910 年 9 月，第 39—46 页。

在杜威十进法输入我国以前，《涵芬楼新书分类总目》是"新书分类之最精最详者"。[①] 1911 年商务印书馆的《涵芬楼新书分类总目》将"新书"分为 14 部，其中"教育部"下分总记类、法令制度类、教育学类、教育史类、教授法类、管理法类、学校卫生类、体操及游戏类、特殊教育类、幼稚园及家庭教育类、社会教育类、杂类等 12 类，每一类下各有更详细的"属"，共 29 属。细目如表 1-2 所示。

表 1-2　1911 年商务印书馆《涵芬楼新书分类总目》中"教育部"图书分类

部	类	属
教育部	总记类	教育论说之属 国民教育之属
	法令制度类	本国法令制度之属 案牍之属 外国制度之属 外国法令之属 教育行政之属

① 姚名达：《中国目录学史》，商务印书馆，1937，第 151 页。

第一章　教育学科知识版图的形塑：20世纪上半叶教育学科在中国图书分类法中的变迁

续表

部	类	属
教育部	教育学类	
	教育史类	中国史之属 外国史之属
	教授法类	各科教授之属 统合教授之属 二部教授之属 单级教授之属 教授学之属 沿革史之属 教授细目之属
	管理法类	表簿之属
	学校卫生类	
	体操及游戏类	体操之属 拳艺之属 游戏之属 行进法之属 舞蹈之属 体育之属
	特殊教育类	实业教育之属 女子教育之属 贫民教育之属 盲哑教育之属
	幼稚园及家庭教育类	幼稚园之属 育儿法之属
	社会教育类	
	杂类	

资料来源：商务印书馆编译所编《涵芬楼新书分类总目》，商务印书馆，1911，"目次"第1页，"教育部"第1—30页。

这两者都未言明分类依据，其大类比照《奏定学堂章程》，大多能找到类似之处。尤其是与《奏定初级师范学堂章程》"教育"课程的构成有很大的相似性。初级师范学堂开设的教育课程要求讲授教育史、教育原理、教授法、教育法令及学校管理法,以及实地授业,① 此外对照《奏定蒙养院章程及家庭教育法章程》与"幼稚园及家庭教育类",可以推断商务印书馆"教育部"的分类基本参照了癸卯学制颁布后的师范学堂课程设置,兼及特殊教育、社会教育。

三 清末各地图书馆的教育学科分类实践

1892年,郑观应在《盛世危言》的《学校》一篇中总结出"大抵泰西各国教育人才之道,计有三事,曰学校,曰新闻报馆,曰书籍馆",② 这句话后来频繁出现在各种文本中,如1895年维新派编纂的《各国学校考》③ 和孙家鼐的《官书局开设缘由》④ 都原样照搬。这"三事"俨然成为清末"教育人才"的纲领。于是清末国人便着意引入和接受西方公共图书馆观念,各地纷纷在传统藏书楼基础上创建各种新式图书馆。1909年学部拟订颁布《图书馆章程》,开办京师图书馆,1910年各省一律开办图书馆。如何分类中西图书,成为这些新式图书馆面临的首要问题。

最早在实践层面改革分类法以容纳新兴学科的,是古越藏书楼的书目。其图书分类受梁启超《西学书目表》体例影响,"混经史子集及新学之书为学、政两部",其中"学部"23类,"政部"24类,将"教育"归于"政部"。⑤ 这一时期建立的图书馆在图书分类上,通常实行新旧并行的图书分类法。用"四部"分类法部次中国旧籍,用"学科"分类标准类分新书。1907年杨复、胡焕编辑的《浙江藏书楼书目》,以

---

① 多贺秋五郎编《近代中国教育史资料·清末编》,台北:文海出版社,1976,第326—329页。
② 舒新城编《中国近代教育史资料》上册,人民教育出版社,1961,第904页。
③ 《各国学校考》,东山主人编辑《新辑各国政治艺学全书》,第1页。
④ 张静庐辑注《中国近代出版史料》初编,群联出版社,1954,第47页。
⑤ 姚名达:《中国目录学史》,第152页。

第一章 教育学科知识版图的形塑：20世纪上半叶教育学科在中国图书分类法中的变迁

"甲编"依《书目答问》之法，"为国粹之保存"；同时，将新书编为"乙编"，甲乙两编"各行其是，两不相师"。"乙编"共计16类，"教育"类便在其中。共收录65种书。"类"之下并无子目。① 无锡图书馆将"近时图书"分为政部、事部、学部、文部、报章、金石书画等6部，其中"教育类"为政部的8类之一。浙江公立图书馆则将"教育"置于"通常类"的乙部，与哲学、文学、语言、历史、传记等并列。河南图书馆将新书分为时务、通俗两部，两部皆列有"教育"。"时务部"的"教育"与"西政""各国史""法政""财政"等并列，"通俗书"部中的"教育"与"哲学""数理""伦理""文学""史学""地理"等并列。广西图书馆的图书分类分初编和上编，"教育部"为"初编"科学书中的第一部，内分教育总类、教育制度类、教授法类及教育记录类。安徽图书馆的"教育类"属"新书"的政科部，与"政法类""财政类""经济学类""陆海军类""实业类"并列。江苏省立第二图书馆的"教育"属"新书部"的文学部，与"国文""伦理哲学名学""中国历史""各国历史""各国地理"等并列。广东图书馆、云南图书馆的"教育"皆属于"新书部"或"科学部"。② 1918年，沈绍期调查全国33处图书馆，在"图书目录如何编订"一项，大多数图书馆仍是中西书分别编目，"教育"栖身于名称不同的新书目下。③ 可以看到，这些图书馆中都有"教育"部类，在"学""政"分类中，"教育"都属于"政"；在"新""旧"分类中，"教育"都属于"新"；在"中""西"分类中，"教育"都属于"西"。

这一时期的图书分类，正如蒋元卿所评价的，"新分类之创造，虽已将中国金科玉律式之四部澈底打破，其创造性固足钦佩。然当新旧交替之际……恒将各种学术任意列入一类，妥当与否，概未计及。而于类

---

① 杨复、胡焕编辑《浙江藏书楼乙编书目》，杭州华丰局铅印，1907，第11—13页。
② 蒋元卿：《中国图书分类之沿革》，中华书局，1937，第171—176页。
③ 沈绍期：《中国全国图书馆调查表》，《教育杂志》第10卷第8号，1918年8月，第37—45页。

名之采用,更多含糊武断之处",① 具有明显的过渡性质。但在新旧交替之际,更能体现国人对各学科的认知和定位。恰是在此"新旧交替之际",中国传统的"学校""学制"作为一个专门的领域,出现在各种东西学书目表中,进而被"教育"取代之,出现在图书馆的"新书"分类表中。从 1896 年《西学书目表》到 1911 年《涵芬楼新书分类总目》,教育学科所涵从"学制"单一分类的 7 种书到细分为"教育部"下辖的 12 类 29 属。

四 杜威十进分类法影响下的图书分类中的教育学科

亚里士多德将人类的知识分为历史、文学、哲学三部,培根在《学术的进展》(*The Advancement of Learning*)中又将这三部分成若干小类。培根的这个知识分类体系就是近代西方图书分类法的滥觞。19 世纪,受工业革命的影响,近代图书馆在西方到处兴起,近代西方图书分类法亦随之出现。之后无论是杜威十进分类法,还是克特展开分类法,或是美国国会图书馆分类法,均是以近代"学科"为分类标准,以近代西方学术体系及知识系统为背景创制的。

五四运动前后,中国图书馆界引入和接受欧美新的社会教育观念,发起新图书馆运动,以效法美国图书馆制度为主,注重图书馆对社会民众之教育功能。随着新图书馆运动的开展,全国图书馆数量急剧增长。② 同时,民国以来各种西学、新学书籍数量亦猛增,图书馆原来使用的图书分类法,已不适应需要。因此许多图书分类学家纷纷向西方,特别是向美国,学习分类方法。其中最突出的是学习美国的杜威十进分

---

① 蒋元卿:《中国图书分类之沿革》,第 159 页。
② 左玉河:《从藏书楼到图书馆:中国近代图书馆制度之建立》,《史林》2007 年第 4 期。

第一章　教育学科知识版图的形塑：20世纪上半叶教育学科在中国图书分类法中的变迁

类法。于是所谓"仿杜""改杜""补杜"的图书分类法先后出现，据统计有30多种。教育学科的图书分类随之进入了一个同中有异、异中有同的新时期。

（一）杜威十进分类法中的"教育"分类

杜威十进分类法（Dewey Decimal Classification and Relative Index）受美国圣路易斯市图书馆哈利斯分类法的影响，根据17世纪英国哲学家培根关于知识分类的思想，将其倒置排序，以19世纪以来的科学分类为基础展开为十大类：000总类、100哲学、200宗教、300社会科学、400语言学、500自然科学、600应用科学、700美术、800文学、900历史。"教育"（Education）编码为370，属社会科学，与统计、政治、经济、法律、行政、会社、通商、风俗并列。① 其细目如表1-3所示。

表1-3　杜威十进分类法"教育"分类细目

细目编号	370 教育									
	370	371	372	373	374	375	376	377	378	379
000	总论	教员教法训练	小学教育	中学教育	成人家庭自修	课程	妇女教育	宗教伦理教育	高等教育	公立学校教育
.1	教育原理	各级教员	儿童研究儿童心理	私人教师及女教师	独学		妇女生理的智识	宗教教育	组织管理	公立学校制
.2	提要	学校组织管理	初小及幼稚园	中学问题	结社修学		妇女的心神智识	伦理教育	学位	识字贫民及强迫教育

---

① 朱家治：《杜威及其十进分类法》，《图书馆学季刊》第1卷第2期，1926年6月。

续表

细目编号	370 教育									
	370	371	372	373	374	375	376	377	378	379
.3	字典辞书	教学法	实习及观察教学法		个人指导		家政学	僧侣学校	高等学员待遇	公立学校教育与私立学校等之比较
.4	论文演说	教育制度	文字教学		函授教育		装饰学	主教或教堂学校		
.5	杂志刊物	管理训育制裁	书法手工		演讲		尼姑教育	教区内之学校		
.6	组织会社	校舍设备	初等文语	.4至.9各国中学教育概况	研究院		妇女高等教育	教会学校	.4至.9各国高等教育概况	.4至.9各国公立学校概况
.7	教育研究	学校卫生	初级算术				男女同学	慈善学校		
.8	丛书别集	学校生活习惯	其他科目		补习学校		女子大学	基督教堂及其教育		
.9	教育史	特殊教育	各国初小教育概况				各国妇女教育概况	反基督教及其教育		

资料来源：忘年老人：《教育图书分类法的比较观》，《中国出版月刊》（教育图书专号）第3卷第3、4期，1934年8月，第20页。

第一章　教育学科知识版图的形塑：20世纪上半叶教育学科在中国图书分类法中的变迁

杜威十进分类法"教育"下的10个中类细目中，"总论"为教育学理，其余9类属学科内容，皆是围绕教育的研究对象，也就是美国社会中的教育存在形式而展开，含学校教育及相关的教师教育、课程，成人教育，妇女教育，宗教教育等。在中国20世纪20年代的图书分类尝试中，杜威十进分类法的"教育"的详细类目，成为中国教育图书分类的主要依据。

（二）"仿杜""补杜""改杜"热潮中各家对"教育"的安置

杜威十进分类法于1910年由孙毓修首先在《教育杂志》上介绍。此后随着新图书馆的建立，以及科学新书的大量出现，中国图书分类专家基于统一中文新旧书分类的原则，不断对其进行翻译、研究、评论、教学和使用。他们的分类体系大多仿照杜威十进分类法，把全部图书分为十大部，每大部分为十大类，每大类分为十中类，每中类分为十小类，依次递推。每一类中的第一类都属总类，因此实际按学科内容分的是9类。[①] 至于分类的内容，中国的图书馆学家则倡议创建"中国式的图书馆"，即有"纯粹的中国色彩，合乎中国的性情，我们虽然取用人家科学的方法，但是在实质上要变为中国化的圕，如分类，编目，图书设备等等，都能代表中国的文化，可由中国圕显现出来"。[②] 具体到教育学科，杜威十进分类法中"教育"类目下的"宗教伦理教育"与"公立学校教育"不适用于当时的中国教育。于是中国图书分类学家出于各自对中国教育的认识，对教育学科进行安置及细目分类。

1. 将教育学附于社会学类的分类

这一分类的代表为沈祖荣、胡庆生的"仿杜威书目十类法"。该分

[①] 白国应：《杜威十进分类法在我国的传播——纪念杜威十进分类法出版120周年》，《晋图学刊》1996年第3期，第11页。
[②] 沈祖荣：《我国圕事业之改进》，《文华图书馆学专科学校季刊》第5卷第3、4期，1933年，第264页。

类法是在借鉴杜威十进分类法的基础上，糅合中国传统分类法加以变通而成。沈祖荣、胡庆生将"社会学与教育学"（Sociology and Education）列为十大部中的第二部。认为"社会学与政法相互关系，但政法属于社会学部分甚大，宜分为两类，凡政法与社会学诸书，各依其类编入（教育学亦附社会学内）"。[①]他将教育学与社会学并列，共同占据编号"200"。实际上"教育学"占了"200"下十大类中的大部分，分为"230 教育""240 教育行政""250 教授法、管理法、教员""260 学校教育""270 校外教育""280 课程及教科书""290 学校卫生建筑"。[②]

2. 将"教育"单列一部的分类

这一分类方式以杜定友、陈天鸿及陈子彝为代表。杜定友看重杜威法的十进制编码方式，但分类依据并不用杜威的倒转培根分类法，而采用进化论来指导图书分类法的编制。他用进化论阐述其十大类的次序："科学之分类，以哲学、心理、伦理、论理、宗教等，概括宇宙万物，深探人生之源，造化之始，因列为科学之首是为'哲理'科学，以'100'为标记。教育为树人之本，有教育而后有文明，因列为第二，以'200'为标记。凡有关教育之事，如童子军、体育等，均属之。有教育而后有人群，有人群即有社会。欲求社会之完备，不可不研究政法、经济、社会、风俗、礼尚诸科，因并列'社会科学'于'教育'之后，以'300'代表之为第三类……"[③]将"教育科学"[④]与"社会科学"并列。

除杜定友外，陈天鸿的"中外一贯实用图书分类法"以及陈子彝的"苏州图书馆图书分类法"皆将"教育"列为十大部中的一部。不

[①] 沈祖荣、胡庆生：《仿杜威书目十类法》，武昌文华公书林，1922，第4页。
[②] 沈祖荣、胡庆生：《仿杜威书目十类法》，第7页。
[③] 白国应：《杜定友图书分类思想的发展》，《晋图学刊》2000年第4期，第2页。原文记录于杜定友的《杜氏图书分类法》上册中，此书只有中册"分类表"及下册"索引"面世，上册"理论"当年因故未出版。
[④] 杜定友所用的部类名称，在前后出版的著作中并不统一。在1922年出版的《世界图书分类法》中为"教育学"，在1925年出版的《图书分类法》目录中为"教育科学"，正文中则为"教育"。

第一章　教育学科知识版图的形塑：20世纪上半叶教育学科在中国图书分类法中的变迁

过他们所再分的大类也不完全一致。在共同的教育行政、管理训练、教员、教授法、特殊教育之外，三人对属于教育制度层面的分类取舍不一。陈天鸿添列女子教育，陈子彝则将小学、中学及大学教育合为"学校教育"，加入"社会教育"及"各国教育"。具体如表1-4所示。

表1-4　杜定友、陈天鸿及陈子彝分类法的"教育"部细目

杜定友"杜氏图书分类法"	陈天鸿"中外一贯实用图书分类法"	陈子彝"苏州图书馆图书分类法"
200 教育科学	200 教育学通论	500 教育
210 教育行政	210 教育行政	510 行政
220 学校管理与训育	220 教员	520 管理训练
230 课程与教材	230 学校管理法	530 课程教材
240 教授法	240 教授法	540 教育法
250 教员	250 幼稚小学	550 教员
260 学校教育	260 中学师范	560 学校教育
270 社会教育	270 大学教育	570 社会教育
280 高等教育	280 女子教育	580 特殊教育
290 特殊教学	290 特殊教育	590 各国教育

资料来源：杜定友：《杜氏图书分类法》中册，中国圕服务社，1935，第99—153页；陈天鸿：《中外一贯实用图书分类法》，上海民立中学图书馆，1926，第15—18页；陈子彝编《中央大学区立苏州图书馆图书分类法》，中央大学区立苏州图书馆，1929，第86—97页。

3. 将"教育"置于"社会科学"部之下的分类

这种分类方式与杜威分类法相同，将教育学科隶属社会科学，为社会科学部的十大类之一，在当时占主流。王云五、刘国钧及各大学图书馆皆如此安置教育学科，但其中类细目又各不相同。

王云五"中外图书统一分类法"及浙江省立图书馆的分类法的"教育"编码与子目与杜威法几近相同，将"370 教育"置于"300 社会科学"之下，其中类细目（见表1-5）也类似。不同的是王云五创造了"+""±"等符号加在杜威法有关类号的前面，以便安排关于中国问题的图书，以适合中国图书馆的需要。如"+379 教育行政"意指中国的教育行政。

表1-5 中外图书统一分类法、浙江省立图书馆分类法的"教育"类目

中外图书统一分类法	浙江省立图书馆分类法
370 教育	370 教育
371 教员教法训练	371 教员教法训练
372 初等教育	372 初等教育
373 中等教育	373 中等教育
374 家庭成人自修教育	374 社会教育;成人教育;民众教育
375 课程	375 课程
376 妇女教育	376 女子教育
377 宗教伦理教育	377 宗教及伦理教育
378 高等教育	378 高等教育
379 公立学校、国家与教育关系	379 教育行政
+379 教育行政	

资料来源:王云五:《中外图书统一分类法》,商务印书馆,1928,第29—34页;浙江省立图书馆编印《浙江省立图书馆图书总目中日文书第一辑》上册,1935,第341—394页。

刘国钧的"中国图书分类法"在民国时期影响很大,是很多图书馆图书分类的重要参照。他认为"图书分类原为研究学术而作,故宜以学科分类为准","既以学科为分类根据,即不能利用四库之部类而增减之。盖四库以体裁为主,学科为副。今反其道而行之,则不能不有所改革。改革之标准,则因今日之学术与昔日相较,颇多不同",尤其指出"教育"类目:"昔人多言学制,少及方法,今则蔚为专门之学。……若此之类,不能不准今日之情形,另立门类,而以古来类目,附之于下也。"[①] 刘国钧的分类法以逻辑关系为主,将"教育"置于"500 社会科学部"下,编码为520—529,理由是"人群相处,而有社会制度于以产生。凡教育、礼仪、社会、经济、政治、法律、军事皆是也"。教育学科为大类,又分为教育心理学、教师及师范教育、初等教育、中等教育、高等教育、教育行政、管理与训育、特殊教育及特种人教育等中类。[②]

---

① 刘国钧:《中国图书分类法》,金陵大学图书馆,1936,"序"。
② 刘国钧:《中国图书分类法》,"序"。

第一章 教育学科知识版图的形塑：20 世纪上半叶教育学科在中国图书分类法中的变迁

国立北平师范大学图书馆的图书分类详细类目，大半根据刘国钧的图书分类法展开，同时参考杜定友的世界图书分类法、杜威法、日本十进分类法以及美国国会图书馆分类法编制而成。[①] 安徽省立图书馆图书分类法亦博采众家，综合刘国钧的分类法及清华大学图书馆中文书目分类表及国立北平师范大学中国图书十进分类法而定。其"370 教育"及细目与国立北平师范大学何日章、袁涌进的"中国图书十进分类法"几乎一样，仅在个别细目上有所区别。三家的"教育"图书分类细目如表 1-6 所示。

表 1-6　刘国钧、何日章和袁涌进、安徽省立图书馆图书分类法的"教育"类目

刘国钧"中国图书分类法"	何日章、袁涌进"中国图书十进分类法"	安徽省立图书馆图书分类法
520 教育学总论	370 教育总论	370 教育学总论
521 教育心理学	371 教育心理	371 教育心理学
522 教师及师范教育	372 教育行政	372 教育行政
523 初等教育	373 教师及教范教育	373 教师及师范教育
524 中等教育	374 初等教育	374 初等教育
525 高等教育	375 中等教育	375 中等教育
526 教育行政	376 高等教育	376 高等教育
527 管理与训育	377 推广教育	377 推广教育
528 特殊教育	378 职业教育	378 职业教育
529 特种人教育	379 特种教育	379 特种教育

资料来源：刘国钧：《中国图书分类法》，第 58—65 页；何日章、袁涌进编《中国图书十进分类法》，国立北平师范大学图书馆，1934，第 86—93 页；安徽省立图书馆编印《安徽省立图书馆图书分类法》，1935，第 28—31 页。

国立中央大学图书馆馆长桂质柏所制订的图书分类法的十大类为：总类、经类、史地类、哲学宗教类、文学类、社会科学类、自然科学类、应用科学类、艺术类及革命文库。他将"580 教育"置于"500 社会科

[①] 何日章、袁涌进编《中国图书十进分类法》，"凡例"。

学"类下，分为十个中类，为580教育总论、581教育行政、582学校教育、583教学法、584管理训育、585学程、586特种教育、587社会教育义务教育、588妇女教育、589各国教育。其中类细目与杜威十进分类法有比较大的差别，除了"总论""学程""妇女教育"，其他7类全不相同。桂质柏的中类大致是按照中国的学制展开，教育行政、学校教育、教学法、管理训育、学程系学校教育各要素；特种教育、社会教育义务教育、妇女教育则为中国存在的教育类型，最后一类为其他各国教育。①

除上述分类法外，比较有特色的是裘开明的分类法。他的分类法"以中法为经，西法为纬"，大纲根据经史子集四部及张之洞《书目答问》的"丛"部之次序，扩充为经学、哲学、宗教、史地、社会科学、语言文学、美术、自然科学、农林工艺、总记等10类。每类子目参酌四库成法及美国哈佛大学图书馆及美国国会图书馆分类法订定。他认为"社会科学类，四库史部之职官、政书多载历代典章制度，包含近世所谓政治、法律、社会、经济、教育等学。今统名曰社会科学，自成一类"。② 教育学科的位置为社会科学类下4900—4999教育学，其细目如表1-7所示。

表1-7 裘开明分类法中的"教育学"细目

编号	内容	编号	内容	编号	内容
4900—4907	概论	4940—4954	学校管理	4980—4989	职业教育
4908—4915	教育史及状况	4955—4961	初等教育	4991	特种教育
4916—4928	教育行政	4962—4965	中等教育	4992	特种人教育
4923—4929	教育组织及系统	4966—4974	师范教育	4993—4995	学校刊物
4930—4939	教育原理	4975—4979	高等教育	4996—4999	课本

注：4923、4928，原文如此；原文缺编号4990。
资料来源：裘开明：《燕京哈佛大学图书馆中文图书分类法》（续），《燕京大学图书馆报》第49期，1933年4月，第1—4页。

---

① 桂质柏：《国立中央大学图书馆分类大全》，南京国立中央大学图书馆，1935，第117—121页。
② 裘开明：《燕京哈佛大学图书馆中文图书分类法》，《燕京大学图书馆报》第48期，1933年4月，第7页。

第一章　教育学科知识版图的形塑：20世纪上半叶教育学科在中国图书分类法中的变迁

综合上述各家，不管是"仿杜""补杜"还是"改杜"，是强调中法还是西法，是单列一科还是附于社会学、社会科学之下，叫"教育"还是称"教育学""教育科学"，它们对教育学科的安置，虽然看起来位置不同，细目有别，顺序各异，实际上都未脱杜威十进分类法的窠臼。除了总论，学科内容基本是以学制为中心展开的各种教育形式。

五　20世纪上半叶图书分类对教育学科知识版图的形塑

如左玉河所说，"由于典籍分类与知识系统之分类密切相关，故典籍分类之演变，不仅仅是改变典籍分类法之简单问题，而且是中国传统知识系统向西方近代知识系统转变之重大问题，是中国知识系统在晚清时期重建之重要体现"。[①] 正在此知识系统转型之际，教育学科通过书目及图书分类在中国知识系统中扎根。与单册书籍、单篇文章的传播不同，书目及图书分类具有工具性，其一方面是时代知识序列化和系统化的重要表征，另一方面直接参与形塑接受者头脑中的知识版图。

（一）图书分类中的"教育""教育学"重在学校教育制度与实践

在"学校""学制"进入图书分类之前，《皇朝经世文编》及其续编皆将"学校"列为礼政的主要内容。及西学东渐日深，晚清那代学人在传统目录学基础上，进行的新分类法的尝试，将"学校"归于"西政"。国人用中国传统的"学校""学制"与西方学校教育体系对接。1901年，赵惟熙在《西学书目答问》中"学校学"下注曰："泰

---

① 左玉河：《典籍分类与近代中国知识系统之演化》，《华东师范大学学报》（哲学社会科学版）2004年第6期，第48页。

35

西学校之制度颇与我三代古法相合，几于无地不建学，无事不设学，无人不入学，故人才之盛、国势之强悉由于此，礼失求野，我不可不亟图也。"① 同时期的东西学书目在"学校""学制"一类下所列图书，基本是描述欧洲学校教育相关情形。

现代教育学就其包含的内容来说，具有双重起源，一是关于教育问题的哲学思辨，一是实际教学经验的总结。② 晚清学人，无意识地同时面对教育学"学"与"术"的双重起源。中国教育近代化的主题，是通过学习外国先进的制度和经验，建立一个适合中国国情的近代化教育体系。③ 在这样的情境下，国人必先将眼光放在西方的学校教育制度上。随着"教育"一词带着日本新含义回到汉语世界，教育有了在制度层面特指"学校教育"的意思。如1902年梁启超在《论教育当定宗旨》中说"吾国自经甲午之难，教育之论始萌蘖焉"。④ 这里所谓的"教育"，指的是新式学堂教育。至民国时期"大家都以为兴教育就是办学堂，办学堂就是兴教育"。⑤ 1904年中国施行癸卯学制，各书目的"教育"类目皆围绕《奏定学堂章程》及师范学堂的"教育"科目展开。从某种意义上说，"教育"指涉的是癸卯学制实行后的学校教育，"教育学"理所当然为学校教育之学。至杜威十进分类法传入，以教育实践形式为主的学科内容更加强化了中国图书分类中教育学科的制度、实践倾向。各家分类法不管是独成一部，还是在"社会科学"下，即便顺序不同，细目有别，也基本是以学校教育体系为主，兼及其他教育形式。而占据"教育学总论""概论"位置的，皆为师范学校、高等师范学校教育学类教科书。现代教育学的双重起源，并没有反映在20世纪上半叶的图书分类中，而是明显地偏重学校教育制度与实践。

---

① 熊月之主编《晚清新学书目提要》，第574页。
② 陈桂生：《历史的"教育学现象"透视——近代教育学史探索》，人民教育出版社，1998，第5页；瞿葆奎编著《教育学的探究》，人民教育出版社，2004，第383页。
③ 于述胜：《中国教育制度通史》第7卷，山东教育出版社，2000，第3页。
④ 梁启超：《论教育当定宗旨》，《饮冰室合集·文集之十》（1），第52页。
⑤ 胡适：《中国古代哲学史》（2），商务印书馆，1930，第11页。

第一章　教育学科知识版图的形塑：20世纪上半叶教育学科在中国图书分类法中的变迁

（二）教育学科在图书分类中占"西学"的地位

平心而论，在近代知识与制度转型之际，对于图书分类中最难处置的中西新旧问题，文史哲领域论争甚烈，于教育学科却滞碍不大。虽然从学科分类的角度看，以西方近代的分类来决定中国古代研究的是什么科目或不是什么科目，从道理上不太讲得通，但对教育学科来说，不论是教育学科中人，或是图书馆学专家，皆不认为中国古代有教育学的踪迹。近代中国的学校教育制度学自西方，"教育"之名，古未有之。民国时期的目录学家对此有明确表达，姚名达认为"古无教育目录，有之，乃近十余年之事"。① 教育学是公认的与中国传统知识体系没多大关系的"舶来品"。特别是在西学分类被尊崇为唯一"正确"或"正当"的体系后，教育学科作为实实在在的西学，在新确立的学术分类体系中具有天然的正当性。

图书馆学家在图书分类层面曾试图勾连教育学科的古今，刘国钧称："教育，昔人多言学制，少及方法，今则蔚为专门之学。……若此之类，不能不准今日之情形，另立门类，而以古来类目，附之于下也。"② 裘开明的分类法号称以"中法为经，西法为纬"，以为"四库史部之职官、政书多载历代典章制度，包含近世所谓政治、法律、社会、经济、教育等学"，③ 设想将典籍中的"教育"归入图书分类，但审其"教育学"细目，《论语》《礼记》《选举志》《文献通考·学校考》入得了哪目？

教育学内部并无人为此摇旗呐喊。凡遇中西新旧之争，教育学科主动站队"西"与"新"。民国时期的著名的教育学家吴俊升回忆五四运动前后南京高等师范学校教育科的氛围，"当我南高东大肄业时，正是

---

① 姚名达：《中国目录学史》，第337页。
② 刘国钧：《中国图书分类法》，"序"。
③ 裘开明：《燕京哈佛大学图书馆中文图书分类法》，《燕京大学图书馆报》第48期，1933年4月，第7页。

五四运动以后继起的新文化运动达到高潮的时期……就大体而言，北大是新文化运动的策源地，南高东大，则是维护传统文化的堡垒"，"可是南高东大师生中，也有一部分对新文化运动取同情态度的。其中最显著的便是教育科的师生"，"新教育"本身就"形成了新文化运动的一条支流"，① 主动与中国传统文化保持距离。

就教育学科的工具书来说，姚名达在《中国目录学史》的"专科目录篇"中列"教育目录"，列举了庄泽宣的《一个教育的书目》、郑宗海的《英美教育书报指南》以及查士元的《世界教育名著提要》等。② 这些书目均指向英美。以《一个教育的书目》为例，中山大学教育学教授庄泽宣根据崔载阳及邱椿的建议，列了这个教育学科的"权威"书目，内分教育概论、教育心理、发育心理、学科心理、教学法、学习指导、课程、测验、统计、教育史、教育哲学、教育行政、学校行政及管理、各级教育、职业教育与指导、体育与卫生、其他等共计17类，每类列五六种英美流行的图书，介绍内容并推荐给初学者作为入门书。③ 这些工具书也在向"初学者"强化教育学科根在西方、属"西学"的看法。

（三）教育学科图书分类是教育学科知识系统的反映

在中国，教育学科进入图书分类体系早于教育学科进入高等教育体系。1915年北高师设置教育专攻科，1917年武昌高师设置教育补修科，1918年南高师设置教育专修科，1920年北高师设置教育研究科。1922年以后，为培养中等教育师资，大学逐渐开办教育学系。教育学科进入高等教育体系，意味着教育学科有了相对稳定的教师群体和人才培养体系。这时，教育学科本身的学术状态亦与教育学科的图书分类产生联系。

---

① 吴俊升：《教育生涯一周甲》，台北：传记文学出版社，1976，第19页。
② 姚名达：《中国目录学史》，第337页。
③ 庄泽宣编《一个教育的书目》，民智书局，1930，"引言"。

第一章　教育学科知识版图的形塑：20世纪上半叶教育学科在中国图书分类法中的变迁

民国时期图书分类法纷繁驳杂，没有统一标准，从而对图书馆功能发挥造成障碍。私立浙江流通图书馆的工作人员忘年老人因此感叹："图书馆内部工作之最感困难而又最复杂者，莫如图书之分类。""且就教育图书分类法一项而论，据老人所见者竟有十七种之多。"① 教育图书分类法的乱象，固然是图书馆界图书分类纷乱的反映，更与教育学科本身有关。举国公认"教育"很重要，而"教育之学"却历史短，学术根基未牢。由此形成一个悖论，一方面，报章杂志讨论教育改革的文章极多，"教育研究"好似盛况空前；另一方面，"教育学"并不被看重。

20世纪20—40年代，在制度层面，教育学科在大学中的学科隶属关系并不统一。20年代，有的大学设"教育科"，将其与文理法科并列（东南大学）；有的大学仿德国大学的制度，将教育学隶属于哲学科或文科（北京大学）。1929年颁布的《大学组织法》与《大学规程》将"教育学院"与文理法农工商医等学院并列，《大学规程》规定"大学教育学院或独立学院教育科，分教育原理、教育心理、教育行政、教育方法及其他各学系。大学或独立学院之有文学院或文科而不设教育学院或教育科者，得设教育学系于文学院或文科"。② 制度上纷繁驳杂，教育学科在图书分类中的位置亦或为单列，或隶属社会学、社会科学大类。

同时，国内外对于教育学科的性质、目的、内容，无一不在争议中。"因为教育是人生，所以教育学便是包罗一切生活问题的科学。"③ 所以谁都能对教育、教育学科说两句。1938年前，教育学系的课程，

---

① 忘年老人：《教育图书分类法的比较观》，《中国出版月刊》（教育图书专号）第3卷第3、4期，1934年8月，第19页。
② 《大学规程（十八年八月十四日部公布）》，《教育部公报》第1卷第9期，1929年9月，第84—85页。
③ 《中国教育学会第二届年会》，《教育益闻录》第6卷第1、2期合刊，1934年4月，第22页。

并没有确定的基本原则。① 教育学科的目标与课程以"杂"② 著称,被批评"博而不精,易流空泛"。③ 学科本身在研究对象、目标和内容上达不成一致,在图书分类层面自然也各行其政。

教育学科的图书分类自然是那个时代教育知识系统化的重要表征。同时由于图书分类法的工具性,其一旦形成,便在传播中形塑接受者关于教育学科的知识系统。以十进分类法为模本的教育学科的图书分类,一方面塑造了"教育""教育学"知识偏向制度、实践的形象,另一方面传达了教育学科内部知识博而不精的空泛印象。

自戊戌年或者更早,中国开启了近代知识与制度转型。从西学书目中的"学校""学制"到"教育",从单一类目的几种书到十进分类法中庞杂的知识系统,教育学科以"西学"的形象在中国近代知识体系中牢牢占据一席之地。教育学科的西学身份,一方面利于其在调整期的中国知识系统中扎根;另一方面其类目以西方近代以来产生的教育形式为主,使其与中国传统格格不入。杜威十进图书分类法的推广,无形中更划清了教育学科与中国传统教育的界限,强化了其西化倾向。从这个意义上说,因中西学术的"根本不同之点",教育学科的"传统中断"是不可避免的。

从中国图书分类的变迁来看,教育学科确实在近代中国的知识体系中占了一席之地,但这个偏向制度与实践的一席之地到底要如何分类,到底要如何经营,则自始至终充满了争议。

---

① 张士一:《大学教育学系的课程问题》,《国立中央大学教育丛刊》第 3 卷第 1 期,1935 年 12 月,第 27 页。
② 许椿生:《大学教育学系之课程》,《师大月刊》第 20 期,1935 年 7 月,第 63—64 页。
③ 廖世承:《修正"师范学院教育系必修选科目表草案"意见》,《国师季刊》第 2 期,1939 年 3 月,第 5 页。

第二章

民国初年高等师范学校教育系科的设置与更易

中国师范教育创建之初，就强调教育学诸课程的特殊地位。1902年3月，罗振玉考察日本教育后，撰写《日本教育大旨》，总结概括日本教育经验，对中国亟待兴办的师范教育，指出"师范之必修学科，曰教育行政，曰管理法，曰教授学，曰教育学，曰教育史。此无论本科速成科均不可废者。因必明此数者，然后有师范资格也"，① 明确了教育学诸学科在师资培养中的位置。此后在中国，教育学科便根深蒂固地与"师范"和师资培养结合在一起。1912年，教育总长范源廉主持划分全国为六大高等师范教育区域（直隶区域、东三省区域、湖北区域、四川区域、广东区域及江苏区域），每个区域设高等师范学校一所，以各附近省份的师范教育行政合并办理。② 教育部对师范教育"异常郑重"，认为师范为教育之母，高等师范学校则为"教育根本之根本"。③ 民国初年，国外教育新理、教学新法层出不穷，国内关于教育宗旨的各种主义此起彼伏，在欧美学教育学的留学生归国

---

① 罗振玉：《日本教育大旨》，吕顺长编著《教育考察记》（上），杭州大学出版社，1999，第235页。
② 《高等师范教育之区域》，《教育杂志》第4卷第9号，1912年9月，第61页。
③ 蔡儒楷：《教育总长蔡儒楷呈大总统拟暂设高等师范六校为统一教育办法》，《政府公报》第669号，1914年3月，第23页。

后急切谋求旧教育体制的改弦更张。1901年教育学作为一门现代学科传入中国，十几年间，教育学界的"思想"和"主义"积累得越来越多，教育变革的焦点越来越聚焦于"教育根本之根本"的高师及高师中的教育学科。

北高师、武昌高师及南高师奋力求变，在本就旨在专门研究教育的高师开办专修教育的系科。依据《高等师范学校规程》的不同条文，教育系科在高等师范学校中至少有四种存在形态：教育专攻科、教育补修科、教育专修科和教育研究科。1915年北高师设立教育专攻科，1917年武昌高师设立教育补修科、1919年设立教育专修科，1918年南高师设立教育专修科，以及1920年北高师开办教育研究科，短短5年间，各科名称数变，参与其中的人悄无声息地置换，描摹的制度对象调转，课程内容调整，附着其上的精神亦随之更易。这些变化，似乎都在昭示教育学科在新旧制度交替间的挣扎与突破。

一 高师开办教育科的因缘

在中国，教育学科制度上的起点，是各级师范学堂中的各类教育学课程。中国师范教育制度直接学习日本，间接学习法国、德国。中国创办师范教育之时，恰逢赫尔巴特学派教育学风靡全世界，所以中国的师范学堂自创办之日起就强调必修教育学科。还规定师范学堂必须设附属学校，供师范生实习，研究普通教学方法，促进教育进步，作为其他普通学堂的模范。同时规定师范学校，尤其是高等师范学校负有研究普通教育的责任。

中国师范学校中的教育学科课程的形式和内容，也是直接学自日本。不像美国将教育学科在大学设学系做专门研究，日本将教育行政、管理法、教授学、教育学、教育史等作为高等师范各部学生的共同必修科。高等师范学校养成师范学校、中学校教员，把高师的权力扩充到支配全国的师范教育及中等教育的范围。① 高师除了养成各校师资,兼以"研究普通教育之方法"为目的,整个高师都是研究教育的所在。日本大学设立的目的,是"教授对于国家所必需的学术之理论及应用,并探究其蕴奥",除了高师,东京帝国大学文学部开设教育学讲座,所以日本著名教育学者主要聚集在东京帝国大学及东京、长岛两高师。② 中国的学制是日本学制形神毕肖的拓影。据1913年《大学规程令》,大学文科分为哲学、文学、历史学、地理学四门,哲学门下的西洋哲学类中,有"教育学"科目。③ 1920年前,中国的国立大学只有北京大学、北洋大学及山西大学三所。三所大学中,唯北大设有"教育学"科目,④ 但教员不可考。三所国立大学并没有如东京帝国大学那样设置教育学讲座。于是,高等师范学校在教育制度的改革和调整中充当重要角色,有"教育根本之根本"⑤ 的光环。这些光环在1915年前后受到了一系列挑战。

(一) 高师毕业生不足以胜任师范学校教育类课程

按照高师制度的设计,高师毕业生可以担任高师以下的各级师范学校的教育学师资。1915年之前,国内并没有专门培养师范学校教育学教师的机构。清末师范学堂的教育学教师,或者是日本教习,或者是日本或国内师范学堂毕业的普通学生。自癸卯学制将师范教育从普通教育系统中分立出来,独立的师范教育系统经过十几年的发展,师范学校数量达到了一定规模,对教育学课程的教师数量有了相应需求。按照

---

① 林砺儒:《日本师范教育的特点》,《教育研究》第32期,1931年12月,第20页。
② 吴自强编著《日本现代教育概论》,商务印书馆,1935,第55、88、283页。
③ 《法令:教育部公布大学规程令(民国二年一月十二日部令第一号)》,《教育杂志》第5卷第1号,1913年4月,第2页。
④ 《哲学系略史》,王学珍、郭建荣主编《北京大学史料第二卷·二(1912—1937)》,北京大学出版社,2000,第1743—1745页。
⑤ 蔡儒楷:《教育总长蔡儒楷呈大总统拟暂设高等师范六校为统一教育办法》,《政府公报》第669号,1914年3月,第23页。

1912年的《师范学校规程》，师范学校第二、三学年开设"教育"课程，每周4学时，"要旨在授以教育上之普通知识"，融心理学、论理学、教育理论、哲学发凡、教授法、保育法、近世教育史、教育制度、学校管理法、学校卫生及教育实习于"教育"一科，第二、三学年每周4小时，第四学年每周2小时，加实习每周9小时。① 高等师范学校的教育类课程比师范学校的要周详些。1913年教育部公布《高等师范学校课程标准》，高等师范学校本科各部在第二学年修习教育学、教育史（每周3学时），第三学年修习教育史、教授法、学校卫生、教育法令（每周5学时）。②

实际上，高师学生多以专门学科为主，视这些教育学科目为"附带的枝叶"，而且"这些教育科目也都是书本上的老生常谈"，③ 并不能引起学生注意。这种情况较为普遍，浙江教育会曾提到"现行的法令凡是高等教育毕业生都允许他能担任师范学校的教育教员，但事实上请他们担任教育一科，都是怕试试的居多"。④ 张渲任武昌高师校长，其在调研师范学校时也发现，高师学生毕业后并不能愉快地胜任师范学校教育科目。⑤

就高等师范学校供给师范学校师资的现实需要看，师范学校教育一科的师资确有"缺乏"之虞。《高等师范学校规程》第八条、第九条规定，高等师范学校于"师范学校及中学校某科教员缺乏时"可开设专

---

① 《教育部部令第三十四号：师范学校规程》，《政府公报》第227号，1912年12月，第4—7页。
② 《教育部部令第二十七号（中华民国二年四月一日）：高等师范学校课程标准》，《政府公报》第330号，1913年4月，第5—22页。
③ 常乃惪：《师范教育改造问题》，《教育杂志》（学制课程研究号）第14卷号外，1922年5月，第16—17页。
④ 《改革师范教育议案（浙江省教育会提议）》，邰爽秋等合选《历届教育会议决案汇编》（教育参考资料选辑第5种），教育编译馆，1935，"第五届全国教育会联合大会议决案"第38页。
⑤ 王郁之：《武昌高等师范学校纪略》，《武汉文史资料》编辑部编《武汉文史资料》1986年第2辑（总第24辑），武汉市政协文史资料研究委员会，1986。

修科，专修科的科目及授业时间由校长订定，呈请教育总长认可。① 这样一来，现实有需要，制度有依据，开设专门培养教育学师资的专修科便水到渠成。

（二）欧美教育思想和制度的引介

师资需求之外，欧美日新月异的教育新理、教学新法的涌入，也成为高师开办教育专攻科不能忽视的时代底色。1912年，蔡元培订定了共和时代的教育宗旨："注重道德教育，以实利教育、军国民教育辅之，更以美感教育完成其道德。"② 这种四育并举的教育方针在民初产生了很大影响，围绕几育，各种主义并起。围绕"实利教育"的"实用主义"，支持者最多。蔡元培在《新教育意见》中，解释"实利教育"的渊源，"其说创于美洲，而近亦盛行于欧陆"，"今日美洲之德弗伊（即杜威——引者注）派，则纯持实利主义者也"。直言对中国来说，"实利主义之教育，固亦当务之急者也"。③ 民初虽然颁布了教育宗旨，但并无切实施行之方针，于是各种改造方案并行于世。黄炎培等人相继发表一系列介绍实用主义的文章，实用主义教育理论渐渐风靡中国。同时，欧洲和美国的新教育运动、进步主义教育运动中的教育新理和教学新法日新月异，这些新理新法由曾经留学欧美各国，或通外文的教育学者直接介绍到中国。许多教育学者以翻译和著作来介绍西方各派教育思想以及由此而生的各种教育实施方法，并付诸实践。于是，教育学界的"思想"和"主义"积累得越来越多，作为"教育根本之根本"的高等师范学校，抱守书本上老生常谈的教育科目，难以支撑"教育精神唯一的机关"的责任。

世界范围内，中等教育年限延长，对中等教育师资水平的要求随之

---

① 《教育部部令第六号：高等师范学校规程》，《政府公报》第291号，1913年2月，第3页。
② 《教育部部令二则：兹定教育宗旨特公布之此令》，《政府公报》第127号，1912年9月，第2页。
③ 蔡元培：《新教育意见》，《教育杂志》第3年第11期，1912年2月，第19、25页。

提升,"中学教员须有大学卒业之程度,几为世界教育一致之标准"。①19世纪中期之后,欧美各国都有"教育学侵入大学之运动"。② 1903年,法国巴黎大学合并巴黎高师,其余欧美各大学亦争相设置教育学科,与大学其他各学科联合培养中等教育师资,一边培养科学研究实力,一边努力于教育活动的研究。③

1873年,英国成立教师学院(College of Preceptors),开设教学相关课程,提倡教育学之研究。1868年,斐启(Fitch)教授倡议设立教育学位。1890年之后,英格兰各大学相继设立教育学教座,并成立师范部(University Training Department)。④ 1895年,蒲莱斯皇家中等教育委员会(Bryee Royal Commission on Secondary Education)主张大学应对高年级学生进行教育专门科目训练。1902年,该会极力提倡中等教师训练学院(Training Colleges for Secondary Teachers)。⑤

在德国,大学为中等教育师资唯一的培养机关。1776年,康德在柯尼斯堡(Konigsberg)大学以哲学教授的身份开设教育学讲座。1779年图拉普(E. C. Trapp)为哈尔(Halle)大学教育学教授。至1810年,赫尔巴特在柯尼斯堡大学设立教育研究班(Pedagogy Seminar)及附属实验学校,教育原理与实践并重。自此,德国教育学科稳固了在大学中的位置。⑥ 德国大学大多将教育一门附属于哲学科。在大学各科外,若干大学附设教育学院或师范专科,专门训练中等教育师资,比较著名的有耶拿大学、哥廷根大学、柏林大学、柯尼斯堡大学及莱比锡大学等。课程分普通、专门及实习三种。专门课程有教育原理、心理学、教育

---

① 云甫:《高等师范应改师范大学之理由及办法》,《教育丛刊》(学制研究号)第2卷第5集,1921年10月,第3页。
② 余家菊:《教育科在大学中之位置》,《醒狮》第64号,1925年12月,第5页。
③ 许崇清:《论第五届教育联合会改革师范教育诸案》,《教育杂志》第12卷第9号,1920年9月,第12页。
④ 余家菊:《教育科在大学之位置》(续),《醒狮》第65号,1926年1月,第4页。文章名原作此,与前篇不同。
⑤ 李之鸥编《各国师范教育概观》,商务印书馆,1932,第7—8页。
⑥ 余家菊:《教育科在大学之位置》(续),《醒狮》第65号,1926年1月,第4页。

第二章 民国初年高等师范学校教育系科的设置与更易

史、教学法及学校行政之类。①

在美国，19世纪后半叶，伴随大学引入德国大学的教育学讲座制度，教育学被理解为独立的学科。19世纪后半叶至20世纪，美国逐渐成为世界教育学科的中心。教育学科进入美国大学，也与中等学校师资培养有密切关系。如加利福尼亚州规定，中等教师须有与大学毕业生相当的学力，并要精通教授的方法。其他各州跟进，于是美国各州大学纷纷设立教育专科。甚至有将"教育科"列为分科大学之一，称之为教法学院（School of Pedagogy）或教育学院（College of Education）。后来有些州立师范学校大加扩充，设立了与college程度相当的学部和附属实习中学，改称教师学院（Teachers College），以培养中等教师。美国的大学为竞存计，也设立实验和实习的附属中学校。从此美国大学的教育学科日趋增多。至1915年，设有教育学科的大学数量达363所。② 民国初年，美国的大学教育学院、教育学系正在经历大扩充，教育学的教授人数激增，修习教育学的学生随之增多。③ 各大学的教育学科各有特色，其中美国哥伦比亚大学师范学院成为当时"新执世界教育牛耳"④者，中国学者认为"美国哥伦比亚师范大学为世界最大最完善之教育研究机关"。⑤ 哥伦比亚大学师范学院设有六大类型的讲座，除了养成教师及督学视学，兼以研究为任务。⑥ 可以说，在世界范围内，尤其是美国，教育学科在大学课程中占了一个重要的位置。

---

① 李之鸥编《各国师范教育概观》，第145—146页。
② 许崇清：《论第五届教育联合会改革师范教育诸案》，《教育杂志》第12卷第9号，1920年9月，第6页。
③ Charles H. Judel：《一个改进教育学院系课程的方案》，《中华基督教教育季刊》第10卷第1期，1934年，第31页。
④ 云甫：《高等师范应改师范大学之理由及办法》，《教育丛刊》（学制研究号）第2卷第5集，1921年10月，第1页。
⑤ 李建勋：《请改全国国立高等师范为师范大学案》，《教育丛刊》第3卷第5集，1922年9月，第3页。
⑥ 许崇清：《论第五届教育联合会改革师范教育诸案》，《教育杂志》第12卷第9号，1920年9月，第7页。

在国内国际这样的背景下，一方面，欧美大学中有教育学科，为在"教育救国"氛围中的留学生提供了选择，清末民初，周诒春、郭秉文、蒋梦麟等人皆选择留学欧美研习教育学；另一方面，高等师范学校的管理者也容易从欧美的制度先例中受到启发。北高师校长陈宝泉曾感慨："欧美各国，教育一门，无不设有专科，故新理新法日出不穷。"①1918年第一次世界大战结束后，"世界潮流一新，欧美各国教育，非有制度上之改革，即有课程上之变更。新潮所趋，我国教育自不能不受其影响，改革之议，因以大起"。②英法德美等各国师资培养的经验，皆被引介，国内各派教育改革意见亦援引各国经验。

（三）日本高等师范学校也在改革

中国的高师制度是日本高师制度的拓影，同时期的一些变革也非常相似。日本自明治维新以来，教育制度的学习对象发生了几次更易。1872年，日本模仿法国的大学区制颁布《学制》，校内设备则模仿美国，教师多雇用美国人。1879年废止《学制》，代之以承袭美国教育特色的《教育令》。因为受美国教育的影响，民权思想过于发达，日本国是发生动摇，引发政府内外不满，爆发了以伊藤博文为首的西学派和以元田永孚为首的儒学派之间的"德育论争"。③1886年日本颁布各种学校令，日本教育倾向采用德国的制度，教师则雇用英国人。1890年，作为西学派与儒学派"德育论争"的结果，明治天皇颁布《教育敕语》。除令学校采用德国的学制外，还解雇了英美教师，改聘德国人。帝国大学的教育学讲座，也请德国教育学者来担任教授，传播以赫尔巴特及齐勒尔（Eiller）为代表的赫尔巴特学派的教育学说。因为赫尔巴特学派的

---

① 陈宝泉：《上前教育部汪总长请设教育及图画手工专修科书》，《京师教育报》第4期，1914年5月，"附录"第4页。
② 李之鸥编《各国师范教育概观》，第306—307页。
③ 汤晓黎：《日本明治时期"德育论争"之刍议》，《历史教学问题》2002年第3期，第35页。

第二章 民国初年高等师范学校教育系科的设置与更易

教育学说注重道德观念，以养成有道德的人为宗旨，颇与日本人所尊崇的儒教相仿佛，所以赫尔巴特学派的学说，尤其是"五段教授法"一时风靡日本全土。取得日俄战争胜利后，日本的教育在制度层面模仿德国的学制，在教育理论方面，更吸收德国教育的精神，采用威尔曼（Willmann）、拿托普（Natorp）、贝尔格曼（Bergemann）等人的社会的教育学，以及林特（Linde）、波特（Budde）等人的人格的教育学，凯兴斯泰奈（Kerschensteiner）等的文化教育学，李特（Latt）、办悟（Behu）等的现象学的教育学。① 民国学界对此有较为清晰的认识：20世纪初中国的学制直接学的是日本，间接学的主要是德国，兼及法国、美国和英国。

世界范围内的中等教育提升而带来的中等教育师资问题也影响了日本。日本的高等师范学校制度学自法国。1903年，巴黎高师并入巴黎大学之后，法国的高师制度不复存在，中日的高师制度"根本既动，枝叶自摇"。1915年，日本修改高等师范学校规程，高等师范分文、理两科，各科各分三部，本科之外有预科、专攻科、研究科、专修科及选科等。体育科、教育科、研究科、专攻科之修业年限，得文部大臣之许可，由校长规定。② 本科毕业生及有同等以上学历者，再欲谋深造者，可入研究科及专攻科（文理大学开设后废止）；其他为补充师范学校、中学校、高等女学校教员缺乏起见，设有专修科。③ 1917年，日本临时教育会议议决"文科大学得设教育科"。④ 1915年，东京高等师范学校在文科、理科之外加设体育科，广岛高等师范学校则加设教育科。东京帝国大学的教育学讲座亦成为教育学系。广岛高等师范学校的教育科，学制三年，科目为修身、教育学、论理、生物学、

---

① 姜琦：《从欧美日本的教育研究方法说到中国的教育研究方法的状况与趋势》，《中华教育界》第19卷第12期，1932年6月。
② 李之鸥编《各国师范教育概观》，第288页。
③ 吴自强编著《日本现代教育概论》，第55页。
④ 李之鸥编《各国师范教育概观》，第290页。

心理学、哲学、社会学、法制、经济、体操。"教育科之学生，依各人志望，在所定学科目外，得于文科、理科所定之学科目中，选修一科目或数科目。"①

虽然江苏省教育会的黄炎培等人极力推崇美国教育的新气象，但彼时北京政府教育部仍看重日本经验。在江苏省教育会副会长黄炎培及教育部次长袁希涛的推动下，1917年1月至2月，北高师校长陈宝泉、北高师附中主任韩振华、武昌高师校长张渲、南高师教务主任郭秉文等赴日本及菲律宾进行教育考察，②借考察美国的殖民地菲律宾，比较日本和美国教育制度。考察期间，陈宝泉、张渲等多将考察的重点放在师范教育制度上。北高师教育专攻科及武昌高师的教育补修科的定名、制度形式、学术倾向及具体课程设置，多少能看到日本两所高等师范学校的影子。

（四）清末民初留美"专习教育者"群体初现

甲午海战中国战败，面对如何图存图强的时代问题，国人势必要思考如何变革国家现状。民众没有国家意识，就不可能维持国家的生存并实现其强大。而要把国家建设成国民国家，变民众为"国民"，一方面要实行开议会、变科举等政治制度的大改革，另一方面需要进行教育制度的大变革。③清末至民初，中国的救亡图存按照这一思路进行。民国初年政治变革屡遭挫败，加上第一次世界大战的震荡，国人越来越属意以教育制度的大变革来图存图强。与此同时，世界范围内，19世纪后半叶至20世纪，美国逐渐成为教育学科的中心。

清末，周诒春、郭秉文、蒋梦麟等人留学美国，主动选择修习教育

---

① 吴自强编著《日本现代教育概论》，第50、57页。
② 袁希涛：《缘起》，陈宝泉等：《考察日本、菲律宾教育团纪实》，商务印书馆，1917，第1—2页。
③ 〔日〕佐藤慎一：《近代中国的知识分子与文明》，刘岳兵译，江苏人民出版社，2008，第89页。

第二章　民国初年高等师范学校教育系科的设置与更易

学,并投身教育,矢志不渝。民国初年,他们陆续回国,又带动了一批学生留美专修教育学科。周诒春(1883—1958),肄业于上海圣约翰学院,1907年考取两江官费留学资格,先后入耶鲁、威斯康星研习教育学及心理学,获学士、硕士学位。1911年归国,获授"文科进士"。后任上海复旦公学心理学教员。1912年秋任清华留美预备学校副校长兼教务长,1913年夏任校长。① 郭秉文(1880—1969),1896年毕业于美国长老会在上海所办的清心书院,1908年赴美留学,先到美国俄亥俄州的伍斯特大学攻读理科,1911年获得理学士学位,1912年获哥伦比亚大学硕士学位,1915年获教育学博士学位。② 之后郭秉文应南京高等师范学校校长江谦邀请,担任新成立的南高师教务长。1918年3月代理校长,1919年9月正式任校长,1921年9月兼任东南大学校长。③ 蒋梦麟(1886—1964),1907年赴日参观,日本的城市环境及国民素质给他留下了良好的印象;之后赴美国学教育学,也"受这些感想的指示"。④ 1908年,蒋梦麟通过浙江省官费留美考试,随即赴美留学。蒋梦麟在伯克利大学农学院读了半年农科,后转学教育。从1909年秋天起,蒋梦麟开始选修逻辑学、伦理学、心理学和英国史。1912年,他以教育为主科,历史与哲学为副科,毕业于加州大学教育学系。后入哥伦比亚大学研究院,师从斯特雷耶(Strayer)继续学习教育学。⑤ 1917年6月获哲学博士学位后回国,1919年,应蔡元培之聘,赴北京大学担任教务长。

游美学务处自1909年成立之后,每年都有选习教育学专业的留学生。1909—1911年派出的三批留学生中,第一批有3人选择教育学;第二批70名学生中,有3人选择教育专业,其中张彭春(张伯苓之

---

① 周邦道:《近代教育先进传略初集》,台北:中国文化大学出版部,1981,第145—146页。
② 周邦道:《近代教育先进传略初集》,1981,第63—66页。
③ 秘书处编纂组编印《国立中央大学沿革史》,1930,第10—13页。
④ 蒋梦麟:《西潮·新潮》,岳麓书社,2000,第71页。
⑤ 蒋梦麟:《西潮·新潮》,第78—92页。

弟）在哥伦比亚大学拿到硕士与博士学位；第三批63名学生中，有1人获得教育学硕士学位。① 1913年，周诒春担任清华学校校长后，留美学教育的人数明显增多。1914年赴美留学的清华毕业生郑晓沧回忆："我们的一辈里，当时修习教育学的有廖世承、陈鹤琴、孟宪承和我，共有四人之多！……民初时期，'教育救国论'正盛行一时，再加上清华校长周季梅（即周诒春——引者注）先生也是习教育的，所以我们这一辈里的先后同学，竟有多人习了教育学。……1914年和我们同轮渡美习教育的，还有陶行知。"② 1914年毕业留美修习教育学的有陈鹤琴、郑晓沧及瞿世英；1915年有廖世承、张耀翔；1916年有朱君毅；1917年有庄泽宣；1918年有程其保、沈履等人。他们多成为20世纪20—30年代中国教育学界的中流砥柱。

江苏省教育会副会长黄炎培赴美教育考察期间，曾与留学生广泛接触。他统计，1914—1915年的留美学生中，学教育学者有36人。黄炎培对国内师范学校泛泛讲授教育行政、教育管理表示不满，而对在美国"专习教育者"大表欢迎："教育，习焉者殆皆普通之理论，或行政法、管理法者，就本国学校需要言之，苟有人专习某科教授法，或专习教育心理学，若此类者，其欢迎之当愈切矣。"③ 1915年前后，这批留美"专习教育者"陆续归国，在国内各教育机关受到重用。

这一代教育学人的追求，正如1916年陶行知给哥伦比亚大学师范学院院长J.E.罗素（J.E. Russell）的信中提到的，"我终生唯一的目标是通过教育，而非经由军事革命创造一个民主国家。看到我们共和国突然诞生而带来严重弊端，我深信如果没有真正的公众教育就不可能有真正的共和制的存在"，"我回国后将与其他教育工作者合作，为我国

---

① 谢喆平：《清华留美学人与中国现代教育学的滥觞：一项初步研究》，《清华大学教育研究》2018年第5期。
② 王承绪、赵端瑛编《郑晓沧教育论著选》，人民教育出版社，1993，第300—301页。
③ 黄炎培：《一九一四年至一九一五年留美学生统计》，《教育杂志》第8卷第6号，1916年6月，第45—48页。

第二章 民国初年高等师范学校教育系科的设置与更易

人民组织一套有效的公共教育体制,以使他们能步美国人民的后尘,发展和保持一真正民主制度。它将是唯一能实现正义与自由的理想之国"。① 他们通过著书讲学,研讨传播美国教育思想,创办团体与刊物,力倡新教育运动。他们抱着"教育救国"理念,很快成为影响全国的教育家。同时,他们作为一个群体的出现,确立了教育学科的职业制度;反过来,他们亦尝试在制度层面寻求教育学科的突破,成为教育学科进入大学的有力推手。

在学制层面,民初壬子癸丑学制的颁布本属仓促,教育界觉得"弱点甚多"。1915年政府颁行《教育纲要》及《预备学校令》,意在直接采用德国制度,只是这一制度随着袁世凯复辟帝制失败于1916年10月撤销。1918年11月,第一次世界大战结束,德国的军国主义教育随之失势,美国的民治教育说大兴,成为"潮流"。② 原名《教育周报》的浙江教育会机关报,1919年特意改名为《教育潮》,意指教育界应像"潮"一样,"扫腐催坚""除旧布新"。他们认为,世界新潮流之趋势,简言之即政治上"废军国主义,重民本主义",国际上"废均势主义,取联治主义",经济上"废务财主义,取用财主义"。教育与世界新潮流关系密切,顺应、欢迎之道,则在吸收"世界最新之学说,以改革其法则",主张"人格教育,尚自动,尚自由,尚自治,尚自律"。③ 留美归国的教育学者,便是这一潮流的中流砥柱。1919年3月,中国教育调查会第一次开会,便议决通过了江苏省教育会代表沈恩孚和蒋梦麟联名提出的"教育宗旨研究案"。④ 该案认为"自欧战终了后,军国民教育一节,于世界潮流容有未合","民国成立以来,祸患迭乘,究其原因,实由国民缺乏共和精神所致",所以应采英法美三国之长,

---

① 江苏省陶行知研究会、南京晓庄师范学校编《陶行知文集》(修订本上),江苏教育出版社,2001,第13—14页。
② 姚佩兰:《现代中国教育思想的派别》,《教育学会》创刊号,1934年6月。
③ 《发刊辞》,《教育潮》第1卷第1期,1919年4月,第4—5页。
④ 《教育调查会第一次开会议决各案报告表》,《新教育》(杜威号)第1卷第3期,1919年4月,第344页。

以"养成健全人格,发展共和精神"为教育宗旨。① 同年第五届全国教育会联合会以"施教育者不应持定一种宗旨或主义以束缚受教育者",呈请教育部废止教育宗旨,宣布"养成健全人格,发展共和精神"为教育本义。② 1919年,杜威来华讲学,更推动这股潮流席卷教育界。1918年前后,学制的潮流已然由日本潮、德国潮倒向了美国潮。美国大学教育学科的建制,也成为中国教育学科制度建制的模板。

二 北高师教育专攻科的历史境遇

在欧美各国纷纷在大学设立教育专科及专门的教育研究机构的背景下,面对世界范围内教育新理、教授新法层出不穷的状况,地处首都、执全国师范学校牛耳的北高师,自然要做出回应。

1916年,《北京高等师范学校校友会杂志》所载《详报四年度本校扩充情形》一文在提及为何设置教育专攻科时,做了如下说明:

> ……查《高等师范学校规程》有得设专修科之规定,其科目及时间由校长订定,详由教育总长认可。本校前拟设立教育专修科、手工图画专修科及国文专修科,曾将设立之理由及办法先后详请在案。兹拟仍照前请,将三种专修科各设一班,或以补教科之缺憾,或以应现时之需要,均为不容缓之图。今日之谋教育者,类主实用主义,徒有主义而无方法,亦徒托空言。故必研讨教育上之新理,并参以教授上之经验,乃能贯澈此主义。本校之拟设教育专修者,以此。③

---

① 沈恩孚、蒋梦麟:《教育调查会第一次会议报告:教育宗旨研究案》,《教育杂志》第11卷第5号,1919年5月,第20页。
② 《第五届全国教育联合会议决案:(一)请废止教育宗旨宣布教育本义案(呈教育部)》,《教育杂志》第11卷第11号,1919年11月,第47页。
③ 《详报四年度本校扩充情形》,《北京高等师范学校校友会杂志》第1辑,1916年4月,"本校纪事"第145页。

第二章 民国初年高等师范学校教育系科的设置与更易

也就是说,一方面,北高师要为各级师范学校输送教育学教师;另一方面,面对日益纷繁的"主义",贯彻这些主义的师范学校需做明确的"表态"。原有的作为师范学校课程的教科书化的教育学已不足以回应包含在这些"主义"中的教育理论问题,需要研究各种主义是什么、如何贯彻、落实的专门机构为何。于是,一旦条件具备,"教育专攻科"的设置便提上议程。

(一)北高师校长陈宝泉的争取

北高师教育专攻科的酝酿与开设,从政策支持到学术渊源,都与当时北高师校长陈宝泉有着密切的关系。

1912年5月,教育部令京师优级师范学堂改为北京高等师范学校,以陈宝泉为校长,筹备开校事宜。据王桐龄《北京高等师范学校过去十二年间之回顾》一文,陈宝泉接办北高师之初,"校内青草满地,荒芜没人",陈宝泉与诸先生亲自"辟草莱、斩荆棘,筚路褴褛,以启山林"。[①]

陈宝泉(1874—1937),字筱庄、小庄、肖庄,天津人。1912—1920年任北高师校长。陈宝泉在清末即活跃于中国教育舞台。他与严修关系密切,"人谓得严先生之遗风",素为严修与范源廉所倚重。[②] 1903年,陈宝泉由严修保送到日本宏文学院留学,专攻速成师范科。1905年,随严修到清廷学部任职,拟订学部开部之计划,改定中等以下学堂章程,主持组织图书局,编纂教科书。1906年,"深谙教育学"的陈宝泉在京师设立"普通教育研究会","研究教育学、教授管理法";[③] 1907年,编定国民必读书目、中小学教科书审定书目;1911年,任学部实业司司长,并为中央教育会会议预备议案员及教育会会

[①] 北京师范大学校史编写组编《北京师范大学校史(1902—1982)》,北京师范大学出版社,1982,第66页。

[②] 陈宝泉:《退思斋诗存》,沈云龙编《近代中国史料丛刊》(566),台北:文海出版社,1973年影印本,"序"第12、24页。

[③] 《设立普通教育研究会》,《大公报》1906年9月25日,第4版。

员。从清末到民国,他都积极参加、组织、领导各种学术研究会,尤其是教育学术研究会。作为中国第一代现代教育学术的接受者、传播者和研究者,陈宝泉长期在教育管理核心部门任职,并一直关心、从事教育学术研究,既是教育官员,也是教育学者。这一方面使他在就任北高师校长前积累了大量教育实践、管理经验,另一方面,也拓展了他在政界及教育界的人脉,尤其是与严修及直隶教育系统关系紧密。因袁世凯对严修等直隶一系教育家甚为看重,故陈宝泉与袁世凯政府的关系也并不疏远。1912年,由他来掌管身处京师的北京高等师范学校,从各方面考虑,可谓得人。

袁世凯就任中华民国大总统后,在教育领域反对壬子癸丑学制。1913年6月,北京政府发布整饬学风令,指责各校管理不善,学风日坏,要求严加整顿;① 在其炮制的宪法草案里规定"国民教育以孔子之道为修身之大本"。② 1915年颁布《大总统教育要旨》,强调"各学校均应崇奉古圣贤以为师法,宜尊孔以端其基,尚孟以致其用"。③ 作为维护和宣传袁氏意识形态的工具,教育对政治有着特殊而重要的意义。清末以来,师范学校为"教育之母"的地位几成公论。北京高等师范学校作为培养中学教员之机构,对袁世凯政府自具有重要意义,故在1916年袁世凯政府垮台之前,北高师一直很受看重。

1914年5月,袁世凯传见陈宝泉,讨论师范教育问题,嘱咐"以师范教育为重",随后陈宝泉上书建议师范教育办法。其中第一条"师范学校,宜就注重之学校扩充,不宜多设"④ 为袁世凯所采纳,并令其制定高师发展五年计划,上报预算。陈宝泉因此主持制定《北京高师规程》《北京高师五年计划书》等。1915年6月15日,北高师收到教育部颁发袁世

---

① 《六月二日临时大总统命令》,《申报》1913年6月5日,第2版。
② 《宪法起草委员会纪事》,《申报》1913年11月2日,第2版。
③ 《大总统颁定教育宗旨教育纲要》,《吴县教育杂志》第4期,1915年12月,第36页。
④ 陈宝泉:《代呈大总统教育意见书》,《北京高等师范学校校友会杂志》第1辑,1916年4月,"专件"第1页。

第二章　民国初年高等师范学校教育系科的设置与更易

凯所题"教育本源"匾额一方；8月11日，又收到教育部颁发的由袁世凯捐印的《教育要旨》1000本，"饬给学生"。① 陈宝泉经常被传见，讨论师范教育政策。北高师因此与教育部关系也相当密切。

作为现代教育学术的接受者、传播者和研究者，陈宝泉对师范学校培养教师的功能有着深刻的体认，而教育学作为培养教师的关键学科，在师范学校中有不可取代的重要地位。同时，陈宝泉对欧美各国的正在进行的新教育运动保持关注，对其层出不穷的教育新理、教授新法心向往之。1914年2月，为设立教育专修科、手工图画专修科，陈宝泉上书教育总长汪大燮，其文曰：

……高等师范，为中小学教育之导源。倘非采各国最新之学说，以应本国现在之需要，则转而施之中小学教育，必难收美满之效果。近见中小学毕业生，恒有修学数年，虽具学生之形式，殊未备普通必须之智识技能。即微有所得，而习之于学校者，又往往不足用之于社会。此无他，教法有未善，而教科之轻重缓急亦未酌其宜也。今之从事教育者，研究吾国教育缺点有二：一、教授偏重注入，使学生纯处于被动地位，教者非滔滔演讲，等学生于木偶，即书字满板，迫学生如抄胥。论其所教程度，未尝不自诩高深，而杂投并进，苦无融会余地，致学生舍书册外，茫无所得。此学业所以寡实际也。现各国教授方法，类采用自动主义。所谓自动者，借教者之指引力，使学生发动一种求知求能之渴望，教者迎机而顺导之。故学生之所知所能，非教者使之知能，实学生依顺序之途径，自底于知、自底于能也。此项教法，适足医吾国今日之通病。然欲贯澈此主义，一在求教育上之新理，一在考教授上之实验。欧美各国，教育一门，无不设有专科，故新理新法日出不穷。而中小学校展转灌输，则

---

① 《沿革志略》，《北京高等师范学校校友会杂志》第1辑，1916年4月，"本校纪事"第7—18页。

教育改良于不觉。兹拟参仿其意，筹设教育专修科，以为促进教育之助。……以上所举，教育手工图画各科，本校现设各部中，未尝无此科目，惟非专习之科，授课较少，造就未深，恐不足以轻移风气。查《高等师范学校规程》第八条，高等师范学校得设专修科，又第九条，专修科之科目及时间，由校长订定，呈由教育总长认可。本校此次预算，故于来年度经常费中，特列专修科用款一项。拟于明年暑假后，就教育专修科或手工图画专修科先酌设一班，以为改良教育之筹备。①

上书中明言其筹设教育专修科，系参仿欧美各国制度。基于这种认识，在其掌管北高师后，一旦有经费保障，便会优先设置教育学系科。1915年2月，教育部批准北高师扩充规模，由袁世凯自捐1万元，并批筹拨6万元开办费，"自此以后，添聘教员、添招学生、增加经费、改建房屋"，"日日计划，月月进行，年年扩充"，北高师"遂成全国最大高等师范之基础"，② 教育专攻科设置的经费亦来源于此。

有一点需要注意，1914年陈宝泉申请开办的是"教育专修科"，但实际定名为"教育专攻科"。从教育部的批文来看，系北高师方面主动换名，而非教育部指令改正。"专修科为专精科学而设，其有补助学力之不足而足以推广国民教育收效最速者。"③ "专攻科"之名并未见于规程，极有可能来源于同时期的东京高等师范学校。1914年，日本曾对师范学校课程及毕业年限进行修订，规定本科之外，特设预科、专攻科、研究科、专修科及选科等。"本科毕业生及有同等以上学历者，再欲谋深造者，可入研究科及专攻科。"④ 东京高等师范学校随即

---

① 陈宝泉：《上教育总长教育计划书》，《北京高等师范学校校友会杂志》第1辑，1916年4月，"专件"第4—6页。
② 北京师范大学校史编写组编《北京师范大学校史（1902—1982）》，第66页。
③ 《筹拟本校扩充办法说帖》，《北京高等师范学校校友会杂志》第1辑，1916年4月，"本校纪事"第138页。
④ 吴自强编著《日本现代教育概论》，第55页。

在修身汉文部、英语部设置"专攻科"。① 东京高师的"专攻科"入学资格与研究科相同,招收高师本科四年的毕业生,学制二年。② 按照日本的制度设计,专攻科及研究科皆是高师本科四年毕业后的去处,只不过专攻科的学科较研究科少,而专攻科毕业亦可再入研究科。北京政府教育部将"专修科"理解为"专修科性质原为某科教员缺乏而设,其科目应较本科尤为单简方可专精",③ 即专修科的科目较高师本科的科目应少而专精。北高师设置的"教育专攻科"与本科国文部、英文部、历史地理部、数学物理部、物理化学部、博物部一样,皆是招收师范学校毕业、中等学校毕业及具有同等之学力者,学制四年。其开课旨趣符合"专修科"规定,但学制并没有比高师本科短。同时,与日本东京高师"专攻科"的招生对象及学制也不一样。可以说,"教育专攻科"在制度上是借用日本"专攻科"之名的创造。

(二) 教育专攻科的学术倾向:"输入德国教育学说"

1915年3月,北高师拟定教育专攻科规程,5月招生,7月,于京沪分行专攻、专修各科入学试验,招收师范学校毕业、中等学校毕业及具有同等之学力者。④ 9月,38名新生入学,"聘王烈充教育专攻科学级主任"。⑤ 陈宝泉在1918年《北京高等师范学校报告》中提及:"此科之设在输入德国教育学说,以振起国人教育思想。故科目以德语及教育为主,聘德人梅约翰为教员。"⑥ 为什么要输入德国教育学说?陈宝

---

① 《国外纪闻:东京高等师范学校概况》,《教育周报》(杭州)第94期,1915年8月。
② 《郭秉文陶履恭调查日本教育报告》,《教育潮》第1卷第1期,1919年4月。
③ 《批北京高等师范学校所拟专攻专修暨讲习班诸规程分别准驳(第八百零五号,四年六月十一日)》,《教育公报》第2卷3期,1915年7月,第119页。
④ 《北京高等师范学校教育专攻科规程(附教育专攻科课程标准)》,《北京高等师范学校校友会杂志》第1辑,1916年4月,"本校规程"第23页。
⑤ 《北京高等师范学校校务实况报告书及校务计划书》,《教育公报》第3卷第12期,1916年11月,第3页。
⑥ 《全国高等师范学校校长会议纪要》(续),《教育公报》第6卷第2期,1919年2月,第49页。

泉认为"欧美各国，教育一门无不设有专科，故新理新法日出不穷而展转灌输，则教育改良于不觉。查教育一科，以德国讲求为最精，拟请德国专门教育家讲授，采取精新学说以期改良教育"。① 1915 年前后，教育界大多认为，各国的教育制度和教育学说"首推德国"。德国实行的实际为军国民主义的教育，将国之强弱与民智民德紧密联系起来。国人认为，正是凭借军国民主义的国民教育，普鲁士才打败法国，各国皆以为"德国之国民教育实为强国导线"，于是"今世各国教育，皆趋向德制者"，以国民教育为强国利器，亚洲的"日本复以之雄视东亚"。② 对于中国来说，民国初年的壬子癸丑学制沿用清末学制，"教育者及社会一般人士，渐感其弊害，乃思设法改正"，至 1915 年 1 月，政府颁布《教育纲要》，11 月颁布《预备学校令》，意在"直接采用德国的教育制度"。③ 教育界对此颇有期许："今之吾国，亦且采德制，行义务教育矣。他日之强，或可跂乎？"④

北高师与北京政府及教育部关系密切，设置教育专攻科、输入德国教育学说应该有为之张目的成分。再者，如前所述，日本的帝国大学及高等师范学校注重德国的教育精神，陈宝泉此举也意在直接向德国学习教育学说。彼时教育界公认北高师"因尚德制，故有是科之特设"。⑤ 王烈虽为学级主任，但其主攻地质学，在教育专攻科主要教德语，担任德语翻译。⑥ 教育专攻科"输入德国教育学说"的灵魂人物是教授教育学和西洋教育史的德国人梅约翰。

---

① 《筹拟本校扩充办法说帖》，《北京高等师范学校校友会杂志》第 1 辑，1916 年 4 月，"本校规程"第 138 页。
② 孟世杰：《论近世纪以来英德法美教育学说之变迁及其特色》（续前），《教育周报》（杭州）第 89 期，1915 年 6 月，第 10—11 页。
③ 姚佩兰：《现代中国教育思想的派别》，《教育学会》创刊号，1934 年 6 月，第 41 页。
④ 孟世杰：《论近世纪以来英德法美教育学说之变迁及其特色》（续前），《教育周报》（杭州）第 89 期，1915 年 6 月，第 11 页。
⑤ 石禅：《北京高等师范学校设教育专攻科之疑问》，《教育周报》（杭州）第 93 期，1915 年 8 月，第 27 页。
⑥ 周谷城：《五四时期的北高师》，中国人民政治协商会议全国委员会文史资料委员会编《文史资料存稿选编·教育》，中国文史出版社，2002，第 382 页。

第二章 民国初年高等师范学校教育系科的设置与更易

1. 德语与教育类课程的课时占绝对优势

民初学制,在教学组织体制上,使用年级制,"班有定课,课有定程",详细规定各级各类学校各部各门的修业年限、修习的课程,以及各学年学期应修习的课程及时数。《高等师范学校规程》中虽规定专修科的科目及授课时间都由校长订定,但上呈教育部的课程标准,也要遵循这种年级制的模式。

1915年3月,北高师拟定《北京高等师范学校教育专攻科规程》。《北京高等师范学校校友会杂志》第1辑中收录有《北京高等师范学校教育专攻科规程》及课程标准,1915年7月19日为招生,亦于《申报》刊登规程。该规程及课程标准,清晰地规定了教育专攻科的主旨、招生对象、科目、学生义务、课程设置等,是研究教育专攻科必不可少的重要文件。兹将规程附下:

北京高等师范学校教育专攻科规程

第一条　教育专攻科以养成师范学校教育教员为主旨。

第二条　学生名额以四十人为限。

第三条　修业期定为四年。

第四条　入学资格以师范学校毕业、中学校毕业或具有同等之学力者为合格。

第五条　应习之科目如左:

伦理　论理　心理及教育　德语及德文学　国文　言语学　哲学　美学　体操

第六条　本科学生实习于第四学年第三学期①得借用本京师范学校行之。

第七条　本科学生毕业后应服务三年。

---

① 高等师范学校课程标准实行三学期制,第一学期8—12月,第二学期1—3月,第三学期4—7月。

第八条　本科学生均系通学，除不纳学费外，其余费用概归自备。

第九条　本科学生入学后以第一学期为试学期，于该学期末就学业、操行两项严加甄别，以定去留。

第十条　本科学生于学年试验未及格者，暂准其随班听讲，俟满三个月后加以补试，若仍不及格，则令退学。

第十一条　此外本校所订校规本科均适用之。

课程标准如表2-1所示。

教育专攻科的招生对象、学习年限与本科六部相同。教育专攻科所开设的教育类课程名目与六部也无大的不同。从课程安排来看，教育专攻科的课程按照教育学的学科基础展开，与师范学校开设的教育类课程同构；与北高师本科各部通习的伦理学（伦理学、西洋伦理学史、中国伦理学史）、心理学、教育学（教育学、教育史、教授法、学校卫生学、教育法令）、英语及体操在课程名目上无太大出入，哲学、美学及言语学则是高师国文部和英文部都需修习的。同时期，日本广岛高等师范学校教育科的科目为修身、教育学、论理、生物学、心理学、哲学、社会学、法制、经济、体操。[①] 日本高师未开德文、美学及言语学，但有社会学和法制、经济。就课程名目来说，教育专攻科所开设的课程与北高师其他六部的通习课程及日本高师教育科的课程没有本质的不同，但在课时分配上有着明显的侧重。从教育专攻科的每周时数分布来看，德语占绝对优势，其次为教育。教育专攻科的德语和教育类课程所占的比重远高于其他六部。科目的确是以"德语及教育为主"。

---

① 吴自强编著《日本现代教育概论》，第57页。

第二章　民国初年高等师范学校教育系科的设置与更易

表2-1　北高师教育专攻科课程标准

时数		伦理	论理	心理	教育	德语,德文学	国文	言语学	哲学	美学	体操	合计
第一学年	每周时数	2	4			18	4				2	30
	第一学期	实践伦理学	要素论			讲读拼音造句翻译默写	讲读作文文章流别				普通游戏及兵式训练	
	每周时数	2	4			18	4				2	30
	第二学期	同上	方法论			讲读文法造句翻译会话默写	同上				同上	
	每周时数	2		4		18	4				2	30
	第三学期	同上		心理学		讲读文法翻译作文会话默写	同上				同上	
第二学年	每周时数	2		2	6	16	2	2			2	32
	第一学期	伦理学		心理学	教育学	讲读文法翻译作文会话	同上	言语学声音学			同上	
	每周时数	2		2	6	16	2	2			2	32
	第二学期	同上		同上	同上	默写讲读文法作文会话	同上	同上			同上	
	每周时数	2		2	6	16	2	2			2	32
	第三学期	同上		同上	中国教育史	同上	同上	同上			同上	

63

续表

	时数	伦理	论理	心理	教育	德语,德文学	国文	言语学	哲学	美学	体操	合计
第三学年	每周时数	3		4	10	9			2	1	2	31
	第一学期	中国道德学史中国伦理学史		应用心理学	同上	讲读作文			哲学概要	美学概要	同上	
	每周时数	3		4	10	9			2	1	2	31
	第二学期	同上		应用心理学实践心理学	西洋教育史	同上			同上	同上	同上	
	每周时数	3		4	10	9			2	1	2	31
	第三学期	西洋伦理学史		实践心理学	世界教育制度教育行政法	同上			同上	同上	同上	
第四学年	每周时数	3			15	7			2	1	1	30
	第一学期	同上			教授法保育法	讲读作文文学史			哲学史概要	同上	同上	
	每周时数	3			15	7			2	2	1	30
	第二学期	同上			学校管理法及学校卫生法	同上			同上	美术史	同上	
	每周时数第三学期											

资料来源：《北京高等师范学校教育专攻科规程（附教育专攻科课程标准）》，《北京高等师范学校校友会杂志》第 1 辑，1916 年 4 月，"本校规程"第 25—27 页。

与其他六部相对比起来看,教育专攻科最大的特点在德语以及用德语讲授的教育学。以教育学和教育史为例。根据《高等师范学校课程标准》,其他六部的"教育学"课程安排在本科第二学年第一二学期,每周3小时;"教育史"安排在第二学年第三学期及第三学年第一二学期,每周3小时。①而教育专攻科的教育学第三学年三个学期每周6小时,第四学年三个学期每周5小时;东亚教育史第二学年三个学期每周6小时;西洋教育史在第三、第四学年开设,第三学年每周2小时,第四学年第一二学期每周5小时,第三学期每周2小时。(见表2-2)从课时数量上说,教育专攻科教育学和教育史的开课课时数倍于六部,确为"专攻"。

2. 教育类课程侧重德国精神

1917年9月,北高师聘德国人梅约翰为教育专攻科伦理、教育专任教员。② 聘请梅约翰应该早有约定,教育专攻科前一学年的课程便因梅约翰的行程进行了调整。将原本计划在第二学年第三学期开设的"中国教育史"改为"东亚教育史",提前至1916—1917学年第一学期;1916—1917学年应该开设的伦理学、言语学移至1917—1918学年;并因梅约翰所讲授的教育学1917—1918学年第三学期要讲授"体育",而"研究体育须明生理",所以在第二学期每周增加生理学2小时。③ 由此,教育专攻科实际开设课程的顺序和内容没有完全按课程标准展开,其实际情况见表2-2。

---

① 《教育部部令第二十七号(中华民国二年四月一日):高等师范学校课程标准》,《政府公报》第330期,1913年4月。
② 《北京高等师范学校校务实况及校务计划报告书(自六年七月至七年六月)》,《教育公报》第6卷第5期,1919年5月,第38页。
③ 《北京高等师范学校校务实况及校务计划报告书(自六年七月至七年六月)》,《教育公报》第6卷第5期,1919年5月,第49页。

表 2-2 教育专攻科实际开设课程及任课教师

科目	课程、教师			
	1915—1916 学年	1916—1917 学年	1917—1918 学年	1918—1919 学年
伦理	实践伦理学（每周2小时） 伦理学（每周4小时，用中文讲义） （张仁辅辞职后，邓萃英接任）	中国伦理学史（每周2小时）（邓萃英）	伦理学（第三学期，每周2小时）（梅约翰）	伦理学（第一二学期每周3小时，德文讲义）；西洋伦理学史（梅约翰）
论理	要素论、方法论			
心理	纯粹心理学（第三学期每周4小时）	纯粹心理学（每周2小时）	应用心理学（第一学期每周2小时，第二学期每周4小时，第三学期每周3小时）（德文讲授，梅约翰）	
教育		东亚教育史（第一二学期中国教育史；第三学期日本教育史，每周6小时）（毛邦伟）	西洋教育史（每周2小时）（德文讲义，梅约翰） 教育学（每周6小时）（德文讲义，梅约翰）	西洋教育史（第一二学期每周5小时，第三学期每周2小时）（梅约翰） 教育学（每周5小时）（梅约翰） 学校卫生法（第一学期每周3小时，第二学期每周2小时）（梅约翰） 教授法（王朝熙） 学校管理法 世界教育制度教育行政（梅约翰）
德语	讲读拼音造句翻译默写，讲读文法造句翻译会话默写（凌翼辞职后，王烈接任）	默写讲读文法翻译作文会话（王烈）	讲读（钱迈士） 文法（梅约翰） 作文（梅约翰）	讲读（钱迈士、王烈） 文法（梅约翰） 作文（梅约翰）
国文	讲读 作文（曹振勋）	讲读 作文（曹振勋）		

第二章　民国初年高等师范学校教育系科的设置与更易

续表

科目	课程、教师			
	1915—1916学年	1916—1917学年	1917—1918学年	1918—1919学年
言语学			言语学(德文,梅约翰)	
哲学			哲学概要(每周2小时)(德文,钱迈士)	哲学史概要(焦莹)
美学			美学概要(每周2小时)(德文,钱迈士)	
体操	普通游戏及兵式训练(孔繁俊)	普通游戏及兵式训练(孔繁俊)	兵式训练(石学万)	兵式训练(石学万)
生物学			生物学(第二学期每周2小时)(德文,梅约翰)	

资料来源:《教育专攻科教授实施状况》《前任职教员录》,北京高等师范学校编印《北京高等师范学校十周纪念录》,1918,第139—146、175—186页;《北京高等师范学校校务实况报告书及校务计划书》,《教育公报》第3卷第12期,1916年11月;《北京高等师范学校校务实况及校务计划报告书(自六年七月至七年六月)》,《教育公报》第6卷第5期,1919年5月;《北京高等师范学校周年概况报告书(七年至八年六月)》,《教育公报》第7卷第8期,1920年8月。

教育学与教育史的内容,教育专攻科与其他六部则既有相通又有不同。与梅约翰同时,国文部、史地部的教育学、教育史由焦莹①、赵录翰②担任,英语部教育学、教育史则由美国人裴南美(Norman H. Pitman)③和杨荫庆④用英文讲授,韩定生⑤担任其他三部的教育学、

---

① 焦莹(1883—1945),字斐瞻,察哈尔怀安(今属河北)人。毕业于日本帝国大学,1909年外务部储才所毕业后,任北洋师范学堂助教。1918年4月任教北高师。
② 赵录翰(1887—?),字灵谷,山东安丘人。留学日本。1919年1月任教北高师。
③ 裴南美(1876—?),美国田纳西人。1913年1月至1919年任教北高师。
④ 杨荫庆(1888—?),字子余,北京人,1907年留学美国康奈尔大学,毕业后入该校研究科学习。后赴英国伦敦大学教育研究科修业,获教育学硕士学位。1917年9月任教北高师。
⑤ 韩定生(1885—?),河北高阳人,直隶官费留日,1915年毕业于日本东京高等师范学校。1915年11月任教北高师。1921年经北高师派遣赴美留学。

教育史。毛邦伟①、郑朝熙②等分任六部的其他通习教育课程。③ 梅约翰在教育专攻科的第三、四学年，承担了教育专攻科绝大多数教育类课程。梅约翰开设的伦理学、应用心理学、西洋教育史、教育学、生物学、言语学、学校卫生学皆用德文讲义，钱迈士讲授的哲学、美学亦用德文。④ 教育专攻科彰显出不同于其他六部教育通习课程的特色。

焦莹讲教育学用讲义，内容涉及教育学总论、儿童论、目的论、方法论、训练论、学校论。韩定生的教育学亦用讲义，内容与焦莹相差无几，内容涉及教育总论、儿童论、目的论、方法论（教授论、训练论、美育论、体育论、教授者之资格论）。裴南美授教育学选择的教科书是怀特（White）的《教学艺术》（Art of Teaching）。⑤ 焦莹和韩定生所用讲义，基本是清末以来流行于中国的赫尔巴特学派科学教育学的"目的-手段"体系。裴南美所选用的教科书，则更侧重教授法。

梅约翰的教育学使用德文讲义，其教授大纲翻译如下：

教育学

第三学年（每周 6 小时）

　第一学期：教育目的

　第二学期：教育事业与教育手段

　第三学期：体育

第四学年（每周 5 小时）

---

① 毛邦伟（1873—1928），字子农，贵州遵义人，清末举人，1904 年中进士，任内阁中书，后留学日本东京高等师范学校，修教育学。1912 年至 1919 年任国立北京高师教授。

② 郑朝熙（1878—1956），字际唐，河北衡水人。1908 年留学日本宏文学院，1911 年毕业回国。1912 年 9 月任教北高师。

③ 《北京高等师范学校周年概况报告书（七年至八年六月）》，《教育公报》第 7 卷第 8 期，1920 年 8 月。

④ 《教育专攻科教授实施状况》，北京高等师范学校编印《北京高等师范学校十周纪念录》。

⑤ 北京高等师范学校编印《北京高等师范学校十周纪念录》，第 57 页。

第二章　民国初年高等师范学校教育系科的设置与更易

第一学期：智力教育

第二学期：课程目标，兴趣的主要类别，为了最高的教育目标的多样兴趣的重要性，工作人员，分工，相互关系，可观察性，分段，课程形式，课程中学生的独立性，人员的固定，教学计划和学习计划

第三学期：品格教育，引导，管理①

从教授大纲大致可以看出，梅约翰讲授的教育学，主体框架与焦莹、韩定生所授教育学有极大的相似之处。焦莹与韩定生皆曾留学日本，所接受的教育学熏染源自当时风靡日本的赫尔巴特学派。梅约翰的教育学讲义在传统赫尔巴特教育学派的"目的-手段"框架外，加了"体育"。当时非议赫尔巴特学派科学教育学框架者，其一条理由就是"唯海尔巴特派之学说，不言体育"。② 梅约翰与焦莹、韩定生教育学讲义的不同之处在于，梅约翰是用德语讲授源自德国的教育学，焦莹和韩定生则是用中文讲授转道日本而来的德国教育学。

教育专攻科与六部的教育史课程，则有较明显的差异。各部的教育史课程分中国教育史和西洋教育史，教育专攻科的教育史分为东亚教育史和西洋教育史。东亚教育史由毛邦伟讲授，涉及中国教育史及日本教育史。中国教育史内容大致与韩定生、焦莹的中国教育史讲义同构，只是开课时间长短有差异。赵录翰的西洋教育史选用孟禄的《教育史》为教材，用中文讲授；杨荫庆用的是美国新泽西州立师范学校教育学教授利维·西利（Levi Seeley）的《教育史》（*History of Education*），③ 用英文讲授。西洋教育史教材基本以上古、中古、近世、当世的时间为

---

① 《教育专攻科教授实施状况》，北京高等师范学校编印《北京高等师范学校十周纪念录》，第142—143页。
② 《审定书目：商务印书馆经理候选道夏瑞芳呈初级师范学校教科书教育学等四种俟改后再呈审定批》，《学部官报》第134号，1910年，第1页。
③ Levi Seeley, *History of Education* (New York: Chicago American Book Company), 1899.

序，涉及世界各国尤其是欧洲各国的思想家和教育史事。教育专攻科的西洋教育史由梅约翰讲授，其课程大纲翻译如下：

教育史

第三学年（每周2小时）

第一和第二学期：古代教育，希腊、罗马、以色列的教育。

第三学期：寺院学校、教团学校、城市学校、查理曼大帝教育改革（加洛林教育改革）、大学、经院主义、人文主义。

第四学年（每周5小时）

第一学期：宗教改革的教育学意义，（马丁）路德、梅兰希通。教育学在17世纪的发展，费内龙、弗兰克。受到启蒙运动影响的教育学发展，洛克、卢梭、巴西多、卡姆佩、萨尔茨曼、罗考。

第二学期（每周5小时）：裴斯泰洛齐、施莱尔马赫、赫尔巴特。

第三学期（每周2小时）：齐勒尔、贝内克、福禄贝尔。①

从他的课程大纲来看，西洋教育史的内容更侧重德国教育史。Geschichte der Pädagogik（教育史，也可译为教育学史）涉及的人物，不仅有赫尔巴特学派的赫尔巴特、齐勒尔，更有对赫尔巴特提出疑问的施莱尔马赫和贝内克。② 用两个学年六个学期，主要精讲德国教育史，输入的的确是德国教育精神。

整体看来，梅约翰在教育专攻科所讲授的是19世纪下半期风行世界的既古典又正统的德国传统教育学，也就是19世纪初期起源于

---

① 材料原文为德语。德文人名及专用名词系根据鲍尔生《德国教育史》中记录的相应年代考证。〔德〕弗·鲍尔生：《德国教育史》，滕大春、滕大生译，人民教育出版社，1986。
② 瞿葆奎编著《教育学的探究》，第396—398页。

第二章　民国初年高等师范学校教育系科的设置与更易

德国，以裴斯泰洛齐、福禄贝尔以及赫尔巴特学派等教育思想与实践为核心的教育学。梅约翰无疑是教育专攻科的中心人物，遗憾的是目前笔者通过各种途径都查不到他的资料，只知道他1919年时43岁，是德国"梅苏列次"人。当时德国大学将教育学附设于哲学科，开设心理学、伦理学及教育学等，教育学内有教育史、教学法等课。除此之外，德国若干大学附设教育学院或师范专科，专门训练中等教育师资，课程分普通、专门及实习三种。专门课程有教育学、心理学、教育史、教学法及学校行政之类。① 据此推测，梅约翰极有可能毕业于德国某大学的哲学科，方能有兼授伦理学、心理学、教育学及教育史的能力。

3. 学生接受德国教育学之熏陶

与清末假道日本相比，教育专攻科学生能够直接听德国人用德语讲授教育学、教育史。据1917年12月《北京高等师范学校周报》上的《德育部纪事》一文，德育部请梅约翰讲演，题目为《新中国教育之目的》，"以对于教育之言论包含德育之意义，洋洋洒洒约一点半钟始毕"。教育专攻科学生对梅约翰很信服，演讲当日，"该科同学虽寄宿校外，亦联袂偕来，操棚座为之满"，"听讲之余，群对于梅先生之讲演暨毛先生（毛曜东——引者注）之翻译同深钦佩。当时或以德文，或以中文私自速记者颇多"。② 1918年4月，陈宝泉报告教育专攻科"现时学生已能直接听讲，将来可充教育或德语教员"。③ 想来彼时经过三年的德语训练，教育专攻科学生的德语水平已能听能记。

教育专攻科的毕业生从事教育学研究比较著名的有马师儒和许本震两人。教育专攻科的班长马师儒1921年留学德国柏林大学，1924年获教育学博士学位，同年转入瑞士苏黎世大学，1927年获该校博

---

① 李之鸥编《各国师范教育概观》，第145—146页。
② 《德育部纪事》，《北京高等师范学校周报》第20号，1917年12月10日，第5页。
③ 《全国高等师范学校校长会议纪要》（续），《教育公报》第6卷第2期，1919年2月，第49页。

71

士学位后回国。① 回国后历任北师大、北大等校教育学教授,讲授教育哲学、儿童学等。许本震,又名许恪士,1923年赴德国耶拿大学留学五年,专攻教育,其间"受丹麦大学及捷克大学敦聘讲学",其博士学位论文《中国教育现况与欧洲教育之改革》被耶拿大学教育学院收入教育丛书。② 回国后任中央大学教育学教授,讲授教育通史、教育哲学等。③ 两人皆利用在教育专攻科的德语优势留学德国,并获得博士学位。回国后,两人历任国内各大学教育学教授,为教育学界增添了些许德国色彩。

教育专攻科的学生接受中德双语教学,按照陈宝泉的计划,在学理上接受的确实是来自德国的教育学术训练。对于教育学术研究来说,这是必不可少的基础。但是这似乎并不完全符合教育专攻科设置的"研讨教育上之新理"、回应各种主义的初衷。面对让人眼花缭乱的教育现实和各种主义,倒是北高师全校日益浓厚的教育研究氛围,比较贴切地贯彻了这一理念。

(三)"振起国人教育思想":北高师的教育研究氛围

如前所述,民初陈宝泉与教育部关系较为密切,而教育部在师范教育问题及中等教育问题上对陈宝泉及北高师多有倚重。通常反映到教育部的全国性的教育问题,也会很快在给北高师和陈宝泉的指令中得到体现。而来自教育部的指令、训令,都在《北京高等师范学校周报(周刊)》头版予以发布,公告全校师生。陈宝泉作为北高师校长,频频在全国教育会联合会、全国高等师范学校校长会议上代表全国高师发表谈话,在教育界具有很高的声望。通常开会回校后,又会在全校集会的

---

① 刘国铭主编《中国国民党百年人物全书》(上),团结出版社,2005,第52页。
② 《留学消息:留德津贴生许本震呈送博士论文》,《安徽教育行政周刊》第1卷第3期,1925年4月,第25页。
③ 《国立中央大学教育学院教育学系课程一览(二十一年度上学期)》,《国立中央大学日刊》第838号,1932年11月,第143—144页(刊物目标页码,实际当天共4页,本材料在第3—4页)。

第二章 民国初年高等师范学校教育系科的设置与更易

场合与师生报告开会情形。这样，北高师对国内教育大势"消息灵便"。此时，作为中等学校的师资培养机构，高师的地位是不可取代的，而北高师在教育界的地位又是最重要的。正如张伯苓 1919 年在高师演讲时所讲："贵校为高等师范，系吾国教育发源地。"① 当时陈宝泉及高师的各部、科学生，也是那么定位自己的。加之北高师与教育部的联系紧密，与这种"教育发源地"的使命感相应，关注教育问题、重视教育研究的气氛并不仅体现在教育专攻科的设置上，全校都洋溢着浓厚的教育研究气息。

北京高等师范学校定位非常明确，就是"以养成师范学校、女子师范学校、中学校、女子中学校教员为宗旨"。② 高师与别校不同的职业出路设计决定了全校的各种活动都围绕培养教员展开。这从北高师当时的各种研究会、刊物、教务、学生活动中都能明确体现出来。

从 1917 年起，与当时高师的六部设置相应，以本学科的教学为中心，成立了国文学会、史地学会、英语学会、数理学会、理化学会、博物学会。教育研究会稍晚，成立于 1917 年 11 月。与其他学会学科特色明确相比，教育研究会是由全校学生自行发起，其组织成员也来自史地、理化、数理等各部。据《教育研究会职员名录》，教育研究会组织成员 23 人，教育专攻科学生只有马师儒、袁易、许本震 3 人。③ 教育专攻科学生并未表现出特殊优势或者发挥主导作用。讨论会规定：凡属教育、心理、哲学等问题共同讨论之，凡属国文、外国语、史地、理

---

① 《张伯苓先生莅本校教育研究会演讲辞》，《北京高等师范学校周刊》第 66 号，1919 年 4 月 14 日，第 21 页。《北京高等师范学校周报》《北京高等师范学校周刊》名称混用，以下脚注系据资料实际名称引用。
② 《北京高等师范学校现行简章》，《北京高等师范学校校友会杂志》第 1 辑，1916 年 4 月，"本校规程"第 1 页。
③ 《教育研究会职员名录》，《北京高等师范学校周刊》第 19 号，1917 年 12 月 3 日，第 11 页。

化、数理、博物、图画手工等问题分组研究之。① 教育学作为教育专攻科的专业并不具有独立地位。

1919年之前，北高师的刊物并不多，主要为1916年创刊的《北京高等师范学校校友会杂志》，1917年创刊的《北京高等师范学校周报》，这两种杂志用很大篇幅发表北高师师生的教育学论述。1919年12月，《北京高师教育丛刊》创刊，致力于批评本国现时教育的劣点及调查各地教育的现状，介绍国外最新的教育学说，建议今后本国教育上各种革新的计划。② 在1917—1919年，"教育新潮"、教育研究会、《北京高师教育丛刊》中的活跃分子基本是一致的，均来自学校各部各科师生，如熊梦飞（史地部）、常乃悳（史地部）、张鸿图（数理部）、徐裴成（理化部）、马师儒（教育专攻科）等。教育专攻科并没有像想象的那样发挥主导作用。

此外，北高师规定，学生毕业，除考试外，还要就教育一科提交论文，"以此评判诸生平素对教育上之心得"。教育论文题目由学校各位教育教员拟就，在校周报、周刊上公布，学生自由选择题目，发表意见，论文优劣与毕业分数直接挂钩。1919年教育专攻科毕业生，并没有因专学教育而受区别对待，跟其他各部科毕业生一样，也要从教务课公布的论文题中选择题目。③

1918年的题目如下：

（1）考各国教育方针之成例，有智力、实利、德性、军国民等主义同时并举，必分别轻重以为施行先后缓急之据，就吾国今日之国情而论，宜采如何之方针？并述其采用之理由。

（2）欧美文明各国之学校教育关于普通学科之教授方法，无

---

① 《北京高等师范学校周刊》第17号，1917年11月19日，第8页。
② 《发刊词》，《北京高师教育丛刊》第1集，1919年12月。
③ 《教务课布告（附录教育论文题）》，《北京高等师范学校周刊》第67号，1919年4月21日，第2页。

第二章　民国初年高等师范学校教育系科的设置与更易

不以实用为主，其管理训练各法亦无一不注重实际，故出校后既少生计困难之事实，又于社会无隔膜之虞。吾国今日普通教育之教授方法趋重于实用者尚少，宜如何改良，俾得毕业后于实际生活有相当之知识技能。其管理训练各法亦多未臻完善，宜养成如何习惯并用如何养成之法始得适合于社会？

（3）教育学之基础。

（4）国民学校各教科之真价值。

（5）论教育者之修养。

（6）由欧战之影响论定吾国教育今后之方针。

（7）童子军发达之历史与组织方法。

（8）问训练有自由与干涉二主义之不同，究以何者为优？试引证东西各国之学说而详论之。

（9）日本维新教育历史与本国维新教育历史之得失。

（10）述二十世纪教育之趋势并批评其得失。

（11）英美德法师范教育沿革比较论。

（12）女学发达与否实与一国之强弱有密切之关系论。①

作为校长，陈宝泉非常关注国内外教育发展动向，并及时向北高师学生介绍。于是，北高师的学生，不仅了解国内教育问题，亦有多样途径了解国外教育大势。陈宝泉经常请刚从国外回来的各界名流到校讲演国外教育情形，如1915年12月，请余日章讲演实验教育学，请黄炎培讲演美国学校现状；1916年11月，请东京帝国大学文学部学长上田万年演说；② 1918年10月，请刚从日本调查教育归国的彭型百讲演《日本教育情形》；③ 11月，德育部特别讲演会请北京青

---

① 《教务课布告》，《北京高等师范学校周报》第31号，1918年4月1日，第2页。
② 北京高等师范学校编印《北京高等师范学校十周纪念录》，第14—16页。
③ 彭型百讲演《日本教育情形》，《北京高等师范学校周报》第45号，1918年10月14日。

年会总干事艾德敷讲演《欧战与道德》;① 1919 年，请从美国哥伦比亚大学归国的张伯苓到教育研究会演讲，谈美国欧战时期教育状况。② 此外，陈宝泉利用本校在国外的各种人脉，通过信函等方式，通告各国教育情形。如向教育部推荐留学英国爱丁堡大学的北高师毕业生张健调查英法内地各中小学，其向教育部提交《英法中小学校教育调查报告书》的同时，也跟陈宝泉保持通信，随时汇报考察情形。③ 其信函也随时刊登在北高师的周报（周刊）上。其他像邓萃英、郑朝熙等由教育部派往国外的北高师教师，在出国后都与陈宝泉、北高师各学会保持通信，报告在留学国的所见所闻，回答校内师生关心的教育问题。④

在上述活动中，北高师全校师生对教育政策、教育学理保持了高度的关注，教育研究空气活跃且浓厚。除了修习德语和用德语讲授的教育学科，教育专攻科的学生接触的教育研究空气与北高师其他学科学生无异。而教育专攻科的学生在这些活动中并未表现出特别的优势，反而在实习时比其他学科学生多些尴尬。《北京高等师范学校教育专攻科规程》第六条规定：本科学生实习于第四学年第三学期得借用本京师范学校行之。⑤ 但到 1919 年时，教育专攻科学生却无法进入师范学校实习，无奈只好改成"讲演"："教育专攻科学生以教育为主科，本校附属中小学均无此项功课，练习教授非常困难。前经教务会议，公决除在小学实习，并于中学酌习国文、修身等科教授外，并于该专攻科教室每周土曜日（周六）下午一时至三时练习讲演一次。其内

---

① 《德育部纪事》，《北京高等师范学校周报》第 50 号，1918 年 11 月 18 日。
② 《张伯苓先生莅本校教育研究会演讲辞》，《北京高等师范学校周刊》第 66 号，1919 年 4 月 14 日，第 21 页。
③ 《教务课纪事》，《北京高等师范学校周刊》第 63 号，1919 年 3 月 17 日。
④ 《邓芝园先生自美国寄校长函》，《北京高等师范学校周报》第 56 号，1919 年 1 月 20 日；邓萃英：《邓芝园先生由美致本校同人书》，《北京高等师范学校周刊》第 62 号，1919 年 3 月 10 日。
⑤ 《北京高等师范学校教育专攻科规程（附教育专攻科课程标准）》，《北京高等师范学校校友会杂志》第 1 辑，1916 年 4 月，"本校规程"第 24 页。

容以教育科为主。先期由学生编辑演讲稿,届期由主任或教员出席旁听以便批评。"①

(四)唯一一届教育专攻科的学生

从现有资料看,教育专攻科只招了一届,1915年入学,1919年毕业。《北京高等师范学校校友会杂志》上有各年的学生统计数据,教育专攻科到1919年仍旧只有一班学生。1919年后各种统计数据也无资料表明教育专攻科有第二班。而且这一班教育专攻科人数从1915年到1919年逐年减少。1915年招生48人,有"逾限未经到校取消入学资格"10人,到校人数为38,1915年10月因病退学1人(俞祖恩),11月因侍奉母病退学1人(刘修梅),12月"因旷课又未经甄别试验令其退学"者2人。1916年6月,"因旷课已逾全年授课时数三分之一",退学者8人(孙伊不在表2-3名录中)。② 第一学年结束后,教育专攻科余26人。1917年12月因旷课休学者2人。③ 1919年毕业的教育专攻科学生仅余21人(见表2-3)。

表2-3 北高师教育专攻科学生名录

姓名(字)	籍贯	履历	毕业去向
袁易(兴严)	浙江嵊县	浙江两级师范优级选科史地科毕业	浙江杭州第一师范教育教员兼第二部主任,建德第九师范教员
陆增祜(孟修)	浙江嘉善	浙江第二中学毕业	山西第二女子师范学校教育教员

---

① 《教务课纪事》,《北京高等师范学校周刊》第68号,1919年4月28日,第12—13页。
② 《北京高等师范学校校务实况报告书及校务计划书》,《教育公报》第3卷第12期,1916年11月,第5—7页。
③ 《北京高等师范学校校务实况及校务计划报告书(自六年七月至七年六月)》,《教育公报》第6卷第5期,1919年5月,第38—56页。

何以建制：民国时期教育学科制度化研究

续表

姓名（字）	籍贯	履历	毕业去向
马师儒（雅堂）	陕西绥德	陕西官立高等学校肄业	北高师附属中学修身教员，后留学德国、瑞士
陈泽世（伯辅）	甘肃皋兰	省立中学毕业	甘肃师范学校校长，后任甘肃省城农业学校校长
赵时新（性芝）	河南溪源	河南南阳公学肄业	河南唐河县女子小学教员
王毓升（远峰）	山东文登	奉天兴化书院毕业	山西太原国民师范学校教员（后任山东文登县视学员）
王彦清（静涛）	黑龙江泰来	黑龙江工业学校毕业	山西太原国民师范学校教育教员，后至龙江第一师范任教务主任
刘晋桐（敬周）	山东福山	齐鲁中学毕业	山东东昌省立第三师范教员兼学监
康永昇（旭东）	河南荦县	洛阳中学毕业	河南荦县教育局局长（1927）
陶峻（仲高）	浙江黄岩	浙江第六中学毕业	山西第三女子师范学校教育教员，后任浙江杭州第一中学高中师范科主任兼附小主任
常士杰（汉三）	陕西绥德	陕西三秦公学	山西绥德第四师范校长
王铭坎	浙江萧山	浙江第一中学毕业	山西第四女子师范学校教育教员
赵允刚（伯醇）	奉天锦县	青岛高等专门德华学校预科毕业	奉天省立第六小学校长
郑全林（雨华）	奉天辽阳	奉天省商业中学肄业	山西太原国民师范学校教育教员，后留学德国（1927）
许震（原名本震）（恪士）	安徽歙县	淮扬合一中学毕业，大同学院英文文科部一年级	山西太原国民师范学校教育教员，后留学德国
陈邦桓（尚义）	湖北蕲水	中华大学法律专业	武昌中华大学附属小学主任，后任湖北太平街省立第三小学校长

第二章 民国初年高等师范学校教育系科的设置与更易

续表

姓名(字)	籍贯	履历	毕业去向
濮承祝(祖辰)	浙江萧山	浙江第一中学毕业	山西代县第五师范教员,后任浙江湖州第三中学部教务主任
洪锦涛(曲江)	江苏丹徒	江苏省立第六中学肄业三年	教育部办事员
王乐祖(家骥)	浙江杭县	安定学堂毕业	未详(1927年统计时已故)
申鸿涛(崇哲)	浙江嘉兴	上海尚贤堂毕业	未详(1927年统计时已故)
王济众(淦忱)	奉天沈阳	北洋师范毕业	未详

资料来源:《学生同学录》,《北京高等师范学校校友会杂志》第1辑,1916年4月,"本校纪事"第71—73页;《本校本届(民国八年)毕业生服务状况一览》,《北京高师教育丛刊》第1集,1919年12月,第5页;《国立京师大学校师范部毕业同学录》,无出版者,1927,第53—54页。

北高师教育专攻科毕业21人,按照培养目标担任师范学校教育教员的有7人,① 无人担任德语教员。其他大部分毕业生的出路与高师本科各部毕业生并没有明显的差别。

从1915年到1919年,北高师教育专攻科只招生一届,1920年,教育研究科开设之后便销声匿迹。它的成立,得益于各种主义流传的"天时",身处京师的"地利",校长陈宝泉的"人和"。其设置的初衷是"输入德国教育学说,以振起国人教育思想",以德国教育学说回应现实流传的各种主义。而实际上,教育专攻科的课程设置确实输入了德国教育学说,却并未起到"振起国人教育思想"的作用。真正活跃教育思想的不是"德国教育学说",而恰是新文化运动以来悄然兴起的各种新主义。北高师此时的教育研究氛围,确是高等师范制度的典范,全校师生皆以研究教育为己任。教育专攻科在高师的教育研究氛围中,并没有特别之处,反而因"专攻"教育之名引发高师校友的非议。

---

① 《本校本届(民国八年)毕业生服务状况一览》,《北京高师教育丛刊》第1集,1919年12月,第5页。

北高师教育专攻科设置于教育的"半生半死"时期。"教育专攻科"的设立,正值"废止高师"之议初起。在欧美及日本关于中等教育师资改革的动荡中,中国学制层面的变动亦引起不少议论。在1915年第一届全国教育会联合会上,湖南省教育会提出《改革学校系统案》,其中一项改革要点为"取消高等师范学校,而设师范研究科于大学"。此案在会上引起支持者与反对者的激烈争辩。"师范研究科"或专门研究教育的科系设置与否、设置在哪,是非常敏感的问题。在"高师改并"论争中,核心是中等教育师资的培养问题,是按日本模式,也就是由单独的高等师范体系承担;还是美国模式,通过在大学设置教育科由大学负责。高师如果设立专门的教育科,在制度上有内在的矛盾:高师本就以研究教育为己任,若再设"教育专攻科""教育专修科",就意味着其他系"无研究教育之责任",那便与大学的普通系科无异,便会给"废止高师"论者口实。北高师设置的教育专攻科及其"尚德制"的学术倾向,此时皆遭遇非议。1915年,教育专攻科刚成立,石禅便在影响颇大的《教育周报》上发表时评《北京高等师范设教育专攻科之疑问》:

> 高等师范以造就中等教员为目的,即为专攻教育之地。今乃于专攻教育之地,又设教育专攻科,骈拇枝指,殊不可解。高等师范本科各学科,大学皆有之,所以特设高师者,一则各科不若大学之细分,二则各科皆有教育,各科皆当研究教育。高等师范而有设教育专攻科之必要,即自认无研究教育之责任。彼倡废止高师者,得所借口矣。或谓高师各本科学生,对于教育一门,皆不注重,毕业后只可为各主科教员,不堪为教育教员,故设专攻科以养成之。窃谓高师毕业生,如不堪为教育教员,亦必不堪为各主科教员。以本科不注重而特设专攻科,此消极的办法,教育上所不取。曷若本科以教育为主课不及格不得升级毕业之积极的办法之为得也。闻教育专攻科以德文为重,因尚德制,故有是科

之特设。此说更可奇。以专攻科名义而习德文，是以德文代表教育。无理由之崇拜，可笑孰甚！吾国教育如果宜取德制，亦当于预科本科作根本之计划，其或先设专攻科以试办欤？则入该科之学生徒供牺牲实验之用。或致教育界多一流派，意见不相融合，更非教育之福也。①

1918年第一次世界大战结束，德国教育随着德国战败而在中国失势，代之以美国民治教育之势日盛，此时再"尚德制"则不合时宜。1918年前后，学制的潮流已然由日本潮、德国潮倒向了美国潮。与之后在教育的"复活时期"设置的南高师教育专修科及北高师的教育研究科相比，这唯一的一届教育专攻科所培养人才的数量微不足道，也没有留下多少痕迹，但其在制度层面的开创意义不容忽视。中国教育学科制度层面的"考镜源流"，不仅对北师大校史、教育学科史有重要意义，也是研究中国教育学术史不可略过的一环。

三 武昌高师的教育补修科与教育专修科

武昌高等师范学校1913年秋开办，较北高师晚，时有经费无着之虞，至1917年毕业学生108人，远不敷各校之用。武昌高师校长张渲②考察周边各省中等学校，认为数学、理化、图画手工等科师资缺乏，1917年6月，张渲上报教育部，呈请在武昌高师添设"教育科"。③1917年6月21日，教育部批准武昌高等师范招考教育补修科办法。1917

---

① 石禅：《北京高等师范设教育专攻科之疑问》，《教育周报》（杭州）第93期，1915年8月，第26—27页。
② 张渲（1886—1945），字绶清，河北东光人，毕业于北洋大学堂，曾留学日本。1914年11月任武昌高师代理校长，1915年11月被正式任命为校长。
③ 王郁之：《武昌高等师范学校纪略》，《武汉文史资料》编辑部编《武汉文史资料》1986年第2辑（总第24辑），第10页。

年夏，武昌高师归并六部为四部，同时"为已充中小学校之教员缺乏教育学术者"添设教育补修科。① 1919 年，第一届教育补修科学生毕业后，教育补修科改为教育专修科继续招生。关于武昌高师的教育补修科、教育专修科，迄今未见有研究涉及。从现有资料涉及的内容来看，教育补修科、教育专修科应是之后武昌师大、武昌大学教育学科的渊源。

（一）借鉴日东长岛高师而设的教育补修科

1916 年，因江苏省教育会副会长黄炎培的提议，教育部次长袁希涛认为："我国教育制度，向多取法日本，欲更取美国方法移植我国，容有未尽适当者。故不若以日本斐律宾合观而比较之，乃有所折衷而节取，且考察教育，尤以身任学校事业者，为亲切有味，易收直接设施之效。"② 于是组织北高师校长陈宝泉、北高师附中主任韩振华、武昌高师校长张渲、南高师教务主任郭秉文赴日本、菲律宾进行教育考察，1917 年 1 月到 2 月，历时一个半月。考察期间，张渲将重点放在师范教育上。

张渲在《日本及斐律宾之师范教育》中提到，"东京广岛两高师，学科组织大同而小异，以所分文理二科则同，但东京高师每科各部均标明主科，广岛高师则主科之中，更悬精究科目，备学生之自择，稍含深造意味。东京于文理二科外，更设体育一科"。"广岛则更设教育一科，为现任教育职务者，进攻教育学术而设。币原校长谓本校对于现在从事教育人员，亦负责任。"张氏非常注意菲律宾文科大学教育科（School of Education），附列其课程，评价其"现虽未甚发达，前程极有希望"。③

考察团于 1917 年 2 月回国，6 月，张渲即呈请教育部增设教育科。

---

① 《〈教育公报〉记武昌高等师范学校报告概况》，朱有瓛主编《中国近代学制史料》（第 3 辑下），华东师范大学出版社，1992，第 674—675 页。
② 袁希涛:《缘起》，陈宝泉等:《考察日本、斐律宾教育团纪实》，第 1 页。
③ 张渲:《日本及斐律宾之师范教育》，陈宝泉等:《考察日本、斐律宾教育团纪实》，第 40—46 页。

第二章 民国初年高等师范学校教育系科的设置与更易

在制度层面，张渲明确其所拟添设的"教育科"是"仿照日本广岛高等师范学校教育专科办法"，为缺乏教育学术训练的中小学校教员而设，"收受曾任师范及中小学校教员专修教育学科，并本其素所担任讲授之数、理、化、图画、手工各种实科益加实验演习研究，借与教育上之意味密切联络，以期养成真正师范及中小学校教员为宗旨"。① 可见张渲对广岛高师校长所言高师"对于现在从事教育人员，亦负责任"的言论深以为然，并积极实践。

北京政府教育部肯定了武昌高师设置教育科的立意，"该校拟添设教育科，注重实验研究，期达应用之目的，洵属切要，课程亦尚妥协，准予照行"。但是"教育科"意为教育专科，与该科设置的实际意义不符合，于是教育部令武昌高师将"教育科"名称改为"教育补修科"。② 武昌高师随即拟定《教育补修科暂行规程》《武昌高等师范学校招考教育补修科办法》等。招生办法除了由武昌高师登报广告外，并由教育部登载《政府公报》。按照暂行规程，教育补修科的招收对象，皆是未曾受过高等师范学校通习教育学科训练的、有至少两年教学经验的中小学教员。"教育补修科"专门"补修"高师的通习教育课程。完整的《教育补修科暂行规程》如下文所示：

教育补修科暂行规程

第一条　本校为研究普通教育，增进教授技能，特设教育补修科。

第二条　教育补修科入学资格如左：

一、现任或曾任中学校、师范学校教员二年以上而非高等师范

---

① 《指令第一千六百三十七号（八年九月六日）：令武昌高等师范学校呈一件转请明定教育补修科资格本科与专科同等由》，《教育公报》第6卷第11期，1919年11月，第15—16页。

② 《指令第三百九十四号（六年六月二日）：令武昌高等师范学校呈一件拟添设教育科检送暂行规则及课程标准草案请核示由》，《教育公报》第4卷第11期，1917年9月，第5页。

学校毕业者；

二、师范学校、中学校毕业曾任小学教员二年以上者；

三、现任或曾任小学校正教员四年以上，具有中学校同等学力而非师范学校毕业者。

第三条 教育补修科修业年限定为二年，其学科目如左：

（甲）必修科 伦理、心理、教育、生物学、论理、法制、经济、哲学、体操

（乙）选习科 数学、手工、图画、物理、化学

乙项科目注重实习及研究法，各就从前在中小学校担任之学科选习一种或二种，于报考时认定。

第四条 教育补修科学生暂定为公费。

第五条 教育补修科毕业各生对于本校认定及格各科目，得受师范及中小学校教员无试验检定。

第六条 教育补修科定额暂以四十人以内为限。①

1917年发布的《武昌高等师范学校招考教育补修科办法》则说明了教育补修科的宗旨为"研究普通教育，增进教授技能"，不分省界招收40名有教员经历的学生。报名时"须由各省长公署或县知事保送，或有担任教员之学校盖章之证明。如系某校毕业者报考时并须交验文凭"。② 1917年9月，第一届教育补修科36名学生开学。

1. 课程与长岛高师教育科基本一致

教育补修科的课程围绕"研究普通教育，增进教授技能"的宗旨展开，由教育科目和选习科目两部分组成。一方面专修教育学科，另一

---

① 《指令第三百九十四号（六年六月二日）：令武昌高等师范学校呈一件拟添设教育科检送暂行规则及课程标准草案请核示由》，《教育公报》第4卷第11期，1917年9月，第5—6页。

② 《指令第四百二十六号（六年六月二十一日）：令武昌高等师范学校呈一件拟具招考教育补修科办法请鉴核由》，《教育公报》第4卷第11期，1917年9月，第8—9页。

第二章 民国初年高等师范学校教育系科的设置与更易

方面按照各种实科分成数学、物理化学、图画手工三组,加以实验、演习、研究,并研究这些科目的教授方法,两者结合佐以实习,以养成合格的师范及中小学教员。课程方面,定有"课程标准"(见表2-4)。

表2-4 武昌高师教育补修科课程标准草案(1917)

单位：学时

学科目	第一学年			第二学年		
	第一学期	第二学期	第三学期	第一学期	第二学期	第三学期
伦理学	2 伦理学	2 伦理学	2 伦理学 伦理学史	2 伦理学史	2 伦理学史	
心理学	2 心理学	2 心理学	2 心理学			
论理学	2 演绎法	2 归纳法	2 方法学			
教育学	7 教育学 教育史	7 教育学 教育史	7 教育学 教育史 教授法	4 教授法 管理法 学校卫生	4 管理法 学校卫生 教育法令	
法制经济	3 法制总论 公法 经济总论	3 公法生产 私法通论 私法交易	3 私法分配 消费 国际法财政	2 私法分配 消费 国际法财政	2 私法分配 消费 国际法财政	
生物学	2 生物学纲要	2 生物学纲要	2 生物学纲要			
哲学				2 哲学概论	2 哲学概论	
体操	2 普通体操及游戏 兵式训练	2 普通体操及游戏 兵式训练	2 普通体操及游戏 兵式训练	2 普通体操及游戏 兵式训练	2 普通体操及游戏 兵式训练	
计	20	20	20	12	12	

选习科目(共分三科)

数学	4 研究法及演习	4 研究法及演习	4 研究法及演习	3 研究法及演习	3 研究法及演习	
物理化学	6 研究法及实验	6 研究法及实验	6 研究法及实验	4 研究法及实验	4 研究法及实验	

续表

学科目	第一学年			第二学年		
	第一学期	第二学期	第三学期	第一学期	第二学期	第三学期
选习科目(共分三科)						
图画手工	6 图画练习、教育手工之研究	6 图画练习、教育手工之研究	6 图画练习、教育手工之研究	4 图画练习、教育手工之研究	4 图画练习、教育手工之研究	
共计	24—26	24—26	24—26	15—16	15—16	

注：第二学年第一第二学期午后及第三学期之全日均为附属学校实习时间。
资料来源：《指令第三百九十四号（六年六月二日）：令武昌高等师范学校呈一件拟添设教育科检送暂行规则及课程标准草案请核示由》，《教育公报》第 4 卷第 11 期，1917 年 9 月，第 5—7 页。

教育补修科课程的教育科目部分，与广岛高等师范学校教育科几乎一样。1915 年，广岛高等师范学校增设教育科，科目为修身、教育学、论理、生物学、心理学、哲学、社会学、法制、经济、体操，规定"教育科之学生，依各人志望，在所定学科目外，得于文科、理科所定之学科目中，选修一科目或数科目"。[①] 武昌高师则直接根据周边省份中小学师资需求，开设数学、物理化学、图画手工三组，让有教学经验的学生在三组中任选，而不是在文科、理科科目中任选。

2. 师资以日本高师毕业生为主

教育补修科的教务主任是吴景鸿。[②] 教育补修科的课程与广岛高师高度重合，教育补修科的师资亦大多来自日本高师的毕业生（见表 2-5），其中伦理、论理、心理、教育及教授法、管理法的教师吴景鸿、艾华、孙璨皆毕业于日本东京高等师范学校。彼时武昌高等师范学校除了英语、数学用教科书外，其他学科皆由教员编写讲义，由学

[①] 吴自强编著《日本现代教育概论》，第 50、57 页。
[②] 吴景鸿（1876—1939），字绍先，湖南桃源人。1904 年留学日本明治大学学习政治经济，1917 年受聘武昌高师。

生随堂笔记。① 是以教育补修科的这些课程，皆仰赖教员自行编写的讲义。

表 2-5　1918 年武昌高等师范学校教育补修科教员及担任学科一览

教员姓名(职务)	籍贯	履历	担任学科(学时)
吴景鸿(教务主任)	湖南桃源	日本东京高等师范毕业	伦理、论理(每周 14 时)
艾华(专任教员)	贵州贵阳	日本东京高等师范毕业	心理、教育(每周 14 时)
孙璨(教育教员)	湖南长沙	日本东京高等师范毕业	教育及教授法、管理法(每周 8 时)
曾韵松(法制经济教员)	湖北汉阳	北洋法律学堂毕业	法制、经济(每周 5 时)
薛德育(动物教员)	江苏江阴	日本东京高等师范毕业	动物、生理(每周 8 时)
李方伯(专任教员)	广东饶平	日本东京物理学校毕业	物理、数学(每周 14 时)
汪孔祁(手工教员)	安徽歙县	两江优级师范图画手工专修科毕业	图画、手工(每周 12 时)
张运鸿(体操教员)	湖南桃源	江北陆军学校毕业,曾任湖南高等师范体操教员	兵操
王立敬(音乐体操教员)	直隶获鹿	体操音乐高等专修科毕业	音乐、军乐、体操

资料来源：《武昌高等师范学校教员及担任学科一览表》，《教育公报》第 5 卷第 13 期，1918 年 10 月，第 11—13 页。

教育补修科的课程设置源于日本广岛高师的教育科，部分教授课程的教师，亦毕业于日本东京高师。可以说，武昌高师教育补修科从制度到内容，都以日本的高师为风向标。

教育补修科计划招生 40 人，实际招收 36 人，1918 年还有 34 人，② 1919 年毕业 31 人。据 1919 年武昌高师的校务计划书，教育补

---

① 《全国高等师范学校校长会议纪要》（续），《教育公报》第 6 卷第 2 期，1919 年 2 月，第 70 页。
② 《全国高等师范学校一览表》，《教育公报》第 6 卷第 1 期，1919 年 1 月。

修科招收了两级。"教育补修科二级,一班已于前学年第三学期修业期满照章毕业",还有一级 1919 年时应为二年级。但未查到 1920 年教育补修科的毕业信息。1919 年,教育部发各省教育厅供各省各校预先聘订的毕业学生一览表中,言明教育补修科是"为现任及曾任中小学教员而欲进求教育学术者而设","故于教育诸公同学科外,更以各生曾任教授之学科作为选习科目"。① 第一届教育补修科学生毕业 31 人,其毕业去向并未查到相关资料,未知是否有被聘为师范学校教师者。

(二) 教育补修科规范后的名称:教育专修科

1919 年,第一届教育补修科学生毕业,学力因"教育补修科"的名称发生窒碍。因为"教育补修科"之名并不在《高等师范学校规程》内,"补修科"之名又容易与寻常师范及中小学附设的补修科混淆。为此武昌高师呈请教育部明文规定"本科资格之与专科同等"。② 同时,根据《高等师范学校规程》,筹办教育专修科。

1919 年春,张渲拟具教育专修科规程及课程标准,呈请教育部申请开办教育专修科。武昌高师经调研发现,民国成立以后各省区中小学较为发达,所需师资日增,但师范学校的教育、伦理、论理、心理、哲学、教授法各科担任教员以及中学校、高等小学校、国民学校教授、管理、训练等事项的人才缺乏,③ 而"高等师范各部本科课程,教育一科虽属主课,顾分部课程较繁,研究不易专一,在平时潜心此科者,毕业后虽亦有堪任此科教授之选,究不若专习者心得益多","本校教育补

---

① 《教育部训令第七四号(八年二月二十一日)》,《政府公报》第 1098 号,1919 年 2 月,第 557 页。
② 《指令第一千六百三十七号(八年九月六日):令武昌高等师范学校呈一件转请明定教育补修科资格本科与专科同等由》,《教育公报》第 6 卷第 11 期,1919 年 11 月,第 16 页。
③ 《武昌高等师范学校八年度校务计划书(八年九月至九年七月)》,《教育公报》第 7 卷第 3 期,1920 年 3 月。

第二章　民国初年高等师范学校教育系科的设置与更易

修科本年即届毕业，拟于暑假后开办教育专修科一班"。① 教育部肯定了教育专修科的规程和课程标准，规程如下：

教育专修科规程

第一条　本科以养成师范学校教育教员为宗旨。

第二条　本科入学资格以师范学校毕业及中学校毕业者为合格。

第三条　本科学生名额以四十人为限。

第四条　本科修业年限定为三年，其应学之科目如左：伦理、心理、论理、教育、国文、英语、日语、社会学、哲学、生物学、法制经济、乐歌、体育。

第五条　本科学生之实习于第三学年行之。

第六条　本科学生暂定为公费，应纳各费依照呈准招考办法办理。

第七条　除本规程规定外，所有部颁高等师范学校规程及本校各种规则本科学生均适用之。②

1919年6月，武昌高师招第一届教育专修科学生，计划招收40人。与教育补修科相比，教育专修科在学习年限和入学资格上进行了调整。学习年限由两年调整为三年；入学资格除了规程中要求的师范学校及中学校毕业，对报考教育专修科的履历未做特殊规定。招生简章言明教育专修科考试科目与预科相同，为国文、英文、历史、地理、理化、数学、博物。③ 与本科四部相比，入学资格相同，修业年限则比本科少一年（见表2-6）。

---

① 《指令第四百零六号（八年四月二日）：令武昌高等师范学校校长张渲　呈一件送拟设教育专修科规程及标准由》，《教育公报》第6卷第6期，1919年6月，第12页。

② 《指令第四百零六号（八年四月二日）：令武昌高等师范学校校长张渲　呈一件送拟设教育专修科规程及标准由》，《教育公报》第6卷第6期，1919年6月，第12—13页。

③ 《教育部训令第二二九号（八年五月二十八日）：令各省教育厅　国立武昌高等师范学校招收预科专修科学生办法》，《政府公报》第1206号，1919年6月，第366页。

表 2-6 武昌高师教育专修科课程标准

学科	第一学年	学时	第二学年	学时	第三学年	学时	备注
伦理	实践伦理	1	西洋伦理学史	3	中国伦理学史	3	
	伦理学	2					
心理	心理学	2	儿童心理	1			
论理	论理学	2					
教育	教育学	3	西洋教育史	3	东洋教育史（中国及日本各国）	3	
			教授法	3			
					学校卫生	1	
			管理法	2	学务统计及报告	1	
			各国教育制度	2	中国教育法令	1	
国文	讲读作文	3	讲读	2	讲读	2	
	国语	2					
英文	讲读文法作文会话	10	各国教育名著	6	各国教育名著	4	第三年兼读教育哲学书类
日文	讲读文法	3					
社会学			社会学	3			
哲学					哲学概要	3	
生物学			生物学	2			
法制经济					法制经济大要	2	
乐歌	乐歌	1					
体育	普通器械兵式	2	普通器械兵式	2	普通器械兵式	2	
共计		31		29		22	

资料来源：《指令第四百零六号（八年四月二日）：令武昌高等师范学校校长张渲　呈一件送拟设教育专修科规程及标准由》，《教育公报》第 6 卷第 6 期，1919 年 6 月，第 13—14 页。

武昌高师教育专修科的课程设置，同教育补修科相比，取消了分成三组的"选科"，增加了国文、英文、日文及乐歌。同时期东京高等师范学校文科第一部，以培养伦理、教育、法制经济师资为主，其主要科

第二章 民国初年高等师范学校教育系科的设置与更易

目有修身、教育学、法制经济、心理学、论理学及哲学、国语及汉文、历史、英语、生理学及生物学、社会学、体育。① 武昌高师教育专修科所开设课程科目,仍与日本高师高度相似。在师资方面,教育专修科主任仍为吴景鸿,其他师资应该与教育补修科时代没有太大的变动。

教育专修科1919年招收一级,1920年应该没有续招。查《教育公报》,1922年录有武昌高师第一届教育专修科学生毕业30人。② 1923年武昌高师的毕业生名单中则未见有出自教育专修科者。武昌高师教育补修科与教育专修科的开办,与校长张渲有密切的关系。张渲于1919年9月调任教育部,教育专修科教务主任吴景鸿亦于1920年辞职。教育专修科无人主持,应该没有继续招生。

1920年以后,武昌高师频繁易长,直至1922年5月张继煦代理校长。张继煦到校视事时对学生承诺,"我在一日即尽一日力量发展本校,适应世界新潮流,使新文化运动日渐扩张"。③ 之后张继煦正式担任武昌高师校长。教育部以武昌高师"积弊太深,风潮迭起"为由,责令"切实整顿"。④ 1922年10月,张继煦和事务主任李步青参加新学制会议后,回校实行选科制,将武昌高师原四部一科改为八系。教育哲学系⑤为八系之一,武昌高师于1923年暑期按照新的学科编制招收新生。⑥ 1923年9月,武昌高师改为师范大学,张继煦为校长。武昌师大教育哲学系继续存在。教育哲学系由陈飞鹏⑦主持,聘留美回国的杜佐

---

① 吴自强编著《日本现代教育概论》,第55页。
② 《附国立武昌高等师范学校毕业生名单》,《教育公报》第10卷第3期,1923年3月。
③ 《武高学潮之结束》,《申报》1922年6月18日,第11版。
④ 《训令第一百三十一号:令张继煦》,《教育公报》第9卷第5期,1922年6月,第17—18页。
⑤ 并非"教育哲学",而是在课程组成上以教育和哲学为主。
⑥ 《奉天教育厅训令第二一五号(中华民国十三年七月十六日)》,《奉天公报》第4080号,1923年5月。
⑦ 陈飞鹏,字程之,湖北汉川人。北京清华学校毕业,美国密歇根大学学士,哥伦比亚大学硕士,归国后任国立武昌师范大学教育哲学系主任。1924年8月至东北大学教授文科、法科的心理、论理、教育课程。东北大学编印《东北大学一览》,1925,"全校教授一览表"第11页。

周、留英回国的余家菊任教。① 至此，高师的教育专修科，一变而成为师范大学的教育哲学系。

武昌高等师范学校教育补修科、教育专修科的制度形式和内容皆学习日本高等师范学校。张继煦担任校长后，"顺应世界新潮流"，实行选科制，原四部一科中的教育专修科改为教育哲学系，其制度形式及师资亦随之转向英美。与此同时，武昌高师亦升格为武昌师范大学。

四 南高师的教育专修科

第一次世界大战结束后，"世界新潮流"传播至中国。1918年设置的南高师教育专修科可以说正面迎上了这股"新潮流"。与北高师教育专攻科的德国倾向和武昌高师鲜明的日本倾向比起来，南高师教育专修科在师资、课程及制度等各方面都传达出"新潮流"的味道。与北高师教育专攻科及武昌高师教育补修科招生的临时性相比，南高师教育专修科实现了连续招生，培养了大量教育人才。他们在读期间即徜徉于"新潮流"，并成为新潮之极有活力的一部分。

（一）教育专修科的擘画

南京高等师范学校1914年8月开始筹备，1915年9月正式成立。其筹备和成立时间较北高师和武昌高师晚。在制度转型之际，相较于北高师、武昌高师以毕业于日本高师的教师为主的师资群体，1915年9月方才开学的南高师，在人员和制度上的倾向性要小得多。张其昀在《南高的学风》一文中称，"高师诸所擘画，颇异部章，而专科增设之

---

① 王郁之：《武昌高等师范学校纪略》，《武汉文史资料》编辑部编《武汉文史资料》1986年第2辑（总第24辑），第7—8页。

第二章 民国初年高等师范学校教育系科的设置与更易

多,尤为各高师所未见"。① 南高师1918年所设的"教育专修科",与北高师教育专攻科和武昌高师教育补修科比起来,确实"颇异部章"。

郭秉文和陶行知是南高师教育专修科设置的关键人物。1915年1月,郭秉文受江谦聘担任还在筹备中的南京高等师范学校教务长。1917年9月,陶行知受聘担任教育学教员。1918年3月,郭秉文代理校长,陶行知则兼教务主任。1918年4月20日,第一次高等师范学校校长会议召开时,南高师报告有设立教育专修科的计划。② 5月,任命"教育学教员陶知行为主任教员"。6月,教育部核定南高师增设教育专修科及招考方法,③ 南高师教育专修科自此设立。教育专修科设立前后,由于郭秉文与陶行知掌控了南京高等师范学校的各项权力,与教育学科相关的各项改革得以大刀阔斧地进行。他们在高等师范学校制度尚未更易时,尽量为教育学科开辟空间。

在高等师范制度下,南高师的各科"依据智育标准以适应社会需要为设科主旨,但社会需要随时变更,是所设之科亦因之而异"。郭秉文、陶行知主导设立南京高等师范学校教育专修科,在制度上的依据与北高师教育专攻科相同,皆为《高等师范学校规程》第八条、第九条,高等师范学校于"师范学校及中学校某科教员缺乏时"可开设专修科,专修科的科目及授业时间由校长订定,呈请教育总长认可;学理依据则是鉴于生物学、心理学、社会学、哲学的进步,"教育"已成一专门科学,而国内教育学教员以及学校行政、教育行政的专门人才犹为缺乏,南高师出于"养成教育学教员及学校行政、教育行政人才"的考量,添设教育专修科以促进教育进步。④

1918年6月,教育部发文为南京高等师范学校招考各省学生。《南京

---

① 张其昀:《南高的学风》,左惟等编《大学之道——东南大学的一个世纪(1902—2002)》,东南大学出版社,2002,第181页。
② 《全国高等师范学校校长会议纪要》(续),《教育公报》第6卷第2期,1919年2月。
③ 《南京高等师范学校大事记(自三年八月起至七年十月十日止)》,《新教育》第1卷第2期,1919年3月。
④ 《南京高等师范学校概况》,《新教育》第1卷第1期,1919年2月,第105页。

高师学校招考学生简章》对新增设的教育专修科的开设宗旨、入学资格、考试科目等做出了规定:"教育专修科以造成教育学教员及教育行政、学校行政现所需用缺乏之人才"为宗旨,修业年限为三年;入学资格除了"具有完全师范或中学及同等程度之学校毕业,身体坚强,品行端正而有志于教育者"的通行规定外,特别要求报考教育专修科的考生"须在教育界任事有一年以上之经验,应由服务之机关缮具证明书";无论应考哪一科,都需考国文、英文、历史、地理、数学、博物、物理、化学,报考教育专修科的还需加试"教育经验";教育专修科的"考试特别注重科目"为国文、英文、教育经验。① 第一班教育专修科招生40人。

1919年5月,南京高等师范学校呈请教育部,提出"各专修科应修习之科目繁多,前定教程三年于各科目重要教材多为时间所限,未得充分授予。现拟于新学年续招教育工艺各专修科,订定修业年限比前增加一年,以期将来收获效果益臻圆满",② 获教育部批准。自1919年起教育专修科的学制变更为4年,并且招生考试的重点科目增加了数学。

南高师于1920年9月开始酝酿在高师原有各科基础上筹办国立大学,至1923年6月撤销南高师并入东南大学前,南高师与东南大学并存一段时间。对教育专修科来说,1920年11月教育部即批复以南高师的"教育,农,工,商四专修科改归大学,高师各本科仍赓续办理"。③ 1921年9月东南大学成立,没有教育专修科,代之以"教育科",下设教育系、心理系与体育系。1921—1922年招生并无教育专修科的名目。1921年8月仅招大学预科及高师本科四部新生,当年的招生简章中明确高等师范学校要养成包括"教育"学教员在内的各科教员,④ 在文史

---

① 《咨各省区应按照南京高师招生简章选送合格学生文(第一千零八十八号,七年六月十五日)》,《教育公报》第5卷第9期,1918年7月,第13—14、19页。
② 《指令第九百十七号(八年五月三日):令南京高等师范学校呈一件陈明续招专修科修业年限拟定四年请核对由》,《教育公报》第6卷第7期,1919年7月,第16页。
③ 秘书处编纂组编印《国立中央大学沿革史》,第12页。
④ 《国立南京高等师范学校招考简章(民国十年)》,《江苏教育公报》第4卷第6期,1921年6月,第1—2页。

第二章　民国初年高等师范学校教育系科的设置与更易

地部中分教育组，招考要求与以往教育专修科类似。1922年则仅招考东南大学预科新生，停招南高师新生。所以，南高师教育专修科于1918—1920年共计招生3班，1921年高师文史地部教育组招生1班。综上所述，教育专修科存在时间应为1918年5月—1921年6月，所招学生至1925年全部毕业。

对于南高师的师资特色，已有颇多研究提及。有学者根据档案资料整理了1921年及之前南高师教职员的留学背景及学历分布表，教职员有留学经历的共52位，占总数的40%以上。这些教师以留学欧美国家为主，日本次之，其中留学美国的43人，占82.7%。[①] 在聘请有留学美国背景的师资的同时，也注重选送本校教员出国留学。1917年8月，南高师补助英文教员张谔以江苏省费赴美学习教育学、言语学。[②] 张谔获教育学硕士学位归国后，一度担任东南大学教育学系主任。[③] 这种师资上的倾向在教育专修科中有更为明显的体现。

1918年9月教育专修科刚成立时，按照年级制的课程，第一学年应该开设了中国伦理学史、实践伦理、教育学、社会学、国文、英语、哲学概要、论理概要等课程。结合1918年的教员姓名录（见表2-7），给教育专修科上课的可能有刘伯明、陶行知。俞子夷、陆规亮、郑宗海及姜琦可能尚未给教育专修科的学生讲授专业课，承担的基本是其他部、科的教育相关课程。根据1920年3月《中华教育界》刊登的《南京高师第一班教育科教职员学生话别杜威先生摄影》，照片中的教员有陈鹤琴、刘伯明、陆志韦、陶行知、郑晓沧、廖茂如及俞子夷，[④] 他们均有留学背景。1919年，具有留日背景的陆规亮、姜琦离开了南高师，

---

① 许文昊：《南京高等师范学校师生群体研究》，硕士学位论文，南京师范大学社会发展学院，2016，第12页。
② 《1918年教职员概况》，朱有瓛主编《中国近代学制史料》（第3辑下），第653页。
③ 《教育学院概况》，《第四中山大学教育行政周刊》第12期，1927年10月。
④ 《南京高师第一班教育科教职员学生话别杜威先生摄影》（照片），《中华教育界》第10卷第3期，1920年9月，第1页。

留美的陈鹤琴、陆志韦及廖世承充实进来。至1923年1月，南高师及东南大学教育科的师资实现了"全美"阵容（见表2-8）。师资如此，教育专修科的各方面也渐渐冲破高等师范制度教育类课程的限制，显出美国大学教育学科的特点。

表2-7　1918年南高师教育专修科师资

姓名	籍贯	经历	研究领域/讲授科目/职务
陶行知	安徽歙县	金陵大学，伊利诺伊大学硕士，哥伦比亚大学师范学院，给都市学务总监资格凭	教育专修科主任教员兼代理教务主任
俞子夷	江苏吴县	江苏派赴欧美调查教育员，江苏省立第一师范教育科教员兼附属小学校主事	教授法（南京高师附属小学主任）
郑宗海	浙江海宁	浙江高等学校，北京清华学校毕业，美国威斯康星大学，哥伦比亚大学硕士，又教育院给教育学教授资格凭	教育学、心理学
陆规亮	江苏松江	上海中等商业及太仓中学、广西师范等校校长，上海高等工业斋务长，日本留学生经理员	教育行政（南京高师附属中学主任）
姜琦	浙江永嘉	日本东京高等师范学校毕业，浙江省立第十一师范学校校长，时兼任暨南学校师范科主任	教育史

资料来源：南京高等师范学校编印《南京高等师范学校一览》，1918，第63、69页。

表2-8　1923年1月南高师及东南大学教育科师资

姓名	籍贯	履历	担任职务或讲授科目
陶行知	安徽歙县	金陵大学，伊利诺伊大学硕士，哥伦比亚大学师范学院，给都市学务总监资格凭	教育科主任教育系主任及行政委员会委员

第二章 民国初年高等师范学校教育系科的设置与更易

续表

姓名	籍贯	履历	担任职务或讲授科目
郑宗海	浙江海宁	浙江高等学校,北京清华学校毕业,美国威斯康星大学、哥伦比亚大学硕士,又教育院给教育学教授资格凭	教育学教授
俞子夷	江苏吴县	江苏派赴欧美调查教育员,江苏省立第一师范教育科教员兼附属小学校主事	附属小学主任兼小学教育教授
刘伯明	江苏江宁	美国西北大学哲学博士,金陵大学哲学教授	文理科主任哲学系主任兼教授,介绍部主任,行政委员会副主任
麦苛尔	美国	美国哥伦比亚大学教授	教育系教授
陈鹤琴	浙江上虞	美国哥伦比亚大学教育院硕士	教务部主任兼教育教授及行政委员会委员
程锦章	安徽	金陵大学教育学教授,代理国文主任;湖北武昌陆军学校英文教员	教育学讲师
廖世承	江苏嘉定	上海南洋公学毕业,北京清华学校毕业,美国勃朗大学教育科学士硕士、博士	附属中学主任兼心理学、中等教育教授
陆志韦	浙江吴兴	东吴大学文学士,美国芝加哥大学哲学博士,已任南京高等师范心理教务一年	心理系主任兼教授及行政委员会委员

注:麦苛尔,即麦柯尔。
资料来源:国立东南大学编印《国立东南大学一览》,1923,"职教员一览"第1—21页。

跟其他高师的教育专科一样,1918年南高师的教育专修科上呈教育部的课程标准(见表2-9),也遵循了年级制的模式。1918年教育专修科的课程标准是按照培养师范学校教育学教员的宗旨来制定的,课程标准的框架与师范学校的"教育"课程内容大致同构。南高师本科两部的通习科目大部分根据《高等师范学校课程标准》展开,修习伦理学、中国伦理学史、西洋伦理学史、心理学、教育学、教育史、教授法。但未开设学校卫生学及教育法令,增加了教育行政。教育专修科的学科分类与本科的通习科目也类似,只是修习课时更多,内容分得更细。

表 2-9 1918 年南高师第一班教育专修科课程标准

单位：学时

学科	第一学年(1918—1919)	第二学年(1919—1920)	第三学年(1920—1921)	总计
伦理	三个学期:中国伦理学史(2);实践伦理(1)	第一学期:西洋伦理学史(3)		12
心理		第一学期:心理学(4);实验(2) 第二、三学期:教育心理学(5);实验(3)		22
教育史		三个学期:中国与东洋教育史(3)	三个学期:西洋教育史(3)	18
教育原理	三个学期:教育学(3)		第二学期:职业教育(3)	12
教育行政	第三学期:比较教育(3)	第一学期:比较教育(3) 第二学期:学校卫生与设备(3) 第三学期:学校组织及管理法(4)	第一学期:教育行政(4) 第二学期:教育行政(4);中等教育(5) 第三学期:初等教育(5);中等教育(5)	36
教授法		第三学期:教授法(6)	第一学期:教授法(6)	12
学务调查报告及统计法	第三学期:统计法(2)		第一二学期:学务调查及报告法(4) 第三学期:学务调查及报告法(6)	16
社会学	第二三学期:社会学(2)	第一学期:应用社会学(3)	第一学期:教育社会学(3)	10
国文	第一二学期:国文(3);国语(2) 第三学期:国文(2);国语(2)	三个学期:国文(4)		26
英语	第一学期:英语(12) 第二三学期:英语(10)	第一学期:英语(6) 第二学期:英语(5)		43
哲学	第一二学期:哲学概要(2);论理概要(2)			8
乐歌	三个学期(1)	三个学期(1)	三个学期(1)	9

第二章 民国初年高等师范学校教育系科的设置与更易

续表

学科	第一学年(1918—1919)	第二学年(1919—1920)	第三学年(1920—1921)	总计
体育	三个学期(3)	三个学期(3)	第一二学期(3) 第三学期(2)	26
总计	三个学期每周31	第一学期每周32 第二学期每周27 第三学期每周29	第一学期每周24 第二学期每周23 第三学期每周22	250

资料来源：南京高等师范学校编印《南京高等师范学校一览》，第21—22页。

与同是旨在培养师范学校教育学教员的北高师的教育专攻科特别注重德语及教育学、教育史相比，这份课程标准尤为注重英语及教育行政。教育专修科除了培养教育学教员，还要培养教育行政人才，这在课程方面表现为开设了《高等师范学校课程标准》及其他高师所未涉及的教育行政、学务调查报告及统计法。

按照《高等师范学校课程标准》的规范，各校通常是将"教育"列为一科，内分诸多课程。在年级制下，专修科每一年修习什么课程、每周几小时，都须上呈教育部，得批准后要严格按照备案展开，学生对选择课程没有丝毫自由。限制颇多的年级制和《高等师范学校课程标准》中有限的课程门类自然难以接纳来自美国大学的细密教育学科课程体系。南高师教育专修科的课程标准将"教育史""教育原理""教育行政""教授法""学务调查报告及统计法"分别单列为一类课程，这种做法可被视作突破年级制采取的尝试。

按照年级制的课程，教育专修科在1918—1919学年应该开设了中国伦理学史、实践伦理、教育学、社会学、国文、英语、哲学概要、论理概要等。实际上，教育专修科的课程可能并没有严格按课程标准展开。据1919年入学的第二班教育专修科学生章柳泉[①]回忆，

[①] 据《国立南高东大中大毕业同学录》（中央大学教务处编印，1945）等资料，1923年的毕业名单里无章柳泉的名字。但其他传记类资料表明章柳泉其时在读，1925年在苏二女师附小工作。

1919年下半年"我入学的第一学期,就有一门介绍科学常识的课,陶老师在这门课中给我们讲遗传学,从达尔文到德弗里斯,特别是孟得尔的杂交试验。第二年我们就学科学的发展史(张子高老师教的),生物学又是教育科的必修学程(秉志老师教的)。心理学是教育学的重要科学基础,我们学得很不少,有普通心理学、教育心理学、儿童心理学、实验心理学等。实验心理学是重点,共学两年,做过很多实验,还开设心理学史课程(都是陆志韦老师教的)。此外还有教育统计学(陶老师教的),测验之编制与应用(是以麦柯为主任教的)"。① 他回忆的很多课程如科学常识、科学发展史等难以在1918年的课程标准中找到踪迹。由此可以推断,年级制在教育专修科的施行时间并不长。

(二) 教育专修科打破年级制,采用选科制

1917年,北京大学提出废除年级制,改用选科制,此后国内关于年级制的讨论日多。1919年9月,北大正式实行学分制和选科制。1919年,南高师教务主任陶行知在教务会议上提交了"改良课程案",提议1920年9月起在南高师实行选科制,将学生的课程分为"必修"与"任选"两类,成绩以学分计算,课程选择以所在学科为依据。② 1920年9月,南高师正式实行选科制,为配合选科制区分学科学程,教育专修科分教育学、心理学二系。

1921年,教育专修科主任陶行知演讲时提及:"社会上有新的需要,就当添加新的功课去适合他,指导他。现在社会问题很纷乱,社会学应当增加了。又因为科学的发达,各种学问,注重分析,所以虚泛的、理论的心理学不够用,儿童心理学和心理测验一定要增加了。仅讲些教育史、教育哲学也不够了,教授法、管理法……一类的实际学问,

---

① 章柳泉:《忆行知师在南京高师时的几件事》,《上海师范大学学报》1981年第3期,第123—124页。
② 《南京高等师范学校实行选科制案》,《教育潮》第1卷第6期,1920年1月。

第二章 民国初年高等师范学校教育系科的设置与更易

也须重新研究了。总之,社会的新需要没一定,增加的新功课也当随之而异。"① 可想而知,教育专修科实行选科制之后开设的课程已非《高等师范学校课程标准》所能容纳。第一班教育专修科学生并未实行学分制和选科制。第二班及第三班教育专修科学生则贯彻了南高师的选科制,毕业标准都是按照 128 学分计。② 1923 年 9 月,南高师并入东南大学后,1920 年入学的第三班教育专修科学生"仍习高师规定学程",③采用选科制。

限于史料,1920—1921 年教育专修科选科制的宗旨、选科办法及课程名目等难得一见。由于南高师教育专修科与东南大学教育科在人员构成上有密切联系,而且在毕业学生的回忆中也未将二者的课程做明确区分,多是将二者混杂在一起,故虽然没有确切史料支撑教育专修科选科制的实施情形,但可以通过 1922 年东南大学教育科选科制推断其大概面目。1921 年东南大学教育科成立时,教育专修科的选科制实行不过一年,教育科的选科制应是在教育专修科选科制基础上的扩充,二者虽不完全一致,但一脉相承。根据"南高师归并东南大学办法",二者大部分可以沟通。教育专修科第一班学生邰爽秋、吴定良、王克仁在 1921 年专修科毕业后即作为"选课生"④入东南大学教育科继续修学两年,1923 年成为教育科的第一届毕业生。"南高师归并东南大学办法"五条,其中有"现有南高学生归入大学后,得继续免费修习至毕业为止;学生修毕南高规定课程者,得东南大学某部某科毕业证书;如欲得大学学士学位者,得继续免费至毕业为止","民国十年以前之南

---

① 陶行知演讲《师范教育之新趋势》,《陶行知全集》编辑委员会编《陶行知全集》第 1 卷,四川教育出版社,1991,第 377 页。
② 《部令:训令第一百八十四号(十二年五月十七日) 令各省教育厅、京师学务局 送南京高师毕业生名册仰各省教育厅京师学务局分派服务》,《教育公报》第 10 卷第 5 期,1923 年 12 月。
③ 《教育部训令第一四六号》,《政府公报》第 2967 号,1924 年 6 月,第 409 页。
④ 《学生一览》,国立东南大学编印《国立东南大学一览》,"学生一览"第 53—54 页。

高毕业生如欲得大学学士学位者，得继续在大学免费修业至毕业为止"。① 据此，第二班学生有 11 人于 1923 年专修科毕业后继续在教育科教育系修学一年，1924 年毕业获教育学学士学位，是东南大学教育科的第二届毕业生。1920 年入学的第三班教育专修科学生，有 23 人陆续获得东南大学教育学学士学位。总体来看，从修业年限来说，教育科是预科一年本科四年，共计五年，教育专修科则要在原学制基础上补足五年。实行学分制选科制后，有的学生则有可能提前达到毕业标准。② 由此可以推断，南高师教育专修科与东南大学教育科在课程与学分上应是共通的。因而我们可以从 1923 年 4 月的《东南大学一览》所录的教育科课程标准中，窥见教育专修科选科制的一斑。

东南大学教育科教育系、心理系及体育系的学生须依据学规选择学程：

（甲）共同必修之普通学程（共计 39 学分）：（1）英文（12 学分）；（2）国文（6 学分）；（3）社会学大意（1 学分）；（4）生物学（6 学分）；（5）世界大势（3 学分）；（6）哲学入门（2 学分）；（7）科学发达史（3 学分）；（8）体育（6 学分）；（9）择业指导（无学分）。

（乙）共同必修之专科学程（共计 12 学分）：（1）教育通论（6 学分）；（2）教育心理学大纲（3 学分）；（3）教育统计（3 学分）。

（丙）选修之主系学程（至少 32 学分）：教育科学生选教育或心理为主系至少须于主系学程中选习 32 学分（共同必修之专科学程可以算入）。

（丁）选修之辅系学程（至少 20 学分）：凡教育科学生至少须于辅系学程中选习 20 学分。

---

① 《1922 年 12 月 6 日南京高等师范归并东南大学办法》，朱有瓛主编《中国近代学制史料》（第 3 辑下），第 652 页。
② 国立中央大学教务处编印《国立南高东大中大毕业同学录》，第 4—36 页。

第二章 民国初年高等师范学校教育系科的设置与更易

（戊）任选学程：除上列规定外，凡教育科学生可依本科之指导任选其他学学程。①

根据东南大学教育科的课程结构，教育专修科在实行选科制后，可能仿照了美国哥伦比亚大学师范学院六大类型的讲座将课程划分为六门。即教育理论门、教育行政门、试验教育门、教学法门、教育史门及家政艺术门。教育理论门开设教育概论、教育哲学、教育学说、教育社会学、公民教育、现代教育潮流、课程之社会的基础7种课程。教育行政门开设教育统计、学务表册、教育行政问题、欧美教育制度、日本教育、教育经费之组织与行政等19种课程。试验教育门开设试验教育实习初步、小学教育问题之试验、试验学校之宗旨及其成就3种课程。教学法门开设普通教学法、中等教学法与实习试验、初等教学法与实习试验、小学教材、课程编制等29种课程。教育史门开设西洋教育史、日本教育史、中国近代教育史、中国古代教育史、中等教育史、初等教育史6种课程。家政艺术门开设食物成分、食物成分之配合等17种课程。② 教育科教育学系共计开设81种课程供教育科及全校学生选择。1923年之前，教育专修科实际开设课程未必这么细密，但可想见其轮廓。

南高师教育专修科采用选科制后，其课程的质和量完全突破了《高等师范学校规程》及课程标准的限制，引领了潮流。"自南京高师采用选科制，浙江一师采用学科制以后，各省师范学校及高等师范学校相继变更课程，教育部规定之科目已失效力。"③ 1922年，北高师教育研究科实行了选科制，武昌高师亦采用选科制。此后，各校教育系科自设课程蔚然成风，不再有一定的标准。

---

① 《教育科概况》，国立东南大学编印《国立东南大学一览》，"各科概况"第44—45页。
② 《教育科概况》，国立东南大学编印《国立东南大学一览》，"各科概况"第43—53页。
③ 舒新城：《中国近代师范教育小史》，《中华教育界》第15卷第11期，1926年5月，第9页。

(三) 开女禁, 招收女生

1919年12月,南高师教务主任陶行知提出"规定女子旁听法案",提议酌收女子旁听生,获评议会一致支持。① 1920年,《南京高等师范学校招考学生简章》在入学资格上明确规定,除了体育专攻科暂不收女生外,"凡男女学生具有完全师范或中学及同等程度之学校毕业,身体坚强,品行端正,经考试及格者,皆得入学"。② 1920年秋,南京高等师范学校首批招录了8名女生,其中毕业于江苏第一女子师范学校的倪亮与肄业于圣玛利亚女校的韩明夷就读教育专修科。1924年,倪亮与韩明夷从教育专修科毕业后,均选择留在东南大学教育科将学分补齐,1925年获教育学士学位。北高师教育研究科在1921年招生时,招生条件增加了"女生有同等程度者亦得应试",③ 实现了男女生并收。但北高师教育研究科1921年、1922年均未招到女生,至1923年方招到罗志英、陈璧如两位女士,两人亦于1925年获得教育学士学位。④ 她们四人可以说是中国自己培养的最早一批的女性教育学士。

倪亮、韩明夷在校期间与男同学一起参加全国教育展览会服务、参加各种调查与辩论,韩明夷还作为教育专修科代表出访日本。倪亮毕业后担任江苏省立第三女子师范学校校长;1928年与丈夫吴俊升赴法国留学,先后求学于法国国立职业指导学院及巴黎大学,专攻心理测验统计,获心理学博士学位;1931年回国后先后任教于金陵大学、北京大学、北平大学及中法大学等高校,教授心理测验、统计等课程。在心理测验、统计领域颇有建树。⑤ 韩明夷毕业后任苏州、上海地区的女中校

---

① 陈叔谅:《东南大学的渊源和沿革》(续),《学生杂志》第11卷第12期,1924年12月。
② 《南京高等师范学校招考学生简章》,《奉天公报》第2955号,1920年5月,第5页。
③ 《教育研究科简章》,《政府公报》第1976号,1921年8月,第12页。
④ 国立北京师范大学编印《国立北京师范大学民国十四年毕业同学录》,1925,第16页。
⑤ 徐友春主编《民国人物大辞典》,河北人民出版社,1991,第694页。

长，活跃在教育领域。

倪亮、韩明夷两人是中国高等教育开女禁的标志性人物。此前北高师教育专攻科及武昌高师教育补修科、教育专修科均无女生。对于中国教育学科来说，有女生便是自南高师教育专修科的倪亮、韩明夷二位始。之后教育学系女生渐多，至20世纪30—40年代，教育学系的女生大约占到学生总人数的1/3。

（四）教育专修科的三班学生成为教育学研究的中坚

南高师以教育专修科名义招收的学生共计三班（见表2-10）。在高师制度下完成全部学业的，仅有1918年入学、1921年毕业的第一班教育专修科学生。1919年招收的第二班学生在1923年毕业时，南高师已合并于东南大学。在1923年毕业的36人中，23人选择继续就读东南大学教育科教育系，补齐相关课程。1920年入学的第三班学生，仅有7人未选择继续在教育科教育系补齐学分。由此可见，这三班教育专修科学生见证了从高师制度下的教育专修科到大学中的教育科教育系的制度更易。

表2-10 南京高等师范学校教育专修科（教育科）毕业学生一览

科别	学习起止时间	毕业名单	毕业于东南大学教育科者
第一班教育专修科	1918年9月至1921年6月	共计37人 邰爽秋、吴定良、王克仁、倪文宙、杨效春、王炽昌、金森宝、张裕卿、罗廷光、许文锵、谢焜、徐焘、张念祖、金海观、谢家禧、薛钟泰、陈熙光、刘世珍、施毓祺、江鼎、钱泉、龚家骝、章表霆、王书棠、张铸、林枕华、解延庚、龚寿山、王衍康、冯荣翰、李乃城、王德熙、朱文治、汪尚华、沈炳文、郭志方、杨伟文（教育部毕业名单38人，有石良辰）	共计11人 1923（3人）：邰爽秋、吴定良、王克仁 1924（1人）：倪文宙 1925（1人）：杨效春 1926（4人）：王炽昌、金森宝、张裕卿、罗廷光 1927（2人）：许文锵、谢焜

续表

科别	学习起止时间	毕业名单	毕业于东南大学教育科者
第二班教育专修科	1919年9月至1923年6月	共计36人 胡昌才、吴文奎、王勉民、夏承枫、周锡麒、曹刍、李开泰、方秉性、钱希甫、薛鸿猷、凌纯声、顾克彬、张绳祖、许福年、葛承训、吴孝乾、潘一强(潘抑强)、诸葛龙、陈自耀、张万杰、欧阳鬻、朱定钧、林昭音、成荣章、沈振声、李勉韶、李景唐、吴宗望、吴肃、周邦道、姚之璧、唐毅、徐佩业、陈家鸿、曹铨楼、黄金龙	共计23人 1924(12人):胡昌才、吴文奎、王勉民、夏承枫、周锡麒、曹刍、李开泰、方秉性、钱希甫、薛鸿猷、凌纯声、顾克彬 1925(9人):张绳祖、许福年、葛承训、吴孝乾、潘一强(潘抑强)、诸葛龙、陈自耀、张万杰、欧阳鬻(心理系) 1927(2人):朱定钧、林昭音
第三班教育专修科	1920年9月至1924年6月	共计30人 官廉、陈启天、卫士生、裘翌勋、程宗超、韩明夷(女)、徐益棠、陈家栋、周之淦、吴俊升、古楳、倪亮(女)、侯曜、潘之赓、沈丕谐、夏开权、姜子荣、卢殿宜、王希曾、黄修仁、马广才、钱秉权、邵鹤亭、祝其乐、陈良茂、杨中明、章松龄、饶上达、王尊瑛、金钺	共计23人 1924(3人):官廉、陈启天、卫士生 1925(19人):韩明夷(女)、倪亮(女)、裘翌勋、程宗超、徐益棠、陈家栋、周之淦、吴俊升、古楳、侯曜、潘之赓、沈丕谐、夏开权、姜子荣、卢殿宜、王希曾、黄修仁、马广才、钱秉权(心理系) 1926(1人):邵鹤亭
文史地部教育组及教育专修科休学者	1921年9月至1925年6月	共计13人 胡家俭、沈国宝、赵冕(1920年入学)、张伸、张宗麟(1925年入教育系)、熊玉莹、张友仁、俞之柏、吴步江、曹俊陞、武尚贤、陈孟仁、左熙章	共计5人 1925(4人):沈国宝、赵冕、张伸、张宗麟 1927(1人):胡家俭
其他(休学延期等)		共计2人 方明荣(1921年入学)、陈宝汉	共计1人 1926(1人):陈宝汉
总计		118人	63人

资料来源:国立中央大学教务处编印《国立南高东大中大毕业同学录》,第4—36页;国立东南大学编印《国立东南大学一览》,"学生名录"第78—89页。

第二章 民国初年高等师范学校教育系科的设置与更易

1918年12月，南高师与江苏省教育会、北京大学、暨南学校及中华职业教育社认为一战结束后，编译东西洋学术著作是学术立国的必不可少之举，于是共同发起组织新教育共进社，"专事编译新教育丛著及新教育月刊"。① 之后，郭秉文、陶行知代表南高师、东南大学参与组织实际教育调查社及中华教育改进社。这些社团在1920年前后先后邀请杜威、孟禄、麦柯尔（W. A. McCall）、推士（G. R. Tuiss）等美国教育家、科学家访华讲学。1919—1921年杜威访华，两次在南高师讲学。1921年10月，为讨论学制改革，中华教育改进社邀请孟禄来华讲学。1922年中华教育改进社聘请美国教育测量专家麦柯尔来中国辅导编制各种教育测验，在北高师、南高师讲学训练教育测验人才。1922年6月，美国科学家推士应中华教育改进社之邀访华考察科学教育，并开办讲座介绍美国科学教育方法。舒新城曾提及他在东南大学附中任教时的精神生活，"在人的方面，当时有名的教育家多在东大任教，过往也很容易"；东大附中的一批教员，如王克仁、邵爽秋、倪文宙、吴俊升、杨效春、曹刍等，"均属少年，颇多意气相投而常相过从，故在精神生活上也很欢愉"。② 在这种氛围中，南高师1918—1920年入学的这三级教育专修科学生，就读期间就随着南高师及东南大学教育科的各项引领潮流的活动，在教育研究的各个领域开疆拓土。

1. 专修科学生著书立说

五四运动之后，在教育的"复活时期"，教育专修科的很多学生在读期间就发表文章参与教育讨论、研究教育问题，并有调查报告、著作或译作出版。中华书局及其主办的《中华教育界》，商务印书馆及其主办的《教育杂志》，均顺应潮流，刊登、出版了这几级教育专修科的不少文章、调查报告及译作、著作。1921年3月南京高等师范学校教育研究会出版有《教育汇刊》，一年两期，由中华书局发行。刊物的作者

---

① 《中华教育改进社》，朱有瓛等编《中国近代教育史资料汇编·教育行政机构及教育团体》，上海教育出版社，1993，第308—309页。
② 舒新城：《我和教育》，广东人民出版社，2016，第187页。

群体以南高师教育专修科及之后东南大学教育科的师生为主。

有学者统计了《中华教育界》第2卷至第29卷的主要作者与相应的刊文数量，统计的128位作者中，出自南高师教育专修科的有陈启天、杨效春、罗廷光、邰爽秋、王克仁、古楳、曹刍、唐毅、张宗麟、葛承训、金海观、倪文宙、周邦道、祝其乐、钱希甯、夏承枫、潘之赓、饶上达、吴俊升、张绳祖等20人。① 1924年，潘之赓的《法国小学课程的兴革》，罗廷光的《小学算术学力测验法》，钱希甯的《麦柯测验编造的TBCF制》，葛承训的《情绪试验报告》，林昭音的《男女性之分析》，祝其乐的《研究乡村教育的途径和方法》，胡昌才、陈家鸿的《儿童观察自然物的测验报告》等由教育专修科学生撰写的论文，被收录于纪念《教育杂志》创刊16周年的"教育丛著"中。除了在《中华教育界》及《教育杂志》上发表文章，教育专修科的这三班学生也有著作出版。据不完全统计，在读期间出版的著作有陈启天编《中学训练问题》（中华书局，1922），周之淦、杨中明、卢殿宜三人合著《公民学课程大纲》（商务印书馆，1923），侯曜编《平民学校教师指南》（平民教育促进会，1923）等。这三班学生毕业后，多活跃于教育领域，得益于在南高师（东南大学）奠定的良好基础，他们中很多人参与编辑了各级学校的各科教科书，如曹刍编的新师范教科书《各科教学法》（中华书局，1926），饶上达编新师范教科书《小学组织及行政》（中华书局，1929），潘之赓编著高中师范科及其他师范学校"教育测验与统计"教科书《教育测验与统计》（世界书局，1932），吴宗望编《小学教材研究》（开明书店，1934），等等。

2. 翻译、出版英美教育书报

除了发表文章、出版专著，教育专修科的三班学生在翻译方面表现更为突出。1922年秋，郑宗海在南高师开设"英美教育书报"课程。

---

① 喻永庆：《〈中华教育界〉与民国时期教育改革》，博士学位论文，华中师范大学教育学院，2011，第62—63页。

第二章 民国初年高等师范学校教育系科的设置与更易

选修学生除完成课程作业外，还必须选择一本著作精研。郑宗海要求课程结束时每位学生都要报告所读著作大义，为其他同学导读。课程结束后，郑宗海整理编辑了学生的翻译报告，部分交由商务印书馆出版（见表2-11）。

表 2-11 南高师教育专修科"英美教育书报"课程中的翻译报告

译者姓名	原著	译名	备注
姜子荣	书名：*The Supervision of Instruction* 作者：Hubert Wilbur Nutt（堪萨斯大学教育教授） 出版信息：Houghton Mifflin Company，1920	赖蒂氏著《教学视察与指导概要》	
卫士生	书名：*Education and the General Welfare* 作者：Frank K. Sechrist 出版信息：The MacMillan Co.，1920	萨克里施特著《学校内之公共幸福》	
杨中明	书名：*The Value of School Supervision* 作者：Marvin Summers Pittman（哥伦比亚大学师范院教授） 出版信息：Warwick&Fork，Inc. Baltimore	比德门氏著《乡村学校之指导》	
顾克彬	书名：*New School for Old* 作者：Evelyn Dewey 出版信息：E. P. Dutton&Company，1919	杜威著《旧学校变新之一例》	
官廉	书名：*Successful Teaching in Rural Schools* 作者：Marvin S. Pittman（密歇根州立师范大学乡村教育系主任） 出版信息：American Book Company，1922	比德门著《乡村学校有成效的教学法》	
朱定钧、 周邦道	书名：*Modern Elementary School Practice* 作者：George E. Freeland（实习教学视察员及华盛顿大学教育学助教授） 出版信息：The Macmillan Company，N. Y.，1919	富里兰著《现代小学校之实施》	
裘翌勋	书名：*Children and Childhood* 作者：N. Niemeyer（英国著名教育心理学家） 出版信息：Oxford University Press，1921	倪美燕著《儿童与儿童时期》	

续表

译者姓名	原著	译名	备注
程宗潮	书名:*The Elementary School Curriculum* 作者:Frederick Gordon Bonser(哥伦比亚大学教育学教授) 出版信息:The Macmillan Company,1920	彭塞尔著《小学校之课程》	
胡昌才	书名:*The Psychology of the Common Branches* 作者:F. N. Rreeman	福利孟氏著《小学各科学习心理》	
夏开权	书名:*The School and Society* 作者:John Dewey 出版信息:The University of Chicago Press,1900	杜威著《学校与社会》	
钱秉权	书名:*The Junior High School* 作者:Thomas H. Briggs 出版信息:New York,Houghton Mifflin Company,1920	勃列葛斯著《初级中学概论》	
黄修仁	书名:*The Vocational Education of Girls and Women* 作者:Albert H. Leake	李克著《女子职业教育》	
张绳祖	书名:*The Psychology of Learning* 作者:M. H. Pyle 出版信息:Warwick&York,Inc.,1921	派爱而著《学习心理》	
唐毅	书名:*What Is Education?* 作者:Erest Carroll Moore 出版年:1915	莫尔著《教育是什么》	
夏承枫	书名:*The Project Method of Teaching* 作者:Stevenson	司替芬生著《设计教学法》	登载于《中华教育界》第12卷第6期
钱希萧 诸葛龙	书名:*The Dalton Laboratory Plan* 作者:Miss Evelyn Dewey	杜威女士著《道尔顿研究室制》	1923年商务印书馆出版

资料来源：卫士生、官廉、顾克彬编《英美教育近著摘要》，郑宗海校阅，商务印书馆，1923，"序"；《本会会员翻译西书目录》，《教育汇刊》第4集，1922年9月，第2页。

第二章　民国初年高等师范学校教育系科的设置与更易

同时，教育专修科学生作为南京高等师范学校教育研究会会员，也主动根据个人兴趣及教育实践需要，选择翻译书籍。如朱定钧、周邦道译富里兰的《现代小学校之实施》（*Modern Elementary School Practice*），钱希鼐及祝其乐翻译乔吉亚大学教育科心理学爱德华的《学习之基本原理》（*The Fundamental Principles of Learning and Study*，商务印书馆，1923），张绳祖、朱定钧译斯特朗的《教育心理学导言》（*Introductory Psychology for Teachers*，商务印书馆，1924），教育科第二级同人（1919年入学）译罗宾逊和贝尔德的《近今文化史》（*History of Europe Our Own Times*），邰爽秋、王克仁、曹刍等译《设计教学法》（*The Project Method in Education*），等等。① 他们的翻译工作完成之后，一般能在中华书局或商务印书馆出版。

此外，王克仁、钱希鼐、祝其乐、朱定钧、张绳祖等人在读期间均有译著出版。影响最大的是金海观、郭智方、张念祖及倪文宙笔记、翻译的杜威的讲演，题名《杜威教育哲学》，1921年由商务印书馆出版。还有王克仁与邰爽秋合译的濮墨（Palmer）原著的《德育问题》（中华书局，1922）；王克仁翻译约翰费斯克的《幼稚之意义》（*The Meaning of Infancy*，中华书局，1922）；唐毅翻译的《幼稚园课程研究》（*The Kindergarten Curriculum*，中华书局，1922）；钱希鼐及诸葛龙翻译杜威女士（Miss Evelyn Dewey）所著的《道尔顿研究室制》（*The Dalton Laboratory Plan*，商务印书馆，1923）；朱定钧及夏承枫翻译，张绳祖、林昭音校对的"密索利大学派尔"著《学习心理学》（*The Psychology of Learning*，中华书局，1924）。

自1919年开始，教育专修科的学生先后参与接待并受教于杜威、孟禄、罗素、麦柯尔、推士等人。他们接触的英美书报，几乎与英美同步。这使他们有机会接触英美的最新教育学术成果，并及时将之译介到国内。就这点来说，这几级教育专修科的学生的视野较开阔；同时，他

---

① 《本会会员翻译西书目录》，《教育汇刊》第4集，1922年9月，第2页。

们也是如火如荼的"新教育"运动的生力军。

3. 关注现实问题，参与新教育实践

吴俊升晚年回忆："这时期（五四运动前后）的教育学，因为西洋思想的介绍，尤其杜威的提倡，乃成为一种显学。"① 彼时教育学声名正盛，许多学生对教育抱有信仰，非常关注现实教育问题，并自然地想学以致用。

1922年，针对3名女生要求南高附中招收女生这一事件，教育专修科同人组织辩论会，分正反两方辩论中国中等学校男女同校问题。正方林昭音、顾克彬、成荣章、吴俊升、曹俊陞、潘之赓、葛承训，反方黄修仁、姜子荣、张绳祖、卫士生。双方皆在厚实的外文文献基础上，从心理学、生理学等角度引经据典，针对现实问题从正反双方进行充分讨论。② 双方的辩论文稿在《教育汇刊》发表后，有良好的社会影响，1923年被收入《妇女年鉴》。

自1922年3月开始，中华教育改进社与南高师教育专修科合组了一个儿童智慧标准智慧测验团，委派教育专修科胡昌才、吴宗望、葛承训、朱定钧、徐佩业、韩明夷、曹刍、吴俊升、徐益棠、饶上达、倪亮等11名学生，③ 由陆志韦、廖世承及陈鹤琴带队，分成三组前往江浙沪各地测验，并对测验数据进行统计整理制成测验儿童智慧标准，以期对小学教育有所贡献。倪亮、韩明夷、吴俊升、徐益棠及饶上达5名学生随团进行"智慧测验"的同时，主动调研江浙沪小学的课程编制。他们走了11个地方，调查了53所学校，又调查了南京的3所学校，并于1922年10月写就《江浙小学课程调查报告》。④

这三级教育专修科学生，不少成为教育名家。邰爽秋、罗廷光、吴

---

① 吴俊升：《近五十年来西方教育思想之介绍》，林子勋主编《教育学论集》，台北：中国文化大学出版部，1983，第77页。
② 林昭音等：《辩论：中国中等学校男女同校问题》，《教育汇刊》第3集，1922年4月。
③ 《创造中国智慧标准之计划》，《申报》1922年4月10日，第10版。
④ 吴俊升等：《江浙小学课程调查报告》，《教育汇刊》第5期，1923年6月。

俊升、古楳、夏承枫、陈启天等为教育学家，均有代表性著作留世。王克仁、金海观、祝其乐、杨效春等为教育家。出自教育专修科的他们未因袭拘泥于自己的老师所探索的教育之路，大多成为20世纪20年代国家主义教育学派的中坚，对师长们提倡的世界主义教育、和平主义教育及平民主义教育多有反思。教育专修科毕业学生成名成家者并不限于教育学领域。例如，吴定良1923年毕业后，赴英留学，学习生物统计学，1934年归国后历任北京大学统计学教授，中研院历史语言研究所人类学组主任，浙江大学教授、人类学系主任等职，是中国体质人类学的创始人和奠基人。① 凌纯声毕业后留学法国，后来成为著名的民族学家、人类学家。其他的教育专修科学生，多在教育岗位上默默耕耘，或是任江苏、浙江一带各级各类学校的教育学、心理学及其他各科教员，或是担任小学、师范学校校长。② 他们大多学能致用，成为推动教育新"潮"中的一朵朵浪花。

五 北高师的教育研究科

1919年6月，北京高等师范学校唯一的一届教育专攻科毕业。1920年1月，北高师开办了教育研究科。黄公觉自豪地宣称"中国各大学专门学校，迄无研究科之设，有之自北高始"。③ 邓萃英在回忆北高师教育研究科创立历史时，不止一次提到"难产"。1922年，他在第一届教育研究科毕业生授教育学士学位典礼上，回忆教育研究科的创立时说："兄弟在高师服务，合起来差不多有七八年。此中最足纪念的，

---

① 《中国科学家辞典》编委会编《中国科学家辞典》（现代第2分册），山东科学技术出版社，1983，第118—121页。
② 《毕业同学消息》，《教育汇刊》第1期，1929年3月。
③ 黄公觉记《中国第一次授教育学士学位典礼纪盛》，《教育丛刊》第3卷第3集，1922年5月，"附录"第1页。

就是教育研究科","教育研究科未创造之前,经过许多难产,然后才生出来。既生出来,又遭遇许多外界风潮,吃了时潮许多的亏,加之受以前先天的困难与后天的困难。然而今天竟至能成功,兄弟非常快乐。教育研究科能够经过许多盘根错节,兄弟觉得非常之痛快"。① 1924年他在《北京师范大学教育研究科同学会会员录》序中又提及:"北京师大教育研究科,是民国九年春季始设立的。回想当日将设未设时候难产的情形,和产生后所受种种的挫折,谁也不敢预料仅仅经过了四年零三个月的今日,有这样济济多士的效果。"② 到底为什么"难产",产生后又遭遇了什么"风潮"和"挫折",让这位前校长这么念念不忘?

(一)教育研究科设置的背景:"高师改大"与"废止高师"之争

黎锦熙在《北京师大简史》中称:"一九二〇年,开办教育研究科(两年毕业,授予教育学士学位……)——这就是本校'升格改大运动'的最初一步","两三年间,邓萃英(芝园)、李建勋(湘宸)先后任校长,工作重点就在'改大'"。③ 给教育研究科以"升格改大运动""最初一步"的定位,也正暗示了教育研究科产生前后的大背景,如常道直(又名"常导之")所言,"'高师改大'与'废止高师'为近数年来教育界争辩甚烈之一问题"。④

这场论争肇始于1915年第一届全国教育会联合会,其间以符定一为会长的湖南省教育会提出一项《改革学校系统案》,其中一项改革要

---

① 黄公觉记《中国第一次授教育学士学位典礼纪盛》,《教育丛刊》第3卷第3集,1922年5月,"附录"第8页。
② 北京师范大学教育研究科同学会编印《北京师范大学教育研究科同学会会员录》,1924,"序"第1页。
③ 黎锦熙:《北京师大简史》,师大改进研究委员会编印《国立北京师范大学改进研究报告》,1949,第3页。
④ 常导之:《为行将成立之"北京师范大学"进一言》,《教育杂志》第14卷第12号,1922年12月,第1页。

第二章　民国初年高等师范学校教育系科的设置与更易

点为"产出中等学校教员之圆满资格,且避设置与经费之困难,遂取销高等师范学校,而设师范研究科于大学";"教授中等学校之技术,易于初等远矣,本无须专门养成至于三年之久,且教授中等学校之学识,原不在专门大学各科之外,更无独设一校之必要",故建议"将高师内原有之研究科移入大学,入学者以专门大学毕业生为限,则学问已高,专修教育一年,自无不足"。① 此案在会上引起支持者与反对者的激烈争论。自此开始,关于改革师范教育的议论便不绝于耳,争论的焦点是如何改革,是合并到综合大学,还是保留师范系统,高师升格为师范大学。不论是主张合并,还是支持改大,如何安置"教育科",都是核心问题之一。

1919年10月,在山西召开的第五届全国教育会联合会年会上,关于改革师范教育的争论尤为激烈。关于师范教育的提案有三件,一是浙江省教育会的建议案,二是陈宝泉所提的修正案,三是审查委员的审查案。

以经亨颐、俞大同为代表的浙江省教育会的提案矛头直指"教育的教科":

> 日本近年来为高等师范的问题,一方面倡废止论,一方面倡不可废止论,说得天花乱坠,无非是赤门茗溪两派饭碗里面的话,并不是从教育原理和师范的责任上着想,我们很不佩服。平心而论,现在的高等师范要算教育精神唯一的机关,实在是勉强的。据我们想来,研究纯正教育,和各科教授上需要的教育原理,是两个问题,不能混在一起的。高等师范的各科毕业生,至多明白各该科教授上需要的教育原理罢了,各科教授上所需要的教育原理,和担任教育学教授纯正的教育原理,一则是形式,一则是精神,实在是不

---

① 《改革学校系统原案(湖南省教育会提议)》,邰爽秋等合选《历届教育会议议决案汇编》(教育参考资料选辑第5种),"第一届全国教育会联合会大会议决案"第36、44—45页。

同的。现行的法令凡是高等教育毕业生都允许他能担任师范学校的教育教员，但事实上请他们担任教育一科，都是怕试试的居多，非有一种特别的努力，是不敢担任的。这也难怪他们不能胜任，要晓得高等师范各专科学生，在学的时候各专科课程，实验哩，演习哩，已忙得不得了，分一点精神注意教育，是很难得的。凡百学问，自己略略能明白，未必就能够教人，所以现在的高等师范，要算教育精神唯一的机关，是很勉强的。怪不得高等师范里面，还有叫做教育专修科的办法哩。

高等师范学校里面办教育专修科，好像是矛盾的，不是教育专修科的学生，明明不是专修教育，高等师范的各科办他做什么？各专科的专门程度，一定比不上大学，所以唱废止高等师范的，就根据这个理由。但是现在想起来，这个理由却不能算充足，因为高等师范的各科虽不是专修教育，但是在各中等学校教授各科，到底不可不明白各科上需要的教育原理。况且大学的分科办法，是全凭学理的，和中等学校分科担任的办法，一定不能适合。所以我们不是主张废止高等师范，就是不主张废止高等师范的各分科。我们要废止高等师范的名称，是什么道理呢？就是要废止冒充专修教育为教育精神唯一机关的责任。但现在高等师范既然办了教育专修科，好不好维持教育精神唯一的机关呢？这个问题我们看来也是勉强的，且有流弊。现在高等师范办了教育专修科之后，恐怕各专科的学生对于教育的注意，比从前更要退步了。且教育专修科名称，终觉得有些不三不四，不如爽爽快快把教育精神唯一的责任，归到大学里去。大学里面应该正正当当设一教育科。①

1919 年国内的教育专科有北高师的教育专攻科、武昌高师的教

---

① 《改革师范教育议案（浙江省教育会提议）》，邰爽秋等合选《历届教育会议议决案汇编》（教育参考资料选辑第 5 种），"第五届全国教育会联合大会议议决案"第 38—39 页。

第二章　民国初年高等师范学校教育系科的设置与更易

育专修科以及南高师的教育专修科。结合高师制度来看，高师中所设的教育专攻、教育专修确属矛盾的存在。浙江省教育会提案主张把师范教育另立一个系统，叫作"师范学制系统"，共分四期，以大学的教育科为最高。对"最要紧的""教育的教科"，做了如下分别：第一期师范学校（养成国民学校教员的师范讲习科或讲习所）的"教育"注重方法；第二期师范学校（养成小学教员的师范学校）的"教育"注重理论；第三期师范学校（养成中等学校教员的师范学校）的"教育"注重各科教授法；大学的教育科是教育精神唯一的机关，要创造思想，介绍新说，负完全责任。他们建议，"国立大学应设教育科"。①

与湖南省教育会的提案主张废止高师的意见不同，按照这份提案的意思，师范系统可以独立，但是只能围绕培养教师进行；不过两者都主张国立大学设置教育科，研究教育学术，招收高等师范毕业生，取代高师作为"教育精神唯一的机关"的地位。也就是说，这个类似于哥伦比亚大学师范学院的"创造思想，介绍新说"的机关，才是教育精神所在。

在各方论争中，"教育科"设于何处是核心问题之一。陈宝泉的修正案直接针对浙江省教育会提案第三期师范学校不设教育专修科，他主张不能将教育研究的任务划出高师，如果划出高师，则与废止高师无异。他认为"高师设置教育研究科为当然底责任，专修科为一时底办法，研究科为永久底办法。非大学设置教育科徒为抽象的研究者所可同日而语"。② 他明确这个承担教育研究任务的机构应该是高师所设教育研究科，而不能是大学设置的"徒为抽象的研究"的教育科。

---

① 《改革师范教育议案（浙江省教育会提议）》，邰爽秋等合选《历届教育会议议决案汇编》（教育参考资料选辑第5种），"第五届全国教育会联合大会议决案"第46页。
② 许崇清：《论第五教育联合会改革师范教育诸案》，《教育杂志》第12卷第9号，1920年9月，第2页。

也是在这次年会上,北高师校长陈宝泉与邓萃英联名提出"设置师范大学案"。并且,陈宝泉所设计的"师范学校系统及名称"作为对浙江省教育会提案的"审查结果",写入第五届全国教育会联合大会的"审查结果",其文曰:

> 我国现行师范教育制度,久感有改革之必要;惟枝枝节节为之,不厘正其系统及名称,终难达改良之希望。兹经详细讨论,列举改革注意之点如左:
> (一)师范学校毕业生不敷高等小学校及国民学校教员之分配,且一种学校具两种目的,亦难适于实用。
> (二)师范学校毕业生无升学之希望,不足振发其向上精神。
> (三)师范学校不能成为系统,既不便互相联络,且难增高等师范教育之程度。
> (四)高等师范学校本科毕业生,只适于各科教授,若不设置教育研究科,无以促进教育学术之进步。①

据以上理由,拟定了包括"师范大学""甲种师范学校""乙种师范学校"的师范学校系统。其中"师范大学"分研究科、本科、预科。而"研究科"特指"教育研究科"。"教育研究科专攻教育学术,二年毕业,授与教育学士之学位。师范大学本科毕业生及其他专门大学毕业生等,具同等资格者入之。甲种师范毕业生服务三年以上者,亦得入学,但不授学位。"② 这就以高等师范设置"教育研究科"来保卫高等师范"教育精神唯一的机关"的地位,并且在制度设计中为"师范大学"及"教育研究科"留出位置。

---

① 陈宝泉:《改革师范教育之意见》,《北京高师教育丛刊》第1集,1919年12月,第1页。
② 《改革师范教育案(呈教育部)(审查案)》,《安徽教育月刊》第24期,1919年12月,第6—7页。

第二章　民国初年高等师范学校教育系科的设置与更易

这几份关于师范教育的议案引发了教育界的讨论。刚从日本东京帝国大学文学部研究院毕业回国的许崇清认为陈宝泉设想的师范大学"研究科"并不同于大学的研究科，美其名曰"研究科"，实际上仍为教育专修科。他认为中学教师不仅要传达专门学科知识，更要了解现代文化，具有研究精神，培养中等教育师资应格外注重教育的、科学的、研究的、批判的实力。而要培养这种实力，必须在综合大学中。他主张，高等师范学校可以自行扩充为综合大学，"教育科也是定限五年毕业，前三年注重一般修养，后两年注重特殊研究，凡师范学校教育学科底教师以及视学、督学皆在这里养成"。① 江苏省立第二师范学校校长同时也是江苏省教育会重要成员的贾丰臻认为，"高等师范学校之教育一科，较之师范学校不过有深浅详略之别"，"高等师范学校废置，于大学及专门学校设教育一科，亦革除骈枝之良法"。② 中国职业教育社成员顾树森认为"宜裁去高等师范学校附入大学教育研究科中"。③ 还有一种观点，李建勋曾在《请改立全国国立高等师范为师范大学案》中引用："论者谓：高师提高程度，改为师范大学，固属重要，但所改之师范大学，系专办教育科，以备大学毕业生升入乎？"④ 这些言论虽观点各异，但有一共同点，即将"师范"的含义浓缩于"教育"一科，各科专门教育皆可由专门学校或大学代劳。而这一最有师范精神的教育学科，要设在大学。自清末开始，"师范是教育之母"便成为公论，借此，民国时期的高等师范学校才会有"教育精神唯一机关"的骄傲。如依上述各论，则这种荣耀将不复存在。

---

① 许崇清：《论第五届教育联合会改革师范教育诸案》，《教育杂志》第 12 卷第 9 号，1920 年 9 月，第 13 页。
② 贾丰臻：《今后学制革新之研究》，《教育杂志》第 12 卷第 6 号，1920 年 6 月，第 3、6 页。
③ 顾树森：《对于改革现行学制之意见》，《教育杂志》第 12 卷第 9 号，1920 年 9 月，第 6 页。
④ 李建勋：《请改全国国立高等师范为师范大学案》，《教育丛刊》第 3 卷第 5 集，1922 年 9 月，第 1 页。

浙江省教育会提出的改革师范教育案并未成为议决案,"经审查后提出二读,皆以事体重大,不容仓促解决,应定为下届提案方针之一"。① 虽然这份议案未经议决,但催生了北高师的教育研究科。第五届全国教育会联合会年会结束后,陈宝泉对教育研究科的设置,便不仅停留在制度设计层面上了。或者可以这么说,"改革师范教育案"是北高师"升格改大运动"的宣言书。

(二) 陈宝泉及北高师的筹设工作

北高师校长陈宝泉作为清末现代教育学术的接受者、传播者和研究者,对师范学校培养教师的功能有着深刻的体认,而"教育学"作为培养教师的关键课程,在师范学校中有不可取代的重要地位。基于这种认识,1915 年,教育专攻科得以在北京高等师范学校首先开设。但是在教育研究及教学实践中,教育专攻科在北高师校内没有体现教育学科的特殊作用和主导地位;在校外无法起到"振起国人教育思想"的作用,并且遭遇种种非议。② 从 1915 年到 1919 年,北高师教育专攻科只招生一届。陈宝泉并未因"此路不通"而放弃对教育学术人才培养的探索和努力。

根据民初颁布的《高等师范学校规程》第一条"高等师范学校分预科、本科、研究科",第十二条"高等师范学校修业年限,预科一年,本科三年,研究科一年或二年",第十八条"研究科公费生由校长在本科及专修科毕业生中选取之。在本校或外国专门学校毕业及从事教育有相当之学识经验者,经校长认可得以自费入学",③ 高等师范学校可以设置"研究科"。也就是说,高师设置研究科,是有规程可依的。

为什么要设研究科?除了陈宝泉及北高师对教育学术人才培养的一

---

① 《改革师范教育议案(浙江省教育会提议)》,邰爽秋等合选《历届教育会议议决案汇编》(教育参考资料选辑第 5 种),"第五届全国教育会联合大会议决案"第 36 页。
② 张小丽:《北高师教育专攻科的历史境遇》,《教育学报》2010 年第 4 期。
③ 《教育部部令第六号:高等师范学校规程》,《政府公报》第 291 号,1913 年 2 月,第 3—4 页。

第二章 民国初年高等师范学校教育系科的设置与更易

向重视,还有现实考虑。从1919年乃至更早起,陈宝泉就积极为北高师升格为师大做种种准备。作为"升格改大运动"的最初一步,设置教育研究科也酝酿已久。从"六三三"制提出开始,北高师就谋求"升格",延长修业年限,在外在形式上与大学趋同。大学预科二年,本科四年;高等师范学校预科一年,本科三年。两者在年限上相差两年。1919年北高师改本科修业年限为四年,不设预科。之后陈宝泉在《本校沿革大要》中提到,"研究科本因高师四年制而设",也就是说,当时开设二年制教育研究科的考虑之一,是解决本校四年制学生的升学问题,补齐与大学修业年限上的差额。还有一层考虑,即"以期于全国教员学术上有特别之贡献"。① 教育研究科是全国首次设置的"研究科",也是北高师注重学术研究、孕育大学的内在精神的最初一步。

1919年5月之前,北高师就呈请教育部设置教育研究科,并得允准。② 1919年10月,应是在第五届全国教育会联合会年会通过决议后,陈宝泉马上拟具教育研究科简章,呈请教育部招生。11月即得到教育部允准,并在各省区招生。③ 教育研究科简章如下所示:

北京高等师范学校教育研究科简章

一、宗旨 以教授高深教育学术,养成教育界专门人才为宗旨。

二、学科 教育原理、教育史、教育制度、教授法、心理学、哲学、美学、社会学。

三、修业年限及学额 二年毕业,以三十五名为定额。

四、入学资格 以高等师范本科毕业生、各专门学校毕业生、

---

① 陈宝泉:《北京师范大学沿革大要》,蔡振声、刘立德编《陈宝泉教育论著选》,人民教育出版社,1996,第226—227页。
② 《教育部指令第九九四号》,《北京高等师范学校周刊》第71号,1919年5月19日。
③ 《教育部咨各省区检送北京高等师范学校教育研究科简章及招生名额表请查照办理文》,《政府公报》第1353号,1919年11月。

大学本科毕业生及二年级以上肄业生，英文能直接听讲者为合格。

五、入学试验　凡大学本科毕业生、本校本科毕业生免入学试验；大学非英语门毕业及本校非英语部毕业者，仍须受英文试验；高等专门学校毕业生及大学二年肄业生试验科目如左：国文、英文、伦理、论理、生物学。

六、费用　免收学费，惟食宿、衣服、书籍、讲义等概归自备。

七、学位　毕业及格者给与教育学士学位。①

关于第五条"入学试验"，因为符合免试资格的学生报名者颇多，"恐将来具免试资格之学生已超定额以上，而有应试资格之学生几无余额可取"，所以将第五条修正为所有报名学生一律加以"试验"。② 在费用方面，与教育专攻科一样，除了不收学费，其余皆自费。而北高师的本科六部除了不收学费，还供给食宿。③

关于教育研究科设置的时间，在各种历史资料中有矛盾。陈宝泉在《北京师范大学沿革大要》中说，1920年"秋季开学，增设教育研究科"，④ 这种说法因被广泛引用而被视为板上钉钉的事实。1922年4月30日，在第一班教育研究科学生举行授教育学学士学位典礼上，黄公觉开篇便说"查北高于民国八年冬间招收教育研究科第一班学生"。⑤ 而后李建勋则说第一班学生在校时间"合起来是二年零三个月"，⑥ 据

---

① 《教育部训令第四九七号（十一月八日）》，《江苏教育公报》第2卷第11期，1919年11月，第1—3页。
② 《教育部训令第六四四号令浙江教育厅（八年十二月十一日）》，《浙江教育》第3卷第1期，1920年1月。
③ 《北京高等师范学校简章摘要》，《江苏教育公报》第2卷第5期，1919年5月。
④ 陈宝泉：《北京师范大学沿革大要》，蔡振声、刘立德编《陈宝泉教育论著选》，第225页。
⑤ 黄公觉记《中国第一次授教育学士学位典礼纪盛》，《教育丛刊》第3卷第3集，1922年5月，"附录"第1页。
⑥ 黄公觉记《中国第一次授教育学士学位典礼纪盛》，《教育丛刊》第3卷第3集，1922年5月，"附录"第2页。

第二章 民国初年高等师范学校教育系科的设置与更易

李建勋的说法,教育研究科应成立于1920年1、2月间。三个人三种说法,陈宝泉的为1920年秋,黄公觉的为1919年冬,李建勋的为1920年1、2月间。查1920年7月《咨各省区北京高师校招选教育研究科学生请查照选送文》,"据北京高等师范学校呈称本校本年一月间奉准增设教育研究科一班,业将考取各生姓名一览表呈送",[①]可知1920年1月第一班教育研究科学生已经通过考试录取完毕。据此,这三个时间可以理顺:1919年冬,为教育研究科第一次招考时间;1920年1月,第一班招生完毕,开学;1920年秋,第二班教育研究科开学。

1919年12月,陈宝泉对师范教育系统的设计以《改革师范教育之意见》为题发表于《北京高师教育丛刊》第1集,[②]得到北高师师生的支持和认同,从而全校共同参与到北高师"升格改大运动"中。1919年冬,陈宝泉由教育部派赴欧美考察教育,但并未就此将教育研究科搁置一旁,而是积极为其开设做师资、课程等多方面准备。刘廷芳、邓萃英在教育研究科第一班学生毕业典礼上,都提到陈宝泉就开置教育研究科事宜与他们的交往。刘廷芳提及:"从前我在美国的时候,前校长在美国,已经和我讨论过,说学校要设教育研究科,叫我回来帮忙。"邓萃英也说:"教育研究科虽成立两年,然其历史是很久的。兄弟在美国的时候,和陈校长通信,十之八九,系关于教育研究科的。同时得杜威先生之襄助。"[③]

刘廷芳1914年入哥伦比亚大学,1915年获硕士学位,1920年获哥大师范学院教育学和心理学博士学位。陈宝泉于1919年冬由教育部派赴欧美考察教育。二人都"在美国的时候",便是1919年底在哥伦比亚大学师范学院。邓萃英于1918年赴美国哥伦比亚大学师范学院研究

[①] 《咨各省区北京高师校招选教育研究科学生请查照选送文(第八百六十四号,九年七月二日)》,《教育公报》第7卷第9期,1920年9月,第2页。
[②] 陈宝泉:《改革师范教育之意见》,《北京高师教育丛刊》第1集,1919年12月,第1—2页。
[③] 黄公觉记《中国第一次授教育学士学位典礼纪盛》,《教育丛刊》第3卷第3集,1922年5月,"附录"第3、8页。

教育哲学，他"在美国的时候"应为1918年底至1919年，并且与访华前后的杜威有联系。北高师教育研究科属开创性事业，在中国既无前例可依仿。照这么说，它的经验是来自哥伦比亚大学师范学院吗？

（三）教育研究科的学术倾向：来自哥伦比亚大学师范学院的经验

在高师存废论争中，各种观点不论支持保留高师与否，都或多或少地以哥伦比亚大学师范学院的设置方式为参照，以国内的大学的"教育科"或者"师范大学"比照哥伦比亚大学的师范学院。

1888年创设的哥伦比亚大学师范学院，是"哥伦比亚大学里的教育专业学系（the professional school of education of Columbia University）"，它的立院宗旨在于设置各种教育的专业科目，以培养大批的优秀而精干的教育人员。① 哥伦比亚大学师范学院是美国大学介入教师培养的代表，在美国乃至世界的影响都很大，对中国师范教育改革的影响尤其大。这种影响主要通过两大群体产生。一是来华的哥伦比亚大学学者，20世纪20年代前后，来华的美国教育家中哥伦比亚大学学者占大多数。他们通过演讲等活动向国人传递了哥伦比亚大学师范学院的信息。由于杜威等人在中国的影响范围之广以及程度之深，对于大多数教育工作者来说，哥伦比亚大学师范学院就是美国高等师范教育的典范。二是毕业于哥伦比亚大学师范学院的中国留学生，他们在20世纪20年代前后基本上掌控了中国教育界的话语权和主导权。美国师范教育的经验被中国学者解读后，提出以师范教育升格为大学之一科或者一院的办学模式。② 从这个意义上说，非议北高师设教育研究科的依据来自哥伦比亚大学师范学院的办学模式。

---

① 汪家正：《哥伦比亚大学的师范学院》，《教育通讯》（汉口）（师范教育专号）复刊第3卷第3期，1947年4月。
② 陆道坤：《简论中国高等师范教育史上的"美国模式"》，《大学教育科学》2009年第6期。

第二章 民国初年高等师范学校教育系科的设置与更易

同样，支持高师升格为师范大学的陈宝泉，也声称学习了哥伦比亚大学的经验。1920年5月，陈宝泉自欧美考察教育回国后，"即欲筹备一切，顷在该校招集改定委员会，参照美国科仑比亚办法，将该校改办师范大学，以谋教育之扩充与文化之提高"。① 邓萃英也说，"年来为我国高师教育之规范的参考者，为日本高师，为美国哥伦比亚大学师范院"。②

1. 教职员以留美学者为主

教育研究科开设后，刘廷芳担任教育研究科主任。1920年11月刘廷芳辞职，由王文培代理。1921年由李建勋担任。1922年后直至1926年教育研究科停止招生，由张耀翔担任主任。

如前所述，在设置教育研究科的过程中，陈宝泉一直与刘廷芳、邓萃英等留美学者保持联系。教育研究科开办后，有留美背景者也在其师资队伍中占据了主要部分，这一点在1924年编制的教育研究科历届教职员录（表2-12）中可见一斑。

表2-12　北京师范大学教育研究科历届教职员录（1924年编制）

姓名	字	籍贯	任职	履历
陈宝泉	筱庄	天津	前校长	日本宏文学院师范科毕业，现任教育部普通司司长
邓萃英	芝园	福建闽侯	前校长	日本东京高师毕业，美国哥伦比亚大学师范院研究生，现任教育部参事
李建勋	湘宸	直隶	前校长	日本广岛高等师范毕业，美国哥伦比亚大学教师院学士及硕士
范源廉	静生	湖南	现校长	前教育总长
刘廷芳	亶生	浙江	前教育研究科主任，现任教育心理学教授	美国耶鲁大学神学学士，哥伦比亚大学教育心理学科哲学博士
王文培	仲达	直隶	前代理教育研究科主任及教育史教授	清华学校毕业，美国哥伦比亚大学教育科硕士

① 《高师筹办大学消息》，《晨报》1920年10月28日，第6版。
② 北京师范大学编印《民国一三北京师大毕业同学录》，1924，"邓序"。

125

续表

姓名	字	籍贯	任职	履历
张耀翔	耀翔	湖北	现教育研究科主任及心理学科教授	美国哥伦比亚大学硕士
杜威		美国	前论理学、哲学教授	美国哥伦比亚教授
杜威夫人		美国	前试验教育教授	
蔡元培	孑民	浙江	前美学教授	北大校长
陶履恭	孟和	天津	前普通社会学教授	北京大学教授。先留学日本高等师范学校学历史,后赴英国伦敦大学获科学学士学位
陈大齐	百年	浙江	陈述心理学教授	北京大学教授。先留学日本东京帝国大学文科哲学门,后赴德国柏林大学获哲学博士学位
杨荫庆	子余	北京大兴	前教育史教授	美国康奈尔大学教育学士
余天休	天休	广东台山	社会学教授	美国玛省克拉克大学院哲学博士
萧友梅	雪朋	广东	前小学教育法教授	德国莱不齐市国立音乐学校毕业,国立大学哲学科博士
傅铜	佩青	河南	前西洋哲学史教授	日本东京宏文学院及东洋大学大学部第一科毕业
张敬虞	见庵	直隶	前统计学教授	日本东京高师毕业
林砺儒	砺隅	广东	前伦理学教授	日本东京高等师范学校毕业
汪懋祖	典存	浙江	前西洋教育史教授	美国哈佛大学哲学科,哥伦比亚大学教育院硕士
陈映璜	仲骧	湖北	前生物学教授	日本东京高等师范毕业
博晨光		美国	前生理心理学教授	
费特		美国	前教育卫生学教授	万国青年会体育学士,哥伦比亚大学硕士
卫礼贤		德国	教育哲学教授	
杨荫榆		江苏	教育统计学教授	日本东京高师毕业,美国哥伦比亚大学硕士

第二章　民国初年高等师范学校教育系科的设置与更易

续表

姓名	字	籍贯	任职	履历
麦柯		美国	前教育测验教授	美国哥伦比亚大学教授
刘庄	治乾	四川	教育社会学教授	美国芝加哥大学教育科学士，政治科预补博士
赵迺传	述庭	浙江	中等教育教授	哥伦比亚大学毕业得教育硕士学士领得教育教员收照
张彭春	仲述	天津	中学课程教授	哥伦比亚大学博士
邓以蛰	叔存	安徽	美学教授	留学日本及美国哥伦比亚大学
查良钊	勉仲	浙江海宁	教务长兼教育行政、学务调查教授	芝加哥大学哲学学士，哥伦比亚大学硕士

注：张耀翔字耀翔，原文如此；麦柯即麦柯尔。
资料来源：北京师范大学教育研究科同学会编印《北京师范大学教育研究科同学会会员录》，第1—4页。

　　表2-11中所列教育研究科历任教职员共计30人，就其留学背景看，毕业于美国大学的17人，其中哥伦比亚大学毕业或有哥伦比亚大学背景的就有15人；留学德国者2人；留学英国者1人；有日本留学背景的11人，其中6人先留学日本，再留学美国或英国、德国；其他背景者5人。有哥伦比亚大学留学背景者，在人数上占绝对优势，并且，如邓萃英、李建勋、刘廷芳、张耀翔等，占据校长及教育研究科主任等领导岗位。而哥伦比亚大学相继访华的杜威、孟禄、麦柯尔等人，都与教育研究科师生有密切联系。杜威、麦柯尔直接在教育研究科授课。受杜威的影响，教育研究科学生组建了教育与社会杂志社，宣扬、引申杜威教育学说，以改良社会。① 孟禄访华时，王文培作为北京教育界欢迎孟禄的唯一代表到沪，并陪同孟氏北上。孟禄在中国的四个多月时间里，主要由北高师教育研究科教员王文培等陪同翻译，另外北高师教育研究科学生王卓然、汤

---

① 邓萃英：《教育与社会（在"教育与社会"杂志社演说稿）》，《教育丛刊》第3集，1920年。

茂如作为助手担任翻译和笔记任务。第一届教育研究科学生方永蒸晚年回忆教育研究科提及："教育研究科虽系初设，而教授多自美国学成归来者，杜威博士及其夫人亦适来校讲学。我有机会与教育专家学者接触，领受教育之新理想新方法。研究教育之兴趣日益浓厚。终身从事于教育事业之志向，亦因而愈加坚定。"① 可以说，从北高师教育研究科的筹设到成立，至少在师资方面，哥伦比亚大学师范学院的影响是比较深入的。

2. 课程设置的质与量倾向美制

教育研究科开办之后，"班有定课、课有定程"的年级制已然松动，各校纷纷采用选科制。1917 年，北京大学提出废除年级制，改用选科制之后，国内关于年级制的讨论日多。1919 年 9 月，北大正式实行学分制和选科制。1920 年 9 月，南高师实行选科制。1919 年，北高师在上报教育部的报告书中特别提到"对于教育之主张及改进之意见"，认为"吾国办理教育自初等以迄高等，皆班有定课，课有定程，为专确不易之规制，积十数年来，体察教授实施之状况及学生公共之心理，知旧制多不宜于今日教育之趋势"，北高师教务会议议决，"揆之今日中国之国体，证诸世界教育之思潮"，北高师各部本科拟采用"单位制"。② 将原补习科改为预科，原预科一年并入本科，本科改为四年。各部本科除了教育、国文及主要科目为必修科外，其余均为选修科。选科制虽然没有得到教育部的明文允准实行，但实际北高师 1920 年所教的功课已经和章程上定的不大一样了。③ 相对来说，教育研究科的课程设置则更为自由。

1919 年 11 月教育研究科简章中列有教育原理、教育史、教育

---

① 方永蒸：《忆母校》，董鼐总编《学府纪闻：国立北平师范大学》，台北：南京出版有限公司，1981，第 207 页。
② 《北京高等师范学校周年概况报告书（七年至八年六月）》，《教育公报》第 7 卷第 8 期，1920 年 8 月，第 24—25 页。
③ 邵正祥：《学校调查：国立北京高等师范学校》，《少年世界》第 1 卷第 5 期，1920 年 5 月。

第二章 民国初年高等师范学校教育系科的设置与更易

制度、教授法、心理学、哲学、美学、社会学 8 种学科，1920 年 7 月第二次招考时进行了调整，将美学换为生物学。考试科目则去掉生物学，改为博物通论。① 实际上，教育研究科开设的课程更多、更丰富。与教育研究科的教职员学术背景相匹配，教育研究科开设的课程有 24 种（具体课程如表 2-13 所示）。按照规定，北高师的毕业生都有"服务"的规定，通常是将本校本年毕业学生姓名、履历及能胜任的科目发给各省教育厅及教育主管部门，请其报送该省中学校、师范学校所需用的某项教员，然后予以派送实习。1922 年第一班教育研究科学生行将毕业，他们学习的科目即为实习能胜任教授的科目。

表 2-13　教育研究科第一班历年课程及担任教员（1920—1922）

教员	课程	学时
胡适	哲学	4
杜威	教育哲学	4
傅铜	哲学史	4
	道德哲学	2
蔡元培	美学	3
陈大齐	心理学概论	8
刘廷芳	普通实验心理及教育心理	8
	儿童心理	2
张耀翔	心理测量	2
	心理测量及实用心理	2
杨荫庆	教育学	4
	教育史	6
	近世教育史	2
陶履恭、余天休	社会学概论	5

---

① 《咨各省区北京高师校招选教育研究科学生请查照选送文》，《教育公报》第 7 卷第 9 期，1920 年 9 月。

续表

教员	课程	学时
余天休	教育社会学	7
	社会问题	4
李建勋	教育行政	7
李建勋、张敬虞	教育统计	6
费特	教育卫生	2
邓萃英、杜威夫人、刘廷芳	教授法原理	8
萧友梅	小学教授法	4
刘廷芳	教育的英文	2
陈映璜	生物学	4
丁恩	小学教授法	4
合计		98

资料来源：《咨各省区北京高师教育研究科毕业生王卓然等应请酌量任文》，《教育公报》第9卷第5期，1922年6月，第18—19页。

1921年，北高师实行了选科制，教育研究科的课程有一定的调整，大致按照哥伦比亚大学六大类型的讲座分组进行。其分组课程如表2-14所示。

表2-14　1921年之后教育研究科的分组课程

组别	课程
第一组哲学	哲学史、哲学史附中国哲学史、教育哲学、论理学与教育问题、伦理学与教育问题、论文研究
第二组心理学	普通实验心理、教育心理、儿童心理、青年心理、实用心理、心理测量、系统心理、心理学研究法、论文研究
第三组教育史	近世教育史、中古教育史、上古教育史、小学教育史、女子教育史、东亚教育史、论文研究
第四组社会学	社会学概论、教育社会学、社会问题、职业教育、劳动问题与教育之关系、论文研究
第五组教育行政与管理	教育行政、教育统计学、教育调查法、欧美教育制度、教育卫生
第六组教授法	教授法原理、各科教授法、中学及师范学校教授问题、小学教授法、幼稚园教育概论、论文研究

资料来源：《北京高等师范学校》，商务印书馆编译所编《学校指南》，商务印书馆，1922，第5页。

第二章　民国初年高等师范学校教育系科的设置与更易

相较于教育专攻科以"输入德国教育学说"所开设的课程——伦理、论理、心理及教育（教育学、中国教育史、西洋教育史、世界教育制度教育行政、教授法、保育法、学校管理法及学校卫生学）、德语及德文学、国文、言语学、哲学、美学、体操，教育研究科所开设的教育学类的课程数量远超教育专攻科，且特别注重教育史、教育哲学、教育社会学、教育心理学、教育统计及测验和教育行政，其将"教育"作为专科进行细密的研究则是以美国为镜像进行的模仿。

3. 招考学生要求"英文能直接听讲"

教育研究科招考的学生，明确规定"以高等师范本科毕业生、各专门学校毕业生、大学本科毕业生及二年级以上肄业生，英文能直接听讲者为合格"。[①] 不同于之前教育专攻科招收师范学校毕业生和中等学校毕业生，科目以德语及教育为主。

教育研究科第一班毕业学生共计16人，其中来自北高师的毕业生14人，其他学校2人；英语部毕业生13人，其他3人。来自北高师英语部的9人，占据了绝大多数。[②] 值得注意的是，没有一个学生来自之前的教育专攻科。"英语能直接听讲"这一条件，一方面在很大程度上限制了学生的来源；另一方面，从德语到英语，则无声地昭示了北高师教育学科从效仿德国到美国的转向。

（四）教育研究科遭遇的内外"风潮"

教育研究科成立之前，处于"高师改大"的论争旋涡中；教育研究科成立之后，并未摆脱校内外"风潮"的影响。1920年11月，陈宝泉辞职，简任教育部普通司司长，教育部派陶履恭长校被拒，12月邓萃英代理校长。而对陈宝泉辞职原因的揣测，也将教育研究科置于校内

[①] 《咨各省区北京高师校招选教育研究科学生请查照选送文（第八百六十四号，九年七月二日）》，《教育公报》第7卷第9期，1920年9月，第73—74页。

[②] 北京师范大学教育研究科同学会编印《北京师范大学教育研究科同学会会员录》，第1—3页；《国立京师大学校师范部毕业同学录》，第53—54页。

校外两方面的压力旋涡中。

  1920年秋，因北高师因校长陈宝泉辞职问题，学潮骤起。外界揣测陈宝泉是因为高师学生要求改制为大学未能如愿，受压辞职。对于如何"改大"，北高师学生分成两派，卷入"东洋派"与"留美派"教师的争逐，校内人事纷乱，对陈宝泉有主张留者，亦有主张驱者。陈宝泉辞职后，教育部又派陶履恭任校长，北高师学生以其为北大派、留美派而反对。① 这种说法并非空穴来风。"五四"以前，由于中国教育界主要是以日本为中介引入德国教育学说，所以留日派在北高师势力很大；"五四"后，中国教育界逐渐转为向美国学习。1920年5月，陈宝泉自欧美考察教育归国后，报载其"抱彻底改革师范学制之决心，决意进行仿照美制的改革"。② "仿照美制"的代表——教育研究科遭到支持高师制度者的抵制。北高师史地部毕业的常乃惪在校时为校教育研究会积极分子，他在《师范教育改造问题》中对北高师教育研究科的设置表达了不满：

> 现在的高师把教育研究科搁在最后的两年，或者把教育专修，专攻，等科列作旁系的科目，真是无理极了！高等师范的本科毕业生而可以对于教育没有一个专门有统系的智识，其与大学及专门学校相差几何？抑且教研，教专等名词在高等师范中独立一科也太可笑。高等师范内而特设"教育研究"，"教育专修""教育专攻"等科，可见其余的各科一定是不"研究"，不"专修，专攻"教育的了。这种名词实在贻误于办学人的观念不少。③

---

① 吕芳上：《从学生运动到运动学生（民国八年至十八年）》，台北："中央研究院"近代史研究所，1994，第80页。
② 《北高师学生留陈之坚决》，《民国日报》（上海）1920年11月28日，第6版。
③ 常乃惪：《师范教育改造问题》，《教育杂志》（学制课程研究号）第14卷号外，1922年5月，第15页。

第二章　民国初年高等师范学校教育系科的设置与更易

促其辞职的校外原因则更为复杂，牵涉北高师与北大的关系。在北京政府财政不能支持同城两所大学的情况下，若要仿照哥伦比亚大学师范学院，北高师必然要与同城的国立北京大学发生联系，而北大也在筹设教育学系。在这种情况下，北高师与北大该如何联络，成了一个难题。北高师师生传言代理北大校务的蒋梦麟"代表江苏省教育会，又代表北大，逼先生辞职而并吞北高"，因此对北大怀有抵触情绪。蒋氏作《北京高师事件经过之事实》，向陈宝泉和外界表白心迹。按蒋梦麟的说法，是陈宝泉先提议仿哥伦比亚大学之教育院将北高师并入北大，北大暂时并不了，可先由北大来办教育院接收北高师的毕业生。① 且不论是否出自陈宝泉本意，北大要按美国哥伦比亚大学办师范学院的方法，参与改变北高师现状，则是事实。此举若付诸实施，则北高师的教育研究科必将处于尴尬的境地。陈宝泉旋即公布两校联络原案，并不认同由北大设"教育院"的说法，其联络案的第四条为"高师大学部生，于本校所规定教育科目外，得向北大选习各科科目。北大本科第三年以上学生，亦得向本校选习教育科目。其每学年之学分，应合并计算"。② 北高师已于1920年1月开办教育研究科，联络案中强调的是教育科目须设在北高师。教育系科到底在北大还是北高师，两校口径并不一致。所谓的两校"联络"也随北高师校长风潮的落幕而不了了之。陈宝泉辞去北高师校长，1920年12月，邓萃英暂代。陈宝泉在校内同事间进退维谷，与北大"联络"又成一段公案，也许正是因为教育研究科与彼时校内外风潮关系密切，他才会在回忆中错记教育研究科开办时间为1920年秋。

针对北高师校长风潮中令陈宝泉进退维谷的问题，邓萃英提出《学制改革案》，坚持师范教育系统独立，师范大学与大学皆设本科及

---

① 蒋梦麟：《蒋梦麟致陈宝泉书：北京高师事件经过之事实》，《北京大学日刊》第760号，1920年12月4日，第1—2版。
② 《北大高师联络之原案：陈宝泉氏发表》，《民国日报》（上海）1920年12月9日，第3版。

研究科。师范大学本科设科种类，依中等教育需要而定，本科入学程度与大学本科同，给予学位标准与大学同，师范大学研究科应特重教育科，其他各科亦应着眼综合的教育方面。大学本科毕业生亦得入师范大学研究科研究。① 当时北高师只有教育研究科，其他研究科尚未设置。高师的教育研究科与大学本科到底是什么关系？新旧学制更替之际，这个问题在制度上难免有扞格之处。

1921年10月，邓萃英辞职，李建勋任北高师校长。1922年7月，李建勋呈请教育部将北京高等师范学校改组为师范大学，1922年7月4日，教育部指令肯定了北高师的理由，"惟国家财政困难，一时不能增加预算。学制会议招集在即，高等师范应否改定名称尚难决定。所请改称师范大学一节暂从缓议。至如何提高程度、改良学则，应由该校长妥慎具拟呈部备案可也"。② 在李建勋的主持下，北高师修订《北京高等师范学校组织大纲》，改定课程编制，将本科分四年科与六年科两种。在新组织大纲中，四年科和六年科皆设"教育系"，"北京高等师范行政组织图"也有教育系。教育学科主要作为其他各系必修科而存在，北高师为此特别订定"四年科教育课程标准""六年科教育课程标准"。③ 这版组织大纲1922年并未实施，也未成立"教育系"。当年教育研究科的招考，除了高等师范本科、各专门学校毕业生，对大学本科肄业生的要求提高至三年级以上，考试科目改为国文、英文、教育科目（心理、教育学）、科学通论、数学，且"本校毕业生得免试教育科目"，不再要求英语水平能直接听讲。④ 1921年夏设置的理化、博物、数理三部研究科皆并入各系，不再招生，独留教育研究科。⑤ 尽管还有

---

① 邓萃英：《学制改革案》，《教育丛刊》（学制研究号）第2卷第5集，1921年10月。
② 《指令第一千二百九十七号（十一年七月四日）：令北京高等师范学校》，《教育公报》第9卷第7期，1922年8月，第15页。
③ 《北京高等师范学校组织大纲》（续），《教育公报》第9卷第8期，1922年9月。
④ 《北京高等师范学校招考简章（中华民国十一年编订）》，《教育丛刊》第3卷第5集，1922年9月。
⑤ 国立北京师范大学编印《国立北京师范大学民国十四年毕业同学录》，第6页。

第二章　民国初年高等师范学校教育系科的设置与更易

各种不同声音，在北高师师生的争取下，1922年《学制系统改革草案》中"师范大学"一项，先后在教育部所召集的学制会议以及在济南召开的全国省教育会联合会上通过。1922年10月25日，教育部二五二号训令肯定了北高师可以升格为师范大学："造师资宜有专设之师范大学。查该校开办较早，并有各种研究科之设置，应先就该校开始筹备。"① 研究科的设置成为北高师可以升格为师范大学的重要理由。

高师为什么没有成立教育系？高师如果设立专门的教育系，在制度上有内在的矛盾。当时的论争一般是将高等师范学校的存废与大学中的教育科联系在一起。论争双方本来争论的是中等学校师资如何培养的问题，是高师升格为师范大学，还是大学设置教育科。高师若开设教育系，则又要升格为师范大学，又要设置教育科。可能是因为这种制度上的矛盾，在确定师范大学名称之前，北高师并未成立教育系，只是强调确保各系必修教育学科的分量。而教育研究科则继续招生至1925年。教育研究科可以说是教育系的先声，但又不完全是一回事。在制度层面，"研究科"是壬子癸丑学制中高等师范学校制度下的研究科，与大学的研究所、研究院并无关系，与哥伦比亚大学师范学院也不一样。北高师于"高师改大"激烈论争之时设置教育研究科，则将高师制度下的研究科与大学本科关联起来。陈宝泉提到"研究科本因高师四年制而设"，② 二年制教育研究科开设的考虑之一，是解决高师四年制学生的升学问题，补齐与大学修业年限上的差额。教育研究科同时招收"大学本科毕业生及二年级以上肄业生"，③ 在学习年限上，相当于大学本科三年级、四年级。但又招收大学本科毕业生，专学两年教育学科，相当于进行了专门教育后，又加上两年专业教育，是类似欧美大学培养

---

① 常导之：《为行将成立之"北京师范大学"进一言》，《教育杂志》第14卷第12号，1922年12月，第1页。
② 陈宝泉：《北京师范大学沿革大要》，蔡振声、刘立德编《陈宝泉教育论著选》，第227页。
③ 《咨各省区北京高师校招选教育研究科学生请查照选送文（第八百六十四号，九年七月二日）》，《教育公报》第7卷第9期，1920年9月，第73—74页。

中等教育师资的制度设计。制度上的诸多扞格在新旧学制交替之际表现得更为明显。北高师意在补齐大学修业年限的教育研究科,在制度上注定是一个过渡性的设置。1920—1927年,教育研究科共招生7班,毕业131人。① 至北高师四年制学生全部毕业后,教育研究科即停止招生。1922年六三三学制实行之后,预科取消,中学阶段改为初、高两级,大学阶段的学习年限亦随之调整。北京师范大学教育系于1924年成立,招收大学预科或高级中学毕业生,肄业四年,与普通大学之程度相等。② 其实不论制度形式如何改变,教育研究科也好,教育系也罢,授课的师资和内容都没有太大变化。

北高师教育研究科是在"高师改大"与"废止高师"的争辩声中成立的。其动议源于陈宝泉乃至整个北高师对教育研究及教育学术专门人才培养的一贯重视,其现实出发点是争"教育精神唯一的机关",维护高师在教育领域的地位,为高师升格为大学做准备,而其形式和具体内容则来自哥伦比亚大学师范学院。

六　教育精神的更易:从赫尔巴特到杜威

1915—1922年,教育专科在中国从无到有,先后出现五种,在学术倾向上历经从"德国式""日本式"到"美国式"的更易;课程制度实现了从年级制、"课程标准"制到选科制的更易;附着其上的教育精神,则从赫尔巴特转向杜威。

中国师范教育制度直接学习日本,间接学习法国、德国。中国创办师范教育之时,恰逢赫尔巴特学派教育学风靡全世界,所以中国师范学

---

① 国立北平师范大学编印《国立北平师范大学一览》(1934,第57—58页)提到教育研究科共计7班毕业122人,根据1927年《国立京师大学校师范部毕业同学录》对历年毕业学生名录的统计,毕业总人数应为131人。

② 国立北平师范大学编印《国立北平师范大学一览》,第57—58页。

第二章 民国初年高等师范学校教育系科的设置与更易

堂的课程，自创建开始就有必修的教育学科。① 学者曾论，"德法两国之教育研究科，专注重师范教育，没有将教育做个整个的专门研究；这大都因为两国的中央集权政体的关系，不愿意鼓励人民的自由研究"。② 这一点反映到师范学堂（校）的课程中，便是教育原理、心理学、教育史、教学法及学校行政之类的几门教育类课程的设置。正如方惇颐总结的："我国在前清兴办新教育以前，根本没有把教育当作一种专门的研究，即使对于教育的理论和方法有所主张，也无非由各人观察点中演绎出来罢了。自从废科举兴学校以后，在学制方面直接抄袭日本，间接抄袭德法，教育学说方面也不外乎海尔巴脱的学说及其五段教学法而已。"③ 事实的确如此。不管是高等师范学校本科通习的教育类课程，还是早期设置的教育专攻科、教育补修科、教育专修科，不论学习德国还是日本，均特别注重赫尔巴特学派的教育理论，注重知识的讲授。这与注重个体人格的自动、自由、自治、自律几乎背道而驰。姜琦对此曾有论述：

> 逆溯民国八年以前，国内各高等师范学校及各地师范学校里面，教育一学程，都仿日本学校的办法，仅教授教育学、教授法、教育史及学校管理法。他们所用的教科书，也都译自日本人的著作，大抵不外乎海尔巴脱一派的学说。但是海氏一派的学说，很有缺点。据杜威的见解，以为"海氏的理论的基本缺点，是他忽略生物都有种种主动的与特别的机能，这种机能所以能够发达，全在生物应付环境的时候能够有改造与合并的作用。海氏的理论，是使教师有自主之权。这件事实有它的优点，也有它的

---

① 林砺儒：《中国师范教育之检讨》，《勤勤大学季刊》（教育学院专号）第1卷第2期，1936年1月。
② 黄溥：《教育学院在大学课程中之地位与使命》，《中华基督教教育季刊》第10卷第1期，1934，第27页。
③ 方惇颐：《现代教育研究的演进及其趋势》，《广东教育》第1卷第2期，1946年6月，第26页。

缺点。依这个理论,必是包含所已教授的事物,所已教授的事物所以重要,是因为可以作为基础,使教师再能够教以新的事物。这个观念很能够反映教师的人生观。这种哲学关于教师教授学生的职务,很能够说得娓娓动听,但是关于教师也有学习的权利,却一句不提。这种哲学很注意理智的环境对于心的影响,但是却不注意所谓环境实包含个人对于公共经验的参与。这种哲学把有意定成的与所用的教学法的功用,夸张过甚,出乎情理之外。面对于有生活力的,潜意识的态度,却置之不顾。这种哲学固守陈旧的已往的事物,很轻视新奇的不能够预料的事物的效用。简括说一句,海氏的哲学,关于教育的事情,都面面顾到,但是缺少了教育的精髓——没有注意青年有一种活泼富有生气的精力,要寻个机会,使能够供有效的使用。一切教育虽都能够形成品性(智慧的与道德的),但是教育所以能够形成品性是在乎选择青年天性的活动,调节青年天性的活动,由此使得他的天性活动,能够利用社会环境的材料,而且这种形成作用,不但形成青年的天性活动,也全由天性活动的合作,才能够成功。这是一种改造,一种重新组织的历程"(见杜威著《民本主义与教育》,Democracy and Education, pp. 83-4)。上面引述的杜威的这一段话,当时大引起国内一般教育家的注意,他们遂把海尔巴脱一派的学说驱逐于校门之外,于是杜威的教育哲学说遂取而代之了。[1]

留美归国的教育学者,在国内大学不多的情况下,多栖身于高等师范学校。留美的教育学者惯于美国大学教育学科的细密,回国后对比师范学校的教育科目仍未受新兴教育理论的浸染,难免生出"中国师范

---

[1] 姜琦:《中国教育哲学底派别及今后教育哲学者应取底态度与观察点》,《厦门大学学报》第1卷第1期,1931年12月,第3—4页。

第二章 民国初年高等师范学校教育系科的设置与更易

学校程度太低,教育的空气稀薄"之感。这样的观感叠加第一次世界大战结束,美国所带来的"世界新潮"的刺激,再加上1919年杜威来华讲学,更推动这股美国潮席卷教育界。对这一过程,林砺儒曾出言讥讽:"杜威来华讲学,大批留美学生归国,美国的教育正是新货上市,中国人对于外来思潮恰如对于洋货,新到的总要买点儿,因此备受欢迎。"①

自杜威"教育即生活,学校即社会"思想输入以后,"教育界顿呈活气",在废除教育宗旨、开女禁、课程编制、教法等诸多方面对中国影响空前。② 吴俊升晚年回忆,自1919年至1927年,"实是杜威思想完全支配中国教育的时代。他的影响由于他的旧日学生居于教育的高位而传播,而南北高师,成为传播的中心"。③ 在南高师的教育专修科与北高师的教育研究科,杜威皆亲自讲授"教育哲学",两校也是后续以杜威门生自居者的重要集聚地。

抱一(黄炎培笔名)把民国成立至1919年的教育分为三个时期,第一期(1912年)为初生时期,第二期(1913—1918年)为半生半死时期,第三期(1919年)为五四运动后,"教育精神忽焉一振",为教育的复活时期。④ 民国成立到1919年也是20世纪30年代"教育崩溃""教育破产"论的反思对象。姚佩兰对黄炎培所论"教育的复活时期"并未大加赞赏。他总结20世纪前30年中国教育的历程:"自清末至民国初年,为模仿日本式教育制度的时期,及后教育者及社会一般人士,渐感其弊害,乃思设法改正,因而乃又直接采用德国制度,是为民国四年袁世凯公布预备学校令时一种思潮。欧战终了,德国的军国主义教育随之而去,美国民治教育说大盛,于是又转仿美国,此三十年间之教

---

① 林砺儒:《中国师范教育之检讨》,《勤勤大学季刊》(教育学院专号)第1卷第2期,1936年1月,第26页。
② 陈翊林:《最近三十年中国教育史》,太平洋书店,1932,第193—194页。
③ 吴俊升:《近五十年来西方教育思想之介绍》,林子勋主编《教育学论集》,第93页。
④ 抱一:《八年来之教育消息(转录〈申报〉)》,《北京高师教育丛刊》第1集,1919年12月,第1页。

育，就模仿之对象言，可分为日本式、德国式、美国式三时期。"① 结合两者，可以更好地理解1919年前后高等师范学校设置的教育专攻科、教育补修科、教育专修科与教育研究科，为何会在几年间这么没有定性地变换。

民国初年，国人看欧美教育学说更迭"正如观潮钱塘，前波未平而后浪继作，其进步正未艾也"。② 就高等师范学校开办的教育系科来说，赫尔巴特教育学的风头随着"德国式""日本式"的没落而成为"前波"，以杜威为代表的美国教育学则趁着世界新潮流的东风作为"后浪"支配教育系科的精神。③ 自教育系科在中国创建便处"潮"中，随着时代潮流的转向而时不时地陷于旋涡。在高师时代，则自"日本式""德国式"而"美国式"；1925年之后，教育学科又随着它所捆绑的"新教育""世界潮流"一起，在新的社会矛盾与冲突中承受新的荣与辱；直至20世纪40年代，每逢中等教育师资培养制度调整仍必有论争。这样看来，高师时代教育系科的创建及更易，可谓其后中国教育在"潮"中起伏的缩影。而中国教育学科，不管是制度还是学理，若一意"顺应世界新潮流"起落，则潮不停，争议不止。

一项外来教育制度要成为"中国的"，在教育思想、理论的是非之外，必然与校内外各方派系的人事关系、学校存废的利益问题、教育与政治的牵连等更现实的方面密切相关。教育理论上的争鸣与社会问题交织起来，制度的产生过程通常是"难产"的、"盘根错节"的。从这个意义上说，教育学科所依托的制度体系的建立，就不是一句"高等师范开始设立教育专攻科、教育专修科、教育研究科，教育学科在高等师

---

① 姚佩兰：《现代中国教育思想的派别》，《教育学会》创刊号，1934年6月，第41页。
② 孟世杰：《论近世纪以来英德法美教育学说之变迁及其特色》，《教育周报》（杭州）第88期，1915年6月，第2页。
③ 张小丽：《民国时期赫尔巴特教育学的中国样貌》，《北京教育学院学报》2018年第4期。

第二章　民国初年高等师范学校教育系科的设置与更易

范的作用得以进一步发挥"可一笔带过的。对高等师范学校教育专攻科、教育补修科、教育专修科及教育研究科的历史境遇做细致考察，正可丰富我们对我国教育学术史的认知，从而更深刻地理解和把握中国当下教育系科发展问题。

第三章

与争议同行：教育学科在国立大学中的制度变迁

1922年，随着《学校系统改革案》的颁行，教育系科得以在大学大张旗鼓地设置，教育学科的制度化进程进入一个新阶段。制度层面的新问题也接踵而来。1922年学制中涉及中学师资训练的方案有两条："依旧制设立之高等师范学校，应于相当时期内提高程度，收受高级中学毕业生，修业年限四年，称为师范大学校"；"为补充初级中学教员之不足，得设二年之师范专修科，附设于大学校教育科或师范大学校，亦得设于师范学校或高级中学，收受师范学校及高级中学毕业生"。① 字面上，方案兼顾了高师改并时的论争双方，高师可升格为师范大学，大学也可设教育科培养中学师资。实际上，除了北高师升格为北京师范大学外，其余各高师先后改组为普通大学，原来专职训练中学师资的高师，一变而降为大学中的一科或一系，甚至一科系已不复存在。大学亦很少设立二年程度之师范专修科。中学师资训练机构"破产"带来的一系列问题，又反映到大学陆续设立的教育系科上。高师时代，在高等师范学校中设立教育专科，其培养目标有较为明确的定位，即中等师范学校的教育科师资、教育行政人员及教育学术研究人才，并不承担培养

---

① 《学校系统改革案》，《政府公报》第2393号，1922年11月，第5页。

第三章　与争议同行：教育学科在国立大学中的制度变迁

中等教育师资的任务，在培养目标方面很少有争议。随着高师制度的消亡，除了北师大，不再有专事培养中等教育师资的机构，皮之不存，毛将焉附？国人对大学教育系的期望也出现了错位，围绕中学师资应如何培养，大学教育院系科要不要承担培养中学师资的任务，大学教育院系科要如何培养中学各科师资，大学教育系科在大学中的地位，以及大学教育系科的培养目标、培养方案等问题，教育界内外爆发了一波又一波的论争，出现了一轮又一轮的制度调整。

一　教育系科在国立大学的设置

国立东南大学教育科教育系成立于 1921 年 9 月，是中国国立大学中最早成立的教育系科。国立北京大学自 1919 年起便酝酿成立教育学系，但限于经费，直至 1924 年秋方成立。较早成立教育系科的大学，仍为倡导"新教育"最力的几家。

南高师于 1920 年 9 月开始酝酿筹办国立大学，至 1923 年并入东南大学，此前，两校并存了一段时间。对教育专修科来说，1920 年 11 月教育部即批复以南高师的"教育，农，工，商四专修科改归大学，高师各本科仍赓续办理"。① 1921 年 9 月东南大学成立，没有教育专修科，代之以"教育科"，下设教育系、心理系与体育系。1922 年 5 月，教育科招考插班生 15 人。中等学校毕业曾在大学或高等专门学校肄业一年以上者，或五年中学毕业者可以应考。② 1923 年 6 月，教育专修科的第一班学生吴定良、邰爽秋及王克仁 3 人作为"选课生"成为东南大学教育科教育系的第一届毕业生。1924 年毕业了倪文宙、陈启天等 18 人。1925 年毕业了杨效春、吴俊升等 32 人。东南大学前三届的教育科

---

① 秘书处编纂组编印《国立中央大学沿革史》，第 12 页。
② 《国立东南大学招考插班生简章（十一年五月）》，《江苏教育公报》第 5 卷第 6 期，1922 年 6 月。

教育系毕业生大多数为 1918—1920 年入学的教育专修科毕业生。1926 年毕业的 35 人，则以插班生及东南大学预科升学的学生为主。①

在北高师确定师范大学名称之前，在"北京高等师范学校行政组织图"中虽有"教育系"之名，但实际并未成立教育系，只是强调各系必修教育学科的分量。教育研究科则继续招生至 1925 年，1927 年最后一班毕业。北京师范大学教育系于 1924 年成立，招收大学预科生或高级中学毕业生，肄业四年，与普通大学之程度等。② 1924—1927 年，教育系与教育研究科同时存在，教育研究科主任张耀翔兼任教育系主任。1926 年，北师大教育系第一届毕业生有叶桐、赵邦俊及刘炳藜 3 人。1927 年第二届毕业生有 11 人。③

按照 1922 年学制的规定，各高等师范学校可以升格为师范大学。实际上，1922 年之后教育部的一切设施，"朝令夕改，纯以当局的意向为标准；教育界的种种主张，也是凭着少数人主观的臆断，仓卒发表，无所谓学理，无所谓事实，更无所谓法令与制度"，学界讥讽"我国行政机关，本无法治精神"，④ 并不遵守本机关制定的法令。除国立东南大学、国立北京师范大学及国立北京大学先后成立了教育系科，其他高等师范学校在"改大"的过程中风潮迭发，教育系科并未顺利延续或成立。

1923 年 9 月，武昌师范大学成立，张继煦为校长。武昌师大教育哲学系继续存在，于 1925 年 6 月毕业学生 8 名。他们可专任教育哲学、心理、论理、伦理、教学法等课程，兼任公民学、社会学、各种测验、国文、法学通论、统计学、教育行政等课程。⑤ 至 1924 年秋，张继煦因师范生公费问题辞职，教育部改国立师范大学为国立武昌大学。1925

---

① 国立中央大学教务处编印《国立南高东大中大毕业同学录》，第 4—36 页。
② 国立北平师范大学编印《国立北平师范大学一览》，第 57—58 页。
③ 《国立京师大学校师范部毕业同学录》，"在校肄业学生"第 1—3 页。
④ 赵酒传等：《女师大与女大问题之讨论》，《新教育评论》第 1 卷第 2 期，1925 年 12 月，第 6 页。
⑤ 《教育部训令第七九号》，《陕西教育月刊》第 46 期，1925 年。

第三章 与争议同行：教育学科在国立大学中的制度变迁

年2月，教育部任石瑛为校长。① 石瑛主张取消教育哲学系，武昌大学教育哲学系因此停办。哲学、教育及历史等课程附设于中国文学及外国文学二系。②

1922年秋，国立沈阳高等师范学校与奉天公立文学专门学校合并成立东北大学。东北大学的"组织大纲"中言明文科"暂分八系"，其中有"教育学系"，但实际并未成立。1924年6月，仅有陈飞鹏一人任教文科、法科的心理、论理、教育课程。③

1924年，成都高师校长傅振烈创办成都大学，招收的男女学生合住于成都高师。围绕两校是合并还是各自独立的问题，成都高师与成都大学纠纷迭起。成都高师1927年6月改升为成都师范大学，未开设教育系科；成都大学则于1926年设教育哲学系。④

1924年6月，广东高等师范学校与广东省立法政专门学校、省立农业专门学校合并为广东大学。1924年11月广东大学正式成立，设有文科、理科、法科、农科，未设教育科系。1925年10月，广东大学即因学款征收问题陷入混乱，"教职员多星散"。⑤ 至1926年10月，广东大学改为中山大学后方稍安定。1926年冬，中山大学将原广东大学的文科学院改为文科，聘傅斯年为主任。文科分为中国语言文学、哲学、史学、教育学及英吉利语文学五系，并拟增设语言历史研究所、教育学研究所。1927年秋，中山大学成立教育学系。1928年2月成立教育学研究所。⑥

1925年中国有国立大学25所，⑦ 设有教育学科相关学系的有国立北京大学、国立北京师范大学、国立东南大学、国立暨南学校、国立武

---

① 国立武汉大学编印《中华民国廿二年度国立武汉大学一览》，1933，第1—2页。
② 国立武汉大学编印《国立武汉大学一览（中华民国廿六、廿七年度合刊）》，1938，第21页。
③ 东北大学编印《东北大学一览》，"校史"第1—2页、"全校教授一览表"第11页。
④ 国立四川大学编印《国立四川大学一览》，1935，"沿革概要"第2页。
⑤ 国立中山大学编印《国立中山大学一览》，1930，"本校沿革"第5页。
⑥ 国立中山大学编印《国立中山大学一览》，"文科概述"第27—29页。
⑦ 教育部中国教育年鉴编审委员会编《第一次中国教育年鉴》，开明书店，1934，丙编第16—17页。

昌大学及清华学校。1925年之后武昌大学及清华相继取消了教育哲学系、教育心理系。1927年前，国立大学设有教育学系的仍为提倡"新教育"最力的四家：北京大学、北京师范大学、东南大学及暨南学校。私立大学中设置教育科或教育学系的大学数量略多于国立大学。私立厦门大学、沪江大学、大同大学、武昌中华大学、金陵大学、辅仁大学等相继设有教育科或教育学系。

1925年前后，时值北伐战争前夕，国内政治形势日趋紧张，各种政治斗争不可避免地波及教育界，并与教育界原有的各种派系因素掺杂在一起，使这一时期的风潮更加复杂。1919年后"复活"的教育界也因此而发生分化。1925年前后，师范大学制度及教育学科在大学中的地位问题，因前期提倡美国教育制度的新教育家及教育名流相继卷入各种风潮而被推到风口浪尖。

二 "新教育"地位骤降：无宗旨的"新教育"受到各界批评

1918年第一次世界大战即将结束时，以蒋梦麟等为代表的"新教育"的倡导者们，认为第一次世界大战爆发的最重要的原因在于交战双方政治观念根本不同。"德之政治观念，以国家为本位，人民不过此本位中之一小分子，抽象的国家主义非常发达，人民只有为国家牺牲之义务而无个人之自由、平等、权利、幸福。质言之，即国家为主，人民为从。""英法美联军方面之政治观念则不然，以个人为本位，个人之自由、平等、权利、幸福非常注重，国家之目的，不过为人民权利、幸福之保障。平民主义非常发达，其从事战争，也所以保人民权利、幸福之安全。质言之，人民为国家之主体，国家为人民而生存。"如果德国战胜，则"军国主义将压迫全世界，而战后之教育，自必趋重军国民主义"；英法美联军取胜，则"军国民主义当然

第三章　与争议同行：教育学科在国立大学中的制度变迁

不能适用。战后之教育，自必以平民主义、共和主义为根本大方针。平民主义之教育，自必以养成健全的个人、进化的社会为目的。因欲达个人健全之目的，不得不注重体育；因欲达社会进化之目的，不得不注重科学及全人类知识之普遍"。① 英法美联军与德国的胜负既定，蒋梦麟认为欧战后世界学术思想的变迁大势有三：一为国家主义以外，将兼及世界主义；二为物质科学以外，将兼及精神科学；三为民权主义将占胜势。相应的，教育除训练爱国心以外，将"训练对于他国表同情之心；除己国历史文学以外，将兼及他国之历史与文学。使青年知人之爱己亦犹我之爱己，他国之爱其文化亦犹我国之爱自己的文化。推己及人，减少国民之误会"，以此养成世界主义的基础。学校的课程则"科学与道德及美感将并重"。再者，民权主义占胜势，教育"则当注重自动、自治与训育三者，以养成健全活泼之个人"。② 英法美各国战后教育改良皆注重体育、延长义务教育年限、重视补习教育，中国应顺此大势注重体育、注重科学物理公例、注重职业教育，以养成"平民主义"。③ 蒋梦麟本人自美回国初，大倡"新教育"，宣传杜威的"新教育理论"。之后吴俊升评价这一时期的氛围，"有偏于尽量西化，忽视民族文化，重视个人，忽视国家，憧憬于世界大同的倾向"。④

蒋梦麟之外，蔡元培对第一次世界大战后的教育问题，亦有类似看法。他在天津青年会演说《欧战后之教育问题》，讲战前战后教育主义的区别，也认为"战前教育，偏于国家主义，战后教育，必当偏于世界主义。即战前主持教育者，仅欲为本国家造成应用之人材，而战后主

---

① 蒋梦麟：《欧战后之教育》，《新民德》第 3 卷第 2 期，1918 年 12 月，第 10—12 页。
② 蒋梦麟：《欧战后世界之思想与教育》，《教育杂志》第 10 卷第 5 号，1918 年 5 月，第 70—72 页。
③ 蒋梦麟：《欧战后之教育》，《新民德》第 3 卷第 2 期，1918 年 12 月。
④ 吴俊升：《蒋梦麟》，中华学术院编《中国文化综合研究——近六十年来中国学人研究中国文化之贡献》，台北：中华学术院，1971，第 526 页。

持教育者,在为世界养成适当之人物"。①

蒋梦麟等人对战后教育趋势的预判,很快在中国教育界付诸实践。1918年10月,全国教育会联合会在江苏省教育会开会时,通过"今后教育之注重点"的议案,主张发达平民主义,养成健全个人,促进社会进化,注重科学、美感、体育、公民训练诸点。1919年2月,《新教育》创刊。编辑部主要成员有主干蒋梦麟,通信记者黄炎培,编译徐甘棠,北京大学编辑代表蔡元培、胡适、陶履恭,南高师编辑代表郭秉文、刘经庶、陶行知、朱进,暨南学校代表赵正平、姜琦,江苏省教育会代表沈恩孚、贾丰臻,中国职业教育社代表余日章、顾树森。围绕《新教育》,形成了以留美教育学者为主体的"新教育家"。他们之所以创办《新教育》,在于"欲在此新时代中,发健全进化之言论,播正当确凿之学说。当此世界鼎沸、思想革命之际,欲使国民知世界之大势,共同进行,一洗向日泄泄沓沓之习惯。以教育为方法,养成健全之个人,使国人能思、能言、能行、能担重大之责任,创造进化的社会,使国人能发达自由之精神,享受平等之机会。俾平民主义在亚东放奇光异彩",要"内必准酌国情,外必审察大势,使国人之思想与世界之潮流一致进行"。② 简单来说,提倡世界主义的教育家,主张教育应养成健全人格,发展共和精神。③

杜威的教育思想在中国恰逢其时。1919年及之后的几年,新教育运动轰轰烈烈,尤其杜威的"教育即生活,学校即社会"思想输入以后,影响中国教育颇大。其中最明显的是,中国教育界一度因杜威曾主张教育本身以外无目的,教育本身即是目的而废止教育宗旨,代之以1919年定教育本义二条及1922年定教育标准七条。其他影响亦很明显,自小学以至大学均开放女禁;课程编制"由平板而趋向活动";输

---

① 陈邦材笔记《欧战后之教育问题(蔡子民先生在天津青年会之演说)》,《东方杂志》第16卷第6号,1919年6月,第159页。
② 《本月刊倡设之用意》,《新教育》第1卷第1期,1919年2月,第1—2页。
③ 研因:《世界主义与国家主义》,《少年中国》第4卷第10期,1924年2月,第3页。

第三章　与争议同行：教育学科在国立大学中的制度变迁

入各种新的教学方法；教育研究盛行一时；创办不少试验学校；推行平民学校，组织平民教育促进会；学生实行自治，并组织自治团体，使学生在校内外的各种活动中均居于极重要的地位。杜威思潮的影响自1919年至1924年为极盛时期。[①]

1924年以后，尤其是第二次直奉战争爆发，中国的内忧外患空前，各界认为中国新教育家提倡的平民教育过于注重个性与世界主义，致使教育缺乏凝聚国民的作用。"新教育"受到国家主义派的批评，"五卅"惨案之后，逐渐走向衰落。与1919年前后的高歌猛进相比，1925年教育学界开始讨论"中国教育没有进步的原因"。[②]

1925年8月，陶行知在中华教育改进社的第四届年会上发表感言："去年开年会的时候，中国教育界同人的精神是何等的融洽啊！过不多时，少数政客稍存私意，害得教育界一波未平，一波又起；甚至于多年知交从此不好意思见面。"[③] 12月，陶行知又回忆1921年12月19日至26日，称那是"近年中国教育最可乐观的一个时期"，彼时，实际教育调查社调查九省教育之后，邀集各地教育界代表70余人到北京开会讨论改进教育的方案。会场上一团和气。"那时大家痛恶门户之见，派别之分，都愿意牺牲己见，力谋合作"，会上新教育共进社、新教育杂志社、实际教育调查社三机关合而为一，成立中华教育改进社。陶又称"现在教育界的四分五裂是无可讳言的。一校之内，同事变成仇敌；顷刻之间，朋友变成冤家；那疏的远的泛的所谓教育界同人更不必说了。大家拼命的夺饭碗，争地盘，斗意气，那真正从事于主张之争的实已如凤毛麟角了"，1925年的教育界，满是"私欲暴露的凶相"。[④] 陶行知作为中华教育改进社的掌舵人，他的这两段话传递出非常明确的信息：1925年发生了许多对于教育学界、教育学人及教育学

---

① 陈翊林：《最近三十年中国教育史》，第193—194页。
② 庄泽宣：《中国教育没有进步的原因》，《新教育评论》第1卷第8期，1926年1月。
③ 陶知行：《年会感言》，《新教育》第11卷第2期，1925年9月，第147—148页。
④ 陶知行：《四年前的这一周》，《新教育评论》第1卷第5期，1926年1月，第3页。

科来说有很大冲击的事件，使教育学界一改"五四"之后高歌猛进的势头，转而四分五裂。

1925年前后，在国家"无处非内忧，亦无处非外患"①的现实面前，"新教育"的世界主义、和平主义倾向，以及没有教育宗旨，只有教育本义的一系列主张，都显得格格不入。

（一）"新教育"的世界主义倾向受到国家主义派的抨击

五四新文化运动时期，除国家主义派以外，新阵营中的不同政治文化派别从各自的立场和政见出发，向全社会尤其是青年学生传达了一个共同的信息，即民族国家主义的时代已经过去，世界主义的时代正在来临，和平与大同代表着人类社会发展的方向。②以《新教育》为中心的"新教育家"亦以主张世界主义、和平主义教育著称。

1922年，新教育家们对中国教育尚有一丝满意，颇有些志得意满，积极参加国际教育会议，参与国际教育运动。陶行知认为参加国际教育会议"从小的方面看，可使到会各国交换智识；从大的方面看，或可解决些国际教育的问题以谋世界文化的改造。我们若不想在世界文化上占一地位也就罢了，如果是想占地位的，那对于这种会议也免不了要参与的"，"近几年来，中国教育确有些不可埋没的地方；那可以告诉人而无愧的，也不在少数"。③1923年7月，郭秉文等新教育家代表中国参加了在美国旧金山召开的万国教育会议（世界教育会联合会）。该会的目的，一是促进各国"教育精神上之合作"，一是"以教育促进世界和平"，而促进世界和平的根本方法"惟以教育方法改变思

---

① 陈启天：《中国教育宗旨问题》，《醒狮》第6期，1924年11月，第1页。
② 桑兵：《世界主义与民族主义——孙中山对新文化派的回应》，《近代史研究》2003年第2期。
③ 陶知行：《对于参与国际教育运动的意见》，《新教育》第4卷第3期，1922年3月，第521—522页。

第三章　与争议同行：教育学科在国立大学中的制度变迁

想"。① 由此倡导"各国学校重要之任务，为教授公平友谊及善意之理想。但此等理想，虽各科内均可讲授，而以历史、地理及文学为最"。中国代表将万国教育会议的和平精神带回国内，并且真诚地期待中华教育改进社将其和平精神落实到中小学课程中："吾国新学制发布未久，中小学课程正在研究之际，中华教育改进社之历史、地理、国语、国文，各教学组对于中小学之历史、地理、文学各课程，想已着手研究，可将此案交于该组一并研究。俟有成案后，再由教部核定发表，使各校实行。"②

实际上，对中国来说，国际形势并不那么和平。第一次世界大战以前，中国在列强侵凌下生活；世界大战发生以后，欧美各国虽无暇东顾，日本却乘机侵占青岛，提出"二十一条"，侵犯我主权。1919 年，中国在巴黎和会上外交失败，反映出战后世界和平的呼声只是空喊。之后美国以华盛顿会议钳制日本，俄国以东方政策扰乱英国。③ 此次国际会议所传达的世界主义精神，对中国内外环境来说，都不那么合乎时宜。与会者对会议精神的宣扬引发了以左舜生、余家菊为代表的国家主义者的强烈不满，以此催生了国家主义教育学派。

就万国教育会议通过的十八件议决案，余家菊评论，"此等国际的教育会议，在欧洲本属寻常事，每年不知有多少起。且此等组织，大都是私人结合的，其议决案之实行，只有道德上的共勉，并无法律上的义务。故以理言之，吾人对之纵有疑虑的地方，亦不必大惊小怪，因而未见得能在实际上发生何种影响。可是就吾国之事实言之，教育界常在浮动中，一有新建议，几乎无不可以立时风靡全国。若在欧美，则建议自建议，建议而欲见之实行，不知要经过多少辩论、审核与淘汰。所以我

---

① 郭鸿声：《世界教育会议与中国之关系》，《环球中国学生会周刊》1923 年 10 月 13 日，第 4 版。
② 李建勋：《对于世界教育会之感想》（三续），《北京大学日刊》第 1463 号，1924 年 5 月，第 3 版。
③ 陈翊林：《最近三十年中国教育史》，第 193—194 页。

敢断定此次议决案之影响，必以在中国的为最大"。如果万国教育会议的议决案真的在中国付诸实施，那么"体操必须废掉兵操；公民科必须废掉爱国主义；历史科旨趣之编订者，无一语道及发扬民族精神；地理科之要旨无一项可以养成国民之独立气度"。① 那对中国来说，无异于自断生机，将生杀之权拱手与人。

1923年，国家主义者左舜生发表评论《现在的新教育家有主义吗?》，表达对新教育家的不满。他认为"现在的教育界是完全没有一种确定的主义的；是随时想采取新说而同时又低回旧说，好像是无所适从的；是支支节节在方法上较量，而绝少有人追问到根本上去的"，"以今日中国这种乱七八糟的时局，四分五裂的人心，雷霆万钧的国际压力，而惟一所恃以绵延国命的教育乃呈出这种景象"，他进而呼吁以"一种内结民族、外抗强权、同情弱小、厚贮实力的新国家主义的教育以救济现在教育界的无主义"。② 国家主义者认为在此"国命危如累卵，强邻压境，军阀毒过虎狼"之际，教育应担负特殊的使命；而不是新教育家所倡的"支离破碎的教育"，"只问利害，不问是非，无骨气，无精神的教育"。③

针对"和平主义的教育"，1923年以后，国家主义者先后以《少年中国》及《醒狮》为阵地，发表教育评论，宣扬国家主义教育思想。1924年，余家菊和李璜出版了主张国家主义的《国家主义的教育》。

(二) 过于注重个人、"不谈政治"的倾向受到许崇清的批判

许崇清（1888—1969），1918年毕业于东京帝国大学文学部，接着进入研究院深造，专心研究新康德哲学、孔德社会学、赫尔巴特教育

---

① 余家菊：《非和平主义的教育——读万国教育会议议决案》，《少年中国》第4卷第10期，1924年2月，第1—2页。
② 舜生：《现在的新教育家有主义吗?》，《教育杂志》第15卷第12号，1923年12月，第8页。
③ 李儒勉：《内乱与教育者底自觉》，《醒狮》第6期，1924年11月，第1页。

第三章 与争议同行：教育学科在国立大学中的制度变迁

学、马克思辩证唯物主义。1920年研究院毕业回国后从事教育工作，1925年7月担任广东省政府教育厅厅长。①

面对五四运动后世界主义在以西为尊的新青年中流行的状况，1921年6月，孙中山在广东省第五次教育大会上演说时提到"有谓欧洲各国今日已盛倡世界主义，而排斥国家主义"者，然"中国欲倡世界主义，必先恢复主权与列强平等；欲求与列强平等，又不可不先整顿内治"。此后孙中山的几次演讲，皆强调中国目前尚不宜提倡世界主义，只能宣扬民族主义。对于当时教育家"以不谈政治为高"，孙中山公开批评，斥为"谬说"，并指出这一谬说由两种原因而生，一为专制官僚，一为西洋留学生。中国"国民程度低浅，稍有变革，手足无措。国民程度不足之咎，谁实尸之？教育家对此乃不能辞其责。盖十年来政治教育家曾无出一言立一说以瀹斯民，而于不谈政治之谬说，乃独倡之"，提出"教育进步，以政治为基础。……中国今日政治尚未改良，所以无论如何提倡教育，亦不为功。近日北京政治腐败，教育乃日坏"。② 戴季陶、朱执信等人也分别撰文予以劝告，呼吁新文化派关注政治问题。许崇清对此持相同看法。

1925年，时任广东省政府教育厅厅长的许崇清演讲批判新教育思潮，从学理层面全面批驳中国教育界脱离社会与政治所引介的"教育原理"。他提出，"现在我们教育界有许多人怀抱一种思想，就是说我们教育者只要依据教育原理去办教育，其他政治上所谓种种主义以及种种运动乃至社会上各种运动都不必干与"，"因为近年政治上变动太频繁，教育事业受其影响，只有日形衰退，毫无发展，于是一般教育者都想将教育与政治分离了，脱出他的影响范围以外，以为如是就可以维护教育使得遂其发展"。"教育原理"应包含形式的和实质的两方面的内容，"形式的原理注重个人的活动的方面，实质的原

---

① 刘绍唐主编《民国人物小传》（8），上海三联书店，2015，第217—219页。
② 孙文：《政治教育（六月三十日在广东全省第五次教育大会讲演）》，《广东省教育会杂志》第1卷第2期，1921年8月，第170—172页。

理注重国家的社会的方面"。当下"各种教育思想的根本原理就是自我之自发的活动。虽然各有所偏倚,有主知的以知为主,主情的以情为主,主意的以意为主。但其根本见解则都是注重自我之自发活动,重视人格之动的方面。这种思想确足以补救旧教育思想的缺陷"。但是,"自我之自发的活动这个原理不过止是形式原理,并非实质原理。这个自我即使在知情意三方面都能够均匀陶冶,启发得极均等,亦不过是止具备自我人格之形式的条件而已。于人格之实质的条件则仍是缺如"。康德派及新康德派都是将哲学问题集中于"自我"一个概念,以为自我即是实在,即是世界,自我以外无一物可以求得。但是这个所谓的"实在体之自我"的内容全系于"经验的环境",没有"经验的环境"充实的自我是一个空的自我。人格陶冶不仅要有人格自觉活动等形式的方面,还要以经验的环境为自我的实质,"只本于形式的方面而立论的教育原理止是半面的原理。这样的原理近来纷纷输入中国,今日有所谓设计教学法,明日又有甚么道尔顿制,纷至沓来,令人有不暇迎接之势。一般教育者于是竟以为教育原理尽乎此,此外无以复加;不知这些原理都是关于形式一方面的,只是现代教育学说的半面,此外尚有实质一方面要兼举了解才能尽其全体"。许崇清所说的"实质的要素"指的就国家社会的要素。所以"Kerschensteiner(凯兴斯泰纳,德国教育家——引者注)的教育学说一面提倡作业学校,一面提倡国民的教育。杜威教授亦一方力说所谓实验学校及问题法,一方又力说社会的教育学。关于实质的方面,如百余年前 Fichte(费希特,德国哲学家——引者注)所说教育应受政府中的国民代表者及国民中的政治代表者所指导,或 Bentham(边沁,英国哲学家——引者注)所谓教育是政治活动,种种议论,我们姑且不去理会,即就最近而论,那些社会生活中心教育说以及许多国家主义的教育论,乃至现下列强的教育政策皆本于国家一般政策而设定的事实,都是很显著的,焉能视若无睹,更焉可以拿着那些形式原理便要将这些实质原理都一概抹煞"。许崇清明确指出中国教育界所认为

第三章　与争议同行：教育学科在国立大学中的制度变迁

的"教育原理"仅着眼于形式的原理，着眼于个人的活动，而对实质的原理，国家社会方面忽视过甚。①

（三）偏重教育方法的倾向受到中国科学社的批评

1925年8月，赵笃明在中国科学社第十次年会上报告《中国教育应如何改革》。开篇提到"今言中国教育之改革者亦夥矣。其巧者稗贩西说，迎合潮流，用力甚微，得名甚易。今日提倡职业教育，明日提倡设计教学；今日欢迎蒙台梭利，明日欢迎柏克斯脱；此说未完，彼说继起。趋时之徒，莫名其妙，以为后者必更新于前，新者必更美于前，喘息而追，削足以适，不察我国教育之病征，不审彼说适用之限界。求能对于我国教育弊病谋一澈底之解决者固乏其人，即求敢对于迎面难题下一呕心呕血之研究者亦不多得。无他，此难而彼易，与其穷日力于此而所得无多，远不若不求甚解零碎贩售西说之转可博名与利也"。②虽然此文主要目的并不是讥嘲教育学者，但开篇这一段大致可见一般科学家对前几年教育界的观感。此文流传甚广，影响也较大。

1926年初，清华学校国文教授孟宪承作《什么是改革教育的方案》一文反驳赵笃明："赵先生的教育改革方案如此，而对于现在教育界所探求的许多革新的原理、方法却很不以为然。"孟宪承并不否认教育界存在的这些问题："诚然，这是现在教育界应受的责备。但赵先生所举的几种问题，固是教育上进行的阻碍，亟待解决，而其余学校自身的重要问题，如课程，如教学法，如蒙台梭利、柏克斯脱的研究，便不算教育改革的问题了吗？我看，在事实上，那经费枯竭、资本化、机会不均等一类问题，反是教育界在若干时间内，自身能力所不能完全支配的问题，而如后一类课程方法等问题，乃真实际教育者'迎面难题'，

---

① 许崇清讲述《新教育思潮批判》，孔昭栋笔记，《广东省教育会杂志》第2卷第6期，1925年4月，第1—12页。
② 赵笃明：《中国教育应如何改革》（中国科学社第十次年会论文稿），《教育杂志》第17卷第12号，1925年12月，第1页。

在任何困苦状态之下，也不能不随时去努力解答的。教育者不是万能，凡百社会事业所受的弊病——如我上面说的，生计和政治上的——怎好希望他独自能解决？学校教师怎能人人有政治的，理财的方略？反之，他有他的专业，他的专业上有它改革的问题，如何能一概抹杀，而下一个'稗贩西说，迎合潮流'的判断呢？平心而论，在这种'经费枯竭学潮汹涌'的情形下，教育界，还有提起精神，鼓着兴趣，来研究新方法，适应新思潮，向着进步的路上走的，社会对于他们，也就未可厚非。"①

（四）"新教育家"的反思与回应

1925 年 10 月，《新教育》停刊，12 月由新教育评论社发行《新教育评论》周刊，由中华教育改进社、北京大学教育学系等九个单位联合主办，由陶行知、高仁山、孟宪承、汪懋祖等教育学者担任常任编辑。从某种意义上说，《新教育评论》也可以看作"新教育家"的发声平台。

1925 年，"新教育"在中国的声名及困境，新教育家们皆有所感，进而反思中国此前 30 年教育的"效果"："与一般人所期望的，相差很远；若要和各先进国相比，更觉瞠乎其后了。加以这几年来，教育界直接或间接受了政潮的影响，闹得乌烟瘴气，在社会上的信用，一天减少一天。"② 教育学家们承认这一事实，庄泽宣、邱椿等则讨论起"中国教育没有进步的原因"。

邱椿把中国教育进步太慢的原因归结为没有明确的教育宗旨："近来思想界又极混杂，事事都重因袭。今天抄日本，明天抄美国。从前拜孔孟，现在拜杜罗。自己毫无主张，教育怎能进步？""中国

---

① 孟宪承：《什么是改革教育的方案》，《新教育评论》第 1 卷第 10 期，1926 年 2 月，第 14—15 页。
② 赵廼传：《科学的态度与新教育》，《新教育评论》第 1 卷第 1 期，1925 年 12 月，第 7 页。

第三章 与争议同行：教育学科在国立大学中的制度变迁

办了几十年新教育，总没有明白规定全国人能知能行的教育宗旨。教育部曾颁布教育宗旨，说在养成健全人格。到底什么是健全人格，定章程的人没有说明，大家都是莫名其妙。教育部又颁布过一次教育宗旨，说什么职业教育，道德教育，军国民教育，美术教育，讲了一大推（堆），又嫌太杂，并且在每种教育宗旨项下，也没有详细的解释。"同时他认为新学制标准中所说"适应进化的需要，发展共和精神"等目的，也太空洞了。因为没有明确的目标，所以中国"教育的船在大海中飘来飘去"，总没有达到什么目的地。学制、课程、教授法、设备、训育等都是实现教育宗旨的手段。教育宗旨没有明确的规定，中国教育的进步总是很慢的。①

王希曾（即王西徵）也反思"新教育"几年的作为。他说，大家都感觉得到，"近几年来，教育界的人士似乎把教学上应用的一点技术当做教育功能和目的的全体"。在主义和训练方针上，从"军国民主义"到短时期的类似"自然主义"，到"民治主义"，到最近衍出的一派"新国家主义"。在教学方法上，从"浑元一注式"，到"启发式"的"三段法"，"五段法"，到"自学辅导法"，到"分团教授法"，到"设计教学法"，到"道尔顿制"，到"设计与道尔顿制合办法（他们叫它作'设计拿窦二墩法'）"。"最近通行于中国的教育原理的依据，便是实验主义的教育哲学——特别是杜威的《民治主义与教育》。"② 王希曾认为以后的教育应如程宗潮所说，当本着进步的创造的精神，建设中国国家上、文化上需求的教育。

正如陶行知所感叹，1925 年，不仅教育界受政治势力的影响而四分五裂，教育学界也因对新教育家倡导的"新教育运动"的种种倾向有不同看法而显现出分歧。

---

① 邱椿：《中国教育没有进步的原因》，《新教育评论》第 1 卷第 10 期，1926 年 2 月，第 8、10—11 页。
② 王希曾：《新教育应得的待遇》，《新教育评论》第 1 卷第 6 期，1926 年 1 月，第 11—12 页。

三 "师范大学制度"及大学中教育学科地位遭到质疑

1925年,在"新教育"的理论和实践受到学理层面的质疑之外,"五四"之后叱咤一时的"教育名流"相继卷入政争、学潮与军阀混战。1925年3月,靖涛曾描绘教育界之混乱:"十年来教育界状况江河日下,而其混乱之情形则未有如今之甚者。南有东大易长之争,中有武昌师大石余之争,北有六校与王教长(王九龄——引者注)之争,其间错综纠纷,各是其是,各非其非。"① 政争的纷扰中还夹杂着关于大学中的教育学科地位及师范大学制度的非议与论争,更是平添了"混乱"的观感。

1924年9月,江浙一带爆发了第二次直奉战争。10月,冯玉祥发动北京政变,直系垮台。南方军政府和皖系、奉系联合形成反直三角同盟,北京成立段祺瑞执政府。长期以来与直系结交的江苏省教育会顿失靠山,东南大学的经费亦失去保障。1924年8月,孟禄来华,非正式代表美国政府与中国教育界接洽庚款使用问题。他与北京一部分教育界人士及江苏方面之黄炎培、郭秉文等人磋商,成立"中华教育文化基金董事会",由北京政府聘黄炎培、郭秉文,以及颜惠庆、顾维钧、范源廉、施肇基、蒋梦麟、张伯苓、周诒春、丁文江等10人为董事。此事自9月17日由北京政府公布后,全国教育界、舆论界一致反对,因涉及基金分配问题,声明彼此"有陷于不能合作之危险"。② 1924年10月,郭秉文跟随孟禄秘密赴美,以代表名义接洽美国庚款用途。③ 媒体相继爆出郭

---

① 靖涛:《教育界之混乱》,《醒狮》第25期,1925年3月,第1页。
② 舜生:《可注意的第十届全国教育会联合会》,《醒狮》第5期,1924年11月,第4页。
③ 《郭秉文偕孟禄秘密赴美》,《民国日报》1924年10月13日,第5版。

第三章　与争议同行：教育学科在国立大学中的制度变迁

秉文、黄炎培等"所谓江浙之教育家者，群集于北京，以求染指于美国赔款，不数日而所谓基金董事者，俱属彼辈与其同党"，讽黄炎培等为"无宗旨无气节之教育家"。① 1924 年 10 月，在全国教育会联合会第十届年会上，关于庚款问题，各省区均有提案，对于美庚款使用办法表达不满。② 1925 年初，段祺瑞政府派胡敦复代郭秉文担任东南大学校长。江苏省教育会全力支持郭秉文，研究系则扶持胡敦复，校内外拥郭派与反郭派争执不休，相持不下，成为轰动一时的学界新闻。在争庚款及东大易长风潮中，教育界不同群体的意见进一步发生分化。在政治紊乱的时代，这种情况实际很难避免，"政治不上轨道，致教育经费无着；因教育经费无着，致一部分的学阀不得不出于'抢赔款'；一派抢去了，别派势不能不争，争则中国的教育界势不能不四分五裂"。③ 陶行知所叹息的教育界"这种私欲暴露的凶相"就是指这种"抢赔款"的架势。

1924 年、1925 年的几番拉扯，使此前对大学教育学科有奠基之功、身负"教育名流"之谓的黄炎培、郭秉文、蒋梦麟等人皆跌下神坛。同时，北京的女师大风潮形成了女子大学与女师大的对峙，武昌师大的校长石瑛与哲系教授主任余家菊因教育学科的存废而形成石余之争，南京的东南大学教授胡先骕公开发文质疑师范大学制度。于是，1925 年前后，形成了教育总长、大学校长、教授一齐怀疑师范大学制度、否认大学教育科价值、鄙弃教育学术的氛围。④

（一）教育总长解散女师大，取消大学教育科

1925 年 5 月，北京爆发"女师大风潮"。8 月 8 日，教育总长章士钊下令停办北京女子师范大学，8 月 17 日，教育部决定将女师大改组为女

---

① 平公：《内乱与教育的根本问题》，《醒狮》第 1 期，1924 年 10 月，第 2 页。
② 舜生：《可注意的第十届全国教育会联合会》，《醒狮》第 5 期，1924 年 11 月，第 4 页。
③ 谭：《社会百闻》，《醒狮》第 3 期，1924 年 10 月，第 4 页。
④ 罗廷光：《最近欧美高等师范教育之升格运动》，《中华教育界》第 15 卷第 11 期，1926 年 5 月，第 1 页。

子大学。章士钊是以留下"解散女师大"的恶名。女师大风潮的是是非非在北大"法日派"与"英美派"间争执甚烈。① 在"打倒章士钊"的呼声中，章士钊去职，但国立女子大学保留了下来。1925年12月爆出的女大与女师大之争，各界亦有参与。政争之外，女师大和女大的关系问题接续之前师范大学与大学之争，各界赞成与反对者皆有，由此在制度层面也有论争。更复杂的是，"原来拥护女师大的人现在又主张将女师大改为女大了！"政争与教育问题、师范问题混杂在一起。②

就女师大与女大问题，《京报》记者邵飘萍发文支持将女师大及女大合并改组为女子大学。邵飘萍的观点很得一部分人支持，教育学者却基本持反对态度。针对邵文，赵廼传主张恢复女师大，并声明他不像卷入女师大风潮中的其他人那样是"近于意气"，而是"从一般女子的职业上着想，自须培养她们成为良好的教师"，而"教师须有专业的训练（professional training），早为一般人所公认。师范生负有成人的责任，与普通大学生不同。所以女师大不独在学科上与女大各别，就是学生的品性陶冶，也须有特殊的训练"。③ 赵廼传、陶行知和汪懋祖等人的共同主张是，无论如何，不能废弃女师大。孟宪承也表态："女师大女大问题，已经由国务会议决定同时存在，并发布命令，说：'国立女子大学，国立北京女子师范大学，均着继续兴办；着财政，教育两部，迅即妥筹办法'。""我们的主张，女师大是必须维持的；至于它和女大以怎样的形式来合作，我们希望各方能从事实上平心解决。"④ 针对《新教育评论》诸位的主张，笔名"壁菲"的作者则辛辣地讥讽《新教育评

---

① 林辉锋：《五四运动后至北伐战争前夕的教育界风潮——以马叙伦的经历为视角的考察》，《中山大学学报》2010年第1期。
② 子渊：《北京女大与女师大》，《醒狮》（教育特刊）第64号，1925年12月26日，第5页。
③ 赵廼传等：《女师大与女大问题之讨论》，《新教育评论》第1卷第2期，1925年12月，第5页。
④ 孟宪承：《女师大女大问题的一段落》，《新教育评论》第1卷第3期，1925年12月，第6页。

论》的"教育名流",指摘北京大学教育学教授高仁山关于女师大与女大问题的评论语法和逻辑不通。文末扬言将《新教育评论》付之一炬,欲让"教育名流的语法和逻辑一齐升上青天"。① 文中的戏谑意味十足。

章士钊任教育总长期间,另一件事涉及东南大学教育科。1925年10月,"改组东南大学筹备员"带着章士钊拟定的"东南大学组织大纲"到南京,准备着手改组东南大学。② 章士钊批准的东南大学新规程中,与1925年4月的《东南大学组织大纲》③ 最明显的区别是取消了"教育科",改在文科下设"教育系"。④ 东南大学教育科原与文科并列,若按此新规程,则是将独立的教育科取消,转而隶属文科。在教育学者看来,这也是作为教育总长的章士钊对大学教育科不抱善意的明证。

(二)大学校长取消教育哲学系

各高师在讨论升格为师范大学还是综合大学的过程中,风潮频发。1924年,成都高师便与新成立的成都大学陷入旷日持久的纷争,直至1931年两校与四川大学合并成为国立四川大学。1925年2月,武昌师大也爆发了风潮。石瑛担任校长后,以"武汉居全国中心,应有大规模之普通大学造就专门人材以备国家任用"为由,要求中央政府增加经费,将武昌师大扩充为国立普通大学。2月初,石瑛聘请教育专家来武昌师大筹建武昌大学。石瑛主张设置师范院,取消教育哲学系,因为"教育为个个学生所共修,不应独立成系"。⑤ 武昌师大教育哲学系主任余家菊不同意石瑛废教育哲学系设置师范院的计划,坚持保留教育学系。

---

① 壁菲:《教育名流的语法和逻辑——便致〈新教育评论〉记者》,《京报副刊》第356号,1925年,第94—95页。
② 《筹备员到宁后之东南大学》,《新闻报》1925年10月8日,第7版。
③ 《教育部训令第一一二号:令国立东南大学》,《政府公报》第3269号,1925年5月,第5页。
④ 《秦汾伍崇学为东大正副校长:部令业已发表,新规程亦批准》,《申报》1925年10月17日,第7版。
⑤ 余家菊:《回忆录》(续),《青年生活》第12期,1946年12月,第228—229页。

其他筹备员则默认石瑛的提议："师范院宜与现今师范大学相仿，各种科目皆宜注意，使将来学生有真正教课之能而无空虚之患。"为此余家菊声称辞职。之后有人模仿余家菊笔迹给石瑛写匿名信谩骂，造成余与石之间的误会，石瑛随即离校，风潮进一步扩大。支持石瑛的学生将余家菊驱逐出校。① 未及一年，石瑛亦成为"全体学生"针对的对象。② 1925年12月，石瑛辞职。外界皆以为石余之争涉及教育界的派别纠纷。余家菊20年后忆及此事，仍为石瑛身为大学校长取消教育学系而感到愤愤不平。石余之争的核心是对教育学科在大学中的地位所见不同。为此事，1926年余家菊发表《教育科在大学中之位置》正面回应。但关于教育学科在大学中的地位问题，学界所见不同，引发诸多龃龉。

（三）教授非议师范大学制度

以植物学家胡先骕为代表的一批学者对师范大学和大学的教育科皆不以为然。胡先骕1915年加入中国科学社，是中国科学社的重要成员。1925年他获得哈佛博士学位后回到东南大学，在中国科学社生物研究所工作。针对国内风起云涌的师范大学风波，他顶着博士、教授的头衔，频繁发表议论。

1925年5月，胡先骕先在《东方杂志》发一文《留学问题与吾国高等教育之方针》，明确提出"吾国高等教育之方针，宜效法英国，以养成人格提高学术为职志，决不可陷于美国化之功利主义中，仅图狭隘之近利。既知国家主义教育之重要，则必须极力提倡吾国固有文化，以保持吾民族所特具之道德观念于不坠"。他对国内教育界及东南大学教育系，观感都不佳，认为国内教育系秉持美国化的功利主义，以学问为手段而非以其为目的。他表示："至美国留学生则近年方执吾国教育界牛耳，故美国化之实验主义，乃弥漫于全国高等教育机关。""如东南大学

---

① 《国立武昌师大又起风潮》，《申报》1925年2月28日，第11版。
② 《武昌大学全体学生之宣言》，《申报》1925年12月26日，第10版。

第三章 与争议同行：教育学科在国立大学中的制度变迁

教育系章程，曾规定学生之学教育者，须治生物学。余曾教此系学生。彼等虽迫于功令，不得不选此课，然对于此探讨生命之秘奥之科学，乃毫不发生兴趣。以视希腊爱智之精神，宋儒'一物不知，儒者之耻'之标准，望尘莫及。可知彼等求学之宗旨，不在求知，而在得专门知识以为他日谋生之具与号为专家之旗帜。学校与学生若以此为高等教育之目的，则不但不能造成完全人格之学者，且不能造成第一流之专家也。"① 胡氏讥讽教育学者无求知爱智精神，视求学为谋生的工具与旗帜。

此文发表之后，1925年10月17日，在女师大与女大争持不下时，他在《甲寅》第1卷第14号发表《师范大学制平议》，也是对此事的间接表态，顺便否认师范大学制度。值得一提的是，《甲寅》杂志素以反对新文化运动著称，此时已停刊8年之久，章士钊出任段祺瑞政府的教育总长后，1925年7月恢复此刊。结合1925年的国内氛围，胡先骕的这篇《师范大学制平议》刊登的刊物和时机都耐人寻味，颇有为章士钊停办女师大张目的意思。胡先骕继续在《师范大学制平议》文中，综论美国高等教育的流弊，不赞成设独立的师范大学，其论曰：

> 中国教育，迩来有一特殊之组织，为欧洲各先进国所无或稀有者，厥为所称师范大学者是。以教育为专门学科而加以精深之研究者，当首推美国。在欧洲英德法诸邦，教育学只为文科中附属之课程，不但不能为之立一独立之大学，且每每不得成为大学中之一系。所谓教育哲学、教育心理学者，亦不得为大学中独立之学科。而此数邦之教育，迥不落美国之后。去岁英国教育名家费歇尔（Fisher）至美考察教育，曾发表一文，以为美国小学教育在欧洲各国之上，而大学教育则望尘莫及。即就美国而论，著名学校中，亦无号称师范大学者。赫赫有名之哥仑比亚大学师范院，亦只为大

---

① 胡先骕：《留学问题与吾国高等教育之方针》，《东方杂志》第22卷第9号，1925年5月，第15—26页。

学内之一部。其他赫赫有声如哈佛、耶尔、加利福尼亚各大学，教育只为文理科中之一系。而美国第一大批评文学家、哈佛大学比较文学教授白璧德（Prof. Babbitt），且谓美国大学中所不为同僚重视者，厥为教育学与社会学教授焉。如是观之，教育学在欧美诸先进国，尚视为幼稚而未达于成立之时期。其诸教授所主张之学说，亦未尽为国人所信仰。吾国学子数年负笈，略剽师说便奉为圭臬，已属非是，今更扩而充之，尽力创立非驴非马之师范大学，以期垄断高等教育，其贻害之大，宁可臆度哉！

对于师资如何培养，他说："苟欲以师范为职业者，除普通大学训练外，再须加授某种特殊之训练，于是不必立骈枝之学校，而师范教育，自可提高。"胡先骕认为中国的高等师范学校"皆逐渐改为大学，正师范教育程度提高之佳兆。乃反有主张恢复高等师范学区，改为师范大学区，与反对消灭师范大学之议案，殆欲保存特殊势力范围以把持高等教育耶？行见终成为一种非驴非马之制度而已"。① 这段话直接将矛头指向汪懋祖在中华教育改进社师范教育组会议上提交的《呈请教育部恢复国立高等师范学校区改建师范大学以发展师范教育案》。②

胡文刊发后，孟宪承旗帜鲜明地在《新教育评论》上发表《教育学科在大学课程上的地位》一文进行了不客气的批驳。对此，学者张礼永曾将胡孟二人的论争观点做详细对比。③ 将胡文放回到1925年的背景中可以发现，这并不是一场两个人的论争，教育学界对此事皆有反响。当时明确对胡文进行辩驳的不仅有孟宪承、江声，汪懋祖也曾对其暗讽，罗廷光、余家菊针对该事件亦有所回应。

---

① 胡先骕：《师范大学制平议》，《甲寅》（北京）第1卷第14号，1925年10月，第9—12页。
② 汪懋祖提《呈请教育部恢复国立高等师范学校区改建师范大学以发展师范教育案》，《新教育》第11卷第2期，1925年9月。
③ 张礼永：《重温师范大学制的"孟胡之争"——孟宪承与胡先骕关于师范大学制的论争之探析（1925）》，《华东师范大学学报》（教育科学版）2014年第2期。

（四）教育学家的回应

1925年底1926年初，教育学界注意到了1925年的这一系列对教育学、教育学科非常不友好的事件。学者纷纷著文反击，表明立场。

1925年12月，在《新教育评论》创刊号上，汪懋祖发文称："吾国人每谈教育，必曰顺应世界潮流，以顺应世界潮流之故，甚至某种学校制度，一若欧美所无，吾国即不应有；而思想顽旧之徒，亦必寻求欧美人一二守旧之例证，沾沾自喜，以为如此则其说方可更奏效力；此种依傍外人之陋习，苟非亟谋破除，教育即不能有进步。"汪懋祖未指名道姓，但句句指向胡先骕文中所非议的各国都无号称"师范大学"者，以及胡文引证白璧德所说鄙夷教育学的言论，措辞辛辣。其后更提到，"吾国自办新教育以来，忽而模仿此国，忽而依傍彼国，朝三暮四，驯至互相攻击。教育上既无独创之精神，宜其国运之濒于不能独立也。惟有某博士者以为美国教育之大患，在学校多而受教育太易。是则教育普及，适足以祸社会。此即吾国人教育上之创见欤！"① "某博士"为胡先骕无疑。胡文中认为美国高等教育不如欧洲，美国高等"教育之弊首在学校之众多与求学之易。一人一大学教育，已成为社会之口头禅，公私大学以数百计，每校学生以千数百人计。办学校者务求学生之众，故不惜降低其程度，以达其市侩招徕之术"。② 同属中国科学社的胡先骕与赵笃明，他们的文章前后脚写作。胡文并未掩饰对师范大学制度、教育学科及教育学人的鄙弃，赵笃明的《中国教育应如何改革》一文对教育学家的讥讽也甚为露骨。留美的教育学者先后读到了他们的文章，感受到了他们的眼光，是以对留美的科学家的恶感也不加掩饰，在同人刊物上带着意气表达了针锋相对的意见。

---

① 汪懋祖：《教育界应有之根本觉悟》，《新教育评论》第1卷第1期，1925年12月，第5页。
② 胡先骕：《师范大学制平议》，《甲寅》（北京）第1卷第14号，1925年10月，第10页。

同样是在《新教育评论》创刊号上，孟宪承撰写《教育学科在大学课程上的地位》正面批驳胡文，持论较汪懋祖平和。文中并没有机械地套用中等教育师资培训一定要用哪国模式的说辞，他强调各国为了改进中等教育，"没有一个不在高等教育里，供给师范的训练"，"不过各国、各地方、各大学情形不同，需要各别，办法当然也不一律"。对当时国内以多种形式存在的大学教育系科，他都予以说明。如北京大学教育学系的设置，"从一个大学说，学生中有准备出去当中学教师的，便应叫他们于主科的学识技能以外，能了解中等教育的问题，教学法的原则，青年的心理等等，所以便应设一个教育学的讲座或教育系，来讲授这些课程"；对于东南大学教育科，他指出"如果这大学的目的，于养成中学各科的教师以外，还要训练办学或教育研究的专家，和学务指导和行政的人才，那便应扩大范围，而设立一个教育科"；对于同城的国立北京大学教育学系和国立北京师范大学的关系，他说："从一国或一地方的行政区域说，因为中等教育的急须改进，中学师资的急须养成，如果这区域已有公立的大学了，在适当的情形之下，可以责成那大学开设一个教育科，也可以另用一宗经费，来开设一个独立的师范大学，范围的大小、科目的多寡，都看目的如何，需要怎样。没有确定的目的，连大学文科内的教育学程，也不必'附属'；有特殊的需要，就于大学教育科以外，另立单科的师范大学，也不算'骈枝'。"制度上的因地制宜和教育学科自身的价值，并没有关系。"在学术上看，大学各科的学问，只要有忠实的精深的研究，都一般应当'重视'。个人感情上的重视与否，与学问本身价值，并无关系。""欧洲在百年前已经'以教育为专门学科，而加以精深的研究'了。在中国今日，教育学的确还很'幼稚'。好容易引起一点研究的新兴趣，培植一点师范教育的新生命，已经费了许多人的气力。我深恐胡先生的话，或者会使这些努力的人，感着很大的失望和不平，所以不敢苟同。""此外，胡先生文里，还针砭今日担任教育学科者的浅学，因而又归咎于哥伦比亚课程的不好。他说'哥伦比亚大学教育院之课程，分目极细，参考书虽众多，

第三章 与争议同行:教育学科在国立大学中的制度变迁

然皆千篇一律,举一足以反三。分目既细,遂至学教育者,于各种教育,无鸟瞰之识见。加以平日于中西学术,绝无根柢,故除墨守师说,如鹦鹉学舌外,别无他能'。……学教育者不尽学于美国,学于美国者不尽学于哥校,学于哥校者未必尽无鸟瞰之识见和中西学术的根柢。……学的好不好,绝对和学科本身的价值没有关系。"①

还有一篇正面批驳胡先骕的文章——江声的《读胡先骕先生〈师范大学制平议〉》。此文从逻辑上驳斥胡文"立论不当",讥胡虽为科学家,却不用科学方法"根据事实,折衷学理,从容讨论"。文中以逻辑的眼光分析胡先骕的理论基础,结论为"胡氏全文三种论据,无一可以掊击师大制度者"。"虽然,吾为此文,非好为师大制度张目也。吾意以为师大制度果不良,论者亦宜本合于逻辑之论据然后断定,未可以渺不相干之事理厚诬斯制耳。"②

平心而论,胡先骕对美国教育的所视所感,并非完全出于武断。1922年9月,留学美国俄亥俄州立大学的方东美在给友人左舜生、陈启天、鲁达、邰爽秋及李儒勉的信中写道:"我在美国所得关于美国的印象,远不如在国内时所想的那样好。""从哲学、常识及政治三方面讲起,美国人都是计较实际效果的。""他们的文化成分颇复杂,我们须分别的赞成及反对。"③ 1923年3月,留学英国的余家菊给王克仁的信中询问他及邰爽秋赴美留学的打算,并建议"我希望你们不要入Columbia,因为在他那里的人太多,而且他并代表不了美国。在学术上,美国各大学中比 Columbia 强的很多。即如心理学,与其从Thorndike(桑代克,哥伦比亚大学教育心理学家——引者注)学,不如从 Starch(斯塔奇,哈佛大学心理学家——引者注)或 Pyle(派尔,

---

① 孟宪承:《教育学科在大学课程上的地位》,《新教育评论》第1卷第1期,1925年12月,第13—17页。
② 江声:《读胡先骕先生〈师范大学制平议〉》,《中国评论》第1卷第17号,1925年11月,第7—9页。
③ 《会员通讯》,《少年中国》第4卷第1期,1923年5月,第1—3页。

密苏里大学心理学家——引者注）学。后者虽不如前者动人观听，然而似乎较为中正合理"。① 胡先骕指出的哥伦比亚大学的问题，也是事实。他说："留美学生中，颇多不以求学为目的者，美国大学程度至为不齐，宽严亦自有别，乃有贪第二三流学校课程较易，而不敢入第一流学校者。哥伦比亚大学待中国学生极宽，以吾所知，有同在北京高等师范学校卒业者，一入芝加哥大学，两年始得学士学位；一入哥校，一年即得硕士学位。有某君在益令诺大学插第一年级以屡次不及格被摈，入哥校两年反得硕士。"② 在课程方面，彼时哥伦比亚大学师范学院由社会效率派桑代克主导的课程也确有分目细琐之弊。美国教育史家也认为，这一时期美国教育学由杜威到桑代克的典范转移，代表美国教育学走上缺乏理论引导、过度迁就事实、高度零碎分化的道路，为"不幸的发展"。③ 从这点上说，胡先骕说的问题至少在事实层面是存在的。他批判的"学教育者，于各种教育无鸟瞰之识见；加以平日于中西学术，绝无根柢。故除墨守师说，如鹦鹉学舌外，别无他能"，孟宪承也未直接否认，只是强调"学的好不好，绝对和学科本身的价值没有关系"。

1926年，针对1925年发生的一系列论争，东南大学教育科毕业生罗廷光亦有回应。"近来有人对于师范大学制度，发生怀疑，对于大学教育科，亦不认其有独立存在价值；且因而鄙弃教育学术，诋毁教育学者。这等人——任凭是教育总长，或大学校长和教授——自然不是研究教育的人——外行，自然是挟着满肚子的成见、感情来说话，彼等却不承认自己做了成见、感情的奴隶，而必大放厥词，谬引欧美各国事例以自圆其说，实不啻自欺欺人。记得去年教部自宣布停办北京女师大而后，接着复发表修正东南大学组织大纲，把原有教育科改为教育系。这

---

① 《会员通讯》，《少年中国》第4卷第3期，1923年3月，第1—4页。
② 胡先骕：《留学问题与吾国高等教育之方针》，《东方杂志》第22卷第9号，1925年5月，第17页。
③ 刘蔚之：《美国社会效率派教育研究典范的崛起：以芝加哥大学教育系早期的课程角逐为例》，《课程与教学集刊》第23卷第2期，2020年4月。

第三章 与争议同行：教育学科在国立大学中的制度变迁

种举动，明明是出于章士钊个人的意气用事，而一般卑鄙者流，乃从而逢迎之，阿谀之，为之征引欧美制度以印证之"。他们借口欧美各国无所谓师范大学，大学中也无"教育科"，教育学科仅为大学文理科中的一系，以此推论中国亦不应有师范大学或大学教育科。罗廷光亦引证英德法美各国高等师范教育的新趋势，反问"我们不该求进步吗？我们此刻办师范大学或大学教育科是违反世界潮流吗？这种制度是不合理的吗？是我国所特有的吗？是该取销的吗？"①

几乎在胡先骕与新教育家们论争的同时，武昌师大"石余之争"中的"余"，即武昌师大教育哲学系原主任余家菊，针对武昌师范大学校长石瑛于筹建的武昌大学中不设教育哲学系，以及教育总长章士钊因女师大风潮下令解散女师大、取消东南大学教育科二事，发表《教育科在大学中之位置》一文。他说："教育学本为近代新兴之学科，年龄甚为幼稚，其权威远不及发达已久之学术如数学与哲学之类。故其在大学中之位置，亦每不为流俗所推崇。其在吾国，纵在知识界中，能了解教育学术之价值者，亦属寥寥不多见。甚至身为师范大学校长如石瑛者，竟发师范大学不应设教育系之言论，身为教育长官如章士钊者，竟下解散师大、取消教育科之命令。倒行逆施，莫此为甚。"②"吾国今日教育界之阀阅，奉主将教育列为文科之一系者，因其所习见者为欧洲十九世纪之办法，绝不知其近时之趋势所致也。"他主张："教育科在大学中当保持其独立自治权。庶几不至为文科理科之学究空气所染化。章士钊、石瑛辈欲将教育系列入文科，是盖绝对不知教育为何物者之所为。教育科乃为职业科，一如医科农科然，至与文科性质则相去万八千里也，何可两相合并哉！"③ 余家菊与罗廷光的观点一致，争的是教育学科在大学中的位置归属，认为教育科应与文科、理科并列，单独设立，

---

① 罗廷光：《最近欧美高等师范教育之升格运动》，《中华教育界》第15卷第11期，1926年5月，第1、6页。
② 余家菊：《教育科在大学中之位置》，《醒狮》第64号，1925年12月，第5页。
③ 余家菊：《教育科在大学之位置》（续），《醒狮》第65号，1926年1月，第4页。

反对将教育学科附属于文科。以余家菊、陈启天等为代表的国家主义教育学者,虽然也对"新教育"的某些倾向有所批评,但在维护教育学科在大学中的地位及师范教育独立问题上,则与其他教育学家一致。

围绕师范大学制度及教育学科地位的论争,并没有因为北伐胜利、政治局面相对稳定而结束。1929 年,邱椿提到 1925 年之后教育学者受到的奚落和谩骂:

> 教育学的地位,在近几年的中国学术界,总算一落千丈了。我们学教育的人,无时无地不受人奚落。有些人不但不承认教育是一种科学,并且不承认它是一种学科。有些朋友对我说:"教育还要学吗?教育书都是肤浅通俗、一览无遗的,只要花几块钱买几本书看,就可大吹其法螺了。我们何必白费工夫去研究教育呢?"有些人说:"要研究教育的人,才能办教育吗?教育事业,如同政治活动,是人人可以参加的,是无须专业训练的。我们只要思想清楚,常识丰富,便可胜任愉快。"还有些人说:"教育是一种哲学,玄之又玄的玄学。世界有多少教育家,便有多少不同的或互相冲突的主张。因为没有科学的、客观的标准,所以杜威孟禄谈教育,阿狗阿猫也可以谈教育。"最后还有些人说:"教育不但不能成为严正的科学,并且不能成为独立的学科。只有脑筋糊涂,见解浅薄,既不能学自然科学,又不能学高深的哲学的人才去学教育呢。这亦是避难就易的办法。"中国学教育的先生们真堪同声哭呵!

那些谩骂教育学的人固然有点偏激,但平心而论,我们自己也有点不争气。如果我们真能利用科学方法去研究中国教育问题,如果我们真能应用科学管理法于中国教育行政之上,如果我们真能在教育学上有点滴的贡献,得世界学者的承认,那吗,中国学者自然会表示相当的敬意。我们如何会受人冷诮热骂呢?学教育的人真正都是糊涂虫吗?为什么自欧战后,欧美大学陆续增设教育科,而教育科的学生又与日俱增呢?难道这些人都是大傻其瓜吗!教育事业真正是人人能办的吗？为什么近年来欧美各国对于教师资格的检定日见严格呢？难道他们也是天下本无事，庸人自扰之吗？教育真正不能成为科学吗？为什么西洋学术界并不菲薄教育学，西洋大科学家如爱因斯坦、居利、露色福德等并不对学教育的人破口谩骂呢？为什么世界科学家都承认桑戴克、斯皮亚门、推门、麦柯的贡献呢？这样看起来，谩骂教育学的中国学者未免态度褊狭了。①

无论是否因为谩骂者的"态度褊狭"，1925年之后，对于中国的教育学科来说，面临的现实是学理上困于"教育是否为科学"，制度上困于教育学科在大学中的地位未定。并且，1925年教育学科所经历的这些学理与制度的攻击和质疑，成了此后中国教育学科踟蹰前行的背景和底色。

随着1929年《大学组织法》与《大学规程》的颁布，大学教育学院、教育学系数量激增，20世纪30年代围绕中等教育师资培养和教育学科的争论又来得更猛烈了些。

四 《大学组织法》和《大学规程》颁行后的"教育学院"与"教育学系"

南京国民政府成立之后，随着新一次学制调整，大学"教育学院"出现在国人的视野中。1927年10月，中华民国大学院成立。1928年5月，大学院召集第一次全国教育会议。会议上，国立中山大学副校长朱家骅、中山大学教育学系主任庄泽宣、广东教育厅长许崇清及广西教育厅长黄华表提的"确立教育方针实行三民主义的教育建设以立救国大计案"备受瞩目。戴季陶以为这一提案是教育界意见之集中表现，② 特

---

① 邱椿：《教育之科学的搜讨》，《福建教育周刊》第21期，1929年3月，第1—2页。
② 国联教育考察团：《中国教育之改进》，国立编译馆译，国立编译馆，1932，"戴传贤序"。

意致函议长蔡元培,希望将两广教育厅及中山大学的整个提案,交大会讨论。该提案提到"关于根本建设者"有中小学教育、女子教育、农业推广教育、体育,"达到根本建设之路者"则为师范教育、教育学院,"若夫欲图教育之日趋进步,则教育方法材料之研究与实验,固另有俟乎专门之设施,教育学院之提议,即其一也"。① 是以原案有"设立教育学院,为今后教育建设之准备"② 等语。第一次全国教育会议的议决案并未涉及学制的调整,关于师资的提案大多是关于师范学校的独立与否,没有提及中等教育师资。

1929年4月,国民政府规定高等教育实施方针为"大学及专门教育,必须注重实用科学,充实科学内容,养成专门知识技能,并切实陶融为国家社会服务之健全品格"。③ 1929年6月,国民党二中全会议决停止试行大学区制。国民政府于1929年7月颁布《大学组织法》,共计26条。8月公布《大学规程》共5章30条。《大学组织法》与《大学规程》明定了大学教育之目标在"研究高深学术,养成专门人才",确定了大学学院之名称、构成大学之条件,以及大学教员之等级,此外对大学之校务行政和学术行政均有所规定。④ 这些法规颁布以前,教育部虽曾数次颁布规程对大学立法,但是并未完全见诸实施,各大学的行政组织极不一致。这两个文件的颁布,最起码为高等教育奠定了法律基础。

因1922年学制对大学限制过宽,1924年、1925年,全国大学流于滥设,所以《大学组织法》提高了设立大学的要求。《大学组织法》第四条规定"大学分文、理、法、教育、农、工、商、医各学院",第五条规定"凡具备三学院以上者始得立为大学。不合上项条件者,为独

---

① 中华民国大学院编纂《全国教育会议报告》,商务印书馆,1928,"全国教育会议报告乙编"第42、54页。
② 《开会之第十一日:议三民主义组报告》,《申报》1928年5月26日,第17版。
③ 《中华民国教育宗旨及实施方针(第三次全国代表大会通过)》,《福建教育周刊》第27期,1929年5月,第1页。
④ 《大学组织法(十八年七月二十六日政府公布)》,《教育部公报》第1卷第9期,1929年9月。

第三章 与争议同行：教育学科在国立大学中的制度变迁

立学院，得分两科"，第八条规定"大学得设研究院"。① 《大学规程》第二条规定"大学依《大学组织法》第五条之规定，至少须具备三学院并遵照中华民国教育宗旨及其实施方针，大学教育注重实用科学之原则，必须包含理学院或农工商医各学院之一"。②《大学组织法》与《大学规程》与之前高等教育关于分科的规定有一点明显的改变，即"大学分科改称学院，并于文理法农工医③七学院而外，加一教育学院"。④

《大学规程》第二章"课程与学系"的第六条规定"大学教育学院或独立学院教育科，分教育原理、教育心理、教育行政、教育方法及其他各学系。大学或独立学院之有文学院或文科而不设教育学院或教育科者，得设教育学系于文学院或文科"，"各学系遇必要时得再分组"。第七条规定"大学各学院或独立学院各科学生（医学院除外）从第二年起应认定某学系为主系，并选定他学系为辅系"。第九条规定"大学各学院或独立学院各科课程得采学分制。但学生每年所修学分须有限制，不得提早毕业"。第十条规定大学各学院或独立学院各科开办费及每年经常费之最低限度，教育学院或教育科开办费最低为10万元，每年经常费为8万元。第十二条规定"大学或独立学院每年扩充设备费至少应占经常费百分之十五"。第五章"专修科"第二十二条规定，"大学各学院或独立学院得分别附设师范、体育、市政、家政、美术、新闻学、图书馆学、医学、药学及公共卫生等专修科"。⑤ 这样，国家在制度层面确认了教育学科在大学中的位置，《大学规程》的各项规定也成为大学教育学院系展开各项活动的依据。

《大学组织法》和《大学规程》颁行前后，立法院及学界亦有争

---

① 《大学组织法（十八年七月二十六日政府公布）》，《教育部公报》第1卷第9期，1929年9月，第113—114页。
② 《大学规程（十八年八月十四日部公布）》，《教育部公报》第1卷第9期，1929年9月，第84页。
③ 原文如此，另有商学院。
④ 教育部中国教育年鉴编审委员会编《第一次中国教育年鉴》，丙编第11页。
⑤ 《大学规程（十八年八月十四日部公布）》，《教育部公报》第1卷第9期，1929年9月，第85—88页。

议，多集中于《大学组织法》规定的称为大学的条件、大学校长聘任问题，以及《大学规程》中的学分制与修业年限问题，很少见到对大学设置教育学院及教育学系的异议。立法院曾围绕《大学组织法》原案第四条"大学分文、理、法、农、工、商、医药、教育、艺术及其他各学院，凡具备三学院以上者，始得称大学；但至少须有一学院为自然科学学院，或应用科学学院"发生激辩。但"各委员对于此条之上半截，均无异议"，分歧主要在后半句。①

紧接着，1930年4月，在第二次全国教育会议上提出的"改进全国教育方案"中，有题为"筹备各级各种师资训练机关计划"的内容，其中有"师范大学、大学教育学院及其他大学与师资训练有关各学院，均招收高中毕业学生，予以四年或与前条相仿的训练，授学士学位，准充中学教员"，"师范大学及大学教育学院以国立为原则，开办费十万元，经常费八万元"，"师范专修科附设于大学教育学院或师范大学内"等规定。②虽然没有对教育学院培养目标的明确说明，但大约各界皆理所当然地以"教育学院""教育学系"为养成中等教育师资的所在，不认为有什么不妥。"现在国内更有一种含糊蒙眬的误解，就是误认大学教育学院便是中学师资训练机关。殊不知教育学院的使命是培养教育学术的专门人才及教育行政的实用人才。以之任师范学校的教育学科教员或中学的学校行政人员，自然合式，而任中等学校教员则实非所长。"③制度上的含糊朦胧，为之后围绕大学教育学院、教育学系的论争埋下了伏笔。

（一）1929年之后，大学教育学院、教育学系数量大增

《大学组织法》和《大学规程》中关于教育学院、教育学系的规定，

---

① 《立法院讨论大学组织法：如何始可称为大学，大学校长聘任问题》，《大公报》1929年6月27日，第5版。
② 《改进全国教育方案》，缪钺言辑录《第二次全国教育会议始末记》，上海江东书局，1930，第三编第14—15页。
③ 林砺儒：《师范教育独立及师范学校与大学联络》，北京师范大学校史研究室编《林砺儒文集》，广东教育出版社，1994，第637页。

第三章 与争议同行：教育学科在国立大学中的制度变迁

成为此后各校调整、设置教育学科的制度依据。制度上的"怂恿"，致使"教育学系"的数量激增。1931年，教育学者吴家镇在盘点教育学术界时提到，"国内各大学，除少数外，几无一不设置教育学系或教育学院者，其发达之速，传布之广，殆驾文学系、史学系、哲学系、社会学系而上之，可谓盛矣"。他总结形成这"盛况"的原因有很多，比如"社会之需要""历史之悠久""视教育为万能""设置时易于着手""创立后可资号召""投考人数之多""专家研究之众""毕业后销路宽，可以散布势力在教育界中""可以博得社会同情"等。① 因为《大学组织法》要求大学必须设置三学院及以上的限制，与理农工医科相比，教育学院或教育科设置更易于着手。截至1932年底，已设或拟设教育学院的大学或学院达11所（中央大学、北平师范大学、东北大学、华中大学、辅仁大学、沪江大学、大夏大学、厦门大学、山西教育学院、江苏教育学院、湖北教育学院）。② 1931年则更多，还有在筹备中的四川大学、暨南大学、山东大学的教育学院。另外，"大学或独立学院之有文学院或文科而不设教育学院或教育科者，得设教育学系于文学院或文科"的规定，使公私立大学的"教育学系"数量1931年时增至42个。③ 与此相应，教育学院或教育科的在读学生及毕业学生人数，皆增长明显。1928—1931年，公私立大学及独立学院的教育学院或教育科人数分别为1210人、1578人、1798人、1845人，毕业人数分别为149人、187人、229人、351人。④

据教育部编《第一次中国教育年鉴》，结合1933年之江大学的张文昌及1935年北平师范大学的许椿生的统计，1930—1931年国内教育学系设置情况如表3-1所示。唯1932年之后政府加强了对高等教育的统制，有些学校的教育学系有所调整。

---

① 吴家镇：《最近我国教育学术界之鸟瞰》，《大公报》1931年7月28日，第2版。
② 教育部中国教育年鉴审委员会编《第一次中国教育年鉴》，丙编第17—20页。
③ 田正平、陈玉玲：《国民政府初期对高等院校教育学院（系）的整顿——以1931—1936年为中心的考察》，《高等教育研究》2012年第9期，第82页。
④ 教育部中国教育年鉴编审委员会编《第一次中国教育年鉴》，丙编第20—21页。

表 3-1　1930—1931 年大学及学院教育学相关学系概况

单位：人

序号	系名	系主任	教员数	附设于何学院（院长）	设置时间	后续调整
1	国立中央大学教育学系、教育心理学系、教育行政系、教育社会学系	常道直许本震艾伟	16	教育学院（程其保）	1918年，南京高等师范学校教育专修科；1921年9月，国立东南大学教育科	1932年10月，教育学院将原有的教育学系、教育心理学系、教育行政系及教育社会学系改并为教育学系
2	国立北平师范大学教育学系	李建勋	26	教育学院（李建勋）	1920年1月，北高师教育研究科；1924年，北师大教育系	
3	国立北京大学教育学系	杨廉	10	文学院（胡适）	1924年	
4	国立暨南大学教育学系	邰爽秋	（教育学院共计27）	教育学院（谢循初）		1932年，教育学院改为教育学系，隶属文学院
5	国立武汉大学哲学教育系	高翰	4	文学院（陈源）	1923年，武昌师大哲学教育系；1925年停办；1930年改哲学系为哲学教育系，哲学与教育并重	1935年起，哲学教育系分为哲学、教育及哲学教育三组，并采用主科辅科制；1938年起遵照部令改哲学教育系为哲学系
6	国立四川大学教育学系	刘绍禹	7	教育学院（邓胥功）	1926年，成都大学教育哲学系	1932年9月，教育部令四川大学教育学院改为教育学系，附属于文学院

第三章　与争议同行：教育学科在国立大学中的制度变迁

续表

序号	系名	系主任	教员数	附设于何学院（院长）	设置时间	后续调整
7	国立中山大学教育学系	庄泽宣	13	文学院（刘奇峰）	1927年	
8	国立浙江大学	郑宗海		文理学院（邵裴子）		
9	国立山东大学教育学系	黄敬思	4	教育学院（黄敬思）		1932年，教育学院停办
10	省立东北大学教育学系	姬振铎	4	教育学院（姬振铎）	1928年	1934年7月，教育部训令教育学院本年不招生；1935年7月，教育部训令教育系原有班次结束后，"以后毋庸设立"
11	省立吉林大学教育系		6	文法院	1929年	1931年，九一八事变后该校停办
12	省立安徽大学哲学教育学系	郝耀东	7	文学院（洪逵）	1928年	
13	省立河南大学教育系	王凤岗	4	文学院（李步青）	1930年	
14	省立湖南大学教育系		5	文学院（凌舒谟）	1928年	
15	云南省立东陆大学教育系			文学院（邓鸿藩）	1931年（无学生）	
16	省立山西教育学院教育学系	张元恺			1931年	1933年，部令教育学院三系并入山西大学文学院；1934年，并入山西大学为教育学院；1935年，部令取消教育学院名称，教育学系暂行停止招生

177

续表

序号	系名	系主任	教员数	附设于何学院（院长）	设置时间	后续调整
17	省立甘肃学院教育学系	董健宇	8	文科	1928年	1934年1月，教育部令以文史学系归并教育系
18	省立江苏教育学院民众教育学系	赵冕			1928年	
19	河北省立女子师范学院教育学系	胡国钰	2		1931年	1934年，教育部令教育学系停止招生逐年结束
20	私立大同大学哲学教育系	胡敦复	2	文学院（胡宪生）	1922年设教育科，1925年停止招生；1928年设哲学教育系	
21	私立大夏大学教育心理系、中等教育系、教育行政系、社会教育系	陈选善 倪文亚 鲁继曾 马宗荣	8	教育学院（陈选善）	1925年夏，添设高等师范专修科	教育学院只留教育行政系、教育心理系与社会教育系
22	私立光华大学教育学系	韦悫	6	文学院（王造时）		
23	东吴大学教育系		2	文学院（杨永清）		
24	武昌中华大学		6	文学院	1922年	
25	武昌华中大学教育原理系、教育行政系、教育心理系(本系因选习者太少，暂时停办)	薛世和	3(1931年在校生10)	教育学院（薛世和）	1929年	教育学院分设心理学、教育学两系

178

第三章 与争议同行：教育学科在国立大学中的制度变迁

续表

序号	系名	系主任	教员数	附设于何学院（院长）	设置时间	后续调整
26	金陵大学教育学系	刘迺敬	4	文学院（刘崇本）	1912年设师范科；1923年改师范专科为教育学系，隶属于文理科	
27	南开大学教育哲学系			文学院（陈逵）		
28	厦门大学教育原理学系、教育心理学系、教育行政学系、教育方法学系	孙贵定 朱君毅 姜琦 杜佐周	10	教育学院（孙贵定）	1921年春设师范部，11月改师范部为教育学部；1923年改教育学部为教育科，6月教育科并入文科为教育学系；1926年8月改回教育科；1930年2月改为教育学院	教育学院只设教育学系及教育心理学系
29	辅仁大学教育学系			教育学院		
30	复旦大学教育学系	章益		文学院（余楠秋）		
31	沪江大学教育学系		4	教育学院（林卓然）	1915年实行分科制，教育科为四科之一	1933年，教育部令取消教育学院，教育学系并入文学院

179

续表

序号	系名	系主任	教员数	附设于何学院（院长）	设置时间	后续调整
32	广州大学教育学系	谭祖荫		文学院（李应南）	1932年7月立案	
33	广州国民大学教育学系	陈嘉霭	9	文学院（陈嘉霭）	1931年7月	
34	岭南大学教育学系	朱有光	4	文理学院（梁敬敦，美国人）	1931年	
35	齐鲁大学教育学系	王长平	6	文学院（林济青）	1931年12月立案	1934年教育学系停止招生，逐年结束
36	燕京大学教育学系	高厚德（H. S. Galt）	7	文学院（周学章）	1926年	
37	之江文理学院教育学系	黄式金	3	文科（李培恩）	1921年、1922年特别注重教育与师范科	
38	中国学院哲学教育系			文科	1930年	
39	私立民国学院教育系		32	文科		
40	金陵女子文理学院教育学系	钱用和（代理）	5(1931年无在校生)	文科（吴贻芳）	1931年	
41	福建协和学院教育心理系		7	文学院（陈文渊）	1929年筹设教育学院	教育学院并未成立，仍为文学院下之一系

资料来源：张文昌：《国内二十六处教育学院系状况与课程调查》，《之江学报》第1卷第2期，1933年4月，第143—183页；许椿生：《大学教育学系之课程》，《师大月刊》第20期，1935年7月，第46—71页；教育部中国教育年鉴审委员会编《第一次中国教育年鉴》，丙编第17—19、25—139页；教育部编订《教育部改进专科以上学校训令汇编（中华民国二十二年至二十四年）》，商务印书馆，1935，第40—42、48—50、104—105页。

第三章 与争议同行：教育学科在国立大学中的制度变迁

除了表 3-1 所列的这些教育学系，1931 年北平华北大学学务课主任吴家镇还提到郁文大学教育学系及教育专科、冯庸大学教育学系。①

《大学组织法》与《大学规程》将教育一科与文理法农工医商等科并列，以法令的形式保障其在大学中的地位。但之后教育部 1932 年至 1934 年对高等教育实行统制，对教育学院与教育学系多有调整和限制。

（二）1932 年之后教育部统制高等教育政策对大学教育学院、教育学系的调整

1929 年 3 月，国民党第三次全国代表大会确定了中华民国的教育宗旨为"中华民国之教育，根据三民主义，以充实人民生活，扶植社会生存，发展国民生计，延续民族生命为目的，务期民族独立，民权普遍，民生发展，以促进世界于大同"，② 即三民主义的教育宗旨。国民党二中全会决议于 1930 年春由教育部召集第二次全国教育会议，讨论教育部组织的各种教育方案，研讨如何落实三民主义的教育宗旨。第二次全国教育会议于 1930 年 4 月 15—22 日在南京召开。关于师范教育是独立还是合并，仍是讨论的重心。③ 与第一次全国教育会议个人自由提案、大会讨论的方式不同，第二次全国教育会议是召集各方讨论全国教育方案编制委员会编制好的教育方案，提案是"中央制定，产生于政府的统一意旨的"。④ 彼时已现教育部统制全国教育的端倪。

南京国民政府对民国前 20 年的教育基本持否定态度。国民党高层对教育界的观感不佳，"近几年来教育界亦有专事向外国搬来以行中国

---

① 吴家镇：《最近我国教育学术界之鸟瞰》，《大公报》1931 年 7 月 28 日，第 2 版。
② 《国民党第三次全国代表大会通过的确定教育宗旨及其实施方针案》（1931 年 3 月 25 日），中国第二历史档案馆编《中华民国史档案资料汇编》第五辑第一编《教育》（1），江苏古籍出版社，1994，第 3 页。
③ 《大会讨论重心点在师资训练》，《申报》1930 年 4 月 18 日，第 11 版。
④ 吴研因：《第二次会议和第一次会议的比较》，缪彻言辑录《第二次全国教育会议始末记》，第二编第 8 页。

者,但搬来时坏多而好少"。① 借着第二次全国教育会议对教育不满的余波,"关于现代中国教育之怀疑的、批评的、指摘的言论,反是一天多一天了"。② 教育学界亦对各界质疑有所回应。1931年夏,《中华教育界》组织舒新城、陶行知、曹刍、庄泽宣、邱椿等全国知名教育学者进行"中国教育出路"的大讨论。但这项讨论尚未出眉目,彼时中原大战结束不久,"善后"尚未到位,1931年又发生全国性大水灾,九一八事变及"一·二八"事变接连发生,中国面临内忧外患,经济濒临破产的危局。未能培养民族精神的"新教育"更为千夫所指,"失地数千里,未闻一轰轰烈烈为国殉节者;为虎作伥,认贼作父者倒不少见","新教育"被指为"亡国教育"。③ "本来提倡了四十年的新教育,而国家的危险,人民的痛苦,社会的不安宁,较四十年前更甚。任何人平心一想,都不能不承认过去教育之有缺点而需要改革。"④ 内忧叠加外患,中国教育已经到了"谁都不能满意"⑤ 的境地,对教育的改革与调整势在必行。

教育要如何改革?1931年"国民党的忠实党员"朱家骅就任教育部长后,开始强力统制教育。⑥ 他认为高等教育应该"按照着我们的需要来造人才",试图以国家力量控制高等教育。"我们"需要的是刷新政治、提倡事业、努力各种建设。⑦ 1931年,为阻止日本侵华,争取欧

---

① 《胡汉民演词》,缪仂言辑录《第二次全国教育会议始末记》,第二编第60页。
② 陈礼江:《改造中国教育的几个先决问题》,《教育杂志》第22卷第5号,1930年5月,第5页。
③ 李砚田:《读完国联教育考察团的〈中国教育之改进〉后》,《大公报》1933年9月7日,第14版。
④ 程天放:《改革中国学校教育刍议》(一),《申报》1932年9月21日,第10版。
⑤ 范云龙:《今日研究教育者应有的觉悟与认识》,《中华教育界》第19卷第2期,1931年8月,第2页。
⑥ 高思庭:《国民党政府统治教育事业概述》,中国人民政治协商会议全国委员会文史资料研究委员会编《文史资料选辑》(合订本第87辑),文史资料出版社,1983,第144页。
⑦ 《朱家骅在中央党部总理纪念周上讲演"中国大学教育的现状及应行注意各点"》(1931年8月31日),中国第二历史档案馆编《中华民国史档案资料汇编》第五辑第一编《教育》(1),第280—281页。

第三章　与争议同行：教育学科在国立大学中的制度变迁

洲列强对中国的支持，南京国民政府开始加强同欧洲主导的国际联盟的合作。1931年5月，南京国民政府在国际联盟行政院开会时，"以一种改革教育计划之准备与实施请求国联专门机关之协作"，并邀请国联教育考察团来华考察，请其提供指导中国教育改革的方案，借以"辅助中国教育制度之进展，并使中外文化事业中心易于沟通"。① 1931年11月，国民党第四次代表大会在南京召开。时值九一八事变以后，大会决议各案，均针对当时需要，做应战准备。《国家建设初期方案》中的教育建设案中涉及的教育方针及设施，以"灌输民族意识及储备技术人才为要义"。② 九一八事变之后，在"备战"压力下，南京国民政府的教育统制以"灌输民族意识"及"储备技术人才"为中心。

1931年9月，国联教育考察团应南京国民政府之请赴中国考察教育。经过三个月考察，于1932年向中国政府提交了改进中国教育的报告书。报告书认为中国教育过于美国化，而"欧洲文化上之情形，与美国之情形相比，较适宜中国之需求"。③ 考察团对"美国化"的批评，在"教育学"方面表现得更为激烈：

> 在美国，因美国人视教育学为极重要之学问，于是教育自成一独立之课程，事实上自成一科学，内包心理学、社会学、教授法、学校管理、卫生等等。大学校制出之教育家与年俱增，换言之，即造出大批中学教师，彼等熟谙教育学中所包含之一切学问，而对于课程表中所列之科目，则无一专长。有人谓许多此种中学教师，"知道如何教授自己所不知之科目"实非过言，且亦非戏谑，乃师资养成上之一大问题。现在因教育学上各方面之研究，关于儿童的科学

---

① 国联教育考察团：《中国教育之改进》，第1页。
② 《教育部关于国民党历届会议对于教育决议案及其实施情形之检讨总述》（1942年8月），中国第二历史档案馆编《中华民国史档案资料汇编》第五辑第二编《教育》（1），凤凰出版社，1997，第281—282页。
③ 国联教育考察团：《中国教育之改进》，第1页。

实已有迅速的进步；但儿童教育之本身，却反因此陷入危途。在现状之下，使一人研究此种门类纷繁之教育学（包含实验心理以至学校管理法），同时又专精于将来在中学所将担任之自然科学或语言科学，实非人力所能胜任，或至少非如今日数年短促读书期间所能办到。欧洲多数国家，因承认此种事实，于是在训练中学教师时，对于教育学已不复如此着重。欧洲许多大学之增设教育学课程及其中所包含之多种科目，实经过长久的犹豫期间。美国则采取一种完全不同之态度，极力发展教育科学。每种科目之代表，对于教师之训练皆有所主张，关于"学分"问题常生争执。最后教育学上所发生之科目，既如此繁多，遂无力顾及自然科学与语言科学矣，换言之，遂无力致意于教育上最重要之学问矣。其结果，虽力求教学方法之完善，中学生之科学程度，终于降低，此实最为可惜者。如吾人将法国之高等师范学校及德国之高等师范学校与著名的美国哥伦比亚大学之师范学院及中国北平师范大学之教授法及成绩相比较，则此种差异更为显明。中国抄袭美国的教育学，其热忱可于中国对美国一切新花样之欢迎及中国国家教育之制度中见之。实则此种制度，对美国文化本身，亦曾发生严重之流弊也。其在中国之流弊，当然较美国尤为严重。①

南京国民政府对国联教育考察团的意见极为重视。全国经济委员会筹备处延聘教育家，组织教育专门委员会，其职责在联络国联教育专家交换改革教育意见，为中国教育谋根本的建设与改革。1933年1月，全国经济委员会教育专门委员会开第一次成立会，吴稚晖、蔡元培、朱家骅、张道藩、李书华、秦汾、朱继庵、曹伯权、顾树森等出席、列席会议。委员会称国联教育考察团的建议"原则均可采用"，可交由教育部参考。②

---

① 国联教育考察团：《中国教育之改进》，第126—127页。
② 《全国经济委员会教育专门委会讨论国联教育考察团建议案》（上），《申报》1933年1月19日，第12版。

第三章　与争议同行：教育学科在国立大学中的制度变迁

各界对教育的种种不满积压至国民党四届三中全会前夕，"教育失败"论调甚嚣尘上。1932年10月，蒋介石考察湖南时，在"总理纪念周"上亦直言，"中国现处危急存亡之势，实原于教育失败，民族性隳坠"。① 1932年11月，国民党各委员均对教育问题不满，认为"不独大学与专门教育失败，小学与社会教育亦有名无实，致国民对国家观念薄弱，有甘作汉奸者"，"过去除教育制度或方针不当外，中小学教科书有许多违反时代精神，影响青年思想，应严为审定或另编"。② 在这样的氛围中，学者也认为"教育当局只有根据统制经济社会之力的程度，规划一个统制方案，来统制教育事宜。这样才能挽救教育的病态"。③ 1932年10月，报载，教育部认为"二十年来，教育之倾向，全系个人主义之发展，及美国式之抄袭，以致形成今日教育之腐败现状"，遂拟就《改正我国教育之倾向及其办法》一文，呈送国民党中央采择。该文"批判我国二十年来之教育之倾向对于我国政治之影响。谓目下分崩之局面，皆受个人主义及抄袭美国之赐。我国需要之教育，应以民族意识为中心，养成全民皆有一整个民族之观念，不复再有个人之观念，存于胸中，庶我国政治上之反映，可成一团结坚固之国家"。④ 据此，教育部长朱家骅确定了高等教育整顿的三大目的：裁并同一地方重复学系，减少大学数量；减少文法科以免仕途拥挤；注重农工医等实科，造就社会必需人才。⑤

1932年11月25日，教育部长朱家骅报告《九个月来教育部整理全国教育之说明》。国内对教育的不满很大一部分集中在师资方面。国联教育考察团报告书认为中等教育不良与中国师资培养方式抄袭美国、

---

① 《蒋委员长考察湘省政情》，《申报》1932年11月1日，第6版。
② 《教育失败，将草拟新方案提三全会讨论》，《大公报》1932年11月8日，第3版。
③ 潘白山：《从教育破产到统制教育》，《上海教育界》第9期，1933年12月，第7页。
④ 《教部拟改革全国教育，养成全民整个民族观念》，《中央周报》第230期，1932年10月，第24页。
⑤ 平津国立院校教职员联合会：《驳朱家骅部长整顿大学教育意见书》，平津国立院校教职员联合会，1932，第2页。

过于注重教育学的训练有直接关系。他们认为这样训练出来的中学教师"熟谙教育学中所包含之一切学问,而对于课程表中所列之科目,则无一专长"。① 教育部因此建议"师资教育将现行者一律取消,小学师资,以中学毕业受一年师资训练者充之,中学师资,以大学毕业再受一年高等师范教育者充之"。② 针对中等教育师资的培养,朱家骅提出:"自高师改大运动以来,高等师范教育,已渐次消灭,或有形式尚存者,其实际已与普通大学之文理科教育同其内容。其实中学师资,虽于教育学应有研究,但对于所教学科之肄习,尤须注重。现在由普通大学之毕业生或教育学院与教育系之毕业生担任中学师资,其流弊实多。前者缺乏教育学之培养,后者又专恃教育学,而于其所任教学科之训练则嫌不足。即现存师范大学专设之制,往往亦与普通大学同途竞逐,失去其特殊性。故本部拟于现存师范大学加以改革,使之名实相符,招收高中毕业生,予以四年之严格高等师范特殊训练外,另再采行两种办法,以事补救。其一,就国立大学之设有教育学科者,酌设若干高等师范生名额,优其待遇,使于肄习专门科学外,修习若干教育学程。毕业时,由本部严格考试甄别检定。其二,现有师范大学中更另收大学及专科学校毕业生,使其受一年或二年之教育学训练。前者使文理科学生学习教学内容者,得收兼习教育学之效,后者即大学及各种专科学校实科毕业生,亦得加受师范教育,以期造就职业学校之师资。"③ 根据上述原则,教育部一方面根据各校师资设备配置状况裁减大学教育学系、学院,另一方面强调教育学科在师资培养中的作用。

朱家骅的这番言论曾在教育学者中引发论争。1942年3月,朱家

---

① 国联教育考察团:《中国教育之改进》,第126页。
② 《教部拟改革全国教育,养成全民整个民族观念》,《中央周报》第230期,1932年10月,第24页。
③ 朱家骅:《九个月来教育部整理全国教育之说明(民国二十一年十一月二十五日)》,王聿均、孙斌编《朱家骅先生言论集》,台北:"中央研究院"近代史研究所,1977,第136页。

第三章 与争议同行：教育学科在国立大学中的制度变迁

骅在致信当时的教育部长陈立夫，论及师范学院制度时，详细谈及1932年前后他对中等教育师资培养的设想以及他对教育学科的安置。朱家骅并非不重视教育学科，相反，他肯定教育学科在师资培养中不可替代的作用：

> 弟在中央大学任内，复曾拟将教育学院加以改组，当时主张保留教育学系、体育系及艺术系，仍使专设外，另行设置一师范部，文理学院之学生，志愿将来担任中学教职者，即由师范部集中管理，使其生活纪律与其所授各种课程，特别严格。至于学科肄习，与一般文理学院学生相同，惟略较广泛。另再加习教育原理、哲学及教育方法等必修课。至于专设之教育学系、体育系、艺术系等，除养成此项学术专门人才外，专以分别造就担任初级师范学校教育学科，或担任中等学校体育或艺术学科之教员。此等教员业有专修，自不应令其担任其他课程之教职。如此办法，则师范部毕业生，既具有与普通大学毕业生同等之学力，复明了教育原理，熟悉教育方法，中学师资，自可改进。①

1932年12月，中国国民党第四届中央执行委员会第三次全体大会，最终形成对于师范学制议决案："一、现有之师范大学，应力求整顿与改善，使其组织课程训育各项切合于训练中等学校师资之目的，以别于普通大学，且与师范学校等力谋联络。二、大学设师资训练班，凡大学毕业生，愿任教师者，应入该班加习教育功课一年，以备中等学校教师之选。凡进师资训练者，其待遇与师范大学同。"另有两种补救办法："就国立大学之设有教育学科者，酌设若干高等师范生名额，优其待遇，使之肄业专门学科，修习若干教育学程，毕业后，由教部严格考

---

① 朱家骅：《致陈部长立夫函商讨师范学院制度（民国三十一年三月三十日）》，王聿均、孙斌编《朱家骅先生言论集》，第167—168页。

试，甄别检定；就现有师范大学中，更收大学及专科学校毕业生，使其受一年或二年之教育训练。"① 同时决议：各省立及私立大学或学院，应以设立农工商医理各学院为限，不得添设文法科。同年中央政治会议"改革教育初步方案"议决，改革大学文法科，发展实科，"其要义在限制文法科之过分发展，俾以节省之经费，充实与发展实科，期为国家储备建设之技术人才"。②

对照南京国民政府"灌输民族意识"及"储备技术人才"的教育方针，大学教育学院、教育学系贴着"美国化"的标签，不仅没能"灌输民族意识"，还要为民国前期形成的"自由与散漫的思潮"③ 负责。再者，教育学科不是实科，在资源有限的情况下，又在被限制之列。国联教育考察团报告书中对美国教育学的抨击，叠加教育部高等教育整顿的原则和手段，使1929年之后盛极一时的教育学院、教育学系面临一系列整顿。

1934年10月24日，黄建中在中央广播无线电台讲《教育部最近改进专科以上学校之要点》。提到"过去大学设置院系，往往不顾师资设备，任意设置，以致影响其他院系，均鲜良好成绩，且各校院系，颇多重复，尤以上海、北平两处为多"。对此，教育部改进要点有"整理院系"，再者"注意实科并限制文法科"。这两项均涉及教育学院及教育学系。北平12校共有130余学系，其中教育学系5个。教育部分别令饬酌加裁并，或停止招收新生，分年结束。如裁撤北平大学女子文理学院哲学教育系、北平师范大学社会系，取消暨南大学教育学院，原有

---

① 程曦明：《我国中学师资训练的过去现在和未来》，《江苏教育》第6卷第3期，1937年3月，第57页。
② 《教育部关于国民党历届会议对于教育决议案及其实施情形之检讨总述》（1942年8月），中国第二历史档案馆编《中华民国史档案资料汇编》第五辑第二编《教育》（1），第287页。
③ 《教育部关于国民党历届会议对于教育决议案及其实施情形之检讨总述》（1942年8月），中国第二历史档案馆编《中华民国史档案资料汇编》第五辑第二编《教育》（1），第282页。

第三章 与争议同行：教育学科在国立大学中的制度变迁

各学系改并为教育学系，并入文学院。山西教育学院及山西法学院均归并山西大学。裁撤四川大学教育学院，改为教育学系并入文学院。目的在"完全减少重复与适应实际需要，使各校人力财力集中，从事于特殊的充实与发展"。①"二十一年度除商科学生较二十年度增加1.9%外，其余各科均减少，减少最多的是法科，教育科次之，文科又次之。"教育科学生数1931年占招生总数9.6%，1932年降至8%，减少1.6个百分点。1932年教育科招考新生人数占新生总数9.9%，1933年占7.7%，减少2.2个百分点。②

与之前两个法令对教育学科特别"关照"相比，制度风向有较为明显的变化。如《大学组织法》《大学规程》规定，"大学教育学院或独立学院教育科，分教育原理、教育心理、教育行政、教育方法及其他各学系"。私立厦门大学、武昌华中大学等教育学院纷纷据此设置或筹设教育原理、教育心理、教育行政、教育方法四系，国立中央大学教育学院设教育学系、教育心理学系、教育行政系、教育社会学系等，并筹备法令规定的教育方法学系。据1931年全国各大学教育学院及独立学院教育科之系别人数的统计，教育学系最多，共936人，占全体50.7%；教育行政系次之，共393人，占全体21.3%；教育心理系又次之，共99人，占全体5.4%；体育系又次之，共96人，占全体5.2%；其他各系均在5%以下。教育原理与教育方法两系人数更少，前者24人，占1.3%，后者6人，占全体0.3%。③ 有学者提议应将《大学规程》第二章"课程与学系"的第六条改为"大学教育学院或独立学院教育科分教育学、教育行政及其他各学系，大学或独立学院之有文学院或文科而不设教育学院或教育科者，得设教育学系于文学院或文科"。

---

① 黄建中：《教育部最近改进专科以上学校之要点》，《大公报》1934年10月30日，第10版。
② 黄建中：《教育部最近改进专科以上学校之要点》（续），《大公报》1934年11月1日，第10版。
③ 瓯第：《高等教育法令之我见》，《教育研究》第69期，1936年9月。

认为"教育学系"本身即含有教育原理与教育方法之意,不赞成将教育原理与教育方法单列为学系。① 1932—1934年整顿中,依据法令设置的这些学系大多进行了归并,如私立厦门大学教育学院原依部规定为教育原理学、教育心理学、教育行政学、教育方法学四系,之后遵循教部改进训令,设教育学系与教育心理系。

按照当时的公论,中等学校师资于专门学科知识之外,必须有教育学的修养,这个原则已无异议。中等教育师资培养既需要专门的学科知识(教什么),也需要专业的教育方法(怎样教),而教育学系在中等教育师资培养中稳定地承担着"怎样教"的角色。时人论曰:

> 任教师的,第一,要知道教什么,第二,要懂得怎样教。高师要双方兼顾,所以给学生以两种训练,第一为分系专科训练,譬如国立北京高师设国文、英语、史地、数理、理化、博物六部,第二为教育专业训练,学生除认定一部,专治其所欲任教之有关学科外,兼习心理学、教育史、伦理学、教育学等教育基本学科,并于第四年在附校试教若干星期。反之,教育学院则加重教育专业训练,而不设分系专科训练的科目,所以教育学院的毕业生懂得如何教,而不知道教什么。除了教育学科之外,高中师范科的教育学科学分有限,于是教育学院毕业生乃不得不任教其未尝专习的学科,如国文、英语、史地等。至在其他各院系毕业而任教于高初中者,则有材料可教而不懂得如何教。分系专科训练和教育专业训练分了家,于是中等学校的合格师资遂大感缺乏。近数年来教育当局也深知此弊,故通令教育学院学生须于教育学科外兼选一种专科,以为辅系。但这种补救的办法只能使教育学院毕业生有可教的材料,可不能使其他各院系毕业生而欲在高初中任教者有专业的训练。②

---

① 瓯第:《高等教育法令之我见》,《教育研究》第69期,1936年9月,第25页。
② 高觉敷:《大学教育学院改制问题》,《教育杂志》第28卷第10号,1938年10月,第17页。

第三章　与争议同行：教育学科在国立大学中的制度变迁

教育部对教育学院、教育学系有所限制，但因"教育原理""教育方法"在师资培养中的必要角色，大学中的教育学科仍有相当保留。1934年之后，南京国民政府教育部对大学教育学院、教育学系的裁并调整稳定下来。

各大学教育学系在培养目标和课程安排上，小心翼翼地协调着专门与专业的关系。自此之后，教育学科在大学中的地位看似稳定了下来，没再出现1932年那般大张旗鼓地怀疑教育学科价值的言论。但中等教育师资培养问题在制度层面并未解决。1934年中学会考暴露出中等教育一系列的问题，教育部将停办会考成绩不佳的学校，成绩不佳的学生"连次不及格即须退学"，由此引发各界对中等教育质量的关注和思考。各界一致认为中学师资质量不高是导致中等教育质量不佳的重要原因之一。《大公报》的社评提出："现在我们只见到当局在鼓励实科，在抑制文法，在提倡职业教育，而未见到注意中等学校师资之培养。并且师大及师范学院等校的优越地位似亦有失落之趋势。"1932年召开的国民党三中全会曾就中学师资问题议决大学应设师资训练班，仿日本学制改革案在大学毕业后受教学法训练一年，方可充任中学教员，但是此事之后并未见诸实行。1934年5月，教育部公布《中学及师范学校教员检定暂行规程》，认为"国外较优大学毕业，或国内师范大学，大学本科，高等师范学校毕业后，有一年以上之教学经验等资格者，得受无试验检定；其在国内大学本科毕业，或有其他资格者得受试验检定"。① 但是这些制度上的设计实际并未付诸实施，大学设师范部者寥寥。

1937年6月，教育部以中等学校师资，尚无专业训练之所，以第一一〇〇〇号训令颁发《训练中学师资暂行办法》，其中规定："大学教育学院或教育学系学生须依照《大学规程》第七条之规定，选定其他学院之某一学系，或同学院不属教育性质之其他学系为辅系，其辅系

---

① 《社评：严重的中学师资问题》，《大公报》1935年4月1日，第2版。

所修之主要专门学科须在五十学分以上。""大学教育学院以外之各院学生，志愿毕业后为中等学校教员者，须修习教育原理、教育心理学、普通教学法、专门学科教学法等教育学科十二学分以上。"凡是按照上述规定接受师资训练的大学毕业生，除了发给毕业证书外，由学校发给可担任中等学校某科教员的证明书。① 这一政策未及施行，全面抗战爆发。中等教育师资培养模式借国难的"非常时期"，得以迅速调整，大学中的教育学科制度亦随之进入新时期。

五 师范学院中的教育学系（1938—1949）

1937年七七事变后，全面抗战爆发。1938年4月，国民党临时全国代表大会通过《战时各级教育实施方案纲要》。其中明白指出"对师资之训练，应特别重视，而亟谋实施，各级学校教师之资格审查与学术进修之办法，应从速规定，为养成中等学校德智体三育所需之师资，并应参酌从前高等师范之旧制而急谋设置"。② 同时颁行《师范学院规程》以为实施高级师范教育的准则。据此，中等学校师资有专业训练之所，大学各院系毕业学生，志愿担任中等学校教师者，应考入师范学院第二部相当学系修业，废止1937年颁行的《大学训练中等学校师资暂行办法》。③

1938年7月，教育部为"适合抗战建国之需要"起见，继续调整高等教育。此次高等教育调整方案的核心之一，即设立师范学院。《国立中央大学等校设立师范学院办法》第三条规定："各大学原有之教育院系分

---

① 《训练中学师资暂行办法》，《中华教育界》第25卷第2期，1937年8月，第97页。
② 《战时各级教育实施方案纲要（特载）》，《教育通讯》（汉口）第4期，1938年4月，第9页。
③ 《国师负责训练中学师资，部颁暂行办法即废止》，《教育季刊》第15卷第3期，1939年9月，第96页。

第三章　与争议同行：教育学科在国立大学中的制度变迁

别改为或改属师范学院。教育学院原有科系不合师范学院之规定者，得分别改归其他相关学院，或在师范学院附设，停招新生，办至学生毕业为止。"① 为训练中等学校师资起见，中央大学教育学院、西北联大教育学院、中山大学教育系及教育研究所、浙江大学教育系改设师范学院，西南联大教育系与云南大学教育系合设师范学院。② 并于湖南筹设独立师范学院一所，聘廖世承、朱经农、潘公展、汪德耀、吴俊升为筹备委员，廖世承为筹备院长。③《师范学院规程》规定，师范学院设国文、外国语、史地、公民训练、算学、理化、博物、教育等系，以及体育、音乐、图画、劳作、家政、社会教育各专修科。各系修业期五年，专修科修业期三年。至1943年，中央大学、西南联大、中山大学、浙江大学附设师范学院设教育学系，国立师范学院、西北师范学院、国立女子师范学院、国立贵阳师范学院、国立桂林师范学院亦设有教育学系。此外，暨南大学、厦门大学、河南大学在文学院设教育学系，中正大学在文法学院设社会教育学系。④ 至1945年，共有师范学院11所，教育学院4所。

在师范学院中，教育学系因其独特性及相对充沛的师资，成为最核心的学系。据1940年各师范学院的统计（见表3-2），教育学系人数最多。从中央大学师范学院1940—1942年各系统计人数看，教育学系1940年83人，1941年126人，1942年163人，数量及增速皆高于其他系。1938—1945年中央大学师范学院的毕业人数也以教育学系最多，占到毕业总人数的31%。⑤

---

① 高觉敷：《大学教育学院改制问题》，《教育杂志》第28卷第10号，1938年10月，第17页。
② 《抗战以来全国专科以上学校增设概况表》（1939年4月），中国第二历史档案馆编《中华民国史档案资料汇编》第五辑第二编《教育》(1)，第740—741页。
③ 《教育部改进高等教育：调整各院系整理课程，同性质学校均予合并，设师范学院训练师资》，《教育通讯》（汉口）第20期，1938年8月。
④ 《国立专科以上学校院系设置概况表》（1943年10月），中国第二历史档案馆编《中华民国史档案资料汇编》第五辑第二编《教育》(1)，第750—759页。
⑤ 刘静：《抗战期间国立中央大学师范学院研究》，硕士学位论文，南京大学历史学院，2017，第38—39页。

表 3-2　1940 年各师范学院教育学系教职员及学生人数统计

单位：人，%

院别	教育学系教职工人数	教育学系学生人数	师范学院学生总人数	教育学系学生人数占师范学院学生总人数比例
中央大学师范学院	14	85	390	21.8
西南联大师范学院	16	178	303	58.7
中山大学师范学院	15	99	222	44.6
浙江大学师范学院		36	98	36.7
国立师范学院	5	57	296	19.3
西北师范学院	18	130	389	33.4
总计	68	585	1698	34.45

注：原文中西北师范学院学生总人数的数据错误，应为389人，原文误为350人；公民教育学系总人数计算错误，应为140人，原文误为142人。核对后，师范学院学生总人数应为1698人，表格呈现的是更正后的数据。

资料来源：据边理庭《高级师范教育现状概述》（上）[《教育通讯》（汉口）第 3 卷第 42 期，1940 年 11 月，第 11—12 页]整理。

在师资方面，亦是如此。师范学院中其他与文理学院性质相近的系科教员基本与文理学院共用，师范学院师资最优的为教育学科。1941 年开始，教育部开始审查专科以上学校合格教员名单及履历，据第 2 册《专科以上学校教员名册》统计，师范科统计范围包括教育学门、公民训育学门、体育童子军学门、家政劳作学门，合格教员共计 236 人，其中教授 50 人、副教授 29 人、讲师 110 人、助教 47 人。教育学门占 129 人，其中教授 37 人、副教授 21 人、讲师 51 人、助教 20 人。[①] 教育学科合格教员总人数及教授、副教授人数占师范科比例皆在半数以上。

实际上，师范学院制度在实施的过程中遭遇了一系列的现实困难，尤其是独立设置与附设于大学内这两种体制的矛盾。1941 年，有调查称"近两年来投考及取录入师范学院的学生似乎是有减无加"，"本年

---

① 教育部编印《专科以上学校教员名册（1942.11—1944.3）》（第 2 册），1945，"附录"第 1、5 页。

第三章 与争议同行：教育学科在国立大学中的制度变迁

度中央、武汉、浙江、西南联大四校联合招生的结果（衡阳及浙江两地结果除外），取录入中央、浙江及西南联大三校师范学院者共不到四十人"。① 梁瓯第经过调研，以他从事教育行政以及在大学师范院任职的经验断言，"就事实而论，师范学院制度从开张到现在无日不在欲罢不能及童养媳的状态中奄奄一息"。他认为，四方面的原因导致师范学院制度的现实困境。首先是学生不愿报考师范学院，据说贵州省的高中毕业升学联考的 1471 名考生中，志愿考入师范学院的仅有 53 人，占3.6%。师范学院在大学中没有历史、没有设备、没有师资，多数的师范学院在大学中属于"平地起家"，在各大学中都成为倒数第一的学院，因此青年学子不愿意报考。据说一所独立师范学院 1944 年招生的时候，49 人投考，录取了 41 名。还有一所录取标准素称严谨的大学，录取师范学院的学生却不得不破格从宽，招二三次方才招录够。学生们戏称师范学院为"稀饭学院"，来形容吃不饱饿不死的情形。其次，就师范学院学生的出路而言，中学师生的舆论氛围并不欢迎师范学院的毕业生。中学的校长仍如 20 世纪 30 年代一般，认为师范学院的毕业生虽然受过教育科目的陶冶，但是本行的训练太差；中学生们对于教师的学历也有等级观念，将师范学院的毕业生排在次低等级。再次，大学本身也不愿设立师范科系。师范学院是教育部要求各大学设立的，并且为了表示对师范学院的重视，建立了有别于大学其他院系的人事编制。师范学院院长由教育部选聘，师范学院中设教务、事务、训导三部主任。这样的制度安排，相当于大学之下又设一大学。事实上，全面抗战爆发后，大学在人力财力都有困难的情况下，难以保证师范学院的师资、设备。这样，尽管教育部重视师范学院，三令五申要提高其地位，大学却力有不逮。于是当时的师范学院出现两种形态，"一种是讲求形式争取独立，结果无设备无师资，徒有其表，只剩下行政的空架子。一种是附

---

① 胡毅：《师范学院与师资训练前途之危机》，《当代评论》第 17 期，1941 年 10 月，第 252 页。

庸变相，仰人鼻息，师院的教授连系主任都由其他院系的人员兼任，设备实验更不得不打揩油的算盘"。最后，梁瓯第提出，教育部意图"统制师资"，由国家办师范教育，寥寥无几的师范学院毕业生并不能供应社会庞大的师资需求。据1943年的统计，师范学院毕业生总计不及5000人，且以教育系人数最多，其他各系人数很少。在悬殊的供需情况下，政府仍限制私立大学教育学院系，私立大夏大学教育学院停办了，私立岭南大学请办教育系始终没有获准。梁瓯第主张，在"培养师资最严重最困苦的时期"，应改进师范学院制度。①

师范学院制度遭遇这样那样的现实困境，但设置在师范学院中的教育学系似乎成了师范学院中的"显学"，是培养中等教育师资不可缺少的"标配"。据统计，1939年度各师范学院学生总数共1670人，其中教育学系就有555人，约占总数1/3。如果教育系能选其他一系作为副系，那么教育系的人数势必更多，相形之下其他各系主修人数则更寥落。有学者担心，长此以往，师范学院难免会落到之前大学教育学院的境地，仍是培养教育方法特长而非培养专门学校教员。②

1944年冬，朱家骅重新担任教育部长，对于中等教育师资培养，则仍坚持他1932年的设想，改订师范学院办法。1945年7月，教育部颁发《改进师范学院办法》十二项，自1945年度起实施。《改进师范学院办法》规定附设于大学的师范学院除保留教育、体育两系外，其他各系归并于文理学院，规定大学未设师范学院者在文学院内添设教育系。"国立大学师范学院内，分设教育、体育两系，必要时得设第二部及教育研究所。原设国文、史地、数学、理化、博物各系，均归并文理学院施教，以免重复，但原定之专业科目，仍须修习。公民训育系取消，其原有学生，归并于教育系。音乐、艺术、童子军等专修科停办，

---

① 梁瓯第：《师范学院制度的存废问题》，《民主世界》第2卷第10、11期，1945年，第16—17页。
② 李建勋：《关于吾国高级师资训练几个重要问题》，《国立西北师范学院学术季刊》第2期，1946年1月。

第三章 与争议同行：教育学科在国立大学中的制度变迁

其原有学生，移归音乐院、艺术专科学校及体育专修科或体育系。""国立大学未设师范学院者，得于文学院内增设教育学系，并在教育系内，设置类似管训部之机构，由教育系主任主持，办理师范生一切特殊训练与管训事宜。""现有之师范学院研究所，改为教育研究所，其招生办法，修业期限，仍照《师范学院规程》十二条办理。"① 这样，大学附设的师范学院无异于各大学原有的教育学院，只是名称由"教育学院"改为"师范学院"，且各大学未设师范学院者，可在文学院内添设教育系，不啻恢复之前制度。②

至1947年，中国有国立大学31所，私立大学24所；独立学院分国立、省立及私立三类，其中国立独立学院23所，省立学院21所，私立学院31所；国立专科学校20所，省立专科学校24所。国立大学中的中央大学、中山大学、浙江大学、四川大学4校设师范学院，其他国立大学除了交通大学及北洋大学，25校文学院中都设有教育学系。私立大学中的北平辅仁大学、大夏大学、武昌华中大学3校设有教育学院，其他各校都设有文学院，教育学系可能附设于文学院。国立独立学院凡是以"师范学院"为名的皆设有教育学系（北平师范学院、国立师范学院、湖北师范学院、南宁师范学院、贵阳师范学院、昆明师范学院、西北师范学院、长白师范学院、女子师范学院等9校），省立独立学院有四川省立教育学院、河北省立女子师范学院、广东省立文理学院、新疆省立新疆学院、台湾省立师范学院等5校设教育学系。③ 1948年1月施行的《大学法》规定，师范学院由国家单独设立，但国立大学可附设师范学院，之前设立的教育学院可继续办理。④ 是以在制度层面，高等教育体系中的教育学系可以存在于大学的师范学院、文学院及教育学院，也可以存

---

① 教育部参事室编《教育法令》，中华书局，1947，第187—188页。
② 廖世承：《抗战十年来中国的师范教育》，《中华教育界》（抗战十年来中国教育总检讨专号）复刊第1卷第1期，1947年1月。
③ 教育部教育年鉴编纂委员会编《第二次中国教育年鉴》，商务印书馆，1948，第五编第577—582页。
④ 《立法院通过大学法全文》，《中央日报》1947年12月24日，第3版。

在于以"师范学院"及"教育学院"为名的独立学院中。此前一直在争论的教育学科在大学中的地位问题、中等教育师资的培养模式问题，至20世纪40年代，在制度层面实现了兼容并包。教育学科作为培养师资必不可少的"专业"一环在高等教育体系中牢牢扎根。

六 困扰教育学科制度的问题

教育系科自在中国创建便在"潮"中，随着时代潮流的转向而时不时地陷于旋涡。中国教育学科的创生与更易同中等教育师资培养模式的摇摆相始终：在高师时代，顺应一战后的"世界潮流"，自"日本式""德国式"而"美国式"；1925年之后，教育学科又随着它所捆绑的"新教育""世界潮流""美国式"，在新的社会矛盾与冲突中承受新的荣与辱；1929年，南京国民政府颁发《大学组织法》与《大学规程》，在"文理法农工医①七学院而外，加一教育学院"，在制度上，"教育"得以与文理法等学科并列。教育学院、教育学系数量激增的同时，争议亦同步而至，中等教育师资培养学美国还是学欧洲的争论再起。1932年，应邀考察中国教育的国联教育考察团在报告中将"美国化"的教育学科推到风口浪尖。高师时代备受推崇的选科制、学分制，以及设立的大学教育学科，此时皆因其"采美国制"而受政学两界指摘。直至20世纪40年代，中等教育师资培养制度的调整必引发论争。同时，一方面，因大学教育学院、教育学系被视为高等师范学校的接替者，大学的教育学院系理应承担培养中等教育师资的任务；另一方面，设在大学中的教育学院系，应服膺大学研究高深学术的培养目标。两者如何调和，学界意见并不统一。民国时期困扰教育学科制度的问题，在整个20世纪甚至到现在，也没有得到完满的解答。

---

① 原文如此，另有商学院。

第三章　与争议同行：教育学科在国立大学中的制度变迁

对教育学院系的非难和攻击，并非中国所特有。教育学科、教育学院系在世界范围内亦受到冲击。1934 年，芝加哥大学教育学院院长、美国著名教育家查尔斯·H. 祖德尔（Charles H. Judel）在美国大学教育学教授会议演讲时提到，"近几年来，大学教育学院系经过一番极大扩充时期。在这时期内，不特教育学的教授人数激增，就是修教育学的学生也随之而加多。这种扩充的趋势，在大学中可算是开了一个新纪录。可是，同时却引起了其他学院系纷纷的攻击。有的严重地批评教育学的质和量何如；有的谴责教育学院系运用政治手段，以广招徕；有的以为教育学五花八门，浅肤无用"。① 他所提到的这些批评，在中国皆有呼应。

对于教育学界而言，1932 年是个充满"伤痕"的黑暗年份，教育学者对此有切身体会，"这一年当中，教育天天在艰难困苦中讨生活，风吹雨打，岌岌可危！确实的，'骂教育'成功了一种极流行的时髦品，最时髦不过"。② 九一八事变之后，"教育失败"的观感弥漫朝野。国联教育考察团报告书非议中国教育美国化；1932 年 7 月，《独立评论》刊发傅斯年直接针对教育学院、"教育专家"的一系列言论；几乎同时，国民政府行政院会议决议通过教育部长朱家骅提议的"整顿教育令"，勒令北师大、中央大学等校停止招生；③ 11 月，停办师大的传言、社会舆论、学者意见，纷至沓来，引发了对高等师范教育制度的争论。④ 影响比较大的是北师大全体教授与所谓《独立评论》派的论战。论争的根本问题是师范教育本身，是否必须由一个特殊的大学来实施与进行。换言之，北平师范大学所施行的训练及研究，是否可由普通大学来代替。⑤ 12 月，国

---

① ［美］Charles H. Judel：《一个改进教育学院系课程的方案》，《中华基督教教育季刊》第 10 卷第 1 期，1934 年，第 31 页。
② 罗廷光：《一年来关于"教育改革"的回忆》，《时代公论》第 40、41 号合刊，1933 年 1 月，第 46 页。
③ 《行政院会议通过整顿教育令》，《大公报》1932 年 7 月 23 日，第 3 版。
④ 李蒸：《北京师范大学历史上的存废之事》，李溪桥主编《李蒸纪念文集》，中国社会科学出版社，1996，第 70 页。
⑤ 叔永：《教育改革声中的师范教育问题》，《独立评论》第 28 号，1932 年 11 月。

199

民党三中全会所通过的教育议案，折中程天放"确定教育目标与改革教育制度案"与中央组织委员会所提"改革高等教育案"，承认师范大学单独设立，而各大学之教育学院或教育学系应否存在，并未提及；对师资训练班与教育学院或教育学系的关系，亦未说明。① 由此，师范大学的生存之争暂获平息，师范大学与普通大学的教育学系依然并存。1932年师范大学制度及教育学科所遭遇的危机在教育学界影响颇为深远，直至20世纪40年代，教育学人对此仍记忆犹新，深以为耻。

20世纪20—30年代围绕教育学科的论争所涉问题至为复杂，层次也较为繁复，既有教育学科应否在大学存在的争议，也有教育学科应如何在大学存在的纷争。

（一）大学应否设置教育学院、教育学系

1922年之后，学界认为高等师范教育独有的精神和独特的作用丧失殆尽，中学教师的培养既无统筹的计划和专门的机构，各公私立大学的教育学院或文学院的教育学系便代行教育专业训练，大学各院系毕业生成了中学师资的主要来源。②

关于教育学科在大学中的地位问题，1925年有过教育学者与非教育学者之间的论争。此后非议的声音一直都在。1931年5月，一直倡导"学术独立"的陈寅恪先生在《吾国学术之现状及清华之职责》一文中，对当时中国各学科的学术研究一一做了评论，对教育学的观感是"教育学则与政治相通。子夏曰'仕而优则学，学而优则仕'，今日中国多数教育学者庶几近之"。③ 教育学科在学者眼中"不独立"的形象可见一斑。1932年，邱椿抱怨"近五年来，教育学者在中国遭遇空前的厄运，因此

---

① 亮功：《三中全会之教育议案》，《独立评论》第35号，1933年1月。
② 汪兆悌、蔡振生：《我国高等师范教育独立体制的历史考察》，《北京师范大学学报》1984年第4期，第11页。
③ 陈寅恪：《吾国学术之现状及清华之职责》，国立清华大学编印《国立清华大学二十周年纪念刊》，1931，第1页。

第三章 与争议同行:教育学科在国立大学中的制度变迁

学教育学者也大倒其霉。少数有权威的学者,不但不承认教育学为一种'科学',而且不承认教育学为一种'学科'"。① 1932年,随着国内外矛盾的激化,因为"教育崩溃"的责任问题,教育学科被推到风口浪尖。其中给教育学者留下印象最深、影响最大的是傅斯年的"炮击"。

1932年,北大文学院的主政人物胡适、傅斯年等人创办《独立评论》。这一年发表在《独立评论》的许多文章,指向大学的教育学院、教育学系。对教育学界影响最大的莫过于傅斯年的《教育崩溃之原因》一文,文章指责"哥伦比亚大学的教员学院毕业生"应为中国教育崩溃承担部分责任,言辞颇为不客气。他说:"不学无术之空气充盈于中国的所谓(教育专家)之中,造就些不能教书的教育毕业生,真是替中国社会造废物罢!"② 公开讥讽教育不成为一种学术,从而引发邱椿、杨亮功等人的辩驳。

北师大教育学院教授邱椿为《教育崩溃之原因》一文致信胡适抱怨:"大家都以为教育学无研究的价值。清华大学的教育系取消了。武汉大学本是武昌师大的后身,但改大后不但无教育学系,并且文学院内也不设教育学讲座。广东中山大学亦是广东高师所改,也不设教育学院。最近青岛大学——山东大学——的教育学院停办了,中央大学的教育学院的规模也被缩小了。于是学教育学而希望当教授者都有'绕树三匝,何枝可栖'的感慨。"邱椿认为,"模仿外国而不顾国情是三十年来中国教育的通病",如果制度和主义在西洋是好的,到了中国便坏了,"不能责备制度和主义的介绍人,而应归罪于整个社会组织和中国的国民性"。"譬如中国教育之美国化的运动实渊源于杜威的来华,那时先生(指胡适——引者注)也曾极力介绍杜威的教育思想;许多学生——我便是其中的一个——决心学教育都直接间接受杜威和先生的影响。""现在国内各大学教育学院毕业生固缺乏基本训练,但其他学院

---

① 邱椿:《通信》,《独立评论》第11号,1932年7月,第19页。
② 孟真:《教育崩溃之原因》,《独立评论》第9号,1932年7月,第5页。

毕业生亦未尝不缺乏基本训练。"① 邱椿并未否认教育学系、教育学院存在的一系列问题，他主要针对的是傅斯年将这一系列问题都归咎于哥伦比亚大学师范学院的毕业生。

傅斯年的回信亦附在邱椿信后发表在《独立评论》上。傅斯年对《教育崩溃之原因》一文中"有几句话言之过分的地方，非常抱歉"。同时表示，他对教育的见解尚不能因邱椿而改换。他坚持哥伦比亚大学师范学院的毕业生自1918年以来确实形成了一股势力，1929年以来各大学之教育学院或教育学系，也基本由哥伦比亚大学师范学院的毕业生主持。国内舆论本来对"新教育"及新教育家的希望是很大的，"教育要教育学专家发命令，我们望风服从而已"。但是新教育家的所作所为难孚众望，"这般教育学家高谈测验、教学、行政、心理等等，似乎花捎的很，而于教科究竟应该怎么样，学生的知识如何取得，如何应用，很少听到他们的议论，尤其少见他们的设施"。傅斯年列举了实验学校的国文、历史的测验方式，直言没有意义。他提出"先有一种文理专科之素养，再谈教育，方是实在的，否则教育学虽有原理，而空空如也，何所附丽？"进而提出，教育学者大多数"不学无术"，"我所谓'不学无术'者，其意如下：对于一种学问，有一根本的训练（discipline）而得了解，谓之学，能把这了解施用在具体事实上，谓之术。所以一切洋八股、科学八股、党八股、教育八股，都是不学无术。文章上黼黻经纶，事实上不得要领，皆不学无术也"。② 他坚持认为应先有一种文理专科的素养，再谈教育学。

之后，对于邱椿提出的"大学应否有教育学院"等三个问题，傅斯年又作《再谈几件教育问题》，续答邱椿。更明确地提出"第一，大学不是适用教育学的场所；第二，教育学家必于文理各科中有一专门；第三，中小学的课程要门类少，而内容充实"。因为"教育家必于文理

---

① 邱椿：《通信》，《独立评论》第11号，1932年7月，第19—20页。
② 孟真：《通信》，《独立评论》第11号，1932年7月，第23页。

第三章　与争议同行：教育学科在国立大学中的制度变迁

各科之中先有一种专门，然后他的教育学有所寄托，不至流为不相干的空话。这话恐怕是学教育学者平心静气时要承认的吧？"他提出"教育""不是有志做教员之副科，便是一个毕业后级的研究"；当时大学教育学院、教育学系以教育学为主科，选择文理科为辅科的办法"尤其不上不下，不伦不类。其结果只是一碗杂碎菜，任何学科都得不到一个严整的训练"。同时批评中国教育制度美国化造成的中等教育质量降低，"这十多年来，中国教育制度日趋于美国化，而中学之课程程度日浅，科目日多"。他也提出了对教育学科的安置办法："一、大学中不设教育学院，因为这个不能本身独立成一种学问；也不设教育系，因为教育学自身不成一种严整的独立的训练。二、大学中应设教育学讲座及教育研究所，以为有志在中学做教员之文理科学生学习教育之训练，并为文理科已毕业学生有志攻治教育者之训练场所。三、大学文理科学生愿兼习教育者，其学分应如下列之分配——本科对教育科为三与一或四与一之比。若如北大之办法，教育系学生兼习系外功课占四分之一而弱，似仍不能成一种严切的训练，仍不免于杂碎之弊。"① 傅斯年对教育学者、教育学科的这番质问，直击教育学科的软肋，成为之后教育学科制度调整必须正视的问题。

傅斯年的朋友、同事、北大教育学系教授杨亮功撰写了《读了孟真先生"再谈几件教育问题"以后》，应答傅斯年，认为傅斯年"有点武断和偏见"。针对傅斯年所提"大学不是适用教育学的场所"，杨亮功回应"现在大学教育学院或教育系，本来是训练中小学师资而非训练大学教授之场所。在事实上，现在中国大学教学还谈不到应用甚么'教育学'"。对傅斯年的第二个问题，"教育学家必于文理各科中有一专门"，杨亮功并不否认，但就专门与专业的比例关系有异议，他举例傅斯年所看重的欧洲经验，如德国中学教师培养制度，想要充任中学教师，于大学毕业后"必须有两年长时间之严格的教育训练，始得为正

---

① 孟真：《再谈几件教育问题》，《独立评论》第20号，1932年10月，第4—7页。

式教师",以此来比较傅文所主张的文理科学生以 1/4 时间兼习教育科,强调欧洲经验也注重"教育科"的训练。对于傅斯年所论"美国化"及哥伦比亚大学师范学院问题,杨亮功亦不认同,他认为美国各大学都设有教育学院招收中学毕业生,中国大学设立的教育学院,并不一定是以哥伦比亚大学师范学院为模仿对象。至于大学设不设教育学院和教育学系问题,以及教育学是不是一门独立学问的问题,是自 20 世纪 20 年代即有的一桩公案。杨亮功的反驳亦是老生常谈:"教育学既是根本不能独立成一种学问,复不能成一种严整的独立的训练,何必又于大学中设教育学讲座呢?教育研究所之设立,更是不应该了。至于教育学是否为一种独立的学问,差不多已成为旧案,似乎不须再行上诉了。""教育学虽应用别的科学的方法或别的科学研究之结果为工具,以解决教育问题,但教育学本身自有其目的,对象,系统,及问题,犹之医学应用生理学心理学及化学以治病及配药,不能因此遂谓医学为不是一种独立学门也。""总之教育学本身应有存在之价值,教育学之理论和方法,日趋精密,范围日趋扩大,从事于教育事业者——教师及教育行政人员——应受专门训练,差不多已成定论和一种不可遏止之趋势。"同时杨亮功也无奈地承认,教育学的确有许多问题,"孟真先生总算是我们研究教育者的净友,毫不客气的给我们许多的批评,足以使我们研究教育者反躬自省,努力改进,这是我们应该感谢的"。[1] 其他教育学者的回应亦大致是类似套路,并未形成对傅斯年的有力回击。

教育学界对傅斯年的"攻击"实际上是无力招架的。傅斯年对教育学科的诘问对教育学界影响巨大,甚至一些组织的成立也是在隔空回应他的质疑。从 1930 年开始,南京国民政府教育部对教育的一系列统制政策,尤其是涉及大学教育学院、教育学系的整顿和调整,也让教育学界心有戚戚。1933 年,作为"教育职业团体"的中国教育学会成立,其目

---

[1] 杨亮功:《读了孟真先生"再谈几件教育问题"以后》,《独立评论》第 22 号,1932 年 10 月,第 10—12 页。

第三章 与争议同行：教育学科在国立大学中的制度变迁

的一方面要"维持教育者的工作"，另一方面要"研究中国教育改造问题"。在"门外汉"谈教育改造成风的背景下，中国教育学会强调：教育是一种专门的、特殊的事业，应该让教育学者多说些话。其论曰：

> 不幸我们中国的教育，自近十数年以来，非常腐败，有些人以为这种腐败情形，是一般研究教育的人们，尤其是美国哥伦比亚大学师范院的留学生所造成的。因此这些人以为今后的研究教育的人们不必再来谈中国教育改造吧。还有些人以为教育学有些部分是隶属于哲学的，有些部分是附庸于各种社会科学的，因此，他不能成为一种独立的学问。并且以为教育的方法是一种艺术，因此，他是专靠教师的天才所创造，用不着去研究的。因此，这些人以为今后的研究教育的人们不能出来谈中国教育改造的。上面所述的这些人对于研究教育者们的异议，虽则教育界也有许多人对于他提出反驳，然而我们只管言之谆谆，但是他们仍然听之藐藐。近来他们更变本加厉，不但在言论上倡异议，并且在政策上来取缔了。请看近来政府对于高等师范教育之种种措施。例如停止师范大学招生，裁撤大学教育学院，归并教育学院学系等等，自会明白的。固然师范大学尤其大学教育学院之组织确是有许多之缺点，非大加改造不可，但是这种事实，是不限于教育学院所有的，无论哪种学院都是有的。……然而政府为了他们发生许多缺点，就根本的把他们取消了，这也未免是因噎废食的。况且那些人对于高等师范教育力持异议，其中也不无别怀其他用意，希望政府慎重将事吧。①

此时教育学院、教育学系及教育学科所处的氛围，就如 1935 年耐雪在《闲话教育》中所论，有"日暮途穷"之感：

---

① 姜琦：《我们为什么及怎么样谈中国教育改造》，《中华教育界》（中国教育改造专号）第 21 卷第 7 期，1934 年 1 月，第 30 页。

205

教育学这一系在近年来似乎正交上否运。看轻教育、反对教育有成系的价值的言论在各方面都能够听到。同时在学校中研究教育的学生也一天比一天的减少。兹据最近的调查,中央大学的教育学院只有一年级及四年级两班有学生,其他二三两级竟都空空如也,一个学生都没有。中央大学的前身,我们尽皆知道是东南大学,东南大学的前身,我们又尽皆知道是南京高等师范,高等师范自然以教育学科为其中心。东南大学的教育系亦极为有名,中央大学承他们而来,其教育学院原也声誉极好。其中执教鞭者又大半为海内知名之士。以这样一个有历史有地位的教育学院到今日竟会弄得没有学生。由此我们就可以知道教育这一系之不受人欢迎了。再就各种的留学考试观之,工科有名额商科有名额,其他的社会科学有名额,而教育这一门独付缺如。这又不是时人看轻教育的另一个表示吗?

在几年之前,一般的青年很多想学教育。他们觉得教育是一门比较能直接福利社会的功课,所以想致力于此,以期后来能够做乐育菁莪的工作。在这一个时候,我们可以说是教育学系的全盛时代,但物极必反,这也许是自然的道理。从前学教育的人现在感到随处碰壁,当局又予以反对的暗示。社会上的人也一致同声地在讥刺教育的空虚。于是煊赫一时的教育学系,遂陷入今日这种日暮途穷的境界。①

学界对大学教育学院、教育学系以及教育学者的轻视并未随着教育学的地位在高等教育制度上的确认而结束。1937年5月,冯友兰在教育部播音演讲,题为《我国现在教育思想》。他说,"我今天所讲的我国现在教育思想,就是我国现在教育制度所根据的思想。这些思想,并不是一般谈教育哲学的人所常谈的。他们都是站在教育里边谈教育,但

---

① 耐雪:《闲话教育》,《教育学报》(六三纪念特刊),1935年6月,第115页。

第三章 与争议同行：教育学科在国立大学中的制度变迁

是我是站在教育外边谈教育。站在教育里边谈教育，好像是站在一个树林里谈树林。他们站在树林里面，对于每一个树或者有很清楚的知识，但是因为他们是站在树林里边，所以他们对于整个的树林，是很难有一个整个的看法。站在树林外边的人，虽然对于每一个树，不见得有清楚的认识，但是因为他站在树林的外边，所以他对于整个的树林，或者可有一种整个的看法"。① 姜琦认为冯友兰这几句话"多少是含有讥讽研究教育理论及办理实际教育的人们的意思"，意在讽刺"教育专家"眼光浅近，胸襟狭窄，对于教育本身不啻一个书呆子，对于教育以外的问题，不啻一个门外汉。姜琦对傅斯年的羞辱仍记忆犹新："此外，还有瞧不起研究教育的人们比之冯先生所说的话更厉害得万倍者，莫过于傅斯年先生。傅先生咒诅研究教育的人们为'低能儿'。照傅先生的意思，以为教育学本来不成为一种独立的学问，它是隶属于其他各种学问之中；至于像美国哥伦比亚大学师范院里面的一班人呢，他们没有能力去研究其他各种学问，只能够去学习些关于教育上的琐碎问题，所以他们分明是低能的。原来研究任何一种学问者都能够办理教育，并不限定于所谓'教育专家'；况且研究教育者既是一个低能儿，所以欲使低能儿去办理教育，那么教育无论如何，是办不好的。照傅先生的看法，所谓'教育专家'不啻是'低能儿'之别名而已。"② 罗廷光也曾罗列轻视教育学的言论，如1926年浙江教育行政会议废止师范生待遇案，其中有"师范教育曾有倡言根本废止者"，其重要理由，为"凡智识阶级人尽可师，教育原理并无秘诀，不比他项筋肉技巧，非熟练不可"等语。身居全国教育行政领袖的人，亦尝开口说"教育并不是什么难懂的东西"，闭口说"教育直常识耳"。某堂堂大学教授亦尝说"就我所留学的某国说，教育还不曾当作一门学术研究"，"我们的某

---

① 冯友兰：《我国现在教育思想》，《中华教育界》第25卷第2期，1937年8月，第105页。
② 姜琦：《教育专家的研究生活之研究》，《教育研究》第78期，1937年10月，第2—3页。

国大学中尚无此教育一科"。① 当然还有 1947 年出版的小说《围城》对大学教育学系的经典调侃:"在大学里,理科学生瞧不起文科学生,外国语文系学生瞧不起中国文学系学生,中国文学系学生瞧不起哲学系学生,哲学系学生瞧不起社会学系学生,社会学系学生瞧不起教育系学生,教育系学生没有谁可以给他们瞧不起了,只能瞧不起本系的先生。"②

　　回顾起这段历史,已有研究多是带着学科情感回护教育学科。从历史的后见之明看,与教育学科的荣与辱最相关的是时代主题。自九一八事变之后,南京国民政府的诸多举措皆是围绕备战、应战展开的。教育当然重要,而当时教育学科的实际工作却很难纳入备战、应战的主题范围。一方面,教育学在培养中等教育师资中作为"教育方法"的作用被极力强调。相应的,教育学的学科体系和内容是以"教学方法"为中心构建起来的。傅斯年坚持教育学科没有与文理科并列的资格,是以"根本的训练(discipline)"③ 为标准的要求。同时,傅斯年并未否认教育学在培养教师上的作用和地位,所以主张可以开设教育学讲座或教育研究所,为有志于成为教师的大学生提供毕业后的支持。而当时中国的教育学者几乎都维护美国的教育学认识,坚持教育学是科学,是一个独立学科(discipline),他们援引欧美各国的实践例子来说明教育学科在大学制度层面存在的合理性,也承认教育学学理层面的不足。傅斯年提到的问题,至今仍困扰着大学教育学系。另一方面,教育实践的方式受到四面八方的批评,教育学始终无法找到一种能够显示学科地位的声音去做出回应。当下的教育学者也几乎都承认,"教育学走入困境,两耳不闻窗外沸腾的教育实践,一心只做圣贤题,但从选题到内容、到方法,纯学术的策略导致的是理论生气的匮乏,是对实践的

---

① 罗廷光编著《师范教育》,正中书局,1940,第 40 页。
② 钱锺书:《围城》,人民文学出版社,1991,第 72 页。
③ 孟真:《通信》,《独立评论》第 11 号,1932 年 7 月,第 23 页。

乏善可陈"。① 而在学术视野中，直至今日，教育学仍是"一门捉摸不定的科学"，② 并未形成学科规训。

（二）教育学院、教育学系应否承担中等教育师资培养的任务

尽管对于教育学科的地位有争议，但大学中却实实在在地成立了一批教育学院、教育学系。按照民国时期教育学者的理解，中国大学的教育学院，从历史方面看，是高等师范学校的变形；从制度方面说，是对美国师范学院的模仿。③ 大学教育学科的制度起点是高师中的教育专攻科、教育专修科。高师中的教育专科定位很明确，中等学校师资由高师其他部培养，教育学科培养中等师范学校教育课程的师资、教育行政人员以及教育学术研究人才。高师制度消亡后，期望大学中的教育学院系科以一院一系一科之力承担高师的师资培养任务是很难实现的。在这种情况下，在高师时代不成问题的问题——教育学科的培养目标，便成了问题。

20世纪20年代的论争，围绕中等教育师资培养模式是独立设置高师还是在大学设置教育学科，进而争论教育学科在大学中的地位，是设置独立教育科，还是附于文科之下。20世纪30年代的论争的情况则更为复杂。其一方面，是20年代论争的延续，将独立的师范大学与大学教育学院、教育学系视为两种对立的模式，一方主张设立师范大学，反对美国式的大学教育学院、教育学系；一方反对师范大学制度，主张大学设置教育学院、教育学系。另一方面，也有对师范大学和大学教育学系都不以为然，主张在大学设教育学讲座或教育研究所者；而一般教育学者则主张两者并行，既维护师范大学，也保留大学教育学院、教育学系。各方主张的背后，一个共同的评价标准是大学教育学院、教育学系

---

① 刘云杉：《走入日常生活的教育社会学》，《南京师大学报》1999年第2期，第67页。
② 〔美〕埃伦·康德利夫·拉格曼：《一门捉摸不定的科学：困扰不断的教育研究的历史》。
③ 谢循初：《师范学院之设置》，《中央周刊》第1卷第7期，1938年9月。

到底能否承担中等教育师资培养的任务。

在制度方面,师范教育制度是历次学制调整的焦点,每一次调整,因制度条文模棱两可,仍会引发不同持论方的议论。1922年学制本来规定高等师范升格为师范大学,同时大学可附设二年的师范专修科,实际上高等师范除了北高师升格为北京师范大学,其余五所高师先后与大学合并,"由巍巍独立的师资训练机关,一变而为大学中之一科或一系,甚至一小系的存在";① 二年程度的师范专修科也很少设立,学者谓之"中等师资训练的破产时期"。专门的师资训练机关"破产"了,那么中等教育师资应该从何而来?表面看来,高师"升格"为大学,中等教育师资应由大学培养,但到底如何培养,大学中的教育学科到底充当什么角色,这个问题成为20世纪20—30年代历次教育相关集会的主题之一。

1927年夏,原东南大学与其他八校合并为第四中山大学,原东南大学教育科及江苏省立第四师范附设的艺术专修科合并改组成教育学院②——这是《大学组织法》《大学规程》颁布前成立的唯一的教育学院。学院在原有的教育学系与体育科之外,增加师资科(1930年暂停),为各院学生有志教育事业者而设,"于其专长学科外,再施以教育上重要之知识及教学上实际的训练,以养成中小学良好师资为鹄的","教育系内分教育哲学,教育心理,教育行政,初等教育,中等教育五组"。其章程主要参照前东南大学教育科,将教育学院应秉持的宗旨阐释如下:"大学为造就人才,研究学术机关,本院办理方针,亦即趋向乎此。""教育学科之分为'学'与'术'之二途,与他种科学无异。术为实际应用上不可少之利器,固属重要,而学乃术之根据,其重要为尤甚。世有疑教育学科不若他种科学之严正者,殊不知教育学理之精进,亦必有待乎深邃之研究。其所采方法,与他种科学并无二致,

---

① 罗廷光编著《师范教育》,第40页。
② 秘书处编纂组编印《国立中央大学沿革史》,第39页。

第三章 与争议同行:教育学科在国立大学中的制度变迁

调查实验等等,亦探讨上必有之历程也。故本院一方面认改善教育技术为己任,一方面以合力推求真实学理为职志。"① 第四中山大学教育学院的分工,类似一独立高等师范学校,师资培养的任务主要由师资科承担。至 1928 年 5 月,第四中山大学定名为中央大学,教育学院成为中央大学教育学院,教育科独立为教育系,培养目标为"(一)研究教育学术;(二)培养师资及教育行政人材;(三)辅助教育事业之改进",要培养行政、教学及研究三方面的人才。② 1922 年之后,"各大学虽有教育科,教育系或教育学院的设立,然皆偏于教育学术的研究,并非纯粹训练中学师资的机关"。③

《大学组织法》《大学规程》颁行后,对"教育学院"的培养目标并没有更明确的规定和说明。第一次全国教育会议的提案中有"设立教育学院,为今后教育建设之准备"④ 的说法。提议设置"教育学院"进行"教育方法材料之研究与实验"。⑤ 第二次全国教育会议所议"改进全国教育方案"中,又有"师范大学、大学教育学院及其他大学与师资训练有关各学院,均招收高中毕业学生,予以四年或与前条相仿的训练,授学士学位,准充中学教员",⑥ 默认大学教育学院负有培养中学教员的责任。在没有统一规定与说明的情况下,社会各界包括国联教育考察团皆以为大学教育学院、教育学系负有培养中等教育师资的主要责任,而教育学界对教育学院、教育学系的培养目标并未达成统一。

虽然从历史上、制度上说中国的大学教育学院都应与中等教育师资

---

① 《大学本部各学院概况》,《第四中山大学教育行政周刊》第 22 期,1927 年 12 月,第 22—23 页。
② 艾伟:《国立中央大学教育学院过去现在与将来》,《教育杂志》第 25 卷第 7 号,1935 年 7 月,第 201 页。
③ 程曦明:《我国中学师资训练的过去现在和未来》,《江苏教育》第 6 卷第 3 期,1937 年 3 月,第 55 页。
④ 《开会之第十一日:议三民主义组报告》,《申报》1928 年 5 月 26 日,第 17 版。
⑤ 中华民国大学院编纂《全国教育会议报告》,"全国教育会议报告乙编"第 54 页。
⑥ 《改进全国教育方案》,缪仂言辑录《第二次全国教育会议始末记》,第三编 14 页。

211

密切联系，实际上，"变相既变得失掉原形，摹仿只摹到躯壳"。过去高等师范按照中学课程分设文史地部、英语部、数理化学部、博物部，教育学院却分设教育学理系、教育心理系、教育行政系、社会教育系。美国的"师范学院"或"教育学院"设有中小学数学、史地、自然等科目，每种科目的教材教法都有专门教学研究，而中国的教育学院单讲教育原理、心理方法及统计，对于中学各科教材教法并未加以深切的研究。就事实而言，中国的教育学院只能培养教育方面的通才，却不能养成中等学校的合格师资。① 这造成了"教育界绝大的畸形现象"，一方面教育学系毕业生，"挟了一肚子的高深理论，除了继续自行研究以外，可说毫无恰当的出路，因为此刻社会上根本绝少有这种的需要"，去中学教书又难以胜任；另一方面，中学又缺乏合格师资。② 面对大学教育学院、教育学系"替中国社会造废物"③ 的讥讽，教育学界也承认当时的大学教育学院、教育学系并不能造就合格的中学师资。1938年全国高级师范教育会议上，教育部次长顾毓琇对这段历史有定论：大学分文、理、教育等学院"不免太偏重于学术之研究，而忽视教师实际之训练。同时则一般中等学校缺乏良好师资，因而形成极严重之问题"。④ 教育学院或教育学系只能担任师资培养中"教法的训练"，教科的知识只能由他院他系供给，如此教育学系的毕业生出路及中等教育师资皆出现问题。在现实问题面前，教育学界内外有一系列讨论。

1. 师范大学与大学教育院系有无分别？

1932年10月16日，报载教育部已拟就《改正我国教育之倾向及其办法》一文，即将呈送中央采择。其中有"师资教育，将现行者一律取消，中学师资，以大学毕业再受一年高等师范教育者充之"等规定。由

---

① 谢循初：《师范学院之设置》，《中央周刊》第1卷第7期，1938年9月。
② 荆祥鼎：《大学教育学系亟应改变训练方针》，《中央日报副刊》第283号，1935年7月15日。
③ 孟真：《教育崩溃之原因》，《独立评论》第9号，1932年7月，第5页。
④ 顾毓琇：《全国高级师范教育会议开幕致词》，《教育通讯》（汉口）第34期，1938年11月，第3页。

第三章 与争议同行:教育学科在国立大学中的制度变迁

此产生了教育部长朱家骅拟议改变师范大学制度、停办师大的传闻,一时间社会舆论哗然,学者意见纷至沓来,引发了教育界对高等师范教育制度的争论。① 影响比较大的是北师大全体教授与所谓《独立评论》派的论战。争论的根本问题是,在中等学校师资培养上,北平师范大学所施行的训练及研究,是否可由普通大学的教育学院、教育学系来代替。②

1932年11月,针对教育部停办师大的传闻,北师大38位教授联名撰长文呈教育部,申辩独立设置师范大学的依据,列出五项理由强调师范大学与普通大学的教育学系分工不同,不能以大学教育学系替代师范大学。其中说到,"师大之环境,又与普通大学之环境不同,不能以大学之教育学系替代之"。③ 同时,《师大月刊》创刊号刊登常道直《师范大学之双重的任务》及天健《师大制度之批评的批评》。常道直提出"师范大学"有双重任务:一方面是大学,负有研究高深学术的使命;另一方面,又是"师范","负有专业训练的责任"。因此,"师范大学之任务,为由高深学术的研究,与教育专业的训练,养成彻底觉识自身所负使命,并能以全部心力履行其责任之教育者"。他还进一步指出,教育学的研究方面,"教育科学方面之新创造,则为师范大学之专属责任,师大于此方面自应有特殊的切实的贡献"。④ 针对当时社会上"师大的性质和普通大学的教育学院的性质差不多,所以师大不应存在"的论调,北师大师生将师范大学与普通大学教育学院进行对比,认为"这种理由更无事实上与学理上的根据"。第一,师范大学的范围更广,而教育学院不过是师大一部分。教育学院所研究的只有教育学一门;师大除了研究教育学外,还有国学、外国文、史学等其他学科。由此教

---

① 李蒸:《北京师范大学历史上的存废之事》,李溪桥主编《李蒸纪念文集》,第70页。
② 叔永:《教育改革声中的师范教育问题》,《独立评论》第28号,1932年11月。
③ 《师大全体教授呈教部反对改学制》,《益世报》1932年11月10日,第7版。
④ 常道直:《师范大学之双重的任务》,《师大月刊》创刊号,1932年11月,第1、4、8页。

213

育学院的毕业生多缺欠"多方的兴趣",这是普通大学的教育学院毕业生的通病。第二,教育学院偏重方法,师范大学则是教材与方法并重。普通大学教育学院的毕业生知道"怎么教",但不知道"教什么",除了在教育行政机关内服务,只能在高中的师范科内教点教育学的功课。而师范大学教育学院的学生每人都要在文学院或理学院内选习一种或两种"辅科",既懂得教学法,也知道教什么,毕业后除了服务于教育行政机关或教授教育学科,还可教授其他一二门学科。[①] 因此,北师大师生主张,在中学师资培养上,大学教育学院、教育学系不能代替师范大学。

大夏大学教授陶愚川针对"教育学院和师范大学究竟有无分别"这一问题,明确回答:"据我们看起来,师范大学和教育学院是有分别的。前者着重师资之训练,教学法之实验,以及中学课目之讨论;但教育学院则纯粹为学理的探讨、教育学说的研究及阐明。两者根本不能并为一谈。但以目前中国政治未上轨道,以致专家常常失业,所以研究教育的出来,也只好坐冷板凳,这是政府用人行政的问题,我们决不能因噎废食,我们始终承认教育学院和师范大学是有分别的,师范大学之应存在是无疑的。"[②]

1932年11月21日,任鸿隽看到这一系列文章,撰写《教育改革声中的师范教育问题》,对北师大38位教授所陈述的师范大学制度存在的五大理由表示不赞同。他把师范教育的内容分为知识本身、技能的训练和教育学的研究三部分,认为凡现今师范大学所施行的训练与研究,无不可拿普通大学来代替。[③] 一般读者从这篇文章里"不能不想到这种主张,不过十数年来某种取销高级师范教育的企图的继续,和一般'业余的教育家'的议论的尾声"。[④] 1932年12月17日,北师

[①] 天健:《师大制度之批评的批评》,《师大月刊》创刊号,1932年11月,第1—3页。
[②] 陶愚川:《读"改革高等教育方案"后》,《大夏周报》第9卷第13期,1932年12月,第248页。
[③] 叔永:《教育改革声中的师范教育问题》,《独立评论》第28号,1932年11月。
[④] 德新:《评叔永君的〈教育改革声中的师范教育问题〉》,《大公报》1933年2月5日,第8版。

第三章 与争议同行：教育学科在国立大学中的制度变迁

大教授会撰写《驳叔永君〈教育改革声中的师范教育问题〉》送《大公报》《鞭策周刊》等发表。对师范教育三方面的内容及任鸿隽文中所提出的关于师大历史、地理位置等结论一一进行批驳。① 任鸿隽也承认"教育学有蔚成专科的可能"，判断"教育学在普通大学中研究，不比在师范大学中研究吃亏"，北师大师生则认为普通大学的教育学院或教育学系，注重教育学之理论的研究；师大则除了研究教育学理论外，还注重教育学术的应用。② 故此教育学的研究也应在师范大学进行。

时任湖北教育厅厅长的程天放也主张由师范大学来培养中等教育师资，大学教育学院可以与师范大学并存。"中国从前的高等师范，本来是独立的，但是最近十年来都归并于大学而成了教育学院了。本来大学内要设立教育学院——或教育学系——来研究关于教育学理也未尝不可，但是以教育学院来代替师范大学就有点错误。"因为教育学院是大学的一部分，注重教育原理、教育方法，但实际其毕业生到中学去教书，大都一无专长，可以教国文，也可以教英文，也可以教历史，也可以教数学，但没有一样教得很好。"将来的师范大学，应该照从前高等师范一样，分国文、外国文、史地、数理等科，除了教育原理等课程共同研究外，其他各有专学。"他主张由国家选择全国适合的地点设立两所或三所师范大学。③

中央大学教育学院教授罗廷光则折中两方观点，认为师范大学和大学教育学院可并行而不悖。两者都兼负研究教育和培养师资两项任务，"师范大学除培养师资外，兼负有研究教育的责任——否则不成为师范'大学'了；大学教育学院除研究教育外，兼负有培养师资的责任——

---

① 北平师大教授会：《驳叔永君〈教育改革声中的师范教育问题〉》，《鞭策周刊》第17期，1932年，第357—365页；又见《大公报》1933年1月7日、8日、11日、14日，第8版。

② 北平师大教授会：《驳叔永君〈教育改革声中的师范教育问题〉》，《鞭策周刊》第17期，1932年，第363页。

③ 程天放：《改革中国学校教育刍议》，《中央周报》第227号，1932年10月，第15页。

否则，亦不配称为'教育'学院了"。①

概括地说，在废除师范大学制度的舆论中，虽然外界对大学教育学院、教育学系的培养目标有诸多猜测和期许，但教育学界并不认为大学的教育学院、教育学系可以替代师范大学，都承认普通大学的教育学院、教育学系以研究教育学理论、方法为主，师范大学更适宜担当中等教育师资培养的任务。

1932年的论战随着国民党三中全会通过的教育议案而暂时告一段落。1932年12月，三中全会所通过的教育议案，系根据程天放"确定教育目标与改革教育制度案"与中央组织委员会所提"改革高等教育案"折中而成。对于师范大学制度，程天放提议"教育部择全国适宜地点，设师范大学两所或三所，各国立大学之教育学院或教育学系，概行并入师范大学"；② 而中央组织委员会则指责北师大"所设之院系，与普通大学，毫无二致，不特系统重叠，徒耗经费，而彼所造就之学生，亦均难满足，中学师资之要求"，主张"师范教育不应另设专校以免畸形发展之流弊"，"国立北平师范大学应即停办"。对于这两种冲突的观点，大会通过的议案为"现有之师范大学应力求整理与改善"，"大学设师资训练班，凡大学毕业生愿任教师者应入该班"。议决案承认师范大学单独设立，未提及各大学之教育学院或教育学系应否存在，对师资训练班与教育学院或教育学系的关系，也未加说明。③ 由此，师范大学的生存之争暂获平息，师范大学的教育学系与普通大学的教育学系依然并存。

1933年，教育部发布"十九年度全国中等教育统计"，中学教师中，于师范大学及高等师范毕业者，不足16%，而大学、专门学校毕业及其他总占比77%以上（见表3-3）。

---

① 罗廷光：《一年来关于"教育改革"的回忆》，《时代公论》第40、41号合刊，1933年1月，第49页。
② 亮功：《三中全会之教育议案》，《独立评论》第35号，1933年1月。
③ 中央编委会提《四届三中全会的重要提案——改革高等教育案》，《线路半月刊》第22期，1933年11月，第51页。

第三章　与争议同行：教育学科在国立大学中的制度变迁

表 3-3　1930 年度全国中等学校教员资格统计

单位：人，%

中等学校教员资格类别	总人数	占比
留学外国得有博士学位者	118	0.29
留学外国得有硕士学位者	351	0.85
留学外国得有工程师学位者	58	0.14
留学外国得有学士学位者	661	1.60
留学外国者	1547	3.75
师范大学毕业者	1817	4.39
大学毕业者	10269	24.83
高等师范毕业者	4721	11.42
专门学校毕业者	13230	20.74
其他	41350	31.99

注："工程师学位"，原文如此。

资料来源：教育部普通教育司编印《中华民国十九年度全国中等教育统计》，1933，第 111—112 页。

对这份数据，有不同的解读角度。高师制度废止以后，便没有专门培养中等教育教师的机关。谁来负中等教育质量低下的责任问题，一方可说，正是因为大学教育学系的毕业生不堪为中学各科教师，才造成了中学教师大多由非师范毕业者承担，所以大学教育学系不能培养合格师资是中等教育质量不佳的原因。另一方可说，从数据层面，非师范毕业者占多数，占多数者才培养了更多的不合格的中学教师，应负多数责任。不论谁负责任，事实是合格的中等师资的确很欠缺。同时，大学中的教育学院系按教育学科分系、内容偏重教育学科学理，"原没可以批评的地方"。大学教育的目标，是"研究高深学术，养成专门人才"，教育学院系既然设在大学，自然要服从大学的培养目标。大学教育学院的分系方法，"完全以教育学科为别，如教育行政系、教育心理系、中等教育系、社会教育系等。四年中所读课程，几于全部是属于教育学科方面,中等基本学科,极少涉猎,至多也不过视为附带性质,浅尝即止"。① 外界认为是高等师范学校替代品的大学教育学系的毕业生既不适合教中学,又不容易找到适合的职业,"人无事做,事无人做"。②

不管大学中的教育学院、教育学系对于"研究高深学术,养成专门人才"如何理解,教育学系学生的毕业生的出路问题及社会缺乏合格的中等教育师资这两项"铁一般的事实",提醒服务于大学教育院或教育系的人们:大学教育系虽不能,而且不应以培养中学教师为唯一任务,但当时国内需要四万多名中学教师,这些教师由什么机构培养?怎么培养?国内师范大学只有北师大一所,即使师大毕业生大部分投入中等教育界,也不能解决中学师资缺乏问题。所以,合格的中等教育师资,到底应如何培养,成为大学尤其是大学教育学院、教育学系必须考量的问题。大学教育院系的宗旨除了"研究高深学术"及培养教育行政人才外,应明白规定以培养中学师资为其重大任务之一。③ 有学者甚至谏言大学教育学院系"今后训练的方针应将师资训练与学理训练二者并驾齐驱,并且在必要时宁舍后者而不容忽视前者"。④

中央大学教育学院教授张士一也立足于现实看待教育学系毕业生与中等教育师资问题。他认为教育学系应该分担中学师资训练的责任。"在事实上,良好的中学师资是急需的,师范大学是不敷应用而也不能马上添设的,大学文理各系的训练又偏而不举的。在这种特殊情形之下,除非大学教育学系勉力分担中学师资训练的责任,没有更好的办

---

① 荆祥鼎:《大学教育学系亟应改变训练方针》,《中央日报副刊》第 283 号,1935 年 7 月 15 日。
② 李冕群:《关于大学教育学系的方针和设施》,《教育研究》第 68 期,1936 年 5 月,第 79 页。
③ 刘亦常:《从中学教员资格说到大学教育系》,《湖南大学季刊》第 2 卷第 1 期,1936 年 1 月,第 9 页。
④ 荆祥鼎:《大学教育学系亟应改变训练方针》,《中央日报副刊》第 283 号,1935 年 7 月 15 日。

第三章　与争议同行：教育学科在国立大学中的制度变迁

法。教育学系对于这件事，真可以说义不容辞的。"就教育学系毕业生的出路而言，教育学系若承担中学师资训练的责任，毕业生出路会更广。而且，对于教育学术人才的培养，"师资训练，在一切教育人材的训练上，应该用作方法的基础"。①

对于大学教育学院、教育学系毕业生的出路问题以及合格的中学师资由谁培养的问题，教育界及教育学界的杜佐周、陈礼江、杨亮功、许本震、郑西谷、李清悚、涂闻政、曹漱逸等人的意见较为统一，认为理论上由独立的高等师范（师范大学）培养较为妥当。但在当时的条件下，只能一方面主张恢复高等师范制度，另一方面改良大学教育学院教育学系的课程。② 如郑西谷认为，"高师制度对中学师资的训练兼顾专门学识与教育专业训练，为各中学所欢迎，争相罗致"，建议教育学院改变以教育课程分系的做法，"以中学学科分系，侧重中学师资之训练，则不特中学师资问题得以解决，而教育学院毕业生之出路，亦得免除困难"。③ 李清悚认为解决中等教育师资问题，"全国多设师范大学，少设教育学院，此是上策；全国大学教育学院改师范学院，此是中策；全国大学教育学院多设师资科，此是下策；全国大学教育学院学生，除了教育专修科目以外，兼指定稍习一些其他专科，此是无策中之下策"，"依照目前状态，长此以往是歧途"。④

1933 年 1 月 28 日，在中国教育学会成立大会上，中国高等师范教育问题尤受关注。罗廷光于中国教育学会第一次大会提出的《整理全

---

① 张士一：《大学教育学系的课程问题》，《国立中央大学教育丛刊》第 3 卷第 1 期，1935 年 12 月，第 29、31 页。
② 程曦明：《我国中学师资训练的过去现在和未来》，《江苏教育》第 6 卷第 3 期，1937 年 3 月，第 57—59 页。
③ 郑西谷：《中学师资训练之商榷》，《中华教育界》（中国教育改造专号）第 21 卷第 7 期，1934 年 1 月，第 98 页。
④ 李清悚：《由中学师资谈到大学教育学院今后的方针》，《中华教育界》第 23 卷第 5 期，1935 年 11 月，第 25—30 页。

国师范学制案》获通过。罗氏提出"师范大学及大学师范学院（即现时教育学院）为培养中等学校师资之正宗机关——合言之，师范大学及大学师范学院，皆负有两重使命：一培养中等师资；一研究教育学术"。① 在会上，常道直说明师范大学应与普通大学不同，并介绍北师大的实况，接着由郑西谷、邰爽秋、谢循初、黄建中、郑晓沧、马客谈、倪文亚、欧元怀、陈礼江、童润之等发表意见，都认为师范大学有单独设立的必要，同时建议大学教育学院以培养师资为首要任务。② 关于大学教育学院问题，会议议决了四个原则，即师范大学有分区设立之必要，教育学院应注意训练师资，教育学院与各学院应有充分之联络，中学教员应受高等师资训练或教育之研究。③ 这几条原则可视为教育学界对中等学校师资培养的共识，大学教育学院、教育学系的目标必须考虑中等学校的师资培养。

20 世纪 30 年代，师范大学与大学教育院系并存，但在仅有一所师范大学专事培养中等教育师资的情况下，师范大学、师范大学的教育学系及普通大学教育学系的培养目标又发生了交叉。国内教育学界对于大学教育院系的教育目标，即培养什么人才的问题，则没有达成一致的结论。④

2. 大学教育院系的目标：培养师资还是研究学术？

自"高师改大"后，尤其是《大学组织法》《大学规程》颁布之后，各大学设置教育学系者渐多。对于教育学系的中心问题，如教育学系的目标应是什么，课程又该怎样，众说纷纭。"我国大学教育学系，向乏明确目标，有人以为大学教育的使命在乎学术研究，大学的教育学系当以养成教育研究人才为目标。有人以为学校行政和地方教育行政，均须受过专业训练的人去办，教育学系应以养成教育行政人员为主旨。

---

① 罗廷光：《整理全国师范学制刍议》，《时代公论》第 44 号，1933 年 1 月，第 19 页。
② 《中国教育学会年会》，《救国通讯》第 38 期，1933 年 2 月。
③ 《中国教育学会年会记》，《安徽教育行政旬刊》第 4 期，1933 年 2 月。
④ 梁瓯第：《大学课程改造中之教育目标问题》，《教育研究》第 68 期，1936 年 5 月。

第三章　与争议同行：教育学科在国立大学中的制度变迁

又有人以为自高师改大后，中等学校师资的正式训练机关没有了，教育学系也当负起培养中等学校师资的任务。"① 大学教育学院、教育学系的培养目标到底是师资还是学术，即便是身在其中的办学者，也时常发生争论。

鉴于1932年前后学界对大学教育院系的质疑，以及中等教育师资培养问题的讨论，加之教育部拟于1938年举行大学毕业会考，届时大学院系的课程必须一致，考试时方有统一标准，中央大学教育学院教授韦悫表示，"现代教学改造的运动集中在教育目标的确定、课程的改造及教学的改革这三个问题"，"教育目标不确定，则课程的改造无所依据，课程不改造，则教育目标无从实现"。② 因此，1934年1月，中国教育学会第二届年会对大学教育院系的培养目标问题分外注意。在这届年会上，顾树森代表教育部致辞："中国自国难发生以来，教育行政方面，对于民族复兴、生产教育两事，特别注意。故近年来教部对于课程之变更，以及法规令章之改订，均根据于两大目标进行。"围绕教育部所定"民族复兴"及"生产教育"两大目标，中国教育学会拟定"本年研究专题"十六个。"大学教育学系之方针及课程"因与师资训练密切相关，亦为专题之一，并且成为下届年会研究的中心问题之一。③ 围绕"大学教育院系方针及课程问题研究"，中国教育学会推举北京大学教育学系教授吴俊升、北平师范大学教务主任常道直、南开大学教育学教授黄钰生、北平师范大学教育学系教授黄敬思、燕京大学教授刘廷芳等5人为研究专人，由刘廷芳负责拟定研究大纲、搜集材料、分配工作，计划于1934年10月编印研究报告。④

---

① 方惇颐：《师范学院教育系目标与课程之商榷》，《教与学》第4卷第5期，1939年7月，第7页。
② 韦悫：《教育目标的分析》，《教育杂志》第24卷第2号，1934年10月，第67页。
③ 《中国教育学会第二届年会》，《教育益闻录》第6卷第1、2期合刊，1934年4月，第22—23页。
④ 《决议案：中国教育学会第一次理事会议》，《中国教育学会会友通讯》第3期，1934年8月。

1935年前后,教育学界多位学者就大学教育学系的培养目标问题发表意见。中山大学教育学教授庄泽宣首先提出这个问题。他认为"大学教育系同时有多种目标,既希望学生出去创造,又希望他们做行政人员,又希望他们做中学教师等,其结果必一无所长。以前及现在各大学教育系均犯此弊"。他主张大学教育学系应"专重创造",从事学术研究,至于训练师资及教育行政人员的机构应独立设置。① 时任江苏省立教育学院教务长的教育学者陈礼江也肯定"中国大学教育系的任务,实在有重新估定的必要",他提出的教育目标,有下列六类:①协助文理学院其他各系培养中等学校师资;②训练教育行政人才;③训练民众教育人才;④训练教育研究人才;⑤直接研究和实验工作;⑥推广工作。总结上述,陈礼江认为大学教育系有三大任务:一是教育人才的训练,主要培养中等学校各种学科教员、教育学的教员、地方教育行政人员、民众教育人员等;二是直接研究实验事业;三是推广工作。陈礼江还主张在高等师范制度恢复以前,大学教育学系应协助文理学院其他各系培养中等学校师资。同时教育学系规定必修教育科目,其他各系负责充实教材,教育学系负责教法的训练。② 庄泽宣与陈礼江关于教育学系培养目标的意见颇有出入,一主张专,一主张多元,两人各有支持者。

中央大学教育学系教授赵廷为主张将师资训练与教育学术研究分开,全国分区设立师范大学,专门从事师资训练。而大学教育学系集中精力从事教育学术研究。他认为大学教育学院或教育学系,其宗旨应该限制为造就教育学术研究人才,造就师范学校的教育科目师资。他明确提出,"大学教育学院或教育学系可不负造就中学师资的责任"。师范大学的教育学系与大学教育院系性质相同,"都应该负一种训练教育学

---

① 庄泽宣:《大学教育学系方针及设施问题》,《教育杂志》第24卷第1号,1934年9月,第105页;《大学教育学系课程问题》,《教育杂志》第25卷第1号,1935年1月。

② 陈礼江:《大学教育系任务的商榷》,《教育杂志》第25卷第4号,1935年4月。

第三章　与争议同行：教育学科在国立大学中的制度变迁

术人才和师范学校教育科目的师资的责任"。他主张大学各院系的宗旨应该"单纯"，坚决反对"一箭双雕"。①

与赵廷为持类似观点的还有国立北平师范大学的许椿生。他依据中央大学教育学院教育学系、之江文理学院教育学系、厦门大学教育学院（四系）、湖南大学文学院教育学系、河南大学文学院教育学系、河北女师学院教育学系、北京大学文学院教育学系、北平师范大学教育学院教育学系、辅仁大学教育学院教育学系、燕京大学文学院教育学系等10所院校教育学系的课程纲要展开相关研究。经过调查，许椿生总结提出了"大学教育学系的目的"：

> 教育学系既是大学的一系，其目标必须依据大学的目标而定。大学究竟在教育上负什么任务，迄今国人尚无一定的意见。有人主张大学应该以养成国家的实用人才为标准，有人则主张大学应该养成研究高深学问的人，折衷者则主张两者并重。就外国大学看来，德、法、意诸国大学为研究纯粹学术的学府，俄国高等教育机关则为陶铸专业人才的所在，英、美、日本的大学则兼为学术研究和专业训练的场所。我国大学组织法第一条规定大学任务为"研究高深学术，养成专门人才"，与欧美、日本近似。然而仅这空洞的两句话，无明白的解释，又无制定的课程标准以表现其精神，结果常为一般好自用者所曲解。
>
> 教育学系依据《大学组织法》的规定，其目标自不外乎"研究高深学术，养成专门人才"。统计中央大学等十校教育学系目标，得以下五项：
>
> （一）培养学生研究各种理论教育问题之兴趣及能力；
>
> （二）培养学生解决各种实际教育问题之兴趣及能力；

---

① 赵轶尘：《大学教育系和师范大学是一样的吗?》，《文化与教育》第37期，1934年11月，第11页。

223

(三) 使学生获得在学校或教育行政机关担任行政职务之智识与技能;

(四) 造就中等学校师资;

(五) 造就师范学校教育科师资。①

许椿生进而主张师范大学教育学系与普通大学教育学系的培养目标应有分别。他认为中等学校师资的训练应由师范大学承担，教育科教师的训练应由师范大学的教育学系承担，教育行政人员的训练应由专设的训练机关来担负，普通大学教育学系的培养目标是教育研究及实验。理想分工是这样，但在"政治未上轨道，举国经济恐慌"的时节，仍旧由大学教育学系分别担任师资、行政人员、研究人才的训练。但并不是兼顾三项目标，而是取三项目标之一，"以求专精"。②

厦门大学教育学院教育行政系主任姜琦主张大学教育院系研究与师资并不能分而论之，两者应并重。1932年，姜琦从欧美、日本的教育研究方法，说到中国的教育研究方法的状况与趋势，提到，"就目前的情形而论，社会上一切公私立教育学术机关与团体以及各个教育学者，意见纷岐（歧），派别复杂，而无统一集中的研究态度与方法"，各大学的教育学院系及教育学者间，教育研究的风格也有不同。教育研究有其特殊性，不能局限于教育学本身的理论与方法，应对各级各类学校的学科与教材都有"精密周详的研究"，方能有所得。但是"现在各大学里面的教育学院或教育学系，是太偏重于教育学本身的理论与方法之研究"，对于种种教材之研究都付之阙如。这样一来，大学教育学院或教育学系培养的人才，"充其量不过使充当教育行政下或学校行政上的公务员及高中师范科教育学教员而已"。由此他建议，"一般大学里面的教育学院或教育学系，都必须于教育学本身的

---

① 许椿生：《大学教育学系之课程》，《师大月刊》第20期，1935年7月，第50页。
② 许椿生：《大学教育学系之课程》，《师大月刊》第20期，1935年7月，第67页。

第三章　与争议同行：教育学科在国立大学中的制度变迁

理论与方法外，还要研究各科的教材"。①

国联教育考察团报告书《中国教育之改进》中关于中等学校师资的主张也很有代表性。他们主张大学教育院系应着重中等师资之质的改造：中学教师所需要者，与其谓为教学法上之训练，毋宁谓为科学之训练，即中学教师必须为一科学家、历史家或语言学家，对于其本行有彻底之了解。②

之江大学的张文昌经过调查提出建议："照现在之需要，教育学院系，实负高等师范之责。（因现高师只北平一校）故以造就师资为第一任务，教育行政人员为第二任务，专门学者为第三任务。所以今后之全国教育学院系应各量能力，各应需要，先后分别设立系组。"③

河南大学教育学系助教、《教育平话》主编黄增祥也主张多元的培养目标，他认为将师资培养与学术研究完全分离在现实中很难成功，大学教育学系方针的确应重新厘定。在具体操作方法上，他提议"大学教育学系，可采分组办法，前二年暂不分组亦可，后二年则贵乎专精化，每生仅能认定一组，作较长时间之训练工作"。分组进行师资之训练、学校行政人才之训练、地方教育行政人才之训练、视导员之训练、教育学术研究者之训练。对于学术研究，他认为大学教育学系"应侧重实际教育问题"，应由大学教育学系而非邹平乡村建设研究院、定县平民教育促进会、上海职业教育社等倡导乡村建设、农村教育或生产教育等运动。④

中国教育学会杭州分会、广州分会亦就大学教育学系的培养目标发表建议。中国教育学会杭州分会建议大学教育学系的培养目标分两

---

① 姜琦：《从欧美日本的教育研究方法说到中国的教育研究方法的状况与趋势》，《中华教育界》第19卷第12期，1932年6月，第36—37页。
② 国联教育考察团：《中国教育之改进》，第19、126—129页。
③ 张文昌：《国内二十六处教育学院系状况与课程调查》，《之江学报》第1卷第2期，1933年4月，第178页。
④ 黄寿山：《大学教育学系方针问题》，《教育平话》第1卷第5期，1935年3月，第9—10页。

类，一为训练师资，二为训练教育事业与研究教育学术，后者较前者更为重要。关于训练师资，教育学系可以接收其他系学生选教育学系为副系，补助其他系训练中学师资；可以接收在职中小学教师进修；鼓励教育学系学生中途休学一二年从事实际教育事业教育实践后返校续学，以多种方式打通与教育实践领域的联系。关于训练教育事业与研究教育学术，具体有以下几项：教育学系的学生以不选副系为原则；多选实验场所（非仅学校）使教师与学生均从事于创造工作，一如农工医学院等办法；以研究教育学术为志业的学生对于人生哲学、宇宙观、世界观及现实环境、社会经济的背景等，应有充分认识。① 由中山大学教育学系教授黄敬思起草的中国教育学会广州分会则认为，中国大学内设置的教育学院，就大学的教育目的而言，课程应兼顾研究高深学术及养成专门人才两种；但就中国当时需要及学生的能力而言，则多数人应从事于专门人才之训练，仅少数人应从事于高深学术之研究。简言之，广州分会建议大学教育院系应培养两类专门人才：一是师范学校师资、社会教育、教育行政人员以及教育研究者；二是中等学校师资。② 两分会对于大学教育院系教育目标的拟议，都是多元的。

1936年，中山大学教育研究所研究生梁瓯第在调查的基础上，认为在师范大学数量极少的情况下，大学教育院系的培养目标必须重视师资训练，"大学之目标既以研究高深学术，养成专门人才为宗旨，则教育院系之另一目标乃为专业人才（即研究者）之培植。至教育事业人员与教育行政人员之养成，亦宜与教育科师资人员专业人才之训练相并而行"。至于数理化、文史等学科中等学校师资的培养问题，不能由教育学院系单独负责，应由大学各专科院系与教育学院系分工合作，由教育学院系"辅导"其他各院系师资人才培养。

---

① 梁瓯第：《大学课程改造中之教育目标问题》，《教育研究》第68期，1936年5月。
② 中国教育学会广州分会：《教育院系课程问题的意见》，《中国教育学会会友通讯》第7期，1936年1月。

第三章 与争议同行：教育学科在国立大学中的制度变迁

简言之，梁瓯第认为大学教育院系的培养目标，第一为教育专业人才之培植；第二为教育科师资之训练，内包教育事业人员、教育行政人员之训练；第三为辅助大学其他各院培养中等学校师资。① 此种建议，似可总括上述各种意见，熔为一炉，与师范大学中教育学院系的地位颇为接近。

在教育学界对于大学教育学院系教育目标的看法中，"多元"的意见占优势。总体上看，国内大学教育院系的教育目标不外乎下列几种。大学的教育目标：教育学术的研究。教育院系本身的教育目标：①师范学校教育科师资；②教育行政人员、教育事业人员；③社会教育人员；④民众教育人员；⑤中等学校师资。

虽然对大学教育学系的培养目标的见解中"多元"的意见占优势，但在20世纪30年代，没有哪一所大学的教育学院、教育学系敢说已经实现了"多元"的培养目标。

教育学界内外皆承认，大学教育学院系侧重学理的训练。中美大学教育院系的教育目标相比较，在美国大学教育院系培养目标中占多数的是培养高中教师、初中教师、小学校长、中学校长、城市教育局长五项，这与中国大学教育院系培养中等教育师资、教育事业从业人员、教育行政人员相类似；两者的差异在于美国大学教育学院侧重中等学校师资的培养，中国大学教育院系侧重教育学术之研究。② 中国教育学家对此亦不讳言，他们观察到"自从高等师范学校制度取消，改设大学教育学系或教育学院以后，于是训练的目标也由师资训练一变而为侧重学理上的训练了"。③ 廖世承也说，"过去各大学附设之教育学院，太注重了专业训练而忽略了专科训练，结果毕业生除教育和心理学科外，

---

① 梁瓯第：《大学课程改造中之教育目标问题》，《教育研究》第68期，1936年5月，第70—71页。
② 梁瓯第：《大学课程改造中之教育目标问题》，《教育研究》第68期，1936年5月，第70页。
③ 荆祥鼎：《大学教育学系亟应改变训练方针》，《中央日报副刊》第283号，1935年7月15日。

无一擅长学科可教，受到社会不少指摘"。① 陈立夫则直言大学教育院系制度，"不适于中学师资之训练"。② 这一点非常值得我们深思。教育学科在中国的制度起点在高等师范学校。高等师范学校中的教育专科不需要承担中学普通师资培养的任务，可以专事教育学理研究。"改大"之后，教育系科接续了学理研究的"传统"，在缺乏大学其他院系配合的情况下，骤然以一科一系承担过去高师的任务，是不可能的。

1938年《师范学院规程》颁布之前，因中等教育师资培养方式的论争，大学教育院系培养目标也未有共识。即便教育学界中的多数学者认同大学教育院系多元的培养目标，但落实层面仍有差别。各大学教育院系各依所据，编排课程。《师范学院规程》的颁布，明确规定师范学院以"养成中等学校之健全师资为目的"，但这只是一笼统条文，对于所设各系之特殊目标，并无规定。师范学院教育学系随之以养成中等学校及师范学校教育科师资为目的，进而在培养目标上摆脱了培养中等学校其他科师资的禁锢，但同时也限制了原有培养教育学术研究人才的目标。对此几大师范学院皆发表了意见。

1939年，西北联大师范学院针对教育部定教育学系课程发表意见，认为"中国社会所需求于师范学院教育系者，不仅师范学校之教育学科教员，而各级学校及教育行政机关之行政人员为尤急，独立研究教育问题之人才，亦为必要"，而教育部所定教育系之目标"未免太狭"。他们主张教育学系培养目标应为：①训练中等学校师资；②培植教育行政人员；③养成教育学术人才。③ 中山大学教育学系教授林本认为西北联大的建议"设想周到，条目分明，就教育一系而

---

① 廖世承：《师范学院的使命》，《教与学》（师范教育运动专号）第6卷第5、6期合刊，1941年12月，第11页。
② 陈立夫：《对于高级师范教育之希望》，《教育通讯》（汉口）第34期，1938年11月，第2页。
③ 西北联大师范学院教育系同人：《对于教育部拟定师范学院教育系课程之意见》，《西北联大校刊》第14期，1939年4月，第36页。

第三章 与争议同行：教育学科在国立大学中的制度变迁

言，实属十分妥善"。① 国立湖南师范学院所定教育系宗旨亦如是。

在中山大学教育学系受教多年，曾任中山大学教育研究所助教的方惇颐，既不甚认同《师范学院规程》的培养目标对教育学系的规定，也不认可西北联大师范学院的意见。他直言："教育系的目标与课程，问题复杂。""我国大学教育系，向乏明确的目标，师范学院的创设，虽然把它的目标确定了，但又嫌未能赅括。"他认为，对于师范学院教育学系来说，可以以"训练中等学校师资""培植教育行政人员"为目标，但没有必要将"养成教育学术人才"单列为一培养目标。"因为所谓的教育学术人才，不该和师资及行政人员完全分开。从事行政和从事教学的人，何尝不需研究？否则教育事业哪里会有进步？同时，从事学术研究的人要从教育事实上找问题，又何尝可以离开教学？"如果研究人才必须特别培植，应由未设立师范学院的大学教育学系负责；师范学院的教育系，应以养成中等学校师资和教育行政人员等实用人才为主，而以研究教育学术为辅。他提议"师范学院教育系应与文学院教育系分工合作，后者以养成教育学术人才为主，而以训练教育行政人员及师范学校师资为辅。前者则除养成中等学校尤其是师范学校师资外，尚应培养教育行政人员"。②

1940 年，在第二届全国高级师范教育会议上，承北师大及西北联大师范学院而来的西北师院，其院长李蒸提交"确定师范学院之目的，除养成中等学校之健全师资外，并有研究高深教育学术之使命，以提高其在学术界与大学有同等之地位"一案，提议将《师范学院规程》第一条修正为"遵照中华民国教育宗旨及其实施方针，养成中等学校师资并研究教育学术为目的"。此案再次强调师范学院及教育学系"研究教育学术"的目的。关于是否加入"研究教育学术"的目的，1937 年

---

① 林本：《师范学院教育系课程之商榷》，《教育研究》第 87、88 号合刊，1938 年 12 月，第 2 页。
② 方惇颐：《师范学院教育系目标与课程之商榷》，《教与学》第 4 卷第 5 期，1939 年 7 月，第 13 页。

起草"师范学院规程"时,教育部战时问题讨论会就有热烈的讨论。最终,与会者认为,"教育为实际应用之学科,自古今中外之教育史实言之,健全之教师不必即为教育学者,而教育学者则莫不出身于健全之教师。故健全师资之养成,除可为良好教师外,同时亦为达到造就教育学者之途径",① 所以没有将"研究教育学术"加入第一条。在第二届高级师范教育大会讨论中,有人质疑这样将养成师资与研究教育学术并列,难免仍有一半造就教书匠,一半研究教育学术之嫌,所以虽有讨论,但直至1948年12月教育部修正公布的《师范学院规程》,第一条并未修正,仍以养成中等学校之健全师资为目的,教育学系仍以培养师范学校教育学科教师为宗旨。事实上,如前文所议,师范学院以教育学系人数最多,而现实中师范学校教育学科教师需求有限,教育学系的培养目标和课程设置与现实需求仍是断裂的,相关的讨论实际又回到20世纪30年代的老问题。

  1944年5月,中国教育学会在汇报会务进展时提到,教育部将"教育学系之目标及课程"问题委托中国教育学会进行研究,经教育学会会员详细交换意见后,交由理事常道直起草研究。"结果提交本会理事会及重庆分会第五次常会研究讨论,经通过后,已送呈教育部提供参考。"② 综合之前的讨论,以及常道直在《师范学院教育学系课程问题》一文中的意见,其内容大致不外就现实而论,教育学系学生的出路与师范学院其他系学生相比,仅有"师范学校教育学科教师之一途,在服务机会方面显然相形见绌"。为教育学系学生出路计,在培养目标上应加入中等学校师资培养,在课程上,应继承各校设置辅系的经验。③

  由此可见,不论是在大学中,还是师范学院中,对于教育学系的培

---

① 陈东原:《第二届高级师范教育会议概述》,《教与学》第5卷第4期,1940年6月,第28—29页。
② 《中国教育学会会章、会务概况与历届理监事名录》(1944年5月),中国第二历史档案馆编《中华民国史档案资料汇编》第五辑第二编《教育》(2),第836页。
③ 常道直:《师范学院教育学系课程问题》,《教育通讯》(汉口)第4卷第19期,1941年5月。

养目标,直到20世纪40年代,教育学术界同人仍是"见仁见智,各有不同的解释"。① 学理上说到多元、周全自是容易,但在落实时,实际上很难兼顾。各校教育学系培养目标即便明面上教育学术、教育学科师资、教育行政人员三者兼顾,实际仍各有侧重。分组、设置辅系等一直都是各校教育学系在人才培养中探索的方法。但直至1949年,仍是各校各行其是。教育学系的培养目标在学与术间摇摆,对课程内容等也造成了巨大的影响。重师资培养还是教育学术,重理论还是应用,都各有专家为之摇旗呐喊。

3. 1938年后,"师范学院"还是"教育学院"?

除了20世纪30年代教育学系培养目标层面"学"与"术"的众说纷纭,《师范学院规程》颁布以后,关于是否以"师范学院"代"教育学院"也有一番争议。1938年7月,教育部《国立中央大学等校设立师范学院办法》第三条规定:"各大学原有之教育院系分别改为或改属师范学院,教育学院原有科系不合师范学院之规定者,得分别改归其他相关学院,或在师范学院附设,停招新生,办至学生毕业为止。"师范学院的目的、课程、待遇都和1922年前的国立高师相同或相似。1922年后以教育学院推翻高师,1938年则以师范学院代替教育学院。教育学界赞誉之声不断,对教育部的教育学院改制的计划"表示十二分的欢迎和希望","教育学院的流弊,现在是谁都觉得。但是非有伟大的魄力决没有恢复旧高师的训练师资办法的勇气。这不能不使我们对于教育当局表示钦佩"。② 姜琦也对陈立夫此举大加赞赏,称1938年为中国师范教育史上的一个"复活时期"。③ 同时而至的,是关于学院名称的讨论,"师范学院"还是"教育学院",这可能是大学教育学科重

---

① 常道直:《师范学院教育学系课程问题》,《教育通讯》(汉口)第4卷第19期,1941年5月,第1页。
② 高觉敷:《大学教育学院改制问题》,《教育杂志》第28卷第10号,1938年10月,第22页。
③ 姜琦:《中国师范教育制度之过去、现在与将来》(续完),《教育通讯》(汉口)第28期,1938年10月,第14页。

师资还是重学术的另一种表达。

师范学院成立后,许多大学的教育学院随即接到通知,停招一年级新生。① 教育部长陈立夫深恐师范学院成为旧日高师制度的复演,盼将"经验的教育"改造为"科学的、专业的教育",以改造国民性、复兴民族国家,并以此征求学界意见。

面对新生的"师范学院",姜琦认为其名称不甚妥当。他指出:"所谓'院'是一个机关,向来所谓'文学院','理学院','工学院'等等,是含有研究'文学','理学','工学'之机关的意思。所谓'教育学院'也是这样的。至于所谓'师范'与'教育'两语究竟有区别,前者是指'师资其人'而言,后者是指'教育学术'而言的。因此所谓'师资学'是没有的,所谓'教育学'是成立的。"②

1939年,中国教育学会分会、香港中国教育协会会员曾昭森、何荫棠、朱有光、廖奉恩、洪高煌、何艾龄、庄泽宣、黄觉民、钟鲁斋、雷通群等十位学者也对师范学院制度进行了讨论。这些学者都在师范学院或大学教育学院系及研究所任教多年,他们提议各大学教育院系仍应继续设立,应奖励并增设师范学院与大学教育院系,使各就所长、分工合作,或训练中学师资,或训练其他师资,或训练行政人员,或试验新教育制度,或研究教育上原理与实际问题,或与教育行政机关合作研究改进计划,或辅导地方教育行政工作,这样则不单各级教育与教育行政将有改观,且能兼顾教育学术研究。他们主张师范学院应设立并增加,大学教育院系亦应继续办理,并负一部分训练中等师资之责。训练师资之外,还应做教育研究实验,求中等教育的改进。而且大学教育院系更适宜承担教育研究实验工作;其他如教育本身之研究,与哲学、心理、社会科学等均有密切关系,在多科式的大学中设立教育院系进行研究亦

---

① 庄泽宣:《师范学院能否完全代替教育学院系》,《教育季刊》第15卷第2期,1939年6月。
② 姜琦:《中国师范教育制度之过去、现在与将来》(续完),《教育通讯》(汉口)第28期,1938年10月,第14页。

第三章　与争议同行：教育学科在国立大学中的制度变迁

较师范学院为便。研究所的设置，也以在大学教育院系之上更为合宜。① 教育学术团体的意见反映在中国教育学术团体联合会第二届联合年会上，关于高级师范提出"总纲"七条，其中有"各大学教育院系应与师范学院并存"。②

除此之外，反对师范学院的声音也一直存在。20 世纪 20 年代赞成高师改为综合大学的陈序经，仍对师范学院存有疑虑。这些疑虑在《师范学院的存废问题》一文中有充分体现。他认为"师范学院"制度，在处于抗战时期的中国，"在理论上，固未见得很健全，在事实上，又有很多的困难"。他仍然坚持"高等师范之改为大学，一方面可以说是中国高等教育上的一种权宜的政策，一方面可以说是中国高等教育上一种进步的表征"，"大学的目的与师范的目的固有其不同之处，可是大致上，大学可以代替师范的任务"，大学设置教育学院系在某种意义上，可以说是高等师范的缩影。只要大学的教育学系能发挥高等师范的作用，与大学其他各系合理联络，大学就可以代替师范学院的任务。就现实而言，师范学院附设于大学，其内部组织方面与大学的文理学院重复，在经费、师资等各方面引发很多困难。"与其在大学里加设一个师范学院，不如在大学的各系加设所谓为着教人而研究的学科，使一般有志从事中等教育的学生，得以选读。这种方法一方面固可以实现师范学院的任务，一方面也可以节省了不少的财力与人力。"他认为在抗战期间，大学维持原状已属不易，再要增设师范学院，不但师范学院本身难于发展，直接间接地还会影响到其他学院的发展。③ 陈序经其实并未提出新观点，但他的担忧并非杞人忧天。

---

① 庄泽宣：《师范学院能否完全代替教育学院系》，《教育季刊》第 15 卷第 2 期，1939 年 6 月。
② 《中国教育学会会章、会务概况与历届理监事名录》（1944 年 5 月），中国第二历史档案馆编《中华民国史档案资料汇编》第五辑第二编《教育》(2)，第 833 页。
③ 陈序经：《师范学院的存废问题》，《当代评论》第 2 卷第 2 期，1942 年 1 月，第 21—23 页。

梁瓯第经过调查，也认为师范学院制度在实施过程中并不尽如人意。关于如何解决中等教育师资问题，他的设想基本是七七事变前各大学教育学院系的经验，大学的师范学院仍恢复教育学院的形态，师范学院除教育学系外的其他各系归并大学各院系，分年结束。这样，大学教育学院一方面能研究教育学术，改进教育技能，另一方面可以辅导大学其他院系做教育专业的训练。另外，他认为不应由国家垄断师范教育，私立学校在遵守国家政策、服从政府领导的前提下，也可提供师资训练。为解决"师荒"，他建议有教育系的各大学，可以容许其他院系以教育系为选科辅系，修习够一定的教育学分后，可以得到正式教师的资格；没有教育系的大学，至少添设教育原理、教育心理、教学法、教育行政等课程。除此之外，他认为"师范学院"的名称，以及师范学院单纯为培养中等学校师资的目的，会给人一种错误的印象，以为学师范的只学些普通教材，不注重研究，"所以学者类型的教授宁可在文理学院任教，不愿来师范学院教书，有些素有研究精神的学生也对师范学院望而止步"。他特别提出，二战期间由美国与苏联开创的教育的研究与实验，"无论是心理学、教学法与统计测量范围，一种学术与自由的精神都在蓬勃生长"，而中国20世纪20年代形形色色的新教育运动，随着国内外时局的变化而风消云散，近年来高级师范教育"有使教育平凡化的倾向"，与美国与苏联相比，"这实在一可忧的现象"。教育学内含的研究精神与学术性质，应由大学的教育学系与教育研究机关来担负。同时，大学教育院系还应负责培养教育行政人才。教育行政上的督学、科长，学校行政上的教务、训导与事务人才，也是大学教育院系师资训练的对象。①

1942年3月30日，教育部前部长朱家骅致信教育部长陈立夫，商讨师范学院制度。对于中学师资的培养，朱、陈有明显的分歧。朱家骅

---

① 梁瓯第：《师范学院制度的存废问题》，《民主世界》第2卷第10、11期合刊，1945年6月，第16—17页。

第三章　与争议同行：教育学科在国立大学中的制度变迁

直言"现行师范学院制度计有两种，一即独立师范学院，一即附设于大学中之师范学院。而后者更系目前所积极推行之制，窃谓此制有重新考虑之必要"。其文如下：

> 就体制论，大学内附设师范学院，自设科系，多至十余单位，除教育、公民训育、童子军、家事等外，所有国文、英文、史地、数学、理化、博物等，凡文理学院所有者，均重复设置，别立体系，主任、教授、事务组织等等，亦无不独成格局，是师范学院无异为大学内之一大学，或大学内之又文理教联合学院也，事事重复，人员经费，俱不经济，此其一。次就效率论，说者每谓师范学院制度，可收专业训练之效，此点固甚重要，但不可因噎废食。中学师资，重在实学，与小学师资之重在教学者，轻重颇有不同。故中学师资之培养，实不必独重于专业训练，反使基本学科之训练不能切实。现行师范学院，附设于大学，自立重复之科系，复以增设甚速，图书仪器设备不足，结果基本学科之训练，实际上仅教育系尚为教授与学生所重视。其他专业各系，仍鲜有实际之成效者。欲注重专业训练，未有实效，而基本学科，反多落后，以此培养中学师资，亦恐不甚相宜。此其二。复就学生数量言，目前青年愿入师范学院肄业者，并不甚多。去年国立四大学联合招生，各师范学院录取者，中大仅27名，浙大仅7名，联大仅4名，分配各系，并有若干系无一学生者。此虽由于目前青年择业之一般倾向，要亦可见增设师范学院有助于解决中学师资之困难，亦并不甚多也。此其三。故拙见以为解决中学师资困难问题，单就制度而言，现行师范学院制度之推行，亟宜重新考虑。①

---

① 朱家骅：《致陈部长立夫函商讨师范学院制度（民国三十一年三月三十日）》，王聿均、孙斌编《朱家骅先生言论集》，第165页。

他对师范学院制度细致地提出了六条建议，大致精神仍是回到全面抗战爆发前的制度。他建议现行师范学院的科目，除了教育学系专设外，其余各系皆归并于文、理学院中。另外，他认为师范学院应附设研究所，研究教育上之原理、原则与各项方法，以助成国家教育政策之圆满实现。① 实际上也是回到教育学院设教育研究所的老路。

朱家骅对中等教育师资培养的主张，随着1944年冬他重新执掌教育部而在制度上有所体现。1945年9月24日，朱家骅在全国教育善后复员会议期间的纪念周上致辞，特别提出"关于中等学校师资，各学校也是感到严重"，"过去中等学校师资，一定是从师范学院出来的，因为大学的目的，不是造就师范生。但是因为事实需要，今年已经有一个改订师范学院办法，大学有文、理学院的，可以设教育系，设管训部，大学里有师范学院的，可以保持，大学里面各院系一定要沟通，独立师范学院则仍继续存在，并求其发展"。② 接下来1945年7月颁布的《改进师范学院办法》十二项（1946年12月修正），③ 实际上是恢复七七事变前的大学教育学院、系制度；独立的师范学院虽仍许"继续办理"，但被看作过渡性的中等教育师资训练机构。对这一改变，1947年，教育界专家纷纷著文反对。国立师范学院院长廖世承感慨"高等师范教育新基方奠，低潮随来，令人有不堪回首之感。深愿后来之秉国者，念教育为百年之大计，立国之根本，其重要政策，非万不得已，不轻易更张。尤望政府念人才之难得，习俗之易衰，奖崇实之士，抑竞进之风，远溯以往各级教育之得失，近察当代诸国战后之措施，择善固执，期于必成"。④ 教育学界大多倾向单独设立师范学院，同时也主张

---

① 朱家骅：《致陈部长立夫函商讨师范学院制度（民国三十一年三月三十日）》，王聿均、孙斌编《朱家骅先生言论集》，第168—170页。
② 朱家骅：《全国教育善后复员会议期间纪念周讲词（民国三十四年九月二十四日）》，王聿均、孙斌编《朱家骅先生言论集》，第181—182页。
③ 教育部参事室编《教育法令》，第187—188页。
④ 廖世承：《抗战十年来中国的师范教育》，《中华教育界》（抗战十年来中国教育总检讨专号）复刊第1卷第1期，1947年1月，第33页。

第三章 与争议同行：教育学科在国立大学中的制度变迁

在大学设教育学系。

1938—1945年，师资培养模式一变而再变。陈立夫执掌教育部期间，教育部"指定"中等教育师资均出自公立大学附设师范学院、独立师范学院，及朱家骅重长教育部，师资培养则改回全面抗战爆发前的旧制。两位教育部长在公在私都对此问题有明显分歧，学界亦各执己见，每逢制度变更，都免不了就学理及实际各方面各陈利弊。论争集中于教育学科作为师资培养必不可少的一环，应安置于独立或相对独立的师范学院系统，还是在大学中设为一院或一系。

大学中的教育学科，自创建起，其学术水平、制度形式便一直处于各种各样的争议、论争中。有意思的是，学术层面的争议并不妨碍其制度层面上的迅速扩张。20世纪40年代，虽然学界间或仍有对教育学科学术性、独立性的讥讽，但未再现20世纪30年代取消大学教育学科的呼号。在制度上，教育学科在公私立大学、独立学院得占据一席之地，几乎校校皆设教育学系。

第四章

教育学科人才培养的制度化：大学教育学系的课程设置变迁

民国时期大学教育学系的课程，随着不同时期大学课程制度的变迁而有不同的阶段特点。清末和民初的高等教育在课程设置上的主要特点是延续日本高等教育课程设置的模式，实行分科制和学长制，对课程的规定非常严格。大学本科的课程，因门而不同，非常繁杂。并实行年级制，"班有定课，课有定程"，详细规定各级各类学校各部各门的修业年限、修习的课程，以及各学年、学期应修习的课程及时数，学生对课程没有选择自由度。这种统一的课程制度虽"稍涉硬性，不能随时代之演进而改进。但各校授课，有所遵循，不致巧立名目，漫无系统。稽核既易，程度较齐，欲求改进，亦有所本"。1922年学制为发挥平民教育精神，适应社会进化需要，谋个性之发展，而多留地方伸缩余地，主张"大学校用选科制"，于是高等师范学校统一课程制度亦随之消亡，代之以选科制。自1921年起各校陆续实行选科制，至20世纪30年代，滋生了一系列流弊。"各科系之课程，既由各校自订，遂难免各校之因人设课，巧立名目，以主持者观念之不同，遂致设课目标之各异。"各大学教育学系课程也不例外，亦有"纷歧繁复""支离破碎"之嫌。①

---

① 《中国大学课程编订之沿革与意见》（上），《申报》1939年7月21日，第7版。

第四章　教育学科人才培养的制度化：大学教育学系的课程设置变迁

南京国民政府成立之后，1928年第一次全国教育会议即宣言"大学教育应该确定标准"。1929年，《大学规程》规定一年级应设的基本科目，并宣布"各学院或各科之课目分配及课程标准另定之"。1930年，教育部公布大学课程及设备标准起草委员会章程，意在整理大学课程。① 但大学各学院及专科学校系科繁复，整理不易。数年之间，除了1935年颁布的"医学院暂行科目表"外，其他各院系科目表并未颁布。各大学教育学系遵教育部制定的规范调整了课程，但各校之间仍未达统一。

1938年春，陈立夫任教育部长，再度整理大学课程，1938年7月颁布《师范学院规程》，其中附有师范学院共同必修科目表，9月招考的师范学院新生即遵照施行。1938年10月，第一届高级师范教育会议召开，讨论师范学院各系课程。在广泛征求各师范学院建议基础上，1939年11月，教育部颁布"师范学院教育学系必修科目表"、"师范学院分系必修及选修科目表施行要点"及"师范学院教育学系选修科目"，要求各师范学院遵行。② 至此，教育学系的课程达到了相对的统一，之后的修订皆是在此基础上进行调整。

教育部整理大学课程主要工作，一为厘定科目表，一为编辑大学用书。大学用书编辑委员会成立于1939年，初附设于教育部，1942年改隶国立编译馆。1940年，该会在北碚召开第一次会议，决定先编各学院共同必修科目用书，次及各系必修科目用书，再次及于各学系选修科目用书。③ 随着"大学丛书"的陆续编纂，教育学系教材亦得到部分统一。

---

① 《中国大学课程编订之沿革与意见》（上），《申报》1939年7月21日，第7版。
② 《师范学院分系必修及选修科目表施行要点》，《申报》1939年11月24日，第10版。
③ 教育部教育年鉴编纂委员会编《第二次中国教育年鉴》，第五编第505页。

一 选科制下的大学教育学系的课程设置问题——以几次调查为例

如前文所议,北高师的教育专攻科以及后来南高师、武昌高师等校设置的教育专修科,基本是年级制的模式。1919年北大率先宣布实行选科制。东南大学紧随其后也通过了改良课程的提案。之后各高师"相继变更课程,教育部规定之科目已失效力"。[①] 1922年,教育部在《学校系统改革案》中规定"大学校用选科制"。[②] 1924年2月,教育部重新制定并颁布了《国立大学校条例》,第十七条规定"国立大学校各科、各学系及大学院各设教授会规划课程及其进行事宜,各以本科本学系及大学院之正教授、教授组织之。各科系规划课程时讲师并应列席"。[③] 也就是说,课程由各校科系教授自行决定。于是,"大学各系所设之科目并无规定标准,何系应设何科目,何科目应为必修或选修,各科目应在何年级教学,率本系主任之主张,以定其存否与位置"。[④] 在这种情况下,大学教育学系的课程各自为政,风格不一。

20世纪30年代,岭南大学的朱有光、之江大学的张文昌、北师大的许椿生以及中山大学的梁瓯第,基于不同的出发点对全国公私立大学教育学系的课程进行过调查。我们可以通过他们的调查过程及结果,窥得各大学教育学系课程之一斑。

(一)朱有光的《国内九处大学教育学系或学院课程之比较》(1931)

1931年4月,岭南大学教育学系朱有光[⑤]调查了国立北平师范大学

---

① 舒新城:《中国近代师范教育小史》,《中华教育界》第15卷第11期,1926年5月,第9页。
② 《学校系统改革案》,《政府公报》第2393号,1922年11月,第5页。
③ 《教育部令第二十三号》,《政府公报》第2848号,1924年2月,第808页。
④ 李建勋:《教育学院之概况及其计划》,《师大月刊》创刊号,1932年11月,第3页。
⑤ 朱有光(1902—?),私立岭南大学毕业,美国哥伦比亚大学师范学院教育硕士及哲学博士,历任岭南大学附小教员、附中教员,岭南大学教授。

第四章 教育学科人才培养的制度化：大学教育学系的课程设置变迁

教育学系、中央大学教育学院、浙江大学教育学系、中山大学教育学系、私立燕京大学教育学系、金陵大学教育学系、金陵女子文理学院、沪江大学教育学院、岭南大学教育学系等9校教育学院系的教员与学生人数、课程以及教学观察与实习办法。他将"课程之组织"分三个问题呈现：其一，普通文化之教育应占位置（必修普通科目）；其二，专业之训练之分量、内容及分化（必修之教育学及心理学科目）；其三，学生自由选科分量（选修科目学分占比）。①

据朱有光的统计结果，普通文化教育科目可代表各校认为教育学系学生所应接受的高等普通教育。各校占比非常不一致，占比最少者8%，最多者47%。占比高者，皆为私立大学，占比低者，俱为国立大学。他认为原因在于所调查的私立大学受美国教育的影响较国立大学大，而美国大学教育重文化教育的陶冶，专业训练多在研究院或大学三四年级才开始。国立大学为培养社会所需要的专门人才起见，以专业训练为主体，所以普通必修科目学分不得不减少。各校普通文化教育内容最常定的学科有英文、国文、党义，其次为生物学及文化概论，再次为哲学及历史。此外各校规定甚少相同。

关于专业训练的分量、内容等，各校规定的专业训练以必修的教育学及心理学科目为主。国立大学的专业训练大多占50%以上，私立大学则在30%左右。就必修科目而言，最常见的必修科有教育心理学、教育概论、教育统计及测验、教育史，其次有教育哲学、普通教学法、教育观察与实习、普通心理学，再其次有学校行政、教育行政、中等教育。此外则各不相同。国立中央大学教育学院课程分化程度最高，设教育行政、教育心理学、教育社会学三个主科。三主科除了第一年设共同必修科目外，其余三年，均不相同。国立北平师范大学教育学系分化程度不高。浙江大学教育学系课程不重分化而重共同基础训练，教育选修

---

① 朱有光：《国内九处大学教育学系或学院课程之比较》，司徒义编辑《南大教育论文集》，广州私立岭南大学教育学会，1931，第3页。

科目不多。国立中山大学、私立燕京大学、沪江大学及岭南大学等校教育学系的主科学分，则 2/3 用于指定共同必修教育科目，1/3 用于本系选修教育科目。中山大学自 1932 年起将学生分为行政、教学及研究三组，课程随着分组不同而稍有差异。燕京大学则在本科阶段不重分化，分化主要在研究院阶段进行。岭南大学在共同必修教育科目基础上，分中等教育、教育行政、教育心理学及初等教育四主科，以中等教育为主。至于选修科目的占比，因各校选修科目太多，差异较大，就学分占比而言，最低者为 8%，最高者为 38%。另外，9 校中有 7 校规定学生必须选一科为辅系。①

教学观察与实习是教育学系课程中最重要的科目之一，据朱有光调查，各校办法各异，没有任何两校相同。

（二）张文昌的《国内二十六处教育学院系状况与课程调查》（1932）

1932 年 10 月，之江大学张文昌据教育部公布的《二十年度全国大学调查》，发出 40 份调查表，并索取各教育院系的现有课程一览。至 1933 年 1 月底共收到调查表 23 份，课程一览 10 份。统计得出，全国共 26 家教育学院系。他主要调查 23 家教育学院系的"名称与分组""毕业学分""学生数""教员数""教材""图书""仪器""当年经费""毕业生""推广事业"等。课程调查涉及 10 个教育学院系。主要调查"分年学程"，四个年级的必修、选修科目；"分科学程"，涉及教育原理科目、社会教育科目、教育史实科目、教育方法科目、教育行政科目、教育心理科目、教育测验科目及其他科目；"其他规定之学程"，主要涉及以教育为主系者的辅系设置，以及以教育为辅系者的科目设置。② 张文昌

---

① 朱有光：《国内九处大学教育学系或学院课程之比较》，司徒义编辑《南大教育论文集》，第 3 页。
② 张文昌：《国内二十六处教育学院系状况与课程调查》，《之江学报》第 1 卷第 2 期，1933 年 4 月。

第四章 教育学科人才培养的制度化：大学教育学系的课程设置变迁

调查的数据，许多皆可与当时教育学界内外对教育学系培养目标及课程的观感相呼应。

张文昌认为"教育学院系，实负高等师范之责，故以造就师资为第一任务，教育行政人员为第二任务，专门学者为第三任务"。据此他在调查之后提出9条"批评与建议"。如教育学院系地点分配不均。据张文昌统计，40校教育院系，南京3校，北平8校，广州3校，杭州2校，武昌4校，上海5校，太原2校①，青岛、安庆、长沙、昆明、开封、兰州、无锡、厦门、天津、苏州、福州、济南、成都各1校。教育院系70%集中于沿海一带，北平与上海共有13校，占1/3。他认为"此种不均现象，大有改造之必要，而以教育院系为尤迫切"。关于教育学系的分组问题，他建议"今后之全国教育学院系应各量能力，各应需要，先后分别设立系组"。关于教育学系必修课学分问题，调查发现多数学校教育学院系的教育必修课学分占比不到总学分的一半，远不足以语"专门"。他认为"教育事业之不能专门化，一半固为社会所不明了与不重视之故，但一半亦为教育学者与教育学院自身不重视之故"。还有教育学院系的男女比例问题，教育部调查1930年度23所教育学院系的男生人数为1298人，女生为491人，女生占总数的27.4%。② 1932年度调查22院系男生人数1895人，女生774人，女生占总数的29%。张文昌认为，女生在数量上虽均有增加，但比例相差太大。他建议"教育事业对于女子极

---

① 实际上山西大学并未及成立教育学系。
② 此处张文昌原文表述为"教育部调查十九年度二十三教育学院系之本科生为一七四六人，内女生为四八八人，女生占男生百分之廿七强。此次廿一年度调查二十二院系男生人数一八九五人，女生七七四人，女生占男生之廿九强"。此处数据使用错误。据《全国高等教育统计（中华民国十七年八月至二十年七月）》（教育部高等教育司编印，1932）中图10"全国大学各院科学生性别比较"所示，1930年度，教育学院女生491人，男生1298人。张文昌文中所用本科生数据为"十九年度各大学本科生院别分析表"中教育学院的合计人数，并不包含专修科；女生数则为"十九年度各大学本科各学院及专修科女生表"中的数据［《全国高等教育统计（中华民国十七年八月至二十年七月）》，表31、表34］。这样的计算并不能说明女生与男生的真实占比。1932年度的调查女生占男生的比例应为40.8%，29%应是女生占学生总数的比例。文中为修正后的数据。

配,中学当局对于女生升学与职业指导时,大学当局于女生入学时应当格外注意"。关于师资问题,张文昌统计20校的数据,教育学院系的专任教员仅占50%,教授兼课现象严重。另外还有教材问题,据张文昌对教材的统计,教材用中文的为19.9%,外国文者44.2%,自编者45.2%。对于这一时期教育学界内外普遍关心的教育学院系毕业生的出路问题,教育部统计1928—1930年度23家教育学院系毕业生有565人,1932年度统计近三年17家教育学院系毕业生达1510人,担任教职员者占43%,担任行政人员者占9%,"现在各学校、各行政机关不尽量,甚至不欢迎大学教育学院系之毕业生的状况,可以想见"。此外,他还提出大学教育学院系的学术推广事业寥若晨星,如编印丛书的仅5校,举办学术研究会、教师暑期进修会者仅4校,开设公开讲座的仅2校,设教育学研究所者仅1校。课程及师资方面问题最大。张文昌评论:"我国教育之弊在'骛矜好奇'而不求深造,致造成肤浅的风气,主持者亦以迎合青年之心理故,五花八门,开得一张大菜单,使人目眩头晕,这是百货公司样的陈列橱,那里是'最高学府'!""查教育各课程中,原理、方法占大多数,但按毕业生出路与办教育院系目的,以师资训练为最要。专讲理论与方法,而不精熟每科之教材,徒使人生'江湖诀'之讥,必不能胜任而愉快。前述各校聘用教育院系毕业生的稀少,这或许是一个大原因。"建议今后之大学院系,必须严定各种副系,使学生习其学科之一种或二种,作将来实际之用,使理论与实际一致,方法与内容俱好。①

从张文昌的调查中可以看出国内各大学教育学系课程分歧,培养目标混乱,课程的内容也多抄自美国。这在张文昌关于教育系所用教材的统计中可以得到证明。庄泽宣也曾提到,各校用外国教本的比用本国文教本的要多得多。②

---

① 张文昌:《国内二十六处教育学院系状况与课程调查》,《之江学报》第1卷第2期,1933年4月,第177—182页。
② 庄泽宣:《大学教育学系课程问题》,《教育杂志》第25卷第1号,1935年1月,第216页。

第四章　教育学科人才培养的制度化：大学教育学系的课程设置变迁

（三）许椿生的《大学教育学系之课程》（1935）

许椿生就读于国立北平师范大学教育学院教育学系，他的《大学教育学系之课程》一文是在南京国民政府对教育院系的整顿基本完成之后，响应中国教育学会研究大学教育院系方针及设施问题的号召，为制定大学教育学系课程标准而做的调研报告。

1934—1935 年，许椿生主要通过北平师范大学教育学系发公函向各校教育学系索要课程纲要，收到课程纲要及学校一览等 14 份。许椿生主要依据中央大学教育学院教育学系、之江文理学院教育学系、厦门大学教育学院（四系）、湖南大学文学院教育学系、河南大学文学院教育学系、河北女师学院教育学系、北京大学文学院教育学系、北平师范大学教育学院教育学系、辅仁大学教育学院教育学系、燕京大学文学院教育学系等 10 所院校教育学系的课程纲要展开相关研究。他调查了大学教育学系的目的及课程现状，制作了《中国各大学教育学院系必修课程表》《各年级选修课程》《十教育学院系课程总目并选修与必修比较》《各校必修选修学分比较》等表格，详细呈现了这 10 家教育学院系必修、选修的课程名称、学分数、年级分布及占比等信息。根据几张表格数据的比对，许椿生对大学教育院系课程现状提出"批评"，他认为"各校课程南辕北辙"，具体有六方面的表现：

（一）分化太甚。统计十个大学教育院系所设科目不下百种，同为教育学系，同一教育目标，而所设科目竟如此分歧，实在令人怀疑大学当局在设置科目时是否依照其教育目的规定。我们试推求其分歧的原因，当不外乎当局"鹜矜好奇"，喜设置新奇的科目以迎合青年心理，甚或因位置私人，为凑钟点而设不相干的科目。国联教育考察团批评中国大学课程说得好："即一普通学科——如历史文学或政治科学等——亦巧立名目，在一系内各方面，分设若干不同之学程。至少其中若干系目下学程之设置，种类异常驳杂，致

245

每一学科，时有分裂为不相连贯的专科之危险，与任何共同之计划，均无关系。"（见《中国教育之改进》180页）

（二）必修与选修之不同。同一科目，有被列为必修，有被列为选修。如教育社会学七校列为必修，两校为选修。虽有一二种科目因学校性质而倚轻倚重，如师范大学及女子师范学院列师范教育为必修，他校列为选修。而大体讲来，多因当局各持己见以定课程的重要及次要。余如当局系门外汉，于课程多盲目的规定，此种情形，我们虽不敢断其必有，却也不敢信其必无。

（三）各科杂陈于各年。同一科目，有的规定第一学年必修，有的规定第二或第三学年必修。如伦理学，中央大学设于第四学年，女子师范学院及师范大学则分设于第三学年、第一学年。虽因各当局之观点不同而此科排列之次序各异，然教育系课程中之各科绝非漫无系统者，如教育心理学决不能列在普通心理学之先，学科心理的讲授亦必在教育心理、教学法习过以后，即其例也。各大学教育系各科目之排列似不尽注意于此（基础的具体的在前，专门的抽象的在后）。

（四）科同而量异。同一科目，而所定分量不同，有的规定半年修业，有的则定为全年。即在同一时限内，有的每星期讲授三小时，有的每星期讲授二小时。十大学教育学院系等所列各科目中其比较普遍之科目所定讲授时数竟无一完全相同者，其差异之大可知矣。

（五）必修科之分量与分配各异。基础必修所备之分量自11%至36%，本系必修自30%至60%，其差异均在一倍以上。至于必修科分量之分配则有相反之现象。如中央大学以第一年级必修最多，以后逐年减少。河南大学第一年级主科必修仅十二学分，第四年级则为三十六学分。此值得吾人注意者也。

（六）名称不一致。"比较教育""各国教育行政""各国教育制度"俱是德、法、英、美、日、俄诸国的教育比较论，"课程

第四章　教育学科人才培养的制度化：大学教育学系的课程设置变迁

论""课程组织""课程编制"内容均属一事,"学务调查""教育调查""学校调查"大体亦无差别。名目的一致与否原无关宏旨,但内容既皆相同,自不妨取一个共同的名称以求划一。①

他的调查显示,教育学院系的培养目标通常有四方面,即造就师范学校教育科师资、造就中学师资、养成教育行政人员及培养教育研究人才。但结合各教育学院系的课程,他发现,首先,"课程未能完全符合目标"。教育学系虽然开设了与师范学校的教育概论、教育心理、小学教材及教法、小学行政、教育测验及统计等名称类似的课程,但内容适合于大学生,关于小学方面的理论占比极低;再者,教育学系附设的中小学不能满足学生担任师范学校教育科师资的实习要求。由此,教育学系未必能培养出合格的教育科师资。就"造就中学校师资"而论,各大学教育学院系大多规定,凡是以教育学为主系者,必须在文学院或者理学院选择一辅科或辅系,修习一定量的学分,以备日后在中学有教授普通科目的能力,"过去习教育的人太偏重狭义的教育学的研究,确是昭彰的事实","毕业后以皮毛的知识来传授于中学学生,其结果当不难想象",这一点已经导致教育学院系毕业生遭到社会诟病。再就"养成教育行政人员"而言,各校教育学系虽然开设有教育行政、学校管理、课程编制、训育问题、视学指导等课程,但大多是讲授一些原理、原则,不过是纸上谈兵;就这一培养目标,也无对应的行政实习,"如果承认熟记了那些原理原则,便算受了专业训练,那么这些专门人才一旦荣膺学校行政或地方教育行政职务,对于校务教务的处理、训育实施,以及经费筹措、视察指导、排难解纷等事,只有一筹莫展而已"。正因为教育学系目标太多,课程门类太杂,以至于学生无暇顾及研究,所以教育学系培养的教育研究人才也寥寥无几。②

---

① 许椿生：《大学教育学系之课程》,《师大月刊》第 20 期,1935 年 7 月,第 63—64 页。
② 许椿生：《大学教育学系之课程》,《师大月刊》第 20 期,1935 年 7 月,第 65—66 页。

与张文昌不同，面对现实的教育学系毕业生出路问题及中等学校师资培养问题，北平师范大学的许椿生并不赞同普通大学教育院系承担中等学校师资培养的责任，而主张由师范大学培养师资，普通大学教育院系的教学目标应为教育研究及实验。教育学系的"目标太多了，顾此失彼结果一无所成。所以我们主张今后教育学系应重新规定一个单纯的目标"。① 在现有条件下，教育学系可于师资、行政人员及研究人才三项目标中选择一个，以求专精。

(四) 梁瓯第《大学教育院系课程之改进》（1936）

中山大学教育研究所的研究生梁瓯第的调查稍早于许椿生，他先调查"大学课程"，发表了《大学课程与行政组织》上篇（《教育研究》第61期专号，1935年），以及《大学课程改造中之教育目标问题》（《教育研究》第68期，1936年）。在此基础上，他以"大学教育院系课程之改进"为题制订了读研期间的研究计划。② 但之后未见成文，梁瓯第并未按计划以此为题获得学位，其毕业论文主题为"书院教育之研究"，1937年6月研究期满毕业。③

1933年10月，梁瓯第在导师胡毅、崔载阳等的支持下，以中山大学教育研究所的名义向全国发出76份公函，索要最近大学"概况"或"一览"一类的出版物。至1934年2月，共收集到26所大学的数据，用作大学课程分析。《大学课程与行政组织》上篇呈现文、理、法三学院的课程分析。教育学系为文学院中"最普通之系"之一。在文学院设有教育学系的共计12校，其中国立大学有中山大学、暨南大学、浙江大学；省立大学有河南大学；私立大学有光华大学、复旦大学、燕京大学、金陵大学、岭南大学、齐鲁大学、国民大学、广州大学。根

---

① 许椿生：《大学教育学系之课程》，《师大月刊》第20期，1935年7月，第67页。
② 梁瓯第：《研究计划：大学教育院系课程之改进（教育学部）》，《教育研究通讯》第1卷第3期，1936年7月。
③ 国立中山大学研究院教育研究所编印《本所研究事业十年》，1937，第110页。

第四章 教育学科人才培养的制度化：大学教育学系的课程设置变迁

据这些学校的课程一览，梁瓯第将12所大学的教育学系必修科目分为教育学基础科目、教育学专题科目及教育学史三大类，另有"其他"一类，详见表4-1。

表4-1　梁瓯第统计12校文学院教育学系必修科目

单位：所

必修科目类别	课程名称及开设校数
教育学基础科目	教育学概论7；教育原理4；教育学说2；普通心理学6；教育问题研究2
教育学专题科目	心理学：教育心理学10；儿童心理3；青年心理2；社会心理1；变态心理1；试验心理1；应用心理1 各级教育：乡村教育1；幼稚教育1；师范教育1；民众教育1；职业教育1；中等教育5；初等教育4 教育学科：教育社会学5；教育统计学7；教育哲学2；教育测验5；教育及心理测验1；教育行政7；学校行政2；学校卫生3；课程论1；学校管理1；课室管理1 教学法：普通教学法7；中学学科教学法2；小学学科教学法2；教学原理1；教学方法2；教学实习3 研究：专题研究或实习1；教育调查及视导1；教育名著研究1；儿童研究1；乡村师范研究1；教育专题研究2；教育行政实习研究1
教育学史	教育史3；教育思想史1；中国教育史1；西洋教育史3；现代各国教育制度1；中国学制变迁1；中国教育背景1；比较教育2；心理学史1；现代教育思潮1；英美教育书报2
其他	社会科学6；自然科学1；外国语1

资料来源：梁瓯第：《大学课程与行政组织》上篇，《教育研究》（大学课程与行政组织专号）第61期，1935年9月，第35—40页。

梁瓯第对比了教育学系与文学院其他学系的课程，他认为教育学系之课程比文学院其他学系的课程集中，开设教育心理学、教育行政、教育学概论、普通教学法4科的教育学系占开设全部被调查院系的半数以上。教育专业科目，"系统非常秩序化"，可分心理学、教学法、各级教育、教育行政等项，但各项分化方向各异，内容包涉极为广泛。"省立河南大学之教育课程最为奇特，大体分教育原理、教育心理、教学方法、教育行政四学程，但此四学程之内包与学分数均异常广泛，计教育

249

原理一科，包有教育哲学、教育心理、教育方法及教育行政之各方面基础知识；中外教育制度、教育思想、教育运动之演进及时代文化之背景；用教育立场研究社会之由来、发展与组织；应用社会学之原理方法及材料以解决各种教育问题，各家教育学说、哲学问题以及其他。教育心理一科已有普通心理、普通学习心理、各科学习心理、本能问题、儿童心理、智力测验、教育测验、统计学等。教育方法一科包有课程论、普通教学法、各种教学法、小学各级课程、各种课程、课程编制、课程教学法等。教育行政一科包有基本原理、专题讨论行政工作、实习及研究等。包罗万象，可谓为一种综合的课程制。""教育专题研究、教育行政实习及研究各24学分，教育方法、教育行政、教育心理、教育原理四科各15学分。""私立广州大学课程之开设最多，教育史方面，有教育史、教育思想史、中国学制变迁、现代各国教育制度、现代教育思潮等科。各级教育方面，有乡村教育、幼稚教育、师范教育、职业教育等科。计该校课程总数为30科，实居各大学之冠。"

同时，梁瓯第也回应之前朱有光及张文昌调查的相关结论。梁瓯第赞同朱有光关于教育系课程普通的文化教育、专业训练的分量、自由选课的分量三大趋向的结论，认为朱有光《国内九处大学教育学系或学院课程之比较》最大的长处是发现了国立大学与私立大学课程的差异。对张文昌调查所得的"必修专业学分之微少、课程之分化太甚"这两点结论，梁瓯第并不赞同。"所谓专业学分，在中国太没有严格的标准了，专业的诠释，普通的大学似乎还谈不到，说它微少，未免太偏"；又提到"课程分化这一点，单独来说，这个结论是成立的。但是，只要试拿来和中国文学、英文学、历史学、社会学、哲学等系比较一下，那么课程之分化，仍旧不及它们的大"。[①]

梁瓯第通过对文理法三学院课程的调查，认为就课程数量言，各

[①] 梁瓯第：《大学课程与行政组织》上篇，《教育研究》（大学课程与行政组织专号）第61期，1935年9月，第35—37、41页。

第四章 教育学科人才培养的制度化：大学教育学系的课程设置变迁

院系课程比例相差太远，课程名称时有重复，且各院系课程分量也不一致。就课程质量言，各校课程开设无一致趋向，各院系课程各有专重，必修课程深浅无一定之循序，同时存在课程之巧立名目、内容空泛，课程之开设忽视本国之材料等共性问题。①

1936年，梁瓯第也参与了教育学系教育目标的大讨论。在《大学课程改造中之教育目标问题》一文中，梁瓯第以大学教育院系为例，阐释大学院系的教育目标设置问题。梁瓯第引用美国学者1924—1925年对美国32所国立大学教育学院教育目标的调查结果，该调查称美国国立大学教育学院的"一般教育目的"有公民教育与职业训练之广大的基础，着重科目的精通，着重职业的价值，着重对国家的职业服役等；"特殊教育目标"以师资训练为主，师资训练的种类约有20种。而中国"大学教育院系的教育目标，到现在还没有得到一致的结论"。他调查了15家大学教育学院、27家教育学系，并结合陈礼江、许椿生等人的已有调查和研究，对比美国教育学院的培养目标，提出了自己关于大学教育院系教育目标的设想。②

朱有光、张文昌、许椿生及梁瓯第的调查，出发点不一样，但其所得基本结论有共识。在没有统一标准的情况下，大学教育院系课程南辕北辙，各不相同。实际上，如若在20世纪20年代做类似的调查，难度会更大。不仅校与校课程迥异，因学系主任更换或教员的流动，同一校前一学年与后一学年课程也有可能大变。具体考察每一校教育学科历年的课程设置、任课教员，每一次变动，都受大时代和小环境的影响。可以说，每一校教育院系的历史，都是一部具体而微之教育学术史。限于篇幅，后文以1924—1937年的国立北京大学教育学系为个案，考察其十余年的课程变换，以期管中窥豹。

---

① 梁瓯第：《大学课程与行政组织》上篇，《教育研究》（大学课程与行政组织专号）第61期，1935年9月，第82—85页。
② 梁瓯第：《大学课程改造中之教育目标问题》，《教育研究》第68期，1936年5月。

二 20世纪30年代教育部统制下各校大学教育学系的课程调整

与南京国民政府教育部统制高等教育的步伐相一致,针对选科制实行之后的一系列乱象,自1928年起,教育部着手整理大学课程。

(一) 南京国民政府教育部整理大学课程的进程

南京国民政府成立之后,即于1928年第一次全国教育会议宣言"大学教育应该确定标准"。随即成立大学院中大学课程标准起草委员会,委员有孟宪承(中央大学)、经亨颐(中央党部)、廖世承(光华大学)、王乐平(中央党部)、庄泽宣(中山大学)、许寿裳(大学院)、刘大白(浙江大学)、俞子夷(浙江大学)、高君珊(南京女子青年会)、严济慈(大同大学)、竺可桢(中央大学)、沈履(南京中学)、郑宗海(中央大学)、杨廉(浙江省立第一中学)、陈鹤琴(中央实验学校)、施仁夫(苏州中学实验小学)、胡叔异(南京女子中学实验小学)、薛仲华(大学院)、钱端升(大学院)、吴研因(大学院)、赵述庭(大学院)、朱经农(大学院)。[①] 这个委员会并未实际运转,大学课程标准并未拟定。

1929年颁布的《大学规程》规定"大学各学院或独立学院各科学生(医学院除外)从第二年起应认定某学系为主系,并选定他学系为辅系";"大学各学院或独立学院各科除党义、国文、军事训练及第一第二外国文为共同必修课目外,须为未分系之一年级生设基本课目",

---

[①] 《大学院中大学课程标准起草委员会委员名录》,《大学院公报》第1卷第9期,1928年9月。

第四章 教育学科人才培养的制度化:大学教育学系的课程设置变迁

"各学院或各科之课目分配及课程标准另定之"。① 各校随即根据《大学规程》调整各学院共同必修课目,规定基本课目。

1930年,教育部公布大学课程及设备标准起草委员会章程,意在整理大学课程。② 朱家骅任教育部长期间,在《九个月来教育部整理全国教育之说明》中论及大学课程之应改进,用词颇为严厉。③ 因为各大学课程及设备"漫无标准",教育部于是征集国外各著名大学课程一览,并调集国立省立及已立案私立大学的课程说明书,分别延聘专家,依据国内外各大学课程,分别院系,草拟各项课程草案。1931年10月,教育部函请各科专家起草大学课程,编订大学各学院、各学系课程及设备标准,以作为日后各大学编制课程的依据。④ 大学课程及设备标准的起草人选以各大学时任系主任或教授为主。教育学院教育行政系的起草人为北师大教育学院院长兼教育学系主任李建勋,教育心理系的起草人为中央大学教育学院院长艾伟,教育社会学系的起草人为浙江大学教育学系教授孟宪承。⑤ 教育部原拟大学各系先由专家数人拟定草稿,然后教育部根据草稿再请同系专家数人加以审订,各专家审订结果,再请专家一人整理成适用的草案,最后由教育部公布。起草并无下文,但此次会议向各大学公布了大学课程及设备标准起草的注意事项:

大学课程及设备标准起草时,应注意之事项:
一、大学课程标准应包含下列各项:1. 各学院共同必修课程;2. 各学院未分系一年级生必修之基本课程、分组必修课程;3. 各学院各学系二年级以上学生必修及选修课程;4. 各学院各学系各项课目之内容大纲。

---

① 《大学规程(十八年八月十四日本部公布)》,《教育部公报》第1卷第9期,1929年9月,第86页。
② 《中国大学课程编订之沿革与意见》(上),《申报》1939年7月21日,第7版。
③ 教育部中国教育年鉴编审委员会编《第一次中国教育年鉴》,丙编第7—8页。
④ 《教育部函请各科专家起草大学课程及设备标准》,《申报》1931年10月16日,第10版。
⑤ 《大学课程标准起草步骤》,《申报》1931年10月18日,第12版。

二、依《大学组织法》第二十一条及《大学规程》第九条之规定，大学各学院采用学年兼学分制，大学修业年限，除医学院外概为四年，在四年修业期间须习满132学分……课程标准中应将学分总数在四个学年中适宜分配之。

三、大学各学院课目分共同必修科目、本学院必修之基本课目及分组必修课目、本学系必修课目及选修课目。课程标准中应将各课目之学分数，详细规定。

四、大学各学院共同必修课目，为党义、国文、军事训练、体育及外国文，除党义、军事训练及体育另有规定外，课程标准中应将国文、外国文学分及上课时数分别规定。

五、依《大学规程》第七条及第八条之规定，大学各学院第一学年不分系，须为未分系之一年级学生设基本课目。……课程标准中应将各学院基本课目之名称、学分及上课时数，斟酌第一学年应修习之学分数及共同必修课目之学分数，分别规定。

六、依《大学规程》第七条之规定，大学各学院学生从第二学年起认定某学系为主系，课程标准中应将各学系二年级以上主系学生必修及选修课目之名称、学分、修习年级、先习课目及上课时数，分别详细规定。

七、各学院除本院必修之基本课目外，得就性质相近之各学系，分为数组，每组得设共同必修之课目若干，分别于第一第二两学年中支配之，课程标准中应将此项课目之名称、学分、修习年级、先习课目及上课时数等分别规定。

八、课程标准中应将各学系必修课目逐年递减，以便学生多得选修及外课研究之机会。

九、课程标准汇总所定各学系选修课目应以各该学系最需要者为限。

十、各学系各学年必修及选修课目所占分量多寡，应随各该学系之性质而异，课程标准中得酌量规定。

第四章 教育学科人才培养的制度化：大学教育学系的课程设置变迁

十一、各学院各学系学生，在四学年中每年所修学分，须有限制。课程标准应将各学年应修习之学分总数，分别规定。但前两年以至多40学分至少36学分为限。

十二、各学系各项课目之内容大纲，应编订课程指导书，其详另定之。

十三、各学院各学系设备，应就各校院系性质，详列各项必需之图书、仪器、标本、模型、房舍、场所用具、物品等等之种类及数量，规定一最低限度之标准。

十四、为统一课程形式起见，课程标准中应采用下列诸名称：1. 课目，即课程中各项科目之名称，通常所用"科目""学程"等名称，均应改正。2. 学分，即课业工作之单位名称，据上第二条订定，凡需课外自习之课目，以每周上课一小时满一学期者为一学分，通常有称为"钟点"者，应即改正。3. 普通课目。凡是本入门之课目，概冠以"普通"两字……所有"概论""大意""大纲"等名称，均应改正。4. 高等课目。凡比普通课目高深之课目，概冠以"高等"两字……所有"原理"等名称，均应改正。[①]

朱家骅离任后，王世杰继任教育部长，继续延聘专家编订各科系必修选修科目草案，并曾编制全国各大学分系课程比较表，供编订课程时参考。[②] 但大学各学院及专科学校系科繁复，整理不易。数年之间，除了1935年颁布医学院暂行科目表外，其他各院系科目表并未颁布。但1931年后，随着教育部对高等教育的统制，北平师范大学、中央大学、北京大学等校教育学系皆根据教育部公布的注意事项起草课程标准，并在1937年前相对稳定下来，形成了各校的经验和特色。

[①] 《大学课程及设备标准起草时应注意之事项》，《申报》1931年10月16日，第10版。
[②] 《中国大学课程编订之沿革与意见》（下），《申报》1939年7月23日，第11版。

(二) 国立大学教育学系课程的调整

如前文的四个调查所示,大学教育学院系的课程混乱也是大学课程纷乱之表现。1932年,北师大教育学院院长李建勋曾作"历年所设科目统计表",列举1924—1932年北师大教育学系所开设所有必修、选修课程,结果显示只有"教育概论"及"儿童及青年心理"开满9年,其他课程历年增减无定。究其原因,"大学各系所设之科目,并无规定标准何系应设何科目,何科目应为必修或选修,各科目应在何年级教学,率本系主任之主张以定其存否与位置。而级任对于该系设立之目的主张未必一致,见解又各不同,此所以同一大学之同一系内,而有各种不同之课程也"。① 不仅北师大教育学系如此,各校教育学系都有这种现象。1933年前后,各大学教育院系先后依据教育部要求的课程及设备标准拟定本校课程标准,自此各校的课程相对稳定下来。

各大学教育院系遵教育部规定的课目结构调整了课程,但在具体课目方面,各校并未达统一。就当时国内教育院系实力而言,国立北平师范大学教育学院及国立中央大学教育学院历史最长,且教职工人数相对其他大学教育院系而言较多。以两校为例可见教育院系课程标准的不同风格。

1. 国立北平师范大学教育学系的课程调整（1930—1933）

20世纪20年代,北师大教育学系的课程如李建勋所指出的,受政局影响,增减无定。1929年8月,北师大聘邱椿担任教育学系主任。9月邱椿即拟定工作大纲。1930年10月,北师大为改进校务起见,成立课程标准改订委员会,委员有各系主任5人——钱玄同、黄文山、文元模、李顺卿、袁敦礼,教育专家2人——李建勋、邱椿。② 在邱椿的主持下,教育学系订定"教育学系课程标准"。

---

① 李建勋:《教育学院之概况及其计划》,《师大月刊》创刊号,1932年11月,第3页。
② 《本校成立各种委员会之名单》,《国立北平师范大学校务汇刊》第8期,1930年11月3日。

第四章　教育学科人才培养的制度化：大学教育学系的课程设置变迁

1932 年，邱椿回应傅斯年讥讽教育学院毕业生缺乏基本训练的言论时，提及他 1929 年规划北师大教育学系课程的重心：注重基本训练与辅科的选习。在基本训练方面，仿照哥伦比亚大学的办法，规定"现代文化"和"科学概论"为必修科；在专业训练方面，规定每生至少须在文理学院选习一种辅科。① 在课程内容方面，亦多参照美国哥伦比亚大学。如现代文化课，系"参照美国哥伦比亚大学现代文化课程从而增损内容合乎我国学生之需要，首说明吾人与自然环境及社会环境之关系，次溯述现代文化构成之背景，末叙陈现代文化之本体及从而产生之问题，目的在使学生认识现代文化之大概，充实其常识之基础借为一切深造之助"。②

邱椿的设计别具一格。他认为师范大学教育学系课程标准的目标分为两种：一为理论的目标，使学生有研究纯粹教育学的能力；二为实用的目标，使学生有"在学校或教育行政机关担任行政职务的知识与技能，在中等或初等学校教授一种普通学科或数种教育学科的知识与技能，解决各种实际教育问题的知识与技能"。课程编制力主吸取德法及英美两派师范学校课程的经验，调和理论与实际、教材与方法、文化与专业、自由与划一等原则。③

按照邱椿的设计，教育学系四学年的课程安排大致如表 4-2 所示。

表 4-2　1930 年北师大教育学系课程标准

单位：学分

文化学科 （cultural subjects）	必修科	第一学年	现代文化（6）
		第二学年	科学概论（6）
	选修科	由学生在本学系或他学系选习	

---

① 邱椿：《通信》，《独立评论》第 11 号，1932 年 7 月。
② 国立北平师范大学教育学院编印《国立北平师范大学教育学院教育系课程标准及教学大纲》，1933，第 56 页。
③ 邱椿：《师大教育学系课程标准》，《师大教育丛刊》第 1 卷第 4 期，1930 年，第 143—144 页。

257

续表

专业学科 (professional subjects)	公共必修科	第一学年	教育概论(4);教育通史(4)
		第二学年	教育心理(4)
		第三学年	普通教学(4)
		第四学年	教育哲学(4)
	主科	第一学年(必修科)	心理学(6);教育英文(4);初步教育参观(4)
		第二学年(必修科)	中等教育(4);教育统计(4);教育测验(4);学校管理法(4)
		第三学年(必修科)	中国教育行政(4);各科教学法(4);师范教育(4)
		第四学年(必修科)	学务调查(4);论文研究(4);参观与实习(4)
	辅科	选修科	由学生在本学系选习
		必修科	由他学系规定
		选修科	由学生在他学系选习

资料来源:邱椿:《师大教育学系课程标准》,《师大教育丛刊》第1卷第4期,1930年,第145—148页。

邱椿作为民国时期著名的教育学家,他所规划的教育学系的课程颇具特色。1931年4月,由于邱椿"国家主义派"的政治背景,教育部电令北师大将其斥退。① 之后邱椿虽经学生挽留留任,但不再担任教育学系主任,他主持修订的课程标准亦随之不了了之。

1931年9月,男女师大合并,成立教育学院,李建勋任院长兼教育学系主任。继而1932年7月,教育部长朱家骅发布"整顿教育令",饬令北师大"停止招生,以便整理工作之进行"。② 1932年8月初,北师大校长李蒸自南京回校,随即开始按照教育部的意旨对北师大进行"整理"。1932年9月,修订师大组织大纲,1933年3月,遵照教育部令再次修正。北师大教育学院教育学系课程随之在李建勋的主持下调整。

1933年3月教育学系的课程标准更加侧重实用与实践,其培养目

---

① 《余家菊与邱椿,教部令师大斥退》,《华北日报》1931年4月3日,第6版。
② 《行政院会议通过整顿教育令》,《大公报》1932年7月23日,第3版。

第四章 教育学科人才培养的制度化：大学教育学系的课程设置变迁

标未及邱椿所列"理论的目标"；与1930年邱椿规划的以"调和"为原则的课程标准相比，李建勋主持的这一版课程标准更强调专业与分化。教育学系的课程标准旨在培养学生具有三种能力，即在学校或教育行政机关担任行政职务之能力，在中等学校担任一种普通科目及教育各种科目之能力，对于各种教育实际问题有独立研究解决之能力。并规定，自第三学年开始，分设教育行政组及教育心理组。课程标准秉承的原则如下：

Ⅱ．原则

（1）专业　本系在造就教育专业人才，所定各种科目均以获得专业训练，借达上项目标为主。

（2）修养　教育专业人才负有领导社会之责，倘无丰富之常识，未易完成其使命。故本系除专业科目外，尚备有修养科目以宏造就。

（3）分化　学术贵乎专精，事业各有类分，本系科目虽均冠以教育，而以将来所负之任务不同，则有分化之必要。故本系自第三年级起，有教育行政及教育心理等组之分设。

（4）程序　本系课程中之科目非杂陈各科于各年中，乃系代表一种学术之进程，故具体的单纯的及基本的科目列于前，抽象的综合的及专精的科目列于后，如心理学先于教育心理，教育哲学后于教育概论，即此意也。①

根据培养目标，教育学系课程结构不再强调作为基本训练的"文化学科"，课程标准（见表4-3）规定，教育系课程分为主科、副科及选修科三种。主科为专业训练而设，包括基本科目、分化科目及各组共修科目，均为必修，其中基本科目48学分，分化科目22学分，各组共修科目

---

① 国立北平师范大学编印《国立北平师范大学一览》，第64—65页。

20 学分，共 90 学分。副科为培植在中等学校担任一种普通科目之能力而设，共 30 学分。选修科 10—40 学分。除此之外，还有党义 4 学分、体育 8 学分、参观与实习 8 学分。学生修满 148 学分方可毕业。①

表 4-3　教育学系课程标准（1933 年 3 月）

单位：学分

学年	主科（90）			副科（30）	选修科（10—40）
	基本科目（48）	分化科目（22）	各组共修科目（20）		
第一学年（不分组）	生物学(4)、道德学(4)、社会学(4)、心理学(4)、教育概论(4)、教育英文(4)			10	第一二年级选修科目：论理学(4)、西洋哲学史(2)、生理心理(4)、幼稚教育(4)、教育社会学(4)、现代文化(4)
第二学年（不分组）	教育史(4)、教育心理(4)、教育统计(4)、教育及心理测验(4)、普通教学法(4)、哲学概论(4)			10	第二三年级选修科目：小学教育(2)、乡村生活及乡村教育(4)、艺术教育(4)、社会问题(2)、高等论理学(4)、工作学校要义(4)、科学概论(4)、近代教育思潮(4)、小学教育实际问题(2)、民众教育(4)、课程论(4)、图书馆管理法(4)、教学视察(4)、系统心理(2)、中国教育思想史(4)
第三学年（分为教育行政、教育心理两组）		教育行政组专修科目 中国教育行政(4)、学校管理(4)、学校卫生及健康教育(4)	教育心理组专修科目 科学心理(2)、社会心理(4)、变态心理(4)	中等教育(4)、师范教育(4)、儿童及青年心理(4)	10	

---

① 国立北平师范大学教育学院编印《国立北平师范大学教育学院教育系课程标准及教学大纲》，第 3—5 页。

第四章　教育学科人才培养的制度化：大学教育学系的课程设置变迁

续表

学年	主科(90)			副科(30)	选修科(10—40)
	基本科目(48)	分化科目(22)			
			各组共修科目(20)		
第四学年(分为教育行政、教育心理两组)		教育行政组专修科目	教育心理组专修科目	教育哲学(4)、参观与实习(8)、论文研究(4)	
		学务调查(4)、各国教育行政(6)	动物心理(4)、实验心理(6)		

注：教育心理组的分化科目共计只有20学分，少于课程标准规定的22学分；两组的共同必修科目共计28学分，多于课程标准规定的20学分。
资料来源：国立北平师范大学教育学院编印《国立北平师范大学教育学院教育系课程标准及教学大纲》，第5—8页。

1933年8月，教育部仍令北师大重订组织大纲及学则。新大纲及学则规定"本校以造就中等学校与师范学校师资为主，并以造就教育行政人员及研究教育学术与适用于教育之专门学术为辅"，"教育系毕业生担任教科时，应以教育学课程及各该毕业生在文学院或理学院所选习及格之副科（关于初中课程）为限"，① 区别于1924年的"本校以造就师范学校与中学校教师及教育行政人员并研究专门学术为宗旨"。1933年10月，北师大教育学院按照教育部规定的大学课程及设备标准修订各系课程标准（见表4-4）。②

表4-4　北师大教育学系课程分类（1933年10月）

单位：学分

科目	课程
修养类(共14)	社会科学概论(第一学年,2)、自然科学概论(第一学年,2)、卫生(第一学年,2)、体育(第一二三学年,6)、党义(第四学年,2)

---

① 国立北平师范大学编印《国立北平师范大学一览》，第31页。
② 国立北平师范大学编印《国立北平师范大学近况》，1936，第6页。

续表

科目		课程	
教材类 （共70）	基本的 （20）	生物学(4)、社会学(4)、心理学(4)、教育英文(4)、哲学概论(4)	
	实需的 （36）	道德学(4)、教育概论(4)、教育心理(4)、教育及心理测验(4)、教育统计(4)、普通教学法(4)、教育行政(4)、健康教育(4)、论理学(4)	
	高深的 （14）	教育行政组	学校管理(4)、学务调查(4)、各国教育行政(6)
		教育心理组	学科心理(4)、动物心理(4)、实验心理(6)
专业类 （共42）	普通的	必修的 （20）	中等教育(4)、师范教育(4)、儿童及青年心理(4)、教育哲学(4)、论文研究(4)
		选修的 （8—20）	幼稚教育(4)、小学教育(2)、小学教育实际问题(4)、乡村生活及乡村教育(4)、民众教育(4)、教学辅导(4)、课程论(4)、西洋哲学史(2)、生理心理(4)、职业教育概论(4)、现代文化(4)、系统心理(4)、科学概论(4)、近代教育思潮(4)、中国教育思想史(4)、文化与教育(4)
	特殊的	必修的(10)	参观与实习(8)、师校各科教育教材及教法(2)
副科 （20—30）	自第一学年至第三学年由学生商同主任于本校各系内择定一系为副科，在其所设科目之一定范围内选修		

资料来源：国立北平师范大学编印《国立北平师范大学一览》，第66—77页。

1933年10月的这次修订，在课程分类上遵从组织大纲的分法，分为修养类（14学分）、教材类（70学分）、专业类（42学分）、副科（20—30学分），从中修习146学分方可毕业。同时，在学分分配上较之前的课程方案也有所调整。3月的课程方案中，服务于专业训练的主科，包含基本科目、分化科目和各组共修科目，共计90学分。10月份修订的课程标准，将课程"组织"分为主科、副科、选修科目及修养类科目，主科仍为专业训练而设，其所包含的科目类别不变，但三类科目的学分总数调整至104学分。修订后的课程标准详细具体地规定了各学年必修课目、学分，教育系一年级必修11门课目，36学分；二年级必修7门课目，26学分；三年级教育行政组及教育心理组皆必修8门

第四章 教育学科人才培养的制度化：大学教育学系的课程设置变迁

课目，34 学分；四年级两组皆必修 6 门课目，22 学分。① 必修课目共计 118 学分，除了修养类的 14 学分，以教材类和专业类为主的必修课目共计 104 学分。服务于专业训练的课目所占学分由 90 增加到 104。此后课程相对固定下来，没有再像 20 世纪 20 年代那样频繁变动。

2. 国立中央大学教育学系的课程调整（1931—1936）

1927 年夏，原东南大学与其他八校合并为第四中山大学，原东南大学教育科及江苏省立第四师范附设的艺术专修科合并改组成教育学院。② 教育学院的"教育系内分教育哲学，教育心理，教育行政，初等教育，中等教育五组"，在培养目标方面，主要参照前东南大学教育科。兼顾教育学科的"学"与"术"，"一方面认改善教育技术为己任，一方面以合力推求真实学理为职志"。③

1928 年，第四中山大学改为国立中央大学。1929 年遵照《大学组织法》及《大学规程》，中央大学教育学院设有教育社会系、教育心理系、教育行政系、艺术教育科及体育科，并筹设教育方法系。教育社会系教员有孟宪承、廖世承、张士一、许本震、范捷云 5 人，教育心理系教员有艾伟、王书林 2 人，教育行政系教员有邰爽秋、夏承枫、王祖廉、程其保 4 人。④ 这一时期教育系的培养目标为"（一）研究教育学术；（二）培养师资及教育行政人材；（三）辅助教育事业之改进"，要培养行政、教学及研究三方面的人才。⑤

1931 年 4 月，《大公报》报道中央大学各学院所开设课程。教育行政系开设课程论、教育原理、教育调查、比较教育、教育行政、地方教育行政、教育专题研究、教育行政专题研究、中学课程、中学普通教学

---

① 国立北平师范大学编印《国立北平师范大学一览》，第 22、70—77 页。
② 秘书处编纂组编印《国立中央大学沿革史》，第 39 页。
③ 《大学本部各学院概况》，《第四中山大学教育行政周刊》第 22 期，1927 年 12 月，第 23 页。
④ 《中央大学规模宏阔：教员统计共二百五十余人》，《大公报》1931 年 3 月 17 日，第 5 版。
⑤ 艾伟：《国立中央大学教育学院过去现在与将来》，《教育杂志》第 25 卷第 7 号，1935 年 7 月，第 201 页。

法等10种课程，教育心理系开设教育心理、教育统计、心理测验（2班）、教育心理问题等4种课程，教育社会系开设教育社会学、教育通史、现代教育思潮、教育哲学、职业教育与指导、实用英语语音学、英语教学法、教育英文、现代文化概论等9种课程。① 1932年度上学期国立中央大学教育学院教育学系各级开设的课程有：教育社会学（罗廷光）、教育通史（许本震）、教育原理（萧承慎）、普通教学法（萧承慎）、中等教育（萧承慎）、小学行政（罗廷光）、社会教育（夏承枫）、教育哲学上（许本震）、教育研究（罗廷光）、教育调查（夏承枫）、教育英文（张士一）、中学英语教学法（张士一）、实用英语语音学（张士一）、伦理学（黄建中）、教育行政专题研究（夏承枫）。②

与国立北平师范大学一样，1932年7月，国立中央大学也因学潮被教育部饬令整顿，奉令从事"整理"。1932年9月，罗家伦被任命为中央大学校长。10月，罗家伦呈请教育部，将该校前整理委员会整理院系原案，略予变通。将原教育学院的教育原理、教育心理、教育行政、教育社会四系，改并为教育学系。取消理学院中的心理学系，在教育学院中设心理学系。③ 整理后的中央大学教育学院分教育学系、心理学系二系，以及艺术科、体育科、卫生教育科三科。同时罗家伦很重视课程设置，他认为"我国大学课程，往往名目繁多，缺少有机体之组织，本校各院系，爰分别重定教育方针，将课程亦重新组织，使必选修课目，均有明确规定，不欲因人因事而变更。课程之核心既能形成，则教学之意义自可明了"。④ 这一工作，历经一年，于1933年大体完成。1933年6月，中央大学教育学院公布系科课程标准：

---

① 《中央大学课程统计：全校合计六百余种之多》，《大公报》1931年4月8日，第4版。
② 《国立中央大学教育学院教育学系课程一览（二十一年度上学期）》，《国立中央大学日刊》第838号，1932年11月，第143—144页。
③ 《中大院系整理办法罗家伦请教部稍予变更》，《大公报》1932年10月17日，第4版。
④ 罗家伦：《两年来之中央大学》，《申报》1934年6月23日，第16版。

第四章　教育学科人才培养的制度化：大学教育学系的课程设置变迁

国立中央大学教育学院各系科课程标准①

（民国二十二年六月制定）

教育学系课程标准

一、本系设置方针

甲、培植教育研究人材

乙、养成师范学校及中学师资

丙、养成教育行政人员

二、本系课程说明

1. 各课目内容力求充实完整，例如：合并教育概论与教育原理为教育学；合并小学普通教学法与中学普通教学法为普通教学法等等。

2. 第一学年侧重教育学术之基础科学及关系科学：如生物学，社会学，哲学概论，伦理学，论理学等。

3. 必修课目逐年减少，第一年不设选修课目；第二年得选修八学分；第三年得选修十六学分；第四年得选修二十学分。

4. 本课程标准对于学理与实际兼重，逐年均订有"指导观察及实习"：第一年教育学应附带本市教育机关之考察；第二年教学法应附带实验学校及本市学校之教学观察；教育行政附带本市行政观察；第三学年应就实验学校或其他特约学校，从事教学及学校行政实习；缺实习者不得毕业。

5. 为增进学生之独立研究能力起见，本系学生于毕业考试前，须提出教育论文一篇作为毕业考试成绩之一部分。此项论文题目至迟须在第四学年开始时决定，并由学生商请本系教授一人担任指导。其论文不及格者不得毕业。

6. 为适应中等学校教学上之需要起见，本系学生应于第二学年起选修他系课目三年共二十四至三十二学分。其应修习之课目及

---

① 《国立中央大学教育学院各系科课程标准（民国二十二年六月制定）：教育学系课程标准》，《国立中央大学教育丛刊》第1期，1933年11月，第289—294页。

修习之顺序，由本系商同各院系规定之。

三、本系学生各学年应修课目表

第一学年

	课目	年限	学分	每周授课钟点	先修课目	担任教员	备注
必修	○党义						
	×国文	一年	6	3			各体文选
	×基本英文	一年	6	3			
	×普通生物学	半年	3	3			如生物学不开班时，得以普通动物学代之，如生物系开一年，则改为全年六学分
	×社会学	半年	3	3			
	×哲学概论	半年	3	3			
	×论理学	半年	3	3			
	×伦理学	半年	3	3			
	教育学	一年	4	2			或于一学期授毕
	中国教育史	半年	3	3			注重教育制度方面，另开中国教育思想史作为三四年选修课目[本年度(1933)在下学期开班]
	○普通体育						
	○军事教育						
	共计34学分						

注：凡加○之各课目学分未计入
凡加×系由他系所开课目

第二学年

	课目	年限	学分	每周授课钟点	先修课目	担任教员	备注
必修	西洋教育史	一年	4	2			
	教育社会学	半年	3	3			
	教育心理学	一年	6	3			
	普通教学法	半年	3	3			包括教学观察每周一时或每间一周二时
	教育行政	一年	4	2			包括行政观察每间一周二时至三时
	英文教育书报选读	一年	4	2			选读英文教育书报
	共计24学分						

第四章 教育学科人才培养的制度化：大学教育学系的课程设置变迁

续表

		第三学年			
必修	教育哲学	一年	6	3	
	教育统计	半年	3	3	
	心理测量	半年	3	3	
	比较教育	一年	6	3	
	中小学教学及行政实习		不给		或在第四学年上学期修习，未经此项实习不得毕业
	共计18学分				
		第四学年			
必修	近代教育学说	半年	3	3	
	初等教育原理及实施	半年上期	4	4	
	中等教育原理及实施	半年下期	4	4	
	毕业论文		不给		此项论文为毕业成绩之一部分
	共计11学分				

以上四年合计必修学分87；依各院学生四年至少修习132学分之规定，其余45学分中，除本系选修课目外，应修习他系课目24至32学分，其选修办法另行规定之。

本系学生选修本系课目表

课目	学分	年级	课目	学分	年级
1 文化教育	2	第二三年	10 中学各科教法与教材	2或3	第三四年
2 公民教育	2	第二三年	11 小学各科教法与教材	2或3	第三四年
3 道德教育	3	第二三年	12 西洋教育思想史	3	第三四年
4 学校卫生	2	第二三年	13 中国教育思想史	3	第三四年
5 幼稚教育	2	第三四年	14 师范教育	2	第四年
6 乡村教育	2	第三四年	15 职业教育	2	第四年
7 社会教育	2	第三四年	16 职业指导	2	第四年
8 地方教育行政	3	第三四年	17 西洋教育名著研究	6	第四年
9 教育调查	3	第三四年	18 中国教育问题研究	2	第四年

以上各课目得间年开班；如有必要时，得增设其他选修学科。

教育学系学生选修教育学院心理学系及其他院各系课目者，如心理学系、中国文学系、外国文学系、史学系、哲学系、社会学系、算学系、物理系、化学系、地理系及地质系、生物系、法学院各系等均列课目表，须按课目表规定选修。①

国立中央大学教育学系因脱胎于南高师教育专修科、东南大学教育科，在大学教育院系培养目标的讨论中，从来坚定地认为，大学教育学系应培养教育学术研究人才、教育行政人才，并且应义不容辞地承担中学师资训练的责任，因为"教学的训练是研究和行政的训练所必需的基础"。相应的，在课程设置方面，高师时代任教于南高师的中央大学教育学系教授张士一认为，"假使教育学是一种应用科学，教育训练是一种专业训练，那末教育学系的课程，应该和其他应用科学方面的专业课程，同样有很严密的组织"，"可是教育学系的课程，至今还没有确定的基本原则"。尤其是关于"教学人材"及中学师资的养成，当时大学教育院系的课程，并未有"很严密的组织"。一般教育学系的课程"重智识的获得，而轻技术的娴习"，"关于理论的课目特别的多，关于观察和实习的课目特别的少。理论的课目里头，往往把教育学先进之国所专供大学毕业后研究生用的，也令我们未毕业的学生去修习。观察及实习的课目，在四年里头，也许只有一二种。这种训练方法所造成的人材，在致用方面，势必发生重大的困难"。所以，以张士一为代表的中央大学教育学院的教授们认为，"师资训练，在一切教育人材的训练上，应该用作方法的基础"。②

1935 年，从事教育心理学研究的中央大学教育学院院长艾伟认为，"现在教育学系之目标，未免过多"，应"重订教育学系目标"。但艾伟对教育学系的培养目标又与张士一所见不同。艾伟认为教育学系学生在

---

① 《国立中央大学教育学院各系科课程标准（民国二十二年六月制定）：教育学系课程标准》，《国立中央大学教育丛刊》第 1 期，1933 年 11 月。

② 张士一：《大学教育学系的课程问题》，《国立中央大学教育丛刊》第 3 卷第 1 期，1935 年 12 月，第 27、30—31 页。

第四章　教育学科人才培养的制度化：大学教育学系的课程设置变迁

四年训练期间，可分为历史哲学与行政方法两组（一为教育的哲学，一为教育的科学），充实两组的基本课程，取消辅系，如此毕业之后才真的是教育学系之人才。①

1936年6月，常道直正式辞去国立北平师范大学教务长一职，至中央大学教育学院任教育学系主任。② 基于张士一等人对教育学系培养目标的认识，常道直与教育学院院长艾伟及教育学系教授张士一等往复磋商，认为以往各大学教育系的课程有两大缺点："（一）重智识的获得，而轻技术的娴习；（二）没有确认教学的训练是研究和行政的训练所必需的基础，犹之军官必须受士兵的训练一样。"为补救此种缺点，教育学系课程据"教学不单是训练的目的，并且是训练的方法""使实际的经验和理论的智识相辅而行"两原则，重行厘定。

1936年调整之后的教育学系课程标准，"设置方针"将培养三种人才调整为"以培养研究教育学术之能力及造就下列人材为主旨：1. 师范学校及其他中等学校师资；2. 教育行政人员"。并且，"为适应师范学校及其他中等学校教学上之需要起见"，中央大学的教育学亦从第一学年开始实行分组，但不是像北师大教育系分为教育行政与教育心理两组，而是以选习的其他系学科为标准，分为心理、国文、英语、算学、卫生教育、文史、史地、数理、理化、生物、哲学、公民等12组。令学生认定一组（以预备将来担任中等学校教学为原则）修习他系相当课目四年至少32学分。同时缩减教育学系必修课程，第一学年由34学分降为27学分，删减了哲学概论和伦理学；调整了第二学年、第三学年的课目顺序，第二学年的必修课程有伦理学、西洋教育史、教育心理学、教育英文、教育行政、教育统计，共计24学分；第三学年有普通教学法、教育社会学、心理及教育测量、小学教育、中学教育，共计

---

① 艾伟：《国立中央大学教育学院过去现在与将来》，《教育杂志》第25卷第7号，1935年7月。
② 《中大教育心理两系全体学友通讯录：教育学系教授》，《国立中央大学教育心理两系学友通讯》第1期，1936年6月，第29页。

16 学分；第四学年有教育哲学、比较教育、教育调查、中小学行政教学之观察及实习、毕业论文，共计 15 学分。删除了哲学概论、近代教育学说，调整了部分课程的名称，教育学改为教育通论，英文教育书报选读改为教育英文，心理测量改为心理及教育测量，初等教育原理及实施改为小学教育，中等教育原理及实施改为中学教育。调整后的四年必修课程共计 82 学分，比 1933 年必修课程 87 学分减少了 5 学分。①

第三章我们曾讨论学界对大学教育院系培养目标的论争，到 20 世纪 40 年代都未对此达成共识。对培养目标的理解不一致，其课程标准当然有参差。

3. 各校教育学系的"门户之见"

不同学校对教育学系培养目标的理解不一致，即便课程名称大同小异，其理念却可能五花八门。事实上，校与校之间，因主事者的观点不同，确有"门户之见"。1924 年 6 月，厦门大学校长秘书孙贵定（英国爱丁堡大学教育学博士）于闲谈中偶然评价美国学位不如英国学位之难得，引发教育科主任欧元怀（哥伦比亚大学师范学院毕业）等留美教员的不满。② 这最终成为欧元怀等人离开厦门大学创办大夏大学的导火索之一。之后孙贵定和欧元怀分任厦门大学和大夏大学教育科主任。各校教育学系主持者不同的学术背景，留学国家的不同的教育学术研究倾向与风格，势必影响各校教育学系课程设置。

即便都是学习美国，美国的教育改革也有不同的路线。除了人文主义论者外，即便同属进步教育协会，亦有不同阵营。其教育改革的主要倾向大概有三派。社会效率派致力于创造"冷静而有效率，且平稳运作的社会"，主要由教育心理、教育行政、课程与教学、测验与评量等领域学者构成，主张建立一个运作良好且有效率的社会，应优先于儿童的个人兴趣与需求；儿童发展论者则对儿童天赋脾性的自然展开有着十

---

① 《教育学系课程之改革》，《国立中央大学教育心理两系学友通讯》第 1 期，1936 年 6 月，第 7—8 页。
② 《厦大学潮之双方理由》，《申报》1924 年 6 月 9 日，第 7 版。

第四章　教育学科人才培养的制度化：大学教育学系的课程设置变迁

分执着的信念；此外还有社会改良派，视学校为社会改革与社会正义的主要，甚至是唯一的重要力量。[①] 在大学教育院系制度层面上，如哥伦比亚大学和芝加哥大学，也风格迥异。

美国的哥伦比亚大学和芝加哥大学均注重教育学科建设，积极参与教师培训，推进教育学术研究的开展。19世纪后半叶伴随着美国大学引入德国大学的教育学讲座制度，教育学被理解为独立的大学学科。这一时期，佩恩（W. H. Payne）和孟禄（P. Monroe）认为史实是教育学研究的科学基础，具有"史实性"的教育著作即具有"科学性"，因而欲使教育成为学术研究和专业学习的特殊领域，则教育史应成为教育学科的理论基础之一。同时，由于受到裴斯泰洛齐和赫尔巴特教育学说的影响，美国大学教育学研究突出教学与人的心理发展的密切关系，把心理学作为教育学理论的基础和起点。哥伦比亚大学教授桑代克（E. L. Thorndike）将教室看作心理实验室，教室里的一切教育活动都应围绕对人的行为能力的改进来进行，教师的教学也应据此来设计和展开。在他的努力下，教育心理学成为哥伦比亚大学师范学院教师教育的基础学科。并且他于1902年开始讲授教育统计课程，把统计方法应用到教育中。20世纪30年代，克伯屈（W. H. Kilpatrick）认为学界应借鉴心理学、社会学的内容构建教师教育的基础课程。个体应放到更大的有机单位和环境中进行研究，社会是个体成长的主要环境和必要条件，因而教师不仅要关注学生身心的发展，而且要培养其社会责任。在他的主导下，师范学院引导学生将生活中关注的问题转移到发展心理学、教育心理学、社会心理学和教育史的学习上，并在此基础上进一步学习研究教育哲学。[②]

1909年贾德（C. H. Judd）任芝加哥大学教育学院院长与教育系主

[①] 〔美〕Herbert M. Kliebard（克里巴德）：《美国中小学课程竞逐史（1893—1958）》，单文经译注，新北：心理出版社股份有限公司，2021，第28—29、168页。

[②] 肖朗、孙岩：《20世纪美国综合性大学教育学科的发展——以哥伦比亚大学和芝加哥大学为考察中心》，《现代大学教育》2015年第1期。

任。他不认同哥伦比亚大学师范学院，认为哥伦比亚大学师范学院就是因为入学标准太低，学生数量才会极为庞大，且学位也太容易拿到，只不过是一间"巨大的学位工坊"。他反对理论思辨，将教育学系由哲学系解放出来，成为一个同时隶属于教育学院以及研究生文理学院的独立学系。他宣称能够将教育学系放到文理学院（1931年后改隶社会科学院）之下，教育学可以与其他学科平起平坐。贾德主持下的芝加哥大学教育学系因重视以事实资料为基础的科学化探究，成为美国著名的教育学研究重镇。他的目标是透过历史、统计与实验方法，来探究学校实践的科学性事实，以形成如同在医学院或工学院的既专门又精确的专业知识。因此课程必须分化，以探讨各个专门问题的解决之道。他将教育系课程分为教育史、教育行政、教育心理学、教学方法、普通教育原理与特殊教育问题几大领域。① 20世纪20年代，芝加哥大学教育学院在贾德的带领下注重教育问题的科学研究，逐渐向具有定量化研究特征的社会学系靠拢。20世纪30年代，贾德取消教育学院建制，将教育学系归到社会学院门下，以社会学的学术标准来展开教育学研究。

20世纪20—30年代，西方教育学界关于教育学性质的论争，尤其是美国教育哲学与教育科学之争也反映到中国教育学界。1926年，甘豫源发表《教育哲学与教育科学》，介绍"教育哲学与教育科学的分裂，不过近几年来的事"。② 1930年，陈科美论述"西洋教育学术上之论战"时提到，教育哲学与教育科学的"论战近年来弥漫于美国教育界"，前者的代表是杜威的弟子波得（B. H. Bode），代表哥伦比亚派；后者的代表人物为芝加哥大学教育学院心理教授佛里门（F. E. Freeman），代表芝加哥派。近年美国各种教育科学特为发达，即由于科学方法之应用甚广。③ 两派代

---

① 刘蔚之：《美国社会效率派教育研究典范的崛起：以芝加哥大学教育系早期的课程角逐为例》，《课程与教学集刊》第23卷第2期，2020年4月，第196—202页。
② 甘豫源：《教育哲学与教育科学》，《教育汇刊》（南京）第2卷第3、4期合刊，1926年6月，第1页。
③ 陈科美：《西洋近代教育学术上之论战》，《国立暨南大学教育学院教育季刊》第1卷第2期，1930年12月，第9—10页。

第四章 教育学科人才培养的制度化:大学教育学系的课程设置变迁

表人物的观点、著作在中国基本都有介绍,各有其支持者。美国进步主义的不同流派,哥伦比亚大学师范学院与芝加哥大学教育学系的不同时期的不同风格,都有可能对中国大学教育学系产生影响。姜琦曾提及:"社会上一切公私立教育学术机关与团体以及各个教育学者,意见纷岐(歧),派别复杂,而无统一集中的研究态度与方法。例如各大学里面,对于教育的研究,有些偏于欧洲大陆派,有些偏于英美派;即有些大学仿德国大学的制度,把教育学这种学问不是隶属于哲学科,就是隶属于文科,使它成为哲学科或文学科之一学系;有些大学仿美国大学的制度,把教育学这种学问,扩充为一个大规模的教育学院,而分为各种各样的学系与学程。再无论教育学系或教育学院里面的各个教育学者,也是这样的;即有些偏于大陆派,有些偏于英美派;具体的说,有些太注重教育原理,有些太注重教育事实;并且在学风上,隐隐之中,似乎有'门户之见'的存在。"[①]

20世纪30年代,国立北平师范大学、国立北京大学及国立中央大学三家历史最为长久的国立大学的教育学院系,各从其对教育学科性质及功能的认识出发,规定教育学系培养目标,规划教育学系课程,在教育部的课程及设备标准的规范下,仍各有特色。三院系的培养目标不外培养教育学术人才、教育行政人才及中等学校师资,但顺序不一。国立普通大学与师范大学的区别自不必说,即便都是国立大学,中央大学教育学院教育学系与北京大学教育学系的培养目标亦各有侧重。中央大学教育学系的传统重视师资训练,认为师资训练是养成教育学术人才的方法的基础。1948年,北大介绍教育学系的三个培养目标后,另加一句——"不过,北大教育学系一向着重教育理论之研究,现在仍旧继承过去的传统,特别注重第一个目标",即"培育研究教育学术之学者"。[②] 培养目标侧重点不一样,课程设置侧重点

---

① 姜琦:《从欧美日本的教育研究方法说到中国的教育研究方法的状况与趋势》,《中华教育界》第19卷第12期,1932年6月,第36页。
② 国立北京大学讲师讲员助教联合会编印《北大院系介绍》,1948,第38页。

自然也不一样。即便都侧重师资训练,都设置分组,分组标准与形式亦迥异。从这个意义上说,各大学教育学系培养目标各有侧重,进行多方探索,"门户之见"的存在并不全然是坏事。

三 "教育学系必修及选修科目表"的颁行

1935年,王世杰任教育部长期间,曾取国内各大学之概况、一览及课程说明书等,将各科系的课程整理排比,制成各大学分系必修选修课目比较表,并以各科系同一课目为单位进行比较统计。统计12校教育系,必修课目涉及57种。提出了大学课程的共同问题,如共同必修科目不一致、必修选修科目不一致;① 课程的分量各校不同、课目设置的年级先后不同、课目名称分歧;同一学校课目重复、偏重专门科目而忽视基本课程;课程内容方面,普遍忽视本国材料、与实际生活隔离、各校课程开设没有一致趋向;等等。②

1938年2月,陈立夫任教育部长,再度整理大学课程。决定整理课程之原则为"统一标准,注重基本训练,注重精要科目"。1939年7月,教育部详细统计了全国专科以上学校课程概况,提出"近十余年来,大学课程,除医学院外,均由各校自订,科系既多,各校之标准又未尝一致,以致课目泛复凌乱,程度不齐"。③ 鉴于此,教育部邀集各大学代表及各科专家,举行大学课程会议,制定各学系科目表。

(一)"教育学系必修及选修科目表"颁行过程

1938年7月,教育部颁布《师范学院规程》,其中附"师范学院共

---

① 《全国大学课程概况》(上),《申报》1939年7月17日,第13版。
② 《全国大学课程概况》(下),《申报》1939年7月18日,第13版。
③ 《全国大学课程概况》(上),《申报》1939年7月17日,第13版。

第四章　教育学科人才培养的制度化：大学教育学系的课程设置变迁

同必修科目表",9月招考的师范学院新生即遵照施行。1938年10月,教育部召开第一届高级师范教育会议时,即请专家拟具师范学院分系必修及选修科目草案,在大会上提出讨论。

1938年10月20日,教育部召开全国高级师范教育会议。出席会议的有教育部次长顾毓琇、张道藩,国立师范学院院长廖世承,中央大学师范学院院长艾伟、主任导师许本震,中山大学师范学院院长崔载阳,浙江大学师范学院院长郑宗海,西南联合大学师范学院院长黄钰生,以及教育部司长章益、吴俊升、顾树森、陈礼江,参事查良钊、陈泮藻,秘书张廷休、郭有守,督学郝更生,委员谢循初,特约编辑陈东原,科长邵鹤亭、黄龙光、戴应观、钟道赞、吴研因等24人。西北联合大学师范学院院长李蒸因交通问题,会议闭幕后方赶到重庆。各师范学院院长报告院务之后,分成行政及训育、课程两组审查提案。课程组由廖世承召集,艾伟、黄钰生、崔载阳、郑宗海、许本震、陈泮藻、查良钊、顾树森、吴俊升、戴应观、邵鹤亭、黄龙光、陈东原、吴研因、蒋复璁、陈可忠、谢循初、郝更生等19人为审查人。课程组的提案可归纳为五类:一为专门科目如何充实,二为教学实习,三为基本训练,四为专业训练,五为基本科目。因为各系必修选修科目表草案关系到高级师范教育的整个课程,故得到全体出席人员的高度重视。① 高等教育司提交了"审议师范学院各系必修选修科目表草案"供讨论,但会议对各系必修、选修科目表草案仍有较大争议,并未通过决议。之后教育部将"师范学院各系必修选修科目表草案"连同出席会员的讨论意见,发交各师范学院,由各该系主任召集教授、讲师开会讨论,将详细意见反馈回教育部。

至1939年5月,各师范学院意见陆续反馈回教育部,教育部当即另聘专家参酌各校意见,再拟改革案。1939年8月下旬,由教育专家

---

① 边振方、张光涛:《全国高级师范教育会议纪事》,《教育通讯》(汉口)第34期,1938年11月。

赵迺传、张伯谨、谢循初、孙光远及教育部次长顾毓琇、高等教育司司长吴俊升、参事陈石珍，以及国立中学校长周厚枢、周邦道等30余人开会，详细讨论师范学院九系的必修选修科目草案。① 1939年11月，教育部颁布"师范学院分系必修选修科目表"及"施行要点"，涉及教育学系的有"师范学院教育学系必修科目表"、"师范学院分系必修及选修科目表施行要点"及"师范学院教育学系选修科目表"，要求各师范学院遵行，并"将施行情形具报备查"。② 至此教育学系的课程达到了相对的统一。之后的修订皆是在此基础上进行调整。

1944年9月，因1943学年起师范学院各学系修业年限由原来的五年改为在校肄业四年，第五年出校担任实习教师一年，1938年教育部颁布的"师范学院共同必修及分系必修选修科目表"已不尽适合，③ 教育部废止1939年颁行的大学师范学院共同必修科目表及分系必修选修科目表。

(二)"教育系必修选修科目表草案"及讨论

1938年7月颁布的《师范学院规程》中规定，师范学院各系课程由普通基本科目、教育基本科目、分系专门科目及专门训练科目四部分组成。其中普通基本科目（党义、国文、外国文、社会科学、自然科学、哲学概论、本国及西洋文化史）52学分，教育基本科目（教育概论、教育心理、中等教育、普通教学法）22学分，分系专门科目72学分，专业训练科目计分科教材教法研究8学分、教学实习16学分，共计170学分（见表4-5）。

---

① 《教部修订师范学院课程》，《申报》1939年10月9日，第7版。
② 《师范学院分系必修及选修科目表施行要点》，《申报》1939年11月24日，第10版。
③ 高等教育司提《请讨论师范学院共同必修科目案》，《教育部公报》第17卷第7期，1945年7月。

第四章 教育学科人才培养的制度化：大学教育学系的课程设置变迁

表 4-5 师范学院课程学分分配

课程类别		学分
普通基本科目		52
教育基本科目		22
分系专门科目		72
专业训练科目	分科教材教法研究	8
	教学实习	16
总计		170

资料来源：《师范学院规程（教育部第四三七八号部令公布）（二七、八、十）》，《教育部公报》第 10 卷第 8 期，1938 年 8 月，第 13 页。

1938 年 8 月，在全国高级师范教育会议上讨论的"教育系必修选修科目表草案"如表 4-6 所示。

表 4-6 教育部拟教育系必修选修科目表草案（1938）

单位：学分

甲、共同必修科目（上学期学分—下学期学分）				
第一学年	第二学年	第三学年	第四学年	第五学年
党义 1—1	哲学概论 2—2	普通教学法 2—2	教育行政 3—0	教育社会学 2—2
国文 4—4	社会科学（政治学、经济学、社会学、法学通论任选）3—3	中国教育史 2—2	学校行政 0—3	教育哲学 2—2
外国文 4—4	西洋文化史 3—3	小学教育 3—3	教育统计 2—2	心理卫生 3—0
社会科学（政治学、经济学、社会学、法学通论任选）3—3	中等教育 3—3	心理及教育测验 2—2	师范教育 3—0	学校训育 0—3
自然科学（生物学、人类学、物理、化学任选）3—3	普通心理学 3—3	西洋教育史 3—3	图书馆学 0—3	论文讨论

277

续表

甲、共同必修科目（上学期学分—下学期学分）				
第一学年	第二学年	第三学年	第四学年	第五学年
本国文化史 3—3	教育心理 3—3		分科教材教法研究 4—4	教学实习 8—8
教育概论 3—3				
21—21	17—17	12—12	12—12	15—15
乙、选修科目举要				
青年心理 4；儿童心理 3；幼稚教育 2；实验教育 3；地方教育行政 3；教育视导 2；乡村教育 2；女子教育 2；职业教育 2；体育概论 3；生理学 4；卫生教育概论 4；德育原理 4；伦理学 4；中国伦理思想史 4；中国政府 6；中国经济组织 6；社会问题 6；社会教育 3；急救及按摩 2				

注：音乐、体育与军训为公同必修科目，不给学分。
资料来源：方惇颐：《师范学院教育系目标与课程之商榷》，《教与学》第 4 卷第 5 期，1939 年 7 月，第 9—10 页。

对这份草案，各大学师范学院皆未表示完全认同，都在本校办理教育学系历史经验的基础上对草案提出建议。

李建勋及黄敬思代表西北联大师范学院教育系，在教育目标方面，提出应将"养成教育学术人才"写入宗旨。课程"单一则博而难期专精，分系则专而不切实"，所以有师范学院应否设心理学系之争。西北联大师范学院主张借鉴之前北师大教育学系的分组经验，从第四学年起分为教育行政与教育心理两组。在分组问题而外，就教育学系的特殊性，提出了教育学系设置"副系"的问题。按照教育部中学规程的规定，学校行政人员也必须任课若干小时，若教育学系不设副系，那么教育学系毕业生势必不能满足在中学服务的条件，"故副系之设，他系可无，教育学系应有，所顾虑者学生负担过重耳"。若指定英文、国文、历史、地理等科为副系，以 20 学分为必修及选修标准，那么教育学系毕业要求的学分将达 190 学分。就具体科目论，建议增加"心理实验（一）""心理实验（二）""学科心理""儿童及青年心理""变态心理及心理卫生""社会心理""比较心理""系统心理""公文程式""健康教育""教育视导""学务调查""各

第四章 教育学科人才培养的制度化：大学教育学系的课程设置变迁

国教育行政"。应取消"学校行政""地方教育行政""学校训育""体育概论""卫生教育概论""救急及按摩""德育原理"，"实验教育"改为"教育实验法"。必修与选修应移换者："图书馆学"改为选修，"儿童及青年心理""教育视导"改为必修。应将"变态心理及心理卫生"从3学分增至4学分，"师范教育"从3学分增至4学分。"师范学院定为五年，表面上似将师范大学程度提高，实际上则将分系专门训练降低。"建议减少"社会学""本国文化史""西洋文化史""普通心理学""中等教育""小学教育""教育概论"等科目的学分。调整"普通心理学""社会学""教育统计""教育史""中等教育""教育社会学"的学年顺序。①

中山大学教育学系教授兼主任林本看过西北联大所拟的教育学系课程，赞同西北联大师范学院关于教育学系培养目标的意见，支持将"养成教育学术人才"写入宗旨。林本亦赞同分组，但不赞同分为教育行政和教育心理两组，主张分为专攻教育学及专攻教育心理两组。关于学分之分配，他建议尽量减少普通基本科目的门类与学分，保留党义、本国文化史、国文、外国文、哲学概论。而在社会科学及自然科学中，教育学系指定社会学及生物学即可。对教育学系而言，教育基本科目即为专门科目。对于教育学系的分系专门科目，林本赞同西北联大增设"心理实验"，还建议增设社会心理学、心理学史、现代心理学派别及学科心理以及教育心理名著选读，将社会教育列为必修，"图书馆学"及"心理卫生"由必修移换为选修，删除"学校行政"。林本重新拟具的科目表，第一学年重在基本科目学习，第二三学年重在教育学系共通科目讲授，第四五学年则教育学、教育心理学两组分修。教育学系的专业训练科目为分科教材教法和研究教学实习。并列举选修科目应用心理、电化教育、学务调查、生理学、高等教育统计、高等教育、职业教

---

① 西北联大师范学院教育系同人：《对于教育部拟定师范学院教育系课程之意见》，《西北联大校刊》第14期，1939年4月，第38—43页。

育、教育思潮、教育专史研究等30余种。①

国立师范学院院长廖世承拟具《修正"师范学院教育系必修选修科目表草案"意见》。他认为"师范学院教育系以造成中等学校优良之教育学与心理学教师及教育行政人员为主旨。先就教育及心理之基本学科加以训练，俾得稍窥门径，然后培养阅读与教学能力，作高深之研究；并随各人旨趣，认定一组有系统之选修科目，以充实学养而增进服务之机会"。根据他对师范学院教育学系培养目标及训练思路的设想，廖世承对原草案进行了一系列调整。他将生物学列为一年级必修科，并以"现时中学毕业生英文程度过低，不易阅读西文书籍"，在二年级加设"英文阅读指导"，以期三年级起浏览西文参考书。删"学校行政"，列"论理学"为必修。"各系学程均由浅而深，独教育系之课程，偏重横的陶冶，而缺乏纵的进展，以致博而不精，易流空泛。为救济此弊，特在第四第五年各设'名著选读'六学分，每学年至少须阅读名著八册。在教授指导之下，作批评报告，庶几学问较为切实，将来研究教育问题时，亦有所指归。"教育社会学、教育哲学由4学分改为3学分，心理卫生、学校训育由3学分改为2学分。"分科教材教法研究"原为专业训练之重要科目，但教育学系的性质与其他各系不同。教育学系之宗旨，在造就中等学校之教育学及心理学师资与教育行政人员。教育与心理之学程，门类繁多，若普通研究，太过广泛，故拟就各学生旨趣所近之学科，作为研究对象，由8学分减为4学分。

为解决教育学系学生在中学任教"用非所学"的问题，廖世承认为教育学与他系学科之关系，虽深浅不同，而脉络相承，能同时并顾。为此，廖世承也主张分组。他按照毕业后能担任的学科课程分组，设计了文学、英语、数学、物理、化学、生物学、历史、地理、伦理、心理等10组"有系统"的选修科目，学生自第三学年开始，必须认定一

---

① 林本：《师范学院教育系课程之商榷》，《教育研究》第87、88号合刊，1938年12月。

第四章 教育学科人才培养的制度化：大学教育学系的课程设置变迁

组，依次选修。第三学年每学期可选 6—8 学分，第四学年每学期可选 5—7 学分，第五学年每学期 2—4 学分。如此则"学养可以充实，而服务之机会亦得借此增进也"。除分组选修科目外，仍设教育选修科目。在原草案基础上有所增损。①

方惇颐看到教育部的草案后，认为教育学系的目标与课程问题，是教育学系的"中心问题"，也参加讨论。他主张，在师范学院成立之后，未设师范学院的大学虽然不必设教育学院，但应保留教育学系，一方面养成学术人才，一方面协助其他学院训练中等学校师资。在教育学系的培养目标方面，师范学院的教育学系应专事培养中等学校师资和教育行政人员等实用人才。关于分组辅组问题，方惇颐赞同分组，但不同意西北联大及林本的按照教育学科内容分组的主张，他认为"师范学院的教育学系自当参照实际情形，分为师范学校或中等学校师资与教育行政人员两组，从第四学年起分攻。至于教育学术之研究，可多设高级选科以便学生选修，无特立一组的必要"。② 主张按培养目标分组，这样毕业生就有了明确的出路。此外设置国文、英语、公民、历史、地理及博物六门辅组。方惇颐称这种分组方式为"辅组制"，每人选教育以外一科为辅组。同时建议将学分总数增至 188 分（见表 4-7）。

表 4-7　方惇颐改拟教育学系科目表

单位：学分

第一学年	第二学年	第三学年	第四学年		第五学年	
			师资组	行政组	师资组	行政组
国文*4—4**	外国文*（着重专著选读）2—2	党义*1—1	教育行政 2—2		教育哲学 2—2	

---

① 廖世承：《修正"师范学院教育系必修选修科目表草案"意见》，《国师季刊》第 2 期，1939 年 3 月。
② 方惇颐：《师范学院教育系目标与课程之商榷》，《教与学》第 4 卷第 5 期，1939 年 7 月，第 8 页。

续表

第一学年	第二学年	第三学年	第四学年		第五学年	
			师资组	行政组	师资组	行政组
外国文* 4—4	哲学论* 2—2	西洋教育史（包括文化背景）3—3	师范教育 2—2		社会教育 3—0	
社会科学概论* 2—2	社会学 2—2	教育社会学 2—2	学校训育 0—3		论文讨论	
自然科学概论* 2—2	中国文化史* 2—2	中等教育* 2—2	心理卫生 3—0		幼稚教育 0—3	教育财政 2—0
生物学 2—2	中国教育史 2—2	小学教育 2—2	教育学科教材及教法研究 2—2	比较教育制度 2—2	小学学科心理 2—2	教育调查 0—2
普通心理学（附实验）3—3	儿童心理 3—0	普通教学法* 2—2	心理学科教材及教法研究 2—2	教育视导 2—0	教学实习 6—6	地方教育行政 0—3
教育概论* 3—3	青年心理 0—3	心理及教育测验 2—2		公民教育 3—0		教学及行政实习 6—6
音乐*	教育心理（附实验）* 3—3	音乐*		训育实际问题研究 0—2		
体育*	教育统计法 2—2	体育*				
军训或看护*	音乐*					
	体育*					
	选修 2—2	选修 4—4	选修及辅组 7—7		选修及辅组 5—5	
合计 20—20	合计 20—20	合计 18—18	合计 18—18		合计 18—18	

第四章 教育学科人才培养的制度化：大学教育学系的课程设置变迁

续表

第一学年	第二学年	第三学年	第四学年		第五学年	
			师资组	行政组	师资组	行政组
选修科目举要						
图书馆学 3；教育研究法 3；教育实验法 3；应用心理 3；变态心理 2；中国学科心理 3；女子教育 2；家事教育 3；职业教育 3；职业指导 2；乡村教育 3；课程研究 3；教育政策 3；教育思潮 3；德育原理 3；体育概论 3；健康教育 4；生理学 4						
辅组科目举要						
国文组：历代文选 4；历代诗选 2；文字学概要 4；音韵学概要 4；经书选读 4；子书选读 4；国文教材及教法研究 4						
英语组：英语基本练习 6；英文散文选读 4；英文小说选读 4；英文作文及修辞 4；英文作文及翻译 4；英文教材及教法研究 4						
公民组：政治学 6；经济学 6；民法概要 6；伦理学 4；公民教材及教法研究 4						
历史组：史学概论 4；中国通史 6；西洋通史 6；中国现代史 3；西洋现代史 3；历史教材及教法研究 4						
地理组：地学通论 6；中国地理 6；世界地理 6；地理实际 4；地理教材及教法研究 4						
博物组：无脊椎动物学 6；脊椎动物学 6；植物形态学 6；植物分类学 4；博物教材及教学研究 4						

注：＊为共同必修。

＊＊上学期学分—下学期学分。

资料来源：方惇颐：《师范学院教育系目标与课程之商榷》，《教与学》第 4 卷第 5 期，1939 年 7 月，第 12—13 页。

中国教育学会分会、香港中国教育协会各会员曾昭森、何荫棠、朱有光、廖奉恩、洪高煌、何艾龄、庄泽宣、黄觉民、钟鲁斋、雷通群等 10 位学者也对师范学院课程发表意见。他们与方惇颐意见类似，认为大学教育院系应与师范学院并存。他们认为，师范学院鉴于以往大学教育院系太重教育科目而忽视专科科目，所以在课程中订定专门科目有 72 学分之多，教育科目仅 22 学分，未免矫枉过甚。建议师范学院增多教育科目，至少须有统计方法及测验或新法考试科目。①

各家意见各有侧重，其中就师范学院教育学系的培养目标及分组问题，仍然各执己见，分歧明显。

---

① 庄泽宣：《师范学院能否完全代替教育学院系》，《教育季刊》第 15 卷第 2 期，1939 年 6 月。

(三) 1939 年"师范学院教育学系必修科目表"定案更动甚大

1939 年 5 月,各师范学院意见反馈回教育部后,8 月,教育部召集师范学院课程会议加以讨论修订,并将各校所提的一般意见,制成"施行要点"。1939 年 9 月,教育部二三〇六一号训令命令各师范学院,从 1939—1940 学年第二年级学生开始实施教育部颁发的科目表(见表 4-8、表 4-9)。①

表 4-8 师范学院教育学系必修科目表 (1939)

单位:学分

科目	规定学分	第二学年		第三学年		第四学年		第五学年		备注
		第一学期	第二学期	第一学期	第二学期	第一学期	第二学期	第一学期	第二学期	
社会学	6	3	3							在第一学年共同必修科目中学习之
普通心理学	6	3	3							得移至第一学年讲授,与本国文化史对调
论理学	4	2	2							
伦理学	3			3						注意本国伦理学说
教育统计	3			3						
心理及教育测量	3				3					
发展心理学	4			2	2					
教育哲学	4					2	2			
教育行政	4					2	2			
初等教育	3					3				包括升学及就业指导
社会教育	2							2		
比较教育	4							2	2	
中国教育史	6			3	3					注重教育与社会变迁之关系与教育家之伟大精神及教育理念

---

① 罗廷光编著《师范教育》,附录九。

第四章 教育学科人才培养的制度化：大学教育学系的课程设置变迁

续表

科目	规定学分	第二学年		第三学年		第四学年		第五学年		备注
		第一学期	第二学期	第一学期	第二学期	第一学期	第二学期	第一学期	第二学期	
西洋教育史	6					3	3			注重教育与社会变迁之关系，教育家之伟大精神
训育原理及实施	3				3					
分科教材及教法研究	8					3	3	1	1	
教学实习	16					3	3	5	5	
毕业论文	2—4							1—2	1—2	
总计	87—89	8	8	11	11	16	13	11—12	9—10	

资料来源：《师范学院教育学系必修选修科目表》，《教育季刊》第 15 卷第 4 期，1939 年 12 月，第 79—81 页。

表 4-9　师范学院教育学系选修科目表（1939）

单位：学分

科目及规定学分				设置学年及学期
生理学 4	遗传学 3	实验心理学 6	变态心理学 3	第三四五学年
社会心理学 3	社会心理学 3	比较心理学 3	心理卫生 2	
学校卫生与体育 3	教育视导及调查 2	乡村建设与教育 2	中外教育家研究 2—4	
师范教育 2	家事教育 2	女子教育 2	职业教育 2	
学校行政 3	民权行使及实习 2	升学及就业指导 2	儿童及青年读物 2	
课程编制 2	中国社会史 4—6	中国经济史 4—6	地理学说 3—6	
近代教育思潮 3	中国文学专著选读 4—6	图书馆学 5	公文程式 2	
演说与辩论 2				

资料来源：罗廷光编著《师范教育》，附录九。

与草案相比，"师范学院教育学系必修科目表"定案有较大调整。必修科目中，删除了哲学概论、西洋文化史、中等教育、教育心理、普

285

通教学法、小学教育、图书馆学、教育社会学、学校训育；师范教育、心理卫生及学校行政由必修调整为选修；原选修科目伦理学与社会教育调整为必修；"心理及教育测验"改为"心理及教育测量"，"论文讨论"改为"毕业论文"，调整了"分科教材及教法研究"及"教学实习"的学年学分分配，"中国教育史"增至6学分，"教育哲学"提前至第四学年。定案中新加入论理学、发展心理学、初等教育、比较教育、训育原理及实施为必修。草案中所列选修科目或删或改，仅保留了生理学、教育视导、女子教育、职业教育，此外均系新加。

"师范学院教育学系必修科目表"的制定过程中，从草案拟定到各师范学院讨论，最后再汇总意见修订出台，每一个环节都由在大学教育院系从事多年教学的专家参与，草案与定案有如此大的出入，从一个侧面说明，各师范学院教育学系或专家各执己见。各师范学院教育学系虽然形式上有了相对统一的必修科目，但实质上仍有争议。

"师范学院教育学系必修科目表"施行未及一年，1940年4月25日，第二届全国高级师范教育会议在教育部长陈立夫的主持下召开。出席人员除了教育部各司长，还有各师范学院院长。第一组审查关于行政及一般问题的提案，参加者有李蒸、吴俊升、黄钰生、王琎、陶玄、程其保、邰爽秋、顾兆麐、唐惜分、章益、孟寿椿、张廷休、陈石珍、戴应观、邵鹤亭等15人；第二组审查关于课程及训育的提案，参加者有许本震、谢循初、袁敦礼、查良钊、齐国梁、李相勖、陈礼江、顾树森、郝更生、陈泮藻、陈东原、钟道赞、钱云阶、黄龙光、周尚、许自诚等16人。① 议决要案30余件，涉及师范学院方方面面的问题。其中提案最多的是"课程问题"。会议决议以下三点。①属于共同必修科目者，三民主义、体育、军训及音乐等当然必修科目均给予学分；普通基本科目学分数照文理法学院，规定伸缩性。②属于教育基本科目者，教育概论注明包括政策及中国教育之发展，教育心理包括教育测验及统

---

① 陈东原：《第二届高级师范教育会议概述》，《教与学》第5卷第4期，1940年6月。

第四章 教育学科人才培养的制度化：大学教育学系的课程设置变迁

计，中等教育、普通教学法两科目仍旧。③属于分系必修科目者，西北师范学院所提之关于课程改革意见送教育部参考；分系科目学分，应多留弹性。关于课程的争议仍大，讨论结果不过是由教育部征集各师范学院对于课程改进意见，参照各校情形，酌量召集第二次课程会议，届时再将此次会议有关课程各案作为参考。会议未及讨论教育学系分组及辅系的具体问题。实际上，师范学院课程共同必修科目表仅颁行两年，分系必修选修科目表实施不及一年，各校便因为部订科目与向来的教学传统不尽相合，以及各科目教师人选困难，一时难以适应。而且各师范学院关于课程的意见常常相反。如共同必修科之国文、外国文，西北师范学院主张减，陈剑脩先生主张增。西北师院的袁敦礼说"社会科学一种已够"，西南联大的黄钰生说"师范学院学生还是多学一点社会科学好"。欲综合各方面的意见，订出一个标准，使各方面都满意，结果每每任何方面都不满意。① 即便再开一次课程会，亦未必能产生皆称满意的新科目表。因而教育部高等教育司司长吴俊升与李蒸、黄钰生等人达成共识，各学院克服困难仍旧实施已订科目表。

教育学系的培养目标应注重师资训练还是教育学术，是否分组，按照什么标准进行分组等问题，直至1949年各校仍各有主张，未达成共识。

四 20世纪30—40年代教育学系常用教材

20世纪30年代以前，政府未对大学教材实行统一的规划和管理，大学教材的编印出版一直处于由各大学甚至教员自主掌控的状态。20世纪30年代，商务印书馆、中华书局、世界书局曾先后编印出版"大学丛书"。从数量、规模及影响来看，以商务印书馆的"大学丛书"为大。1932年"一·二八"馆难之后，商务印书馆开始从事"大学丛

---

① 陈东原：《第二届高级师范教育会议概述》，《教与学》第5卷第4期，1940年6月，第31页。

书"编纂工作。商务印书馆总经理王云五广泛征集国内外各大学一览及课程表资料,在此基础上草拟"大学科目草案",之后将"草案"分发给由大学校长、学会会长及中央研究院研究所所长组成的"大学丛书"委员会委员。按照各委员的修改意见修订形成《大学丛书目录》。《大学丛书目录》按《大学组织法》分为八个学院,各学院下分列不同学系及其课程。商务印书馆以此为依据,征集"大学丛书"稿本,并渐次出版。截止到1937年9月,商务印书馆实际出版的"大学丛书",涉及教育学院的用书有50余种(见表4-10、表4-11)。

表4-10 "大学丛书"教育学院教育系用书(截至1937年9月)

科目	书名、原作信息	著译人
教育哲学	《教育哲学大意》 B. H. Bode, *Fundamentals of Education*	孟宪承译
	《民本主义与教育》 J. Dewey, *Democracy and Education*	邹恩润译
	《明日之学校》 J. Dewey, *School of Tomorrow*	朱经农等译
	《教育哲学大纲》	吴俊升著(1937年增)
教育社会学	《教育社会学》	雷通群著
	《教育社会学》	孟宪承编著中
	《社会与教育》	陶履恭著
	《教育社会学原论》 C. C. Peters, *Foundations of Educational Sociology*	鲁继曾译(1937年增)
教育原理	《现代教育学说》 B. H. Bode, *Modern Educational Theories*	孟宪承译
	《桑代克教育学》 E. L. Thorndike, *Education, a First Book*	陈兆蘅译
	《教育原理》	赵演译
	《中国教育原理》 *A Study of Chinese Principle of Education*	蒋梦麟著
	《教育之基本原理》 E. L. Thorndike & A. I. Gates, *Elementary Principles of Education*	宋桂煌译

第四章 教育学科人才培养的制度化：大学教育学系的课程设置变迁

续表

科目	书名、原作信息	著译人
教育原理	《教育之科学研究》 C. H. Judd, *An Introduction to the Scientific Study of Education*	郑宗海译
	《教育之科学研究法》	钟鲁斋著（1937年增）
教育心理学	《教育心理学概论》 E. L. Thorndike, *Educational Psychology*	陆志韦译
	《教育心理学导言》 E. K. Strong, *Introductory Psychology for Teachers*	朱定钧译
	《小学各科心理学》 Read, *Psychology of Elementary School Subjects*	水康民译
	《心理与教育之统计法》	朱君毅著
	《现代心理学与教育》 Ragadale, *Modern Psychology and Education*	钟鲁斋、张俊琦译（1937年增）
	《心理学与教育测量》	王书林著（1937年增）
儿童心理学	《儿童心理学新论》 Kurt Kofika, *The Growth of Mind: An Introduction to Child Psychology*	高觉敷译
	《儿童心理学》 R. Gaupp, *Psychologica des Kindes*	陈大齐译
	《儿童心理之研究》	陈鹤琴著
学习心理学	《学习心理》 S. S. Colvin, *The Learning Process*	黄公觉译
	《学习之基本原理》 A. S. Edward, *The Fundamental Principles of Learning and Study*	钱希乃等译
西洋教育史	《近三世纪西洋大教育家》 F. P. Graves, *Great Educators of Three Centuries*	庄泽宣译
	《西洋教育史大纲》	姜琦编
	《西洋教育史》	范寿康编著中
中国教育史	《中国教育史大纲》	王凤喈著
	《中国教育史》	陈青之著（1937年增）
近代教育思潮		

续表

科目	书名、原作信息	著译人
教学法概论	《教学概论》 Bageley and Keith, *An Introduction to Teaching*	林笃信译
	《各科教学法》	孟宪承编著中
小学普通教学法	《普通教学法》 S. C. Parker, *General Method of Teaching in Elementary School*	俞子夷译
	《小学各科新教学法之研究》	钟鲁斋著
中学普通教学法	《中学教学法之研究》 W. A. Millis & H. H. Millis, *The Teaching of High School Subjects*	程其保译
	《中学各科教学法原理》	胡毅著
科学教授法	《科学教授法原理》 G. R. Twiss, *Principles of Science Teaching*	王琎译
国文(或语文)教学法	《国文教学法》	廖茂如编著中
英文教学法		
算学教学法		
历史教学法	《历史教学法》 H. Johnson, *The Teaching of History*	何炳松译
地理教学法	《地理教学法》 M. E. Bronam and F. K. Bronam, *Teaching Geography by Project*	郑贤宗译

资料来源：商务印书馆：《大学丛书目录》，商务印书馆，1935，第65—70页；商务印书馆：《大学丛书目录》，商务印书馆，1937，第71—78页。

表 4-11　"大学丛书"教育学院行政系用书（截至 1937 年 9 月）

科目	书名、原作信息	著译人
教育行政	《教育与学校行政原理》	杜佐周著
小学行政	《小学行政概要》	程其保、沈瀛渊编
中学行政	《中学教育》	廖世承编
大学行政		
师范教育	《师范教育》	李相勖编著中（1937年目录中取消）

第四章 教育学科人才培养的制度化：大学教育学系的课程设置变迁

续表

科目	书名、原作信息	著译人
比较教育	《各国教育比较论》	庄泽宣著
	《德法英美四国教育概况》	常道直著
	《比较教育》	钟鲁斋著
职业教育		
大学教育	《大学教育》	董任坚编著中
慈幼教育	《慈幼教育》	董任坚编著中
图书馆学	《图书馆学》	马宗荣编著中
教育统计	《教育统计学纲要》 L. L. Thurstone, *The Fundamentals of Statistics*	朱君毅译
课程论	《课程》 F. Bobbitt, *The Curriculum*	张师竹译
	《设计组织小学课程论》	郑宗海、沈子善译
教育测验	《测验概要》	廖世承、陈鹤琴编
	《教育测验》	陈选善著
	《教育实验法》 William A. McCall, *How to Experiment in Education*	薛鸿志译
教育方法	《教育方法原论》 W. H. Kilpatrick, *Foundations of Method*	孟宪承、俞庆棠译
训育论	《训育论》	李相勖著
教育调查	《学务调查》	程其保编

资料来源：商务印书馆：《大学丛书目录》，商务印书馆，1935，第65—70页。

"大学丛书"出版后，国内各大学均不同程度地采用，以其作为相关课程的教材或教学参考书。以国立北京大学教育学系为例。商务印书馆已出版的相关课程的"大学丛书"，不论是译著、专著还是外文原版，几乎都能在1935—1936学年北大教育学系的"课程纲要"中找到痕迹：

一、教育概论（尚仲衣）

教本：

Thorndike and Gates, *Elementary Principles of Education.*

Butterweek and Sccgers, *Ovientation Course in Education.*

主要参考书：

1. W. D. Hambly, *Origines of Education Amony Prinitives Peoples.*

2. Chapman and Counts, *Principles of Education.*

3. Cadewell, Skinner, and Tietz, *Biological Frundations of Education.*

二、教育名著选读

读本：

教育名著选读（1）（吴俊升）用 Dewey, *How We Think*, New edition, 1933。

教育名著选读（2）（邱椿）用 Kilpatrick（edit）, *Educational Frontier*, 1934。

教育统计学

参考书：

1. H. O. Rugg, *Statistical Methods Applied to Education.*

2. L. L. Thurstone, *The Fundamentals of Statistics.* （商务，朱译本）

3. A. Joulin, *Kours de Statistique Generaleet Appliquee.* （法文）

三、教育哲学（吴俊升）

参考书：

1. John Adams, *The Evolution of Educational Theory.*

2. B. Bode, *Conflicting Psychologies of Learning.*

3. Rusk, *Philosophical Bases of Education.*

四、教育行政（尚仲衣）

主要参考资料：

1. Strayer, Englhardt and Others, *Problems in Educational Administration.*

2. Cubberley, *Public School Administration.*

3. Brinton, *Graghic Methods of Presenting Facts.*

第四章 教育学科人才培养的制度化：大学教育学系的课程设置变迁

五、普通教学法（潘渊）

参考书：

1. Strayer and Norworthy, *Now to Teach*.

2. Strayer, *A Brief Course in the Teaching Process*.

3. M. J. Stornzand, *Progressive Methods of Teaching*.

4. H. L. Morrison, *Practice of Teaching in Secondary School*, University of Chicago Press.（是书要义由胡毅氏译成中文，名《中学教学法原理》）

5. 张怀《中学普通教学法》

6. 罗廷光《普通教学法》

7. 程其保《中学教学法之研究》

8. 俞子夷译《普通教学法》

六、社会教育

主要参考资料：

1. Begtaup, Lund and Monniche, *The Folk High School of Demmark and the Development of a Farming Community*.

2. Hort, *Adult Education*.

3. Peffer, *New Schools for Older Students*. ①

1938—1942 年，商务印书馆陆续又出了 51 种"大学丛书"。1942 年之后，因为国立编译馆编印的"部定大学用书"已达相当数量，商务印书馆逐渐减少了"大学丛书"的编印出版。② 全面抗战爆发后，继颁发大学各学院分院共同必修科目及各学系分系必修及选修科目，教育部也试图对各科目所用之教科参考书进行统一化管理。但直至 1949 年，这项工作并未完成。

---

① 国立北京大学编印《民国二十四年度国立北京大学一览》，1935，第 139—159 页。

② 肖朗、吴涛：《商务印书馆"大学丛书"与近代中国大学教材建设》，《高等教育研究》2013 年第 12 期，第 76 页。

1939年11月,教育部训令国立编译馆主持编译大学用书。1940年3月,颁布《大学用书编辑委员会章程》,设立大学用书编辑委员会。① 1940年该委员会决议,先编辑共同必修科用书,再编选修科用书。在编辑方法上,主要有三种,其一先对各出版社已印行的大学用书进行甄别,合格者经原著译者同意,作为部定大学用书;其二向社会公开征稿;其三特约各科专家审稿。② 公开征稿分期分批进行,各学院共同必修科目征稿时间截至1941年3月底。征集师范学院共同必修科目如"教育概论、教育心理、中等教育、普通教学法等"。各学院分系必修与选修科目用书则不限征稿期限。③ 对于"无人应征或已有人应征而稿件经审查未必采用"的科目用书,则进行约稿,分别特约专家编著。截止到1947年,涉及教育学科已出版的"部定大学用书"仅有王凤喈的《中国教育史》(正中书局)、钟灵秀的《社会教育行政》(正中书局)、萧孝嵘的《教育心理学》(正中书局)。④

如北京大学1935—1936学年教育学系"课程纲要"所示,除了中国教育史及近代教育思潮,其他各课程教本及主要参考书,大多为外文(英文、法文)。前文提及,朱有光、张文昌等人调查大学教育学系时,皆提到教育学系的教材问题。据张文昌对教材的统计,大学教育学系教材用中文的有19.9%,用外国文者44.2%,自编者45.2%。他说"坊间教本可以供大学用者果然少得可怜,也是事实"。⑤ 庄泽宣也曾注意过这一现象。这种现象从已出版的"大学丛书"目录中也可得见一二。表4-10、4-11中所列60种书,除去"编著中"的8种,已出版的52

---

① 滕大春:《教育部大学用书编辑委员会工作概况》,《教育通讯》(汉口)第4卷第18期,1941年5月。
② 黎东方:《部定大学用书之编辑情形》,《出版界》(正中书局专号)第1卷第6、7期合刊,1944年10月。
③ 《教育部大学用书编辑委员会公开征稿》,《图书季刊》新第3卷第1、2期合刊,1941年6月,第139页。
④ 教育部教育年鉴纂委员会编《第二次中国教育年鉴》,第五编第505—507页。
⑤ 张文昌:《国内二十六处教育学院系状况与课程调查》,《之江学报》第1卷第2期,1933年4月,第180页。

第四章　教育学科人才培养的制度化：大学教育学系的课程设置变迁

种中，英文译著有26种，占一半。此外，如庄泽宣的《一个教育的书目》，书中列了17类教育相关问题，每类开列五六种英美流行的书，作为初学者的入门书。① 民国时期，至少从教材上来说，大学教育学科是舶来品，根在欧美。

五　个案：国立北京大学教育学系的历史境遇（1924—1937）

民国时期北京大学的教育学系，因北京大学的学术地位而被研究近代大学教育学科的学者特别关注。就已有研究成果而言，《中国近代大学的现代转型：移植、调适与发展》一书的第二章第三节以北京大学教育学系为例说明"转型与发展：教学模式的变革"，② 对北大教育学系的课程设置进行了较为系统的考察。但包括该书在内的相关研究在史料运用方面有较大失误。失误源于《北京大学史料》中的一则史料《教育学系教员及所授科目一览表》未标明时间及出处，但是附在《教育学系教授会布告（民国十三年十一月二十五日）》之后。③ 有研究将这则史料当作北大教育学系成立时的教员及所授科目情况，④ 亦有研究据以编制《1924年度北京大学教育学系教员与课程安排》，以此来考察北大教育学系成立初期的史实。⑤ 参考1924年《北京大学日刊》的《教育学系课程指导书（十三年至十四年度）》，⑥

---

① 庄泽宣编《一个教育的书目》，"引言"。
② 周谷平等：《中国近代大学的现代转型：移植、调适与发展》，第168页。
③ 《教育学系教员及所授科目一览表》，王学珍、郭建荣主编《北京大学史料第二卷·二（1912—1937）》，第1755—1756页。
④ 项建英：《民国时期综合性大学教育学科论略——以中央大学、北京大学为个案》，《高教探索》2006年第5期。
⑤ 周谷平等：《中国近代大学的现代转型：移植、调适与发展》，第161—190页。
⑥ 《专载：教育学系课程指导书（十三年至十四年度）》，《北京大学日刊》第1529号，1924年9月27日，第2—3版。

两相对照，很容易发现两者的教员与课程很少交叉。参之以1929年李辛之的《北京大学之教育系》一文所列1924—1929年教育学系历年课程及教职员①可知，该表所录教育学系教员及所授科目，时间为1927—1928学年，而非1924年。这则核心史料的错用，导致对北大教育学系相关史实认识的一系列错位。这意味着，对国立北京大学教育学系的研究，哪怕是基本史实的考证，仍尚有很大的进步空间。

实际上，借助于《国立北京大学一览》，以及《北京大学日刊》的布告、通告，各位教员的课程更动"启事"等资料，与北京大学及教育学系相关人物的资料参照印证，基本可以厘清1937年前北大教育学系各个时期的主任、教授及课程的变动。以1931年为界，北大教育学系的师资及课程前后有明显不同的倾向和特色。相比于20世纪30年代蒋梦麟主持下北大教育学系师资与课程的平稳，20年代的教育学系可谓处于乱局中，师资和课程一直随着校内外局势的变动而变动。

如何解读其中的变与不变？教学模式变换是否足以说明频仍的变动？北大教育学系系主任的更迭、课程的变换乃至不同时期的学术倾向，与南北对峙的时代背景、南京国民政府教育部整顿高等教育的节奏、北京大学跌宕起伏的内部环境、教育学科内部教育研究的不同倾向，皆密切相关。若将教育学系的师资与课程资料做断面处理，平面地堆积信息并不能说明历史问题，只有将北大教育学系置于结构化的历史背景中观照，才能给予当下大学教育学科的发展以真正有意义的历史经验。

（一）北大教育学系的酝酿

北大教育学系虽至1924—1925学年方成立，但教育学课程的开设可前推至1915年。1913年《大学规程令》中，大学文科分为哲学、文

---

① 李辛之：《北京大学之教育系》，《北京大学卅一周年纪念刊》，1929年12月。

第四章　教育学科人才培养的制度化：大学教育学系的课程设置变迁

学、历史学、地理学四门，哲学门下的西洋哲学类中，有"教育学"科目。① 北大的相关科目即据此开设。据《哲学系略史》中的《本系历年课程沿革表》，北大哲学系1915年、1916年都曾开设"教育学"，但任课的教员不可考。②

至于设置教育学系的提议，可前推至1917年。据沈尹默回忆，蔡元培到北大后，在评议会提议增设教育系，拟聘蔡元培的学生、时在哥伦比亚大学攻读哲学博士学位的蒋梦麟为教育系主任。③ 后因蒋梦麟与主持商务印书馆的张元济早有约定，归国后先至商务印书馆服务而作罢。1917年12月，北大改订文科课程，议决在哲学门"选科"中设教育学、教育史、教授法。④ 1919年初，蔡元培聘蒋梦麟到北大，报载"蒋本系专研教育哲学，蔡校长延为教授即系主任教育一系"。⑤ 因教育学系尚未成立，蒋梦麟在哲学系开设教育学、教育史等课程；后杜威来华，在哲学系开"特别讲演"，讲"思想之派别""教育哲学""社会哲学与政治哲学"等。⑥ 此时教育学系已有成立的计划。1919年，《国立北京大学学科课程一览（八年度至九年度）》规定，"大学本科第一学年，除了大学学生所不可少之基本学科及在预科所曾习之外国语为共同必修科外，分五组选修科，学生随性之所近于一组内选习八至十一单位以上，以为一年后专习一系之预备"。其中组三为哲学、心理学、教育学等，对应的是哲学系、心理学系及教育学系。教育学系成立之前，

---

① 《法令：教育部公布大学规程令（民国二年一月十二日部令第一号）》，《教育杂志》第5卷第1号，1913年4月。
② 《哲学系略史·附件一本系历年课程沿革表》，王学珍、郭建荣主编《北京大学史料第二卷·二（1912—1937）》，第1745页。
③ 沈尹默：《我和北大》，全国政协文史资料选辑编辑委员会主编《文史资料选辑》(61)，中华书局，1979，第222—237页。
④ 《改订文科课程会议纪事（第二次第三次会议议决案）》，《北京大学日刊》第15号，1917年12月2日，第2版。
⑤ 静观：《北京大学之近讯》，《申报》1919年8月18日，第6版。
⑥ 《国立北京大学学科课程一览（八年度至九年度）》，王学珍、郭建荣主编《北京大学史料第二卷·二（1912—1937）》，第1085页。

教育学相关课程在哲学系内开设。①

1921—1922年,因直系军阀与皖系、奉系军阀相继混战,教育基金无着,薪资积欠,北京国立八校教职员要求政府指定教育基金和清偿积欠,索薪运动如火如荼。1921年10月,《北京大学日刊》有一则《教务处启事》,称接到"学生诸君询问教育学系及生物学系函数件","查本校于上学年筹备两系计划皆以学校经费无着,未能实行。在该两系未成立以前,所有应属该两系之功课,均仍暂隶哲学系供各系学生选修"。② 限于经费,1920—1921年,教育学系并未成立,仍只是由蒋梦麟在哲学系开设教育学史、教育心理学等课程。③

蒋梦麟于1920年10月代理北大校长期间,四处网罗教育学者,为教育学系的成立积极做师资上的准备。1920年,刘廷芳自美归国,"蒋梦麟以其为旧相识故,欲引之入北大"。④ 刘在美时早已答应北高师校长陈宝泉担任北高师教育研究科主任,蒋梦麟仍邀请他在北大兼课。1921年,蒋氏邀请哥伦比亚大学教育学硕士朱经农来北大,主讲教育学类课程。这些课程的开设得到了北大哲学系主任陶履恭的积极支持。

1922年,哲学系课程分哲学、教育与心理三组。自此开设的教育学类课程渐多,计有课程教育学、各国教育制度、教育测验、中等教育、学校管理法、中等教育史研究。1922年,因蒋梦麟请假,这些课程多由朱经农讲授,陶履恭、刘廷芳亦担任部分课程。⑤ 1923年,留学德国的陈大齐任哲学系主任,改哲学、教育、心理三组课程为哲学、教

---

① 《国立北京大学学科课程一览(八年度至九年度)》,王学珍、郭建荣主编《北京大学史料第二卷·二(1912—1937)》,第1085页。
② 《教务处启事》,《北京大学日刊》第860号,1921年10月7日,第1版。
③ 《注册部通告》,《北京大学日刊》第809号,1921年2月17日,第2版。
④ 《高师高工风潮余闻》,《申报》1920年12月23日,第6版。
⑤ 《国立北京大学职员录(中华民国十一年六月编)》,王学珍、郭建荣主编《北京大学史料第二卷·二(1912—1937)》,第376页。

第四章　教育学科人才培养的制度化：大学教育学系的课程设置变迁

育、心理三门。① 1923 年 4 月，芝加哥大学教育学硕士高仁山到北大。② 1924 年，陈大齐的留德同窗戴夏任教北大。教育学系成立之前，1923—1924 学年哲学系开设的教育学类课程有：教育学（高仁山）、教育史（戴夏）、各国教育制度（高仁山）、教授法（戴夏）、教育行政（戴夏）、教育测验（刘廷芳）、组织课程的研究（高仁山）、中等教育（高仁山）、现代教育思潮（戴夏）等。③ 而且这些课程"选听者极多"。④ 蒋梦麟、高仁山、陈大齐以及戴夏即为北大教育学系成立时的班底。

（二）北大开设教育学系的现实驱动

北大教育学系的酝酿，正值六三三学制讨论、实验、应用的高潮。中等教育提升程度后，师资由何而出，高师何去何从，各方正激烈交锋。同城的北大和北高师，恰好代表着交锋的双方，中等教育师资由北大出，还是北高师培养，是一个极其敏感的问题。与师资培养至为密切的教育学科开设在北大，还是北高师，是焦点所在。若北大开设"教育院"，则意味着师资可由大学出，北高师培养师资的意义便降低了；同时，北高师主张升格为师范大学。在经费不能支持同城有两所大学的前提下，两校以什么关系共存必然引发一番龃龉。两校的教育学系皆成立于 1924 年。北大自 1919 年即酝酿教育学系，北高师则于 1920 年率先开设教育研究科。北大教育学系设立的背后，既有中等教育师资由谁培养的现实考量，也有大学教育系科设在哪、如何设计的制度选择。关于教育系科的设置，北大与北高师之间有一段公案。

---

① 哲学系同学会编《北京大学哲学系之过去与将来》，《北京大学卅一周年纪念刊》，1929 年 12 月，第 62 页。
② 《注册部布告》，《北京大学日刊》第 1212 号，1923 年 4 月 13 日，第 1 版。
③ 《哲学系略史》，王学珍、郭建荣主编《北京大学史料第二卷·二（1912—1937）》，第 1745 页。
④ 《北大教育研究会成立纪实》，王学珍、郭建荣主编《北京大学史料第二卷·二（1912—1937）》，第 1536 页。

299

在蒋梦麟留下的文本资料中,有一篇《说明北京高师事件经过之事实致陈宝泉先生书》,但对其的解读并不多。1920年12月初,在北高师校长风潮争论正酣时,代理北大校务的蒋梦麟给北高师校长陈宝泉的这封信刊登在全国各大报纸上。信中涉及在高师改并的压力下,同城的北大与北高师的"联络"过往:

> 大家商量联络办法。讨论结果以两校性质不同、办法不同,不易联络,只有参酌加仑比亚大学办法,由北京大学先办一教育院,北京高师学生毕业后可入教育院三年级补习不足科目,及自由选修大学各系科目,两年毕业,授予学士学位,以此意为根据,拟定办法数条。①

蒋梦麟、陈宝泉拟定的联络方案得到当时的教育总长范源廉同意后,"由北大呈部,请办教育院"。② 陈宝泉旋即公布两校联络原案,指明"蒋先生原函,间有误记之点",并不认同由北大设"教育院"的说法,其联络案的第四条为"高师大学部生,于本校所规定教育科目外,得向北大选习各科科目。北大本科第三年以上学生,亦得向本校选习教育科目。其每学年之学分,应合并计算"。③ 教育系科到底设在哪,引发两校争议。两校"联络"不了了之,但两校关于教育系科设置的龃龉并未结束。

1922年8月,时任北高师校长李建勋与北大校长蔡元培再次就教育系科的设置问题发生争辩。1922年3月,在中华教育改进社在北

---

① 蒋梦麟:《蒋梦麟致陈宝泉书:北京高师事件经过之事实》,《北京大学日刊》第760号,1920年12月4日,第2版。该文后收入蒋氏文集《过渡时期之思想与教育》(商务印书馆,1933),改题为《说明北京高师事件经过之事实致陈宝泉先生书》。
② 蒋梦麟:《蒋梦麟致陈宝泉书:北京高师事件经过之事实》,《北京大学日刊》第760号,1920年12月4日,第2版。
③ 《北大高师联络之原案:陈宝泉氏发表》,《民国日报》(上海)1920年12月9日,第3版。

第四章 教育学科人才培养的制度化：大学教育学系的课程设置变迁

大举行的第二次董事会上，蔡元培提出的全国教育经费计划书，因未给法专与高师增加经费预算，遭到两校校长的反对。7月中华教育改进社通过废止法专一案。① 北大校长蔡元培随即与法专校长王家驹打起笔墨官司，蔡元培在说明废止法专案时，针对北大"以教育系并吞高师"的传闻，解释称："高师可专收大学文理科毕业生入教育研究科，而停招现制之四年毕业生，如是则现有之经费，均勉可应付也。"② 此议暗指高师系专办教育研究科。1922年8月10日，李建勋发《改正蔡元培君对于废止法专案说明书内之失实处》，指出当时"蔡君之计划草案提出时，传观后，吾问北京国立各校均为加费，独高师法专不与何故？蔡君云：高师毕业生程度太低，不足为中等学校教师，暑假后，北大拟设教育院，以北大本科毕业者入之，如是足可为中等学校教师，我以为高师只宜维持现状，不必再事扩充，以现有经费，维持现状，确乎有余，故未加费"。强调"蔡君当时确言在北大设教育院，而有所发表者，乃谓在高师设教育研究科"，③ 意为蔡元培前后观点不一。蔡元培随即回应，再次重申会场上发言的"归宿点"在"法专宜兼收北大之法律系，设法科大学，而以政治经济各科移并北大，高师可专收大学文理科毕业生入教育研究科，而停招现制之四年毕业生"。④

1922年8月蔡元培和李建勋的这场争论，核心仍是教育系科的所在，是北大办教育院，还是北高师专设教育研究科。较之1920年蒋梦麟由北大办教育院的说法，也许是蔡元培为了避免北大"以教育系并吞高师"的嫌疑，事后避谈北大是否要成立教育学系或教育院，明确要北高师停招四年毕业生专办教育研究科。事实上，北大用实际行动回

---

① 《教育改进社议废法专之经过》（续），《申报》1922年7月21日，第7版。
② 蔡元培：《专件》，《晨报附刊》1922年8月8日，第2版。
③ 李建勋：《改正蔡元培君对于废止法专案说明书内之失实处》，《晨报》1922年8月10日，第7版。
④ 蔡元培：《对于李建勋君〈改正蔡元培君对于废止法专案说明书内之失实处〉之答辨》，《晨报》1922年8月15日，第7版。

答了这一问题。

1922年3月19日,北大学生杨廉、卢逮曾等倡议成立了北大教育研究会,称以"研究教育学理及实际问题为宗旨",①"根据学理,研究教育上一切实际问题,而以学理的讨论、事实的调查,为其进行方法"。哲学系主任陶履恭与教育学教授朱经农出席了成立大会。会上陶履恭直言,在与前北高师校长陈宝泉聊天时,听说"高师学生毕业后,到中学教书,有一种困难,就是中学所教的,与高师完全不同。换句话说,就是高师毕业生去当教习,仿佛要重新学过似的"。陶履恭以此来告诫北京大学学生:"我们大学学生,将来如果到教育界上去,应早点设法避免这种弊病。""近来各处学校,聘教习都托我们学校或个人转聘,此可见教育人材的缺乏,而我们大学生有研究教育之必要了。"朱经农则更为直白:"现在新学制早晚要实行,后三年的责任,大半落在大学生肩上。因为高等师范分科尚不完备,有许多科学不能不由其他专门学校学生担任。然而于教育学理及教授法,多未研究,仍难望圆满。惟有大学里,可以免去这两种困难。"② 在北大一方,皆认为中等教育升格后,中等教育师资应由大学培养。基于此,北京大学开设教育学课程,酝酿教育学系,主要着眼点在六三三学制施行后的中等教育师资培养。

1923年,蒋梦麟三度代理北大校长。北大预科三年级陈世棻、关蔚华等人,集议公函一份呈请代理校长蒋梦麟成立教育学系。蒋梦麟对成立教育系一事"极表同意",承诺"一年内学校能保持住现在的状况,不发生特别困难——不外乎经济——明年定可成立","各系学生毕业后,多从事教育,若缺乏教育知识,实感不便。故今后计划:不独教育系学生学教育,即所有其他各系学生,也皆应选习若干,校中予以

---

① 《北大教育研究会启事》,《北京大学日刊》第982号,1922年3月15日,第4版。
② 《北大教育研究会成立纪实》,王学珍、郭建荣主编《北京大学史料第二卷·二(1912—1937)》,第1535页。

第四章 教育学科人才培养的制度化：大学教育学系的课程设置变迁

一种教育的证书"。① 报纸亦为大学设置教育学系造势："近年时势推移，需求日亟，社会心理已集中在教育救国之一途；大学校之不能无教育系自不待言。"② 1924年5月，哲学系同学会请设立心理、教育二系，时任哲学系主任陈大齐回复，教育学系已准于下学年成立。③ 也就是说，在预科与哲学系学生的一再呼吁中，在蒋梦麟的操持下，北京大学开设教育学系至迟在1924年5月时已成定论。1924年秋，北京大学教育学系成立。

北京大学开设教育学系，此议肇始于蔡元培。蔡元培改革北大时所取的德国倾向已为公论。德国大学通常由哲学和教育学联合设立讲座，促进教育之哲学的研究。北大哲学系开设教育学课程、酝酿教育学系与之如出一辙。蔡元培意在研究教育学的"高深学术"，而并非单纯瞩目于教育学的实际应用。教育学系酝酿期间的人物，蒋梦麟、朱经农、高仁山等皆曾留美，陶履恭曾留英，陈大齐、戴夏曾留德。德国和美国的教育研究，风格迥异。大致说来，不外英美"重经验尚实行"，德法"重演绎而轻归纳，喜理论而厌实际"。④ 北大教育学系，很难说是单纯研究教育学理，或是全然为了培养中等教育师资。实际上，教育学系成立之后，20世纪20年代和30年代都不以"切合实际"著称，而具有北大的独特色彩。

（三）"变革频仍"时期的北大教育学系（1924—1929）

1929年，教育学系学生李辛之回顾教育学系最初的五年历史时提

---

① 陈世荣、关蔚华：《关于请求成立教育系的报告》，《北京大学日刊》第1318号，1923年10月19日，第3版。
② 《北大生请设教育系》，《时事新报》1923年10月10日，第4版。
③ 《哲学系同学会常会纪事》，王学珍、郭建荣主编《北京大学史料第二卷·二（1912—1937）》，第1751—1752页。
④ 方惇颐：《现代教育研究的演进及其趋势》，《广东教育》第1卷第2期，1946年6月，第25页。

到,教育学系成立后"数年来本校变革频仍,本系遂亦未能谋迅速的发展",① 实际确实如此。

袁世凯死后,北洋军阀直系、皖系、奉系割据混战。1920年7月直皖战争,1922年4月直奉战争,1924年10月冯玉祥发动北京政变,成立段祺瑞临时执政府。1925年4月,章士钊以司法总长兼教育总长职务。1925年8月,爆发女师大风潮。为反对章士钊任教育部长,北大宣布脱离教育部。1925年11月,北京学界爆发反段祺瑞政府的大示威。1926年3月18日,北京学界要求段祺瑞政府拒绝八国通牒,遭血腥镇压,酿成"三一八"惨案。段祺瑞政府因此倒台。之后奉系军阀张作霖控制北京。1927年8月,张作霖合并北京九所国立高等学校,改组为京师大学校,北大各院系分别归入京师大学校的文、理、法科。1928年6月,张作霖退往关外,北伐军进入北京。北京改称北平,京师大学校改称国立北平大学,原北大成为北大学院。同时原北京各校开始复校运动,1929年8月,北大复校。

20世纪20年代,随着政局的变换,北京的高等教育格局经历了数次变动,各校校名迭易,学潮频起。在这种"乱哄哄你方唱罢我登场"的局势中,教育学系作为北大刚成立的小学系,专任教授不过二三人,且频遭变故,自然难谋"迅速的发展"。

1. 三任教育学系教授会主任皆因时局去职

1924年至1929年,北京大学教育学系的三任教育学系教授会主任——蒋梦麟、高仁山、杨荫庆,皆因时局变换去职。

1924年11月,在蒋梦麟、高仁山、戴夏、张颐四人中,蒋梦麟当选为教育学系教授会主任。② 蒋梦麟自1923年起代理北大校长,在北大校务与政府的乱局中难以分身。教育学系成立的前两年,蒋梦麟虽身

---

① 李辛之:《北京大学之教育系》,《北京大学卅一周年纪念刊》,第52页。
② 《校长布告》,《北京大学日刊》第1574A号,1924年11月20日,第1版。

第四章　教育学科人才培养的制度化：大学教育学系的课程设置变迁

为教授会主任，其实并未担任课程。1926年"三一八"惨案发生后，段祺瑞政府倒台，奉系军阀张作霖控制北京。4月，蒋梦麟被奉系军阀列入黑名单，避居东交民巷六国饭店，后辗转到达上海，直到1930年12月被任命为北大校长时才回北平。

蒋梦麟离职后，教育学系主任一职虚悬，至1926年11月，北大改选各系教授会主任，"教育学系教授只有二人，照向例不必选举，应请先到校之教授为主任。高宝寿教授应为教育学系教授会主任"。① 即在高仁山和杨荫庆之间，高仁山为主任。1927年9月，高仁山以"加入政党、散发传单、有反对现政府之嫌疑"等罪名被奉系军阀逮捕，1928年1月被枪杀于北京天桥。②

高仁山牺牲，教授会主任再度空缺。据《国立京师大学文科周刊》，记1928年1月17日教务、事务联席会议，出席者有"杨主任荫庆"，③ 可知继任者为杨荫庆。杨荫庆在任起止时间在相关资料中未有明示，极有可能是在1927年11月，高仁山被捕后营救未果，逢学期初教授会主任改选时接任。据现有资料，杨荫庆与奉系军阀关系较近。1928年5月，时教育总长刘哲，自兼京师大学校校长及文科学长，请"大元帅"奖给京师国立大学校职教员"文杏章"，获奖名单中有京师大学校哲学系主任韩述祖、教育学系主任杨荫庆，还有教育部的陈宝泉，均给予教育部一等三级文杏章。④ 这三位皆在教育学系上课。奉系军阀退出北京后，1928年8月，国民党北平特别市市委党部以"思想反动，人格卑劣，勾结军阀，摧残教育"请战地政务委员会通缉查办

---

① 《校长布告》，《北京大学日刊》第1984号，1926年11月19日，第1版。
② 张耀杰：《民国背影——政学两界人和事》，浙江人民出版社，2008，第170—171页。
③ 《本科教务及事务会议》，王学珍、郭建荣主编《北京大学史料第二卷·二（1912—1937）》，第1033页。
④ 《教育总长刘哲呈大元帅请奖给京师国立大学校职教员林修竹等文杏章缮单呈鉴文（附单）》，《政府公报》第4326号，1928年5月，第1—2页。

杨荫庆。① 此后在北大相关资料中，再未见杨荫庆姓名。可推断杨荫庆任教授会主任的时间段大概为1927年11月至1928年6月或8月。1928年8月至1929年3月，其时北大师生忙于复校运动，教育学系主任一职可能空置。

2. 教育学系教员亦随政局频繁变动

教育学系教授会主任因时局而更动，教员队伍则随主任而变动。教育学系的教授人数并不多，1924年11月，教育学系教授有蒋梦麟、高仁山、戴夏、张颐4人，蒋梦麟未担任课程，张颐主要担任教育哲学和西洋哲学史，高仁山和戴夏各担任4门教育学科类的课程，其他由外聘兼职讲师担任。1925—1926学年，教育学系教授有高仁山、戴夏及杨荫庆，各自担任3—5门教育学科类课程。可以说，除了哲学系、生物系兼任的课程，教育学科类的课程大部分由这3人担任，兼课讲师每人担任不过一两门课。

1926年"三一八"惨案之后，北京政局变幻莫测，北京的大学教授纷纷南下厦门、上海等地另谋他就。② 教育学系的专职、兼职教员也随之流动。1926年4月，教育哲学教师黄建中离京，"教育系星期六日上午十至十二之教育哲学两小时，本学期起改由陈宝锷先生讲授。陈汉章教授现请假半年，所授功课已由陈先生结束，本学期停讲。教育系近代西洋小学教育史、西洋教育史、青年心理三种功课本学期由杨振声先生来校授课"。③ 1926年5月，戴夏离京，将所有考试事宜均托付给陈大齐代理。④ 戴夏此次离开，直至1929年7月才再回北大教育学系任教。1926—1927学年，戴夏所任课程，改由北师大教育学系原教授查良钊接任。随着以研究心理学见长的凌冰、谢循初的加入，心理学类的课程也有所增加。

---

① 北平特别市市政府秘书处编《北平市府市政公报》（1—3），转引自邓菊英、高莹编《北京近代教育行政史料》，北京教育出版社，1995，第100页。
② 《北大教授多往厦大》，王学珍、郭建荣主编《北京大学史料第二卷·二（1912—1937）》，第518页。
③ 《注册部布告》（二），《北京大学日刊》第1873号，1926年4月2日，第1版。
④ 《戴夏启事》，《北京大学日刊》第1918号，1926年5月27日，第3版。

第四章 教育学科人才培养的制度化：大学教育学系的课程设置变迁

再之后，1927—1928 年，随着高仁山的被捕、牺牲，杨荫庆离开北大，北大教育学系教育学科类的课程教员换了一大半。此外，正如胡适所描述的，北京学界"各方面的学人都纷纷南去了。一个大学教授的最高俸给还是每月三百元，还比不上政府各部的一个科长。北平的国立各校无法向外延揽人才，只好请那一班留在北平的教员尽量的兼课。几位最好的教员兼课也最多"。① 北大教育学系的教员荒更为严重。1927—1928 学年，教育学科课程的教员，除了李建勋、李蒸，其他包括系主任杨荫庆、韩定生、朱君毅、瞿世英、陈宝泉等在内，皆与北师大教育学系共用。这些教授、讲师极有可能不止在这两家兼课。到 1928—1929 学年，教育学系负责无人，所开课程数量锐减至 21 门，教育学科类课程寥寥数门，由李建勋、韩定生（北师大教育学系教授）、刘廷芳（燕京大学教授）担任。这样的状况岂止是"未能谋迅速的发展"，简直算苟延残喘。

3. 教育学系的课程变中有稳

实行选科制之后，大学在课程设置方面具有很大的自由，教育部也以立法的形式授予了大学设置课程的权力。1924 年 2 月，教育部重新制定并颁布了《国立大学校条例》，规定"国立大学校各科、各学系及大学院各设教授会规划课程及其进行事宜，各以本科本学系及大学院之正教授、教授组织之。各科系规划课程时讲师并应列席"。② 所以"大学各系所设之科目并无规定标准，何系应设何科目，何科目应为必修或选修，各科目应在何年级教学，率本系主任之主张，以定其存否与位置"。③ 据此，北大教育学系教授会主任对教育学系的课程、教员的选定有很大话语权。

教育学系成立后，《北京大学日刊》上陆续刊登任课教员及课程大

---

① 胡适：《丁文江的传记》，欧阳哲生编《胡适文集》（7），北京大学出版社，1998，第 493—494 页。
② 《国立大学校条例》，《教育公报》第 11 卷第 3 期，1924 年 4 月，第 2 页。
③ 李建勋：《教育学院之概况及其计划》，《师大月刊》创刊号，1932 年 11 月，第 3 页。

纲。① 蒋梦麟曾有"先请陈百年、高宝寿两先生拟出一个计划书"② 之语，《教育学系课程指导书（十三年至十四年度）》应是出自哲学系主任陈大齐及教育学教授高仁山之手，后得哲学系、教育学系各教授讨论同意的方案。

这份课程指导书独具特色，可以说最能体现北大设置教育学系的初衷。以教育学为主科的学生，共有16门必修课，其中有8门与哲学系合上，即中国哲学史、西洋哲学史、科学概论、伦理学、论理学、社会学、心理学、儿童心理学。选修课中还有英文哲学选读、法文哲学选读及德文哲学选读。教育学系总共开设25门课程，哲学相关课程所占比重之大是显而易见的。教育学类课程则在心理学、伦理学、社会学等学科基础上开设教育心理学、教育哲学、教育社会学，另外还有教育学概论、教育史、普通教学法、教育行政、学校管理法、教育测验、各国教育制度、近代教育原理与实施、中等教育问题、现代教育思潮等。在学科排布上，北大教育学系的课程按照教育学的学科基础，由哲学、心理学、社会学、教育学构成，兼顾教育学理与实践。

1924—1929学年，虽教员、课程时有更动，北大教育学系的框架大致与1924—1925年度课程指导书类似。就1924—1929学年的课程设置来看，变动较频繁的是教育学相关课程，尤其是与教育实践关系较密切的课程。随着时局的变化、教员的流失，教育实践相关课程能请到什么人就上什么课。哲学类必修课及教育学学科基础类课程变动都不算大，只是担任教员发生变动而已。比如中国哲学史，担任教员的有胡适、徐炳昶、冯友兰、韩述祖，西洋哲学史，担任教员的有张颐、邓以蛰、韩述祖，虽然五年间也算更动频繁，但今日看来所选皆为名家。1924—1929学年教育学系开设的课程及担任的教员如表4-12所示。

---

① 《专载：教育学系课程指导书（十三年至十四年度）》，《北京大学日刊》第1529号，1924年9月27日，第2—3版。
② 陈世荦、关蔚华：《关于请求成立教育系的报告》，《北京大学日刊》第1318号，1923年10月19日，第3版。

第四章 教育学科人才培养的制度化：大学教育学系的课程设置变迁

表 4-12　1924—1929 学年教育学系（以教育学为主科）开设课程及担任教员

学年	开设课程及担任教员	
	必修	选修
1924—1925	1. 教育哲学(张颐)； 2. (哲)中国哲学史(胡适)； 3. (哲)西洋哲学史(张颐)； 4. (哲)科学概论(王星拱)； 5. (哲)论理学(陈大齐)； 6. (哲)伦理学(行为论)(张竞生)； 7. (哲)社会学原理(陶履恭)； 8. (哲)心理学(樊际昌)； 9. 教育学概论(高仁山)； 10. 教育史(戴夏)； 11. (哲)儿童心理学(刘廷芳)； 12. 教育心理学(刘廷芳)； 13. 普通教学法(高仁山)； 14. 教育行政(戴夏)； 15. 学校管理法(杨荫庆)； 16. 教育测验(刘廷芳)	1. 教育社会学(陶履恭)； 2. 各国教育制度(高仁山)； 3. 近代教育原理与实施(高仁山)； 4. 中等教育问题(杨荫庆)； 5. 现代教育思潮(戴夏)； 6. (哲)英文哲学选读(甲)(江绍原)； 7. (哲)英文哲学选读(乙)(樊际昌)； 8. (哲)法文哲学选读(徐炳昶)； 9. (哲)德文哲学选读(杨震文)
1925—1926*	1. 教育哲学(黄建中，第二学期改由陈宝锷担任)； 2. (哲)中国哲学史(徐炳昶)； 3. (哲)西洋哲学史(张颐)； 4. (哲)科学概论(王星拱)； 5. (哲)论理学(陈大齐)； 6. (哲)伦理学(行为论)(张竞生)； 7. (哲)社会学原理(陶履恭)； 8. 教育学概论(高仁山)； 9. 教育史(杨振声)； 10. (哲)心理学(樊际昌)； 11. 教育与儿童心理学： 儿童心理(刘廷芳) 教育心理(刘廷芳)； 12. 普通教学法(高仁山)； 13. 教育行政(戴夏)； 14. 学校管理法(杨荫庆)； 15. 教育测验及统计： 教育测验(刘廷芳) 教育统计初步(刘廷芳)； 16. 实习；	1. 教育社会学(陶履恭)； 2. 各科教学法； 3. 图书馆学； 4. 教育思潮； 5. 比较教育； 6. 组织课程； 7. 各种教育问题； 8. 外国文教育或哲学选读专家或专集之研究等选修科目随时由教授会议议决设置 实际开设： 1. 中等教育史(杨荫庆)； 2. 近代西洋小学教育史(原计划蒋梦麟，第二学期杨振声担任)； 3. 教育社会学(陶履恭)； 4. 各国教育制度(高仁山)； 5. 现代教育思潮(戴夏)； 6. 近代教育趋势(杨荫庆)； 7. 中等教育问题(杨荫庆)； 8. 养成师资问题(高仁山)； 9. 遗传与环境(谭熙鸿)；

309

续表

学年	开设课程及担任教员	
	必修	选修
1925—1926*	17.（生）生物学通论（李煜瀛）	10. 图书利用法（袁同礼）； 11. 英文教育选读（杨荫庆）； 12.（哲）英文哲学选读（甲）（陶履恭）； 13.（哲）英文哲学选读（乙）（樊际昌）； 14.（哲）法文哲学选读（徐炳昶）； 15.（哲）德文哲学选读（戴夏）； 16. 教育理想发展概观（戴夏）； 17. 国语及注音字母（王璞）（不计单位，自由选习）
1926—1927	1. 教育学概论（高仁山）；2. 上古西洋教育史（杨荫庆）； 3. 科学概论（王星拱）；4. 近代西洋教育史（高仁山）； 5. 中国哲学史（冯友兰）；6. 西洋哲学史（邓以蛰）； 7. 社会学（陶履恭）；8. 伦理学； 9. 普通心理学（樊际昌）；10. 教育心理学（凌冰）； 11. 儿童心理学（凌冰）；12. 变态心理学（谢循初）； 13. 普通生物学；14. 遗传与环境（谭熙鸿）； 15. 实验教育；16. 原人心理； 17. 各国教育制度（高仁山或查良钊）；18. 教育哲学（陈科美）； 19. 教育统计；20. 教育行政（查良钊）； 21. 智慧测验；22. 近代教育原理与实施（高仁山）； 23. 教育社会学（陶履恭）；24. 现代教育哲学问题（陈科美）； 25. 近代西洋中等教育史（杨荫庆）；26. 近代西洋小学教育史（陈宝锷）； 27. 教育理想发展概观；28. 道尔顿制（高仁山）； 29. 课程组织（高仁山）；30. 普通教学法（高仁山）； 31. 学校管理；32. 学校卫生（生理卫生与教育）（陈宝锷）； 33. 逻辑（陈大齐）；34. 养成师资问题（高仁山）； 35. 图书利用法（袁同礼）；36. 英文教育选读； 37. 第一外国语；38. 第二外国语	
1927—1928	1. 教育学概论（韩定生）；2. 中国哲学史（韩述祖）； 3. 西洋教育史（杨荫庆）；4. 西洋哲学史（韩述祖）； 5. 普通心理学（樊际昌）；6. 社会学（赖绍周）； 7. 伦理学（傅铜）；8. 教育心理学（周扶耕）； 9. 儿童心理学（周扶耕）；10. 教育行政（李建勋）； 11. 普通教学法（韩定生）；12. 教育哲学（瞿菊农）； 13. 教育统计（朱君毅）；14. 小学教育（韩定生）； 15. 乡村教育（李蒸）；16. 师范教育（李建勋）；	

第四章 教育学科人才培养的制度化：大学教育学系的课程设置变迁

续表

学年	开设课程及担任教员	
	必修	选修
1927—1928	17. 参观与批评(杨荫庆);18. 逻辑(陈大齐); 19. 中等教育问题(李蒸);20. 各国教育制度(李建勋); 21. 教育研究班(李蒸);22. 中国教育史(陈宝泉); 23. 中国近代教育制度变迁史(陈宝泉); 24. 职业教育(周扶耕);25. 学校卫生(梅卓生); 26. 遗传与环境(陈映璜);27. 英文教授法(杨荫庆); 28. 学校管理(杨荫庆);29. 英文教育选读(杨荫庆); 30. 第一外国语;31. 第二外国语	
1928—1929	1. 教育学概论(韩定生);2. 西洋哲学史(韩述祖); 3. 中国哲学史(韩述祖);4. 普通心理学(樊际昌); 5. 教育史;6. 教育心理学(刘廷芳); 7. 社会学(陶履恭);8. 伦理学(傅铜); 9. 教授法原理(韩定生);10. 遗传与环境(陈映璜); 11. 教育统计(刘廷芳);12. 教育测验(刘廷芳); 13. 师范教育(李建勋);14. 小学教育问题(韩定生); 15. 图书馆学(袁同礼);16. 逻辑(陈大齐); 17. 学务调查(李建勋);18. 学校管理; 19. 生理学(陈映璜);20. 第一外国语; 21. 第二外国语	

注：*因"三一八"惨案的发生，北京政局变动，第二学期的实际授课教员与课程指导书不尽符合。

资料来源：《专载：教育学系课程指导书（十三年至十四年度）》，《北京大学日刊》第1529号，1924年9月27日，第2—3版；《国立北京大学教育学系课程指导书（十四年至十五年度）》《教育学系教员及所授科目一览表》，王学珍、郭建荣主编《北京大学史料第二卷·二（1912—1937）》，第1140—1145、1755—1756页；李辛之：《北京大学之教育系》，《北京大学卅一周年纪念刊》，第52—57页。各门课程担任教员系据1924—1929年《北京大学日刊》的"注册部布告""教务处布告""教育学系教授会通告"，各位教员的课程更动"启事"等资料，结合《北京大学史料》及李辛之的《北京大学之教育系》等整理而成。

在1924—1929学年，在北大教育学系任职时间最长、最稳定的是北大哲学系教授会主任陈大齐，除了1928—1929学年，他一直担任"论理学"（后改为"逻辑"）的授课教员。陈大齐作为教育学系课程的设计者之一，对教育学科有所考量，也有所坚持。这在

311

1929年3月他兼任教育学系主任之后,在选聘教员、安排课程方面体现得更明显。

(四)"过渡时期":陈大齐、戴夏主持下的教育学系(1929—1931)

胡适称1928—1931年,是北大的"过渡时期"。因"北伐虽成功,军阀势力仍存在,北大在这时,颇遭歧视"。① 北大教育学系这一时期基本处于陈大齐与戴夏主持之下,也可以说是北大教育学系的"过渡时期"。

陈大齐(1886—1983),字百年,浙江海盐人。1903年留学日本,入读日本东京帝国大学文科哲学门,以心理学为主科,理则学为辅科。1912年回国,任浙江省立高等学校校长。1914年任北大哲学系教授,1921年,留学德国柏林大学,研究西洋哲学。1922年重返北大,任哲学系主任。② 1929年2月,陈大齐就任北大学院院长,维持校务,3月15日,被选举为教育学系主任。③ 1929年8月,北大复校独立。1929年9月16日,国民政府任命蔡元培为北大校长,蔡元培未到任前,由陈大齐代理。④ 陈代理校务直至1930年12月4日,蒋梦麟被任命为北大校长。如前文所述,陈大齐几乎与教育学系相始终。

1929年,李辛之在《北京大学之教育系》一文中特别强调,"本校以教授高深学术,养成硕学宏材,应国家之需要为宗旨,不仅在专门技术人材的养成。本系依此原则,故于课程之规定,不急急以养成良好教师为目的,而对于一般学术知识之灌输,极其注重。

---

① 胡适:《在北大开学典礼上的致词》,欧阳哲生编《胡适文集》(12),第497页。
② 刘绍唐主编《民国人物小传》(6),第310—311页。
③ 《本届各系主任姓名(十八年三月十五日选举)》,王学珍、郭建荣主编《北京大学史料第二卷·二(1912—1937)》,第1841页。
④ 《国民政府令(十八年九月十六日)》,王学珍、郭建荣主编《北京大学史料第二卷·一(1912—1937)》,北京大学出版社,2000,第275页。

第四章　教育学科人才培养的制度化：大学教育学系的课程设置变迁

此种特质，原与普通师范大学或大学内附设之教育科不同，可为阅者特别提起注意者也"。① 参之1929年就读于北大的滕大春的回忆，可知陈大齐对北大教育学系的培养目标、课程设置，有自己的考量和坚持。

戴夏是北大教育学系的老人，与陈大齐同为学艺社留欧社员，② 两人关系密切。他1929年2月至12月任教育部编审处常任编审。③ 后辞去教育部职务，专任北大教职，但多数时间在南京，在北平时间并不多。陈大齐忙于校务，将教育学系的日常事务委托给心理学系主任樊际昌，待戴夏回北平后，主要由戴夏主持。④ 1931年3月，戴夏当选为教育学系主任。⑤ 实际戴夏可能更早即主持教育学系工作，如1931年2月改选教务长所附各学系主任名单中有"教育学系主任戴夏"。⑥ 1932年5月，戴夏任教育部督学。⑦ 在蒋梦麟、胡适接手之前，北大教育学系主要是在陈大齐及戴夏的主持之下。

1. 教员聘请、课程开设具有明显的德国倾向

在选聘教员方面，陈大齐具有明显的倾向。1929年7月，北大学生会提出各系应添聘之教授及讲师。教育学系应增聘之教授列有：李建勋、陆志韦、赵廼传、戴夏、孟宪承、廖世承、朱经农、郑宗海、张颐、王星拱、屠孝实、俞子夷、傅斯年、瞿世英、李蒸、艾伟、陈宝锷。⑧ 实际

---

① 李辛之：《北京大学之教育系》，《北京大学卅一周年纪念刊》，第55—56页。
② 《社报：上海事务所报告》，《学艺》第5卷第1期，1923年5月，第1页。
③ 刘国铭主编《中华民国国民政府军政职官人物志》，春秋出版社，1989，第52页。
④ 《北京大学之教育系》，《大公报》1930年8月1日，第4版。
⑤ 《教育学系教员及所授科目一览表》，王学珍、郭建荣主编《北京大学史料第二卷·二（1912—1937）》，第1756页。
⑥ 《定期改选教务长（附各学系主任名单一张）》，王学珍、郭建荣主编《北京大学史料第二卷·一（1912—1937）》，第197页。
⑦ 刘国铭主编《中华民国国民政府军政职官人物志》，第52页。
⑧ 《哲学系同学会常会纪事》，王学珍、郭建荣主编《北京大学史料第二卷·二（1912—1937）》，第1752页。

发聘书的教育学系教授有戴夏、马师儒、童德禧、黄建中,① 讲师有刘钧。② 黄建中（1922年留英，获剑桥大学、爱丁堡大学硕士学位）因就任湖北教育厅厅长，实际并未到校上课。

可能是因为陈大齐的留德背景，1929—1930学年，陈大齐所聘教员，以留德学人为主。马师儒为北高师教育专攻科毕业生，1921年留学德国，是陈大齐在柏林大学的同学，1924年获教育学博士学位，同年转入瑞士苏黎世大学，1927年获该校博士学位回国。童德禧（禧文）1920年留学德国。③ 刘钧生于1898年，自北大毕业后留学德国，④ 获德国蒙欣大学教育博士，以研究凯兴斯泰纳见长。⑤ 1929—1930学年教育学系的教员阵容，几乎皆有德国背景。加上哲学系陈大齐本人及以研究德国康德哲学、黑格尔哲学见长的张颐，北大教育学系的德国色彩空前浓重。

1929年考入北大教育学系的滕大春先生提到，当时教育学系的课程相当繁杂，他选修了范围较广的哲学课、心理学课和社会学课，"但我和少数同龄人觉得别校教育系注重中等教育、教学方法和教育行政等课，比北大教育系更切合实际，我遂在哲学系邀请陈大齐教授开漫谈会时提出疑问。得到的解释是，就德国而言，认为一个大学生不从深处和远处树立学识根底，仅从近前需要考虑，容易走上狭隘而浅学的窄路。同学们也你言我语地大讲博雅教育的价值，指出过于拘泥于一时一事之用，必然局限人的眼界和降低人的追求层次。陈是讲授德国哲学的笃实

---

① 《本校七月份发聘书聘请之新旧教授名单》，《北大日刊》第2220号，1929年8月3日，第1版。
② 《发聘书聘请之新旧教授及讲师名单》（续），《北大日刊》第2222号，1929年8月10日，第1版。
③ 《国立北京大学职员录（中华民国十一年六月编）》，王学珍、郭建荣主编《北京大学史料第二卷·一（1912—1937）》，第373页。
④ 刘钧：《希望你往更光明的路上走》，《北大学生周刊》第1卷第2期，1930年12月，第12页。
⑤ 《师大教育系积极工作：主任邱椿拟定工作大纲》（续），《大公报》1929年8月6日，第5版。

第四章　教育学科人才培养的制度化：大学教育学系的课程设置变迁

学者，又是北大校长，他的循循善诱和窗友们的启发，叫我初步领略北大的特点和优点，端正和拓宽了我对于治学之道的认识。这一次寻常的座谈对我具有极不寻常的导航作用，因而终身受益非浅，至今记忆犹新"。① 陈大齐主持下的教育学系课程设置同样具有明显的德国倾向。特别开设工作学校要义、学校组织、教育与文化等课程，介绍德国的斯普朗格文化教育学派和凯兴斯泰纳劳作教育学派的理论，教育哲学也以德国理性主义的理论为主。② 这些课程都是别校所无的。

除了陈大齐所聘的教员具有明显的德国学理色彩，其他讲授传统教育学科课程的讲师，仍保持着教育学科的实践倾向，且多与北大教育学系教员重合，邱椿、韩定生、李建勋皆为北师大教育学系教授，同时马师儒、童德禧、刘钧、刘廷芳、张颐、樊际昌、傅铜亦在北师大教育学系兼课。③ 1929—1931 学年北大教育学系开设的课程及担任教员如表 4-13、表 4-14 所示。

表 4-13　1929—1930 学年教育学系开设课程及担任教员

单位：学分

1929—1930 学年教员	必修科	选修科
教授：马师儒、童德禧、戴夏、刘廷芳（教育学系教授，讲师待遇） 讲师：李建勋、邱椿、袁同礼、刘钧、韩定生 他系教授兼任：张颐、徐炳昶、陈大齐、樊际昌、陶履恭、傅铜、陈映璜、张心沛、陈应荣、王镜儒	1.（哲）科学概论（张心沛） 2.（哲）中国哲学史（徐炳昶） 3.（哲）西洋哲学史（邓以蛰） 4.（哲）论理学（陈大齐） 5.（哲）伦理学（黄建中） 6.（政）社会学（陶履恭） 7.（心理）普通心理学（樊际昌） 8. 教育学（马师儒）3 9. 教育哲学（童德禧）2 10. 西洋教育史（戴夏）3	1. 教育与文化（马师儒）2 2. 现代教育思潮（戴夏）2 3. 学务调查（李建勋）2 4. 师范教育（李建勋）2 5. 小学教育（邱椿）3 6. 唯物主义与教育（邱椿）3 7. 中国教育思想史（邱椿）3 8. 英文教育学选读（邱椿）2 9. 学校组织（刘钧）3 10. 工作学校要义（刘钧）3

---

① 国务院学位委员会办公室编《中国社会科学家自述》，上海教育出版社，1997，第 485 页。
② 国务院学位委员会办公室编《中国社会科学家自述》，第 486 页。
③ 李建勋：《教育学院之概况及其计划》，《师大月刊》创刊号，1932 年 11 月，第 9 页附表。

续表

1929—1930学年教员	必修科	选修科
	11. 儿童学(马师儒)3 12. 教授法原理(韩定生)2 13. 教育行政(戴夏)3 14. 学校管理法(韩定生)2 15. 教育测验(刘廷芳)3 16. 教育统计学初步(刘廷芳)3	11. 遗传与环境(陈映璜)2 12. 图书馆学(袁同礼)2 13. 德文教育学选读(童德禧)2

资料来源：笔者依据下列资料相互印证制作。《北大日刊》相关布告；《国立北京大学职员录》(1930年5月)，王学珍、郭建荣主编《北京大学史料第二卷·一（1912—1937）》，第373页；《教育系课程十八年至十九年度》，《北大日刊》第2237号，1929年9月23日，第3版；李辛之：《北京大学之教育系》，《北京大学卅一周年纪念刊》，第52—57页；《北京大学之教育系》，《大公报》1930年8月1日，第4版。

表4-14 1930—1931学年教育学系开设课程及担任教员

单位：学分

必修科	选科
1. 科学概论(张心沛)2	1. 遗传与环境(陈映璜)2
2. 中国哲学史(徐炳昶)3	2. 克伸什太奈陶沿学原理(刘钧)3
3. 西洋哲学史(张颐)3	3. 教育价值论(邱椿)2
4. 论理学(陈大齐)2	4. 幼稚教育(刘吴卓生)3
5. 伦理学 3	5. 师范教育(李建勋)3
6. 社会学(陶履恭)2	6. 乡村教育(李蒸)2
7. 普通心理学(樊际昌)3	7. 民众教育(李蒸)2
8. 教育学概论(马师儒)3	8. 中国教育史(余家菊)2
9. 西洋教育通史(戴夏)3	9. 现代教育思潮(戴夏)2
（一年级学生只准在上开九项功课内选习）	10. 中国教育制度(李建勋)2
10. 教育哲学(童德禧)2	11. 西洋教育制度(萧恩承)2
11. 教育行政概论(戴夏)2	12. 学务调查(李建勋)2
12. 学校管理法(韩定生)2	13. 工作学校要义(刘钧)2
13. 普通教授法原理(马师儒)3	14. 教育统计学初步(刘廷芳)2
14. 教育心理学(邱椿)2	15. 各科教授法(韩定生)2
15. 教育测验(杜元载)3	16. 图书馆学(袁同礼)2
16. 实习(四年级)(马师儒)2	17. 英文教育书选读(萧恩承)2
17. 实习(三年级)(刘钧)2	

资料来源：《教育学系本学年课程表》，《北大日刊》第2474号，1930年10月21日，第1—2版。

第四章 教育学科人才培养的制度化：大学教育学系的课程设置变迁

2. "北大衰微"声中，教育学系遭诟病

教育学系颇具德国色彩的教员和课程，并没有被学生愉快地接受。经历北伐、迁都等一系列重大政治变动，受制于经费和人才，20世纪20年代末30年代初北大已严重衰落。外界对北大的观感是，"法政一路的都去做了官，科学教授都进了中央研究院"，"只剩了几位死守饭碗的老饭桶。正好实现他们一手包揽的素志"。① 1930年，有感于北大的衰微，北大学生"冒冒失失地写了几篇文章，发表报端，把他近来腐败狰狞的面孔暴露殆尽"。② 《大公报》评论此时北大已"金字招牌变成锈"。③ 一篇名为《北京大学之教育系》的文章认为北京大学"上自校长，下至工友，已经成了一种风气——挂名不做工，包而不办。各系同是一样糟糕，而教育系尤其糟糕"。④ 该文对课程及教员的描述具体又生动，能让我们看到学理层面之外，教育学系学生对课程和教员的观感，也让我们得以窥见大学教育学系的真实状态。其文曰：

> 课程方面。北大教育系课程的弊病很多。第一，就是不完全，比方乡村教育、中等教育、幼稚教育，是没有的。第二，钟点不够，有几门课程每周非三小时不能教完的，而改为二小时，听说改为二小时的原因，是某教员听说人家拿钱一样而钟点少，所以他也要求减少一个钟点。第三，课程内容不充实，或许不是那一回事，比方如教育哲学一门，他的内容和教育好像不发生什么多少关系。又如学校组织一门，更是糟不堪言，一年的笔记也不过几句，而所说明几句，不但杂乱无章，且极浅陋不堪入目。第四，有课程之名无课程之实。就教育行政与西洋教育史而论，所有的讲义，据教者

---

① 《北平教育界的实在问题》，《大公报》1930年9月24日，第12版。
② 戈文东：《观察北大衰微中的基本原因》，《大公报》1930年8月6日，第11版。
③ 《金字招牌变成锈》，《大公报》1930年8月1日，第4版。
④ 《北京大学之教育系》，《大公报》1930年8月1日，第4版。

自言，是六七年以前的东西，这个讲义从来没有编完（大致不到二分之一），因为教者太忙，到现在仍然没有编完。同学中要求他编完，他说不容易找材料。比方教育行政吧，中国的材料很难找，好在中国的教育行政完全来自西洋，讲了西洋的就够了，中国的不学自知。所谓现代教育思潮一门，也是太简陋了，一共发了一万六七千字的讲义，他先生的材料尽于此矣。至于材料之好坏与新旧，还是第二问题。

教授方面。讲到教授方面，我不禁为北大教育系一笑，除了极少数外，既没有学识，又好缺课。比方教育行政、西洋教育史及现代教育思潮的教授，从去年三月到今年六月，在校上课的至多不过三个月，因为他人在南京而兼课到北平来了。虽然说去年下学期把南京的阔差事辞去，为北大而牺牲，可是在校的日子，也不过如是。即令教法优于天下一切教授，然而时间有限，是不可能的，何况教法之劣冠于他人呢。教育行政与西洋教育史是必修科，所以座位上有名字的有三四十个，可是上课的最多也不过十个人（最初几堂与最末几堂除外）。有一次第一堂只有两个人上课，因为讲的太不动听了，太催眠了，到下堂只有一个人上课。这一个人只好说"先生今天可以不上堂，他们都有事去了"。教者面不更色，从容下堂。比方学校组织和工作学校吧，是新由德国回来的一位大博士担任，选课的虽然很多，上课的人却是很少。这位博士因为兼课四校之多，一天到晚忙个不了，所以常常没有材料可讲，而借故缺课。同学中因为不上课比上课倒少受一点痛苦，所以也不说什么。比方说教育哲学的罢，是本系一位教授，这位也是德国回来不久的，兼课也有四五校，他的精神不好，兼课又多，他上课一本书一页讲义也不带，完全凭脑子来记，一个人的脑子有限，那里会记得这样多的东西呢？所以在讲的时候，自己都不知道讲到什么地方去了，有时记不上来便对同学说"脑袋痛，精神不好"，一溜烟跑了，同学们莫不大笑。加

第四章 教育学科人才培养的制度化：大学教育学系的课程设置变迁

以在新婚之后，精神更差，上气不接下气，缺课又多。这是学校破格请来的教授，北大章程没有教五年的成绩，不能当教授，因为是德国派的留学生，所以破格。再说儿童学的教授吧，同学们曾经赶了一次，说他教法不好，对他不满意的很多，也为他是德国留学生，所以也是破格给与教授。不过这位教授到还有一层好处，听说好做预备工作，自己肯研究，这是他人不及的地方。教育测验与教育心理，本来是缺课老手，去年上学期缺课占一半，自去年下学期起，钟点减少，缺课的时间倒减少一点。说教唯物主义与教育和小学教育的，最善于吹牛，倒还算是好教员之一，不过以缺课见长，星期一上午两堂，大概是上一堂半就走了，星期四上午一堂是不来上的，星期六上午两堂，也只上一课半就走了。以教育系所有的教员而论，只有李建勋一个，算是一年到底一堂不缺，一分钟不迟到，算是有一点良心。①

对照1929—1930学年教育学系的课程及担任教员，文中诟病的这些课程，皆可落实到人身上。言辞之中，可见学生对这些教授的真实观感。学生的诟病主要集中在"德国派"的教员身上。据注册部1929年10月18日布告"童德禧先生所授教育系之教育哲学，原定每周三小时，现改为二小时"，② 可知学生的诸多生动描述皆指向童德禧，称其特点有：教课钟点不够、内容不充实、兼课四五校、精神不好、缺课多。还有戴夏，担任教育行政、西洋教育史及现代教育思潮三门课程，"有课程之名无课程之实"，"既没有学识，又好缺课"，"教法之劣冠于他人"。"学校组织""工作学校"两课程的教员为刘钧。③ "儿童学的教授"应指马师儒。他们都是"德国派"的留学生。其他，"教育测验"与"教育心理"的授课教师为刘廷芳，系"缺课老手"。"唯物主

---

① 《北京大学之教育系》，《大公报》1930年8月1日，第4版。
② 《注册部布告》（二），《北大日刊》第2258号，1929年10月18日，第2版。
③ 刘钧：《工作学校要义序》，《商务印书馆出版周刊》第136期，1935年7月，第9页。

义与教育"和"小学教育"的授课教师为邱椿,"最善于吹牛,倒还算是好教员之一,不过以缺课见长"。全文唯一一个被点名表扬的教授是李建勋,"一年到底一堂不缺,一分钟不迟到"。文中所提北大教育学系课程、教授、教材等方面的弊病,也是当时北平高等教育界的缩影。"中国的大学教授(尤其是北平的大学教授),有两种流行病:材料缺乏和请假多。他们十之九是外国留学生。"① 这两种流行病已然引发学生们的愤慨。

教育部的视察所见与学生的观感是一致的。1931 年 2 月,教育部视察北平各高校之后,发布整顿大学训令,规定北大等校改进教务事项,训令中提到"各校教职员之多,出人意外,教员在外兼课,有一人而担任几个学校系主任者,因之请假缺课,视为常事。学生上课,精神散漫,竟有上课学生不到三分之一者。设备非常缺乏,机器间有损坏,图书馆亦大半有名无实"。② 北大教育学系的情形可谓具体而微之北平高等教育界。北大"中兴"之前,教育学系的实际情形确实不能让人满意。作为 1929—1930 学年在教育学系就读的学生,滕大春多年后的赞赏并未特别提及教育学类课程,而《北京大学之教育系》的埋怨却集中于教育学类课程及教授。在学生眼里,北大教育学系也随着北平高等教育的"山穷水尽"③ 和北大的"衰微"而满是颓相。

20 世纪 20 年代的北大教育学系,在教育学科制度层面,是一个很有代表性的存在。北大的教育学科,取德国注重教育之哲学研究的特色,最早在哲学系中开设教育学课程。教育学系成立后,教育学系的课程与哲学系保持着极为密切的联系。以陈大齐为代表的哲学系教授,注重培养教育学系学生的学识根底。这是国立北京大学不同于国内其他大学教育学科的选择,这一点成为 20 世纪 20 年代政

---

① 季子:《中国大学教育的悲哀》,《大公报》1930 年 9 月 3 日,第 11 版。
② 《教部规定三大学改进教务事项》,王学珍、郭建荣主编《北京大学史料第二卷·二(1912—1937)》,第 1034—1035 页。
③ 胡适:《丁文江的传记》,欧阳哲生编《胡适文集》(7),第 493—494 页。

第四章 教育学科人才培养的制度化:大学教育学系的课程设置变迁

局、学局的频繁变动中的北大教育学系的坚持。这点坚持对学生的影响是深远的,滕大春先生对这一时期的回忆,值得我们深思。然而理念的贯彻终要落实在人身上。20世纪20年代北京(北平)乱局带来的高等教育界的乱象悉数在教育学系上演,良莠不齐的教育学者亦先后在北大教育学系任教,现实中的北大教育学系跟彼时的北大一起走向衰落。

(五) 蒋梦麟与北大教育学系的"中兴"(1931—1937)

1930年12月23日,蒋梦麟就任北大校长,陈大齐卸任南下,离开北大。北大迎来了"中兴时期"。① 随之而来的,是蒋梦麟对北大、对教育学系大刀阔斧的改弦更张。1931年9月以后,从组织到教授,再到课程设置,北大教育学系迅速褪去20年代的诸多色彩。教育学系的设置目的,不再强调与别校教育学系的"切合实际"不同,也不再强调"不急急以养成良好教师为目的"。其培养目标的表述与他校教育学系基本趋同:造就中等学校教师,养成教育行政人才,培育研究教育学术之学者。② 课程设置亦不再注重"一般学术知识之灌输"的博雅特色,而侧重教育学科专门知识的基本训练,北大教育学系的特色亦随之改变。

蒋梦麟就任校长后,北大师生就人才主义、裁冗员、撤骈枝机关、增置图书仪器、提高教授待遇、限制兼课、建设图书馆等问题提出希望,希望蒋梦麟能在这些方面带来新的改变。③ 蒋梦麟确实不负众望,尤其在教育学系实行了一系列的变革。

1. 蒋梦麟对教育学系的变更

胡适在1946年10月北大开学典礼上的致辞中提到,1931年蒋梦

---

① 胡适:《在北大开学典礼上的致词》,欧阳哲生编《胡适文集》(12),第497页。
② 国立北京大学编印《民国二十四年度国立北京大学一览》,第139页。
③ 之季:《由欢迎蒋校长说到我们第一步的希望》,《北大日刊》第2531号,1931年1月14日,第1—2版。

321

麟主持北大之后，可称为北大的"中兴时期"。1931年3月，在胡适、傅斯年的支持下，蒋梦麟依据《大学组织法》及《大学规程》改革原来校系两级办学体制，设立文、理、法三学院，建立学校、学院、系三级体制。① 1931年8月25日，国立北京大学第一次行政会议公布国立北京大学行政组织系统草案。② 1932年6月公布《国立北京大学组织大纲》，规定各学系各置主任一人，商承院长主持各系的教学实施计划。③ 大纲中所颁布的原则与《大学组织法》大体相同，但是依据北大历史和惯例，对组织法中的几项条例，做了修正。在学制方面，废除原有的学系制，改为学院制，设文理法三学院十四学系。同时公布《国立北京大学学则》，取消了自1919年来实行的选科单位制，改为学分制。改制之后，教育学系隶属于文学院。

蒋梦麟在纪念傅斯年的文章中提到，胡适和傅斯年是他复兴北大的"参谋"，"事无大小，都就商于两位"，"北大在北伐成功以后之复兴，他们两位的功劳，实在是太大了"。④ 然而对北大中兴功不可没的胡适，并不看重教育学系。⑤ 傅斯年也毫不掩饰对北大教育学系的冷淡，1932年更是在《独立评论》发文，搅乱教育学界的一池春水，似乎毫不顾忌蒋梦麟的教育学者身份。在这样的处境下，作为北大教育学系的创办者，蒋梦麟回任北大校长后，要如何筹划北大教育学系的发展？1931年，虽然教育学系主任还是戴夏，但教授聘任、课程设置之类的工作，实际由蒋梦麟掌握。北大教育学系随着北大的"中兴"而"能有相当的发展"，⑥ 主要归功于蒋梦麟的护持。

（1）重视教育学系主任人选

蒋梦麟非常重视教育学系主任的选聘，在未得合适人选时，甚至

---

① 《校长布告》，《北大日刊》第2593号，1931年3月28日，第1版。
② 《国立北京大学布告》，《北大日刊》第2676号，1931年8月29日，第1版。
③ 《国立北京大学布告》，《北京大学日刊》第2862号，1932年6月18日，第1版。
④ 蒋梦麟：《西潮·新潮》，第332页。
⑤ 吴俊升：《教育生涯一周甲》，第55—56页。
⑥ 吴俊升：《教育生涯一周甲》，第56页。

第四章 教育学科人才培养的制度化：大学教育学系的课程设置变迁

亲自兼任。1931年，蒋梦麟亲自代理文学院院长，戴夏仍留任教育学系主任。1932年前后，《第一次中国教育年鉴》统计各校信息时，录北京大学文学院教育学系主任杨廉。① 可能戴夏之后由杨廉短暂代理过教育学系主任。1932年2月，胡适任文学院院长。1932年5月，戴夏离开北大，教育学系主任由胡适兼任。② 也有回忆称杨亮功曾担任教育学系主任，③ 但并没有其他史料佐证。1933年8月，报载北大各系主任教授名单，教育学系主任仍是胡适。④ 胡适可能并未过多参与教育学系的日常事务及课程调整，实际工作由曾与他在中国公学共事的杨亮功操持。1933年10月7日，北大布告校务会议当然会员名单，列"蒋梦麟（校长兼教育系主任）"。⑤ 1933年版《国立北京大学一览》所载"各部主要职员"，其中"代理教育学系主任吴俊升"⑥ 作为"当然委员"，参与校务会议、教务会议、文学院院务会议。⑦ 1933—1934学年《教育学系课程指导书》所列吴俊升为"教授兼代主任"。⑧ 可以推断1933年下半年时，吴俊升为代系主任。1934年7月，报载北大下年度各系教授名单，则明确记载"教育系主任吴俊升"。⑨ 根据北大的规定，学年第二学期初改选系主任，吴俊升应在1934年初正式当选为教育学系主任。1937年4月，吴俊升致函胡适，内有"俊过去承

---

① 教育部中国教育年鉴编审委员会编《第一次中国教育年鉴》，丙编第50页。
② 《秘书处通告》，《北京大学日刊》第2841号，1932年5月25日，第2版。
③ 王道平：《驱逐杨廉学潮始末》，合肥市文史资料编辑部编印《合肥文史资料》（第7辑），1991，第80—81页。
④ 《北大昨已开学，各系主任教授均已聘定》，王学珍、郭建荣主编《北京大学史料第二卷·一（1912—1937）》，第454页。
⑤ 《国立北京大学布告（二十二年十月七日）》，王学珍、郭建荣主编《北京大学史料第二卷·一（1912—1937）》，第205页。
⑥ 国立北京大学编印《国立北京大学一览》，1933，第32页。
⑦ 国立北京大学编印《国立北京大学一览》，1933，第33—37页。
⑧ 国立北京大学编印《国立北京大学一览》，1933，第32、233页。
⑨ 《北大下年度各系教授名单》，王学珍、郭建荣主编《北京大学史料第二卷·一（1912—1937）》，第455页。

乏教育系主任三年"①之语可为辅证。1937年1月,吴俊升出国考察,教育学系主任由邱椿暂行代理。②

据以上考证,北大"中兴时期",教育学系主任的更迭及大致时间如下:戴夏任期1931年2月至1932年;之后杨廉任期不详;胡适1932年5月至1933年9月以文学院院长兼教育学系主任;蒋梦麟1933年10月以校长兼教育学系主任;吴俊升1933年底代系主任,1934年至1937年12月正式担任教育学系主任。蒋梦麟对教育学系主任的选择可谓慎重:无合适人选宁可由文学院院长、校长兼任。吴俊升上任后,更得蒋梦麟与胡适的青眼,终使北大教育学系也有"中兴"之相。

(2)选聘新教授,稳定师资队伍

与文学院其他学系迟至1934年才辞退旧人相比,教育学系的辞退旧人和选聘新人,自1931年即开始了。1931年9月18日,《京报》报道,"北大教育系某教授,谈该系最近情形,据云北大自蒋校长回校后,举凡课程内容,行政系统,变更甚大,尤以教育系变动最多"。③胡适在给杨振声的信中提到,在用人方面,1931年,蒋梦麟尚不愿与文学院的"旧人""开火"。④相对于文学院根基深厚的哲学系、历史系、国文系,教育学系除了戴夏本也没有多少"旧人",且人事更迭频繁,形不成什么派系,变更起来较其他学系便宜,是以能"变动最多"。

---

① 中国社会科学院近代史研究所中华民国史组编《胡适来往书信选》(中),中华书局,1979,第108页。《胡适来往书信选》中将吴俊升致胡适的这封信放到1932年,是错误的。结合吴俊升《教育生涯一周甲》中关于赴欧、美时间的自述,以及《中央日报》1937年1月29日《吴俊升今晨出国考察新兴大学教育》的新闻报道,吴俊升赴欧时间为1937年1月,非1932年初。此信写作时间应为1937年4月,而非书中的1932年4月。

② 《北大教育系主任由邱椿暂行代理吴俊升定明日离平》,王学珍、郭建荣主编《北京大学史料第二卷·三(1912—1937)》,北京大学出版社,2000,第2306—2307页。

③ 《北大教育系变更教学法,注重自动研究》,王学珍、郭建荣主编《北京大学史料第二卷·二(1912—1937)》,第1186页。

④ 耿云志主编《胡适遗稿及秘藏书信》(20),黄山社,1994,第160页。

第四章　教育学科人才培养的制度化：大学教育学系的课程设置变迁

蒋梦麟回任北大校长后，首重聘请教授，他认为"与其多聘二三钟点之副科教授，不如少聘主科之良好教授。如经费充裕，当首先扩充图书仪器，次聘请副科教授。大学教授问题较经费问题为更重要"。① 关于教授的选聘，樊际昌回忆蒋梦麟用人"除行政部分由他决定外，教务方面完全由各院系负责，他终不干涉，因为他认为这是专家范围以内的事"。② 这一点对教育学系应是例外。教育学系的教授选聘，都由蒋梦麟亲自经手。

教育学系的教员，除了戴夏，前一学年遭学生诟病甚多的"德国派"教员童德禧、刘钧、马师儒均另谋他就，未得续聘。戴夏也于1932年5月离开北大南下。至1931年9月开学前，教育学系聘定新教授有朱经农、吴俊升、杨廉、戴夏、杨亮功、萧恩承。③ 开学到任戴夏、杨廉、杨亮功、吴俊升四人。④ 朱经农因就任齐鲁大学校长未到北大任教，但趁着在北平开会期间到校讲座。

杨廉、杨亮功两人均是蒋梦麟旧识，与其感情甚笃。⑤ 杨廉1919年考入北大哲学系，为北大教育研究会的发起人，颇受蒋梦麟器重，1929年由蒋梦麟推荐至哥伦比亚大学国际教育局研究社留学一年，获哥伦比亚大学硕士学位，1930年10月任教育部社会教育司司长。1931年1月，杨廉随蒋梦麟回到北大教育学系任教。杨亮功毕业于北大文学系，1924年获斯坦福大学教育硕士学位，1927年获纽约大学哲学博士学位。回国后曾任中国公学副校长、安徽大学校长，与蒋梦麟、胡适均交往甚深。吴俊升毕业于南高师（东南大学）教育科，1928年

---

① 《蒋梦麟今日到北大视事》，王学珍、郭建荣主编《北京大学史料第二卷·一（1912—1937）》，第317页。
② 樊际昌：《念孟邻先生》，《传记文学》（台北）第5卷第1期，1964年，第17—18页。
③ 《蒋梦麟分别聘请接洽新教授》，王学珍、郭建荣主编《北京大学史料第二卷·一（1912—1937）》，第452页。
④ 《教育系布告》，《北京大学日刊》第2694号，1931年9月28日，第3版。
⑤ 杨亮功：《早期三十年的教学生活·五四》，黄山书社，2008，第83—84页。

留学法国巴黎大学，师从涂尔干嫡传弟子福谷奈（Paul Fauconnet）教授，1931年秋，蒋梦麟邀其任教北大。① 杨廉、杨亮功到北大后，均积极参与蒋梦麟的改革工作。1931年9月，杨亮功当选为校务会议教授代表，② 并名列北大组织大纲起草委员会九委员之一，杨廉则为图书委员会委员。③

1933年2月，杨廉因就任安徽教育厅厅长辞职，杨亮功因就任南京国民政府监察院监察委员辞职。蒋梦麟遂于学年交替时期南下补聘教育学系教授。④ 1933年8月，聘得原中央大学教育学院院长郑宗海及教授尚仲衣及到北大任教。⑤ 但郑宗海未到校即赴浙江大学担任教育学系主任。⑥ 1934年夏，北师大原教授邱椿计划自欧归国，北大先于北师大发出聘书，邀其任教。1934—1935学年，因心理学系并入教育学系，心理学教授亦随之并入教育学系。此时教育学系教授有吴俊升、邱椿、尚仲衣、樊际昌、潘渊、陈雪屏，讲师有刘吴卓生（刘廷芳夫人）、倪亮（吴俊升夫人）、余家菊、王西徵。⑦ 此后直至七七事变爆发，除了尚仲衣因参与组织"一二·九"运动被解聘，⑧ 余家菊与王西徵离职，其余教授及助教均无变动。

同时，教授兼课问题有所改善。从1931年起，北大实行教授专任制度。北平各国立大学校长在校务讨论会上，共同参阅各校教员名单，商定原则后，各国立大学态度一致。北大严格按照教育部相关规定，

---

① 吴俊升：《教育生涯一周甲》，第42—43、52页。
② 《国立北京大学布告》，《北京大学日刊》第2691号，1931年9月24日，第1版。
③ 《国立北京大学布告》，《北京大学日刊》第2695号，1931年9月29日，第3版。
④ 《蒋梦麟昨午抵平谈南下任务》，王学珍、郭建荣主编《北京大学史料第二卷·一（1912—1937）》，第320页。
⑤ 《北大昨已开学，各系主任教授均已聘定》，王学珍、郭建荣主编《北京大学史料第二卷·一（1912—1937）》，第454页。
⑥ 《我们的特约撰述》（四完），《教育杂志》第24卷第4号，1934年12月。
⑦ 《北大下年度各系教授名单》，王学珍、郭建荣主编《北京大学史料第二卷·一（1912—1937）》，第455页。
⑧ 中共广东省委党史资料征集委员会、中共广东省委党史研究委员会编《尚仲衣教授》，《广东党史资料丛刊》编辑部出版，1989，第277—278页。

第四章 教育学科人才培养的制度化：大学教育学系的课程设置变迁

"一人不得兼任两处主任或专任教员。专任教员之兼课应遵照部令，每周以六小时为限，并须预先征得原校校长之同意"。① 若他校要请北大教授兼课，亦必须商得北大当局同意，② 以此切实限制兼职兼课。北大规定，教授以专任为原则，在他校兼课者，以四小时为限，且薪金较专任者少，在他校兼课较多者，则改为讲师。同时改变过去教授第二年续聘后即无任期限制的办法。规定新教授初聘订约一年，续聘订约二年，在聘约有效期内不得中途他去。③ 1934 年前，教育学系的教授萧恩承、杨亮功、尚仲衣都曾在北师大教育学系兼课，北师大教授邱椿及李建勋也在北大兼课，而刘吴卓生、吴家镇、蔡乐生、袁敦礼等，则同时在北大和师大兼课。④ 至 1934 年，北大教育学系基本做到教授专任。北大与北师大教育学系重叠的师资亦降到 1924 年来最少。

（3）按照教育部课程标准修订教育学系课程

在军事环境大致安定后，教育部开始整顿高等教育。1928 年，为了制定统一的大学课程，大学院成立了中大学课程标准起草委员会，后续并未有推进。1931 年 10 月，鉴于各大学课程及设备漫无标准，教育部方面函请各科专家致力于"编订大学各学院各学系课程及设备标准，借为各大学将来实施之根据"。⑤ 并公布大学课程及设备标准起草时应注意的十四条事项，包括大学课程组成、学分分配等。⑥ 因大学教育学系牵涉中等教育师资培养、教育学的学科性质等问题，围绕大学教育学系的培养目标及课程设置存在分歧，很难达成统一。1932 年，教育部

---

① 《教部规定三大学改进教务事项》，王学珍、郭建荣主编《北京大学史料第二卷·二（1912—1937）》，第 1034 页。
② 钱穆：《八十忆双亲 师友杂忆》，生活·读书·新知三联书店，1998，第 167 页。
③ 《蒋梦麟昨在纪念周报告：北大下季添设研究班，限制教授兼课已有具体办法》，《教育旬刊》（福建）第 5 期，1931 年 6 月。
④ 参照国立北平师范大学编印《国立北平师范大学一览》，第 403—405 页；李建勋《教育学院之概况及其计划》，《师大月刊》创刊号，1932 年 11 月，第 9 页附表。
⑤ 《教育部函请各科专家起草大学课程及设备标准》，《申报》1931 年 10 月 16 日，第 10 版。
⑥ 《大学课程及设备标准起草时应注意之事项》，《申报》1931 年 10 月 16 日，第 10 版。

归并大学，裁撤院系。在形式的变更之后，教育部及各大学都在谋实质的改进，其中尤其重要的是课程标准的制定。在这样的背景下，1933年前后，各校教育学系按照教育部的要求，制定课程标准，颁布课程大纲，力求教育学系课程"标准化"。

北大 1934 年 4 月开始系统整理各学系课目。主要原则是裁并各院系性质相同的重复课目，裁撤不甚重要以及学生可以自己研求不须教授指导的课目。① 特别注重语言文字工具，养成学生的阅读及听讲能力，将各系必修课程打成一片教授，扩充基础课程。② 实际上，蒋梦麟对大学课程标准的见解，早至 1931—1932 学年便在变更滞碍较小的教育学系实施。所以 1934 年的课程调整，对教育学系影响较小，报载"只有将不适合课程新标准（按课程新标准，即注重各学科专门知识基本训练）之局部课程，予以变动，其余一切旧观"。③

1931 年 9 月 16 日，由蒋梦麟、戴夏、杨廉、杨亮功、吴俊升、萧恩承组成的教育学系教授会，议决关于教育学系课程的诸多事项，包括重新修订基础必修学程，并规定"旧科目与新科目性质相同者，得有相等之效力"。④ 显然，自 1931—1932 学年开始，教育学系的课程随着北大组织形式的变更较前有了较大的变化。目前并未查到 1931—1932 学年教育学系重新修订基础必修学程后完整的课程表。仅有 1931 年秋季未分选修、必修的过渡性质的课程，以及据 1932 年上半年《北京大学日刊》相关启事整理出的几门课程。因学期初九一八事变爆发，北平军事形势不明，之后北大学生罢课南下示威，加上经费积欠，北大的教学秩序受到很大影响，蒋梦麟亦曾因此生出退意。直到 1932 年 8 月，行

---

① 《北大下年度整理各系课目》，王学珍、郭建荣主编《北京大学史料第二卷·二（1912—1937）》，第 1310 页。
② 《北大下学年各课程大致审定就绪》，王学珍、郭建荣主编《北京大学史料第二卷·二（1912—1937）》，第 981 页。
③ 《北大心理学系下年度起裁并，各系课程均部分改订》，王学珍、郭建荣主编《北京大学史料第二卷·二（1912—1937）》，第 1037 页。
④ 《教育系教授会启事》，《北京大学日刊》第 2686 号，1931 年 9 月 18 日，第 3 版。

第四章 教育学科人才培养的制度化：大学教育学系的课程设置变迁

政院第 53 次会议通过拨发教育经费办法，承诺财政部对中央教育文化经费足额按时发放。1932—1933 学年，北大的各项改革方无后顾之忧。

从 1933 年、1934 年及 1935 年的《国立北京大学一览》以及《国立北京大学文学院课程一览（民国二十一年至二十二年度）》中可以查到 1932—1936 年各学年教育学系的课程及教职员名单。教育学系按照教育部令规定的修业最低时限，要求 4 年 8 学期至少修满 132 学分。自 1933—1934 学年开始，增加"基础必修学程"，之后教育学系课程由文学院共同必修学程、基础必修学程、教育学系必修学程、教育学系选修学程、辅科必修学程、辅科选修学程六部分组成，各规定最低学分。其中教育学系必修学程有教育概论、西洋教育史、教育统计、教育哲学、教育心理、教育社会学、教育行政、教学法。且教育学系学生必须于国文、外国语文、数学、物理、化学、生物、地质、史地、政法、经济、哲学、心理等学科任择一科为辅系。① 1932—1936 学年教育学系的必修课程没有大的变动，1934 学年因心理学系并入有局部调整。1931—1936 学年教育学系开设的课程及担任教员如表 4-15 所示。

表 4-15　1931—1936 学年北京大学文学院教育学系开设课程及担任教员

学年		必修	选修	辅科
1931—1932	文学院共同必修	党义、国语、外国语 普通心理学和逻辑任选一种 科学概论和哲学概论任选一种	1. 乡村教育（汤茂如） 2. 比较教育（英国萧恩承、日本吴家镇） 3. 小学教育（吴俊升） 4. 道德教育（吴俊升） 5. 中国教育问题（由系列讲座构成，如"义务教育问题"邀请时任齐鲁大学校长的朱经农讲座，蒋梦麟自任"高等教育问题的讲座"，其余不详）	
	教育学系课程（未分必修、选修）	"北大教育系二十年度课程（秋季）" 1. 儿童心理学（萧恩承） 2. 课程编制（萧恩承） 3. 教育社会学（吴俊升） 4. 教育哲学（吴俊升） 5. 上中古教育史（戴夏） 6. 比较教育德国之部（戴夏）		

---

① 国立北京大学编印《国立北京大学一览》，1933，第 233—234 页。

续表

学年	必修		选修	辅科
1931—1932	教育学系课程（未分必修、选修）	7. 德国教育制度及教育思潮（戴夏） 8. 中学教育（杨廉） 9. 比较教育美国之部（杨廉） 10. 教育行政（杨亮功） 11. 视学指导（杨亮功） 12. 教育统计初参（刘廷芳） 13. 幼稚教育（刘吴卓生） 14. 英文教育书选读（王卓然）		
1932—1933（于四年中须修满132学分）	文学院共同必修（20学分）	哲学概论、科学概论、中国通史（分段授课）及西洋通史（陈同燮）	选修科最少18学分 1. 幼稚教育（刘吴卓生） 2. 小学教育（吴俊升） 3. 中学教育原理（杨廉） 4. 中学行政（杨廉） 5. 地方教育行政（杨亮功，本年停） 6. 教学指导（杨亮功） 7. 教育调查（杨亮功） 8. 比较教育（吴俊升、萧恩承、杨廉） 9. 教育测验（刘廷芳） 10. 课程组织（萧恩承，本年停） 11. 健康教育（袁敦礼） 12. 师范教育（李建勋） 13. 乡村教育（本年停） 14. 职业教育（本年停） 15. 成人教育（傅葆琛） 16. 儿童心理（与心理系合班）（叶石荪） 17. 青年心理（与心理系合班）（陈雪屏） 18. 中国教育史（邱椿） 19. 中国教育思想史（邱椿，本年停） 20. 现代教育思想史（吴俊升） 21. 教育研究法（萧恩承）	国文、外国语文，数学、理化、生物、地质、史地、哲学、心理、政治、经济任择一科为辅科。辅科必修至少30学分，选修至少12学分
	教育学系必修（40学分）	1. 教育概论（杨亮功） 2. 教育名著选读（1）（萧恩承） 3. 西洋教育史（萧恩承） 4. 教育统计（刘廷芳） 5. 教育名著选读（2）（邱椿） 6. 教育哲学（吴俊升，本年停） 7. 教育心理（蔡乐生） 8. 教育社会学（吴俊升） 9. 教育行政（杨亮功） 10. 教学法（杨廉，本年停） 11. 教育名著选读（3）（吴俊升）		

第四章 教育学科人才培养的制度化：大学教育学系的课程设置变迁

续表

学年	必修		选修	辅科
1933—1934	文学院共同必修（20学分）	哲学概论、科学概论、中国通史（钱穆）及西洋通史（陈同燮）	选修至少17学分 1. 幼稚教育（刘吴卓生） 2. 小学教育（尚仲衣） 3. 中学教育（潘渊） 4. 教学指导（潘渊） 5. 教育调查 6. 比较教育（俄国萧恩承、英国潘渊、美国尚仲衣） 7. 教学测验（尚仲衣、吴俊升） 8. 课程论（萧恩承） 9. 健康教育（袁敦礼） 10. 师范教育（本年停） 11. 乡村教育（本年停） 12. 职业教育 13. 成人教育（尚仲衣） 14. 儿童心理（萧恩承） 15. 中国教育史（本年停） 16. 现代教育思想史（吴俊升，本年停） 17. 教育研究法（萧恩承）	国文、外国语文，数学、理化、生物、地质、史地、哲学、心理、政治、经济任择一科为辅科。辅科必修至少30学分，选修至少12学分
	基础必修学程（最少12学分）	普通心理学，生物学、社会学、论理学、伦理学四选二		
	教育学系必修（41学分）	1. 教育概论（尚仲衣） 2. 教育名著选读（1）（萧恩承） 3. 西洋教育史（萧恩承） 4. 教育统计学（倪亮） 5. 教育哲学（吴俊升） 6. 教育心理（潘渊） 7. 教育社会学（吴俊升） 8. 教育行政（尚仲衣） 9. 教学法（潘渊） 10. 教育名著选读（2）（吴俊升）		
1934—1935	文学院共同必修	基本英文、中国通史（钱穆）、西洋通史（陈同燮）	选修学程最少15学分 1. 幼稚教育（刘吴卓生） 2. 小学教育（尚仲衣） 3. 中学教育（潘渊） 4. 师范教育（王西徵） 5. 社会教育（本年停） 6. 教学指导（本年停） 7. 教学测验（倪亮） 8. 课程编制（本年停） 9. 小学各科教材及教法（尚仲衣） 10. 德育原理（本年停） 11. 健康教育（本年停） 12. 现代教育思潮（邱椿） 13. 各国教育制度（邱椿、潘渊、尚仲衣、吴俊升） 14. 中国教育问题（蒋梦麟、胡适等）	国文、外国语文，数学、理化、生物、地质、史地、哲学、心理、政治、经济任择一科为辅科。辅科必修至少30学分，选修至少12学分
	基础必修学程	生物学、社会学、哲学概论、论理学、伦理学，任选二种		
	教育学系必修	1. 教育概论（尚仲衣） 2. 普通教学法（潘渊） 3. 教育统计学（倪亮） 4. 教育社会学（吴俊升） 5. 教育哲学（吴俊升） 6. 教育行政（尚仲衣） 7. 中国教育史（邱椿，本年度第二学期开始） 8. 西洋教育史（本年停） 9. 教育名著选读（1）（陈雪屏） 10. 教育名著选读（2）（吴俊升） 11. 教育参观及实习（本系教授）		

331

续表

学年	必修		选修	辅科
1935—1936（修满132学分可毕业）	文学院共同必修（22学分）	基本英文、中国通史（钱穆）、西洋通史（皮名举）	选修学程最少15学分 1. 幼稚教育（刘吴卓生） 2. 小学教育（尚仲衣，本年停） 3. 中学教育（潘渊） 4. 师范教育（王西徵） 5. 社会教育（尚仲衣） 6. 教学指导（潘渊） 7. 教育测验（倪亮） 8. 课程论（余景陶） 9. 小学各科教材及教法（尚仲衣） 10. 德育原理（吴俊升） 11. 健康教育 12. 近代教育思潮（邱椿） 13. 教育社会学（吴俊升，本年停） 14. 各国教育制度（邱椿、潘渊、尚仲衣、吴俊升，本年停） 15. 中国教育问题（蒋梦麟、胡适，本年停） 16. 心理卫生（樊际昌） 17. 儿童心理学（陈雪屏） 18. 社会心理学（樊际昌） 19. 情绪心理（潘渊） 20. 变态心理学（本年停） 21. 应用心理学（本年停） 22. 现代心理学（本年停）	辅系必修学程至少30学分，选修学程至少6学分
	基础必修（至少8学分）	生物学、社会学、哲学概论、论理学、伦理学，任选二种		
	教育学系必修（51学分）	1. 普通心理学（樊际昌） 2. 英文教育名著选读（1）及（2）（吴俊升及邱椿） 3. 教育概论（尚仲衣） 4. 教育史（中国教育史邱椿、西洋教育史吴俊升，本年停） 5. 教育统计学（倪亮） 6. 教育哲学（吴俊升） 7. 教育心理学（潘渊） 8. 学习心理学（陈雪屏） 9. 实验心理学（陈雪屏） 10. 教育行政（尚仲衣） 11. 教学法（潘渊） 12. 论文撰著 13. 教育参观及实习		

资料来源：国立北京大学文学院编印《国立北京大学文学院课程一览（民国二十一年至二十二年度）》，1933，第3、11—13页；国立北京大学编印《国立北京大学一览》，1933，第230—234、243—244页；国立北京大学编印《国立北京大学一览》，1934，第189—190页；国立北京大学编印《民国二十四年度国立北京大学一览》，第139—159页；《北大教育系二十年度课程（秋季）》，《北京大学日刊》第2682号，1931年9月14日，第8版；《文学院院长布告》，《北京大学日刊》第2687号，1931年9月19日，第1版；《北大教育系变更教学法，注重自动研究》，王学珍、郭建荣主编《北京大学史料第二卷·二（1912—1937）》，第1186页；《教育系布告》，《北京大学日刊》第2796号，1932年3月23日，第1版；《教育系布告》，《北京大学日刊》第2782号，1932年3月5日，第1版；《教育系布告》，《北京大学日刊》第2816号，1932年4月23日，第1版。

第四章　教育学科人才培养的制度化：大学教育学系的课程设置变迁

20世纪20年代，北大教育学系强调"于课程之规定，不急急以养成良好教师为目的，而对于一般学术知识之灌输，极其注重"。与此对应，1924—1925学年课程指导书中教育学系16门必修课中，有8门与哲学系合上。哲学相关课程占有相当大的比重。蒋梦麟回长北大后，对北大课程的评价是"失之广泛"，"不但应有尽有，而且不应有亦尽有"，他认为"不需要之课程，徒耗国家财力，并废学生有用光阴，于其所研究之专科并无裨益"。① 1935—1936学年的课程与之前的课程相比，留下的即是"应有的"，之前课程表中有而这份课程表中没有的，即是"不应有"。与1924—1925学年课程指导书比起来，这份课程表一个最大的变化是哲学相关课程锐减。中国哲学史、西洋哲学史皆属"不应有"，代之以中国通史、西洋通史，以哲学为代表的"一般学术知识"，皆在"毅然裁去"之列。陈大齐时代的德国色彩亦随着教授的更迭和课程的调整急速消退。介绍德国的文化教育学派和劳作教育学派的工作学校要义、学校组织、教育与文化、德文教育著作选读等课程再未开设，这些自然属于"不需要之课程"。

教育学系的设置目的，也不再刻意表示与"普通师范大学或大学内附设之教育科不同"。1932年之后教育学系培养目标的表述与他校教育学系基本趋同：造就中等学校教师，养成教育行政人才，培育研究教育学术之学者。② 同时，课程亦本此三目的设置，不再强调"注重一般学术知识之灌输"，而侧重教育学科专门知识的基本训练。且根据培养目标，创造性地规定如果学生修习完成相应的课程及学分，则于文学士之外授予"中学某科目合格教师证书"及"教育行政人员合格证书"，③ 以兼顾三个培养目标。1933年，因国联教育考察团报告抨击

---

① 《蒋梦麟将赴欧参观教育，北大课程采精纯主义，北大教授取人才主义》，《申报》1934年7月13日，第14版。
② 国立北京大学编印《民国二十四年度国立北京大学一览》，第139页。
③ 国立北京大学编印《国立北京大学一览》，1933，第231—232页。

333

中国以教育学院或师范学院为主的中等教育师资训练"太重方法而学科的实质缺乏相当的准备",蒋梦麟撰文反驳。他提到,"在美国大学教育学院里研究教育史,学校行政,教育心理,各科教学法的人,是准备充当师范学校里的教育学教员,或教育行政人员的。何尝以研究教育方法的人,去当中学里的数理化或史地教员呢。教某种学科的人,都是习该种学科的专家,不过兼习几门教学法罢了。他们所说的欧洲式的师资训练(以德法为例)重学科本质,美国式的太重方法,两种制度,或者各有所偏重,但为比较的而非绝对的,在学科与方法的比量的多少而不在性质的不同"。在北大教育学系学科与方法的比量方面,他也有所回应,认为在中国教育学院或教育学系,"研究教育学为主科的人,也是预备充教育行政人员,或在师范学校任教育学教员的"。① "中等学校教师"的培养任务,主要由以教育学为辅科者完成。

由此,20世纪20年代北大教育学系重视"一般学术知识之灌输"的特色亦随之消失。同时,教育学科的"专业性"凸显,从教育哲学及社会根本方面②研究教育的特色逐渐形成,贯穿其中的精神,也从德国理性主义的理论转向美国杜威和法国涂尔干的教育思想。③

(4) 实行教授分组指导,注重学生"自动研究"

1931年9月,北大教育学系率先实行了教授分组指导制。蒋梦麟在严格限制教授兼课的同时,要求"教授于上课外,尚须有办公钟点以备同学之随时请益"。④ 教育学系为贯彻这一点,将同学分为四组,由戴夏、杨亮功、吴俊升、杨廉四教授分任指导,"凡同学等个人读

---

① 蒋梦麟:《国联中国教育考察团报告书中几个基本原则的讨论》(续),《独立评论》第41号,1933年3月,第19—20页。
② 吴俊升:《教育生涯一周甲》,第56页。
③ 滕大春:《我的学术旅途的回顾和反思》,滕大春著,贺国庆、朱文富、何振海编《教育史研究与教育规律探索》,人民教育出版社,2019,第776页。
④ 《蒋梦麟昨在纪念周报告:北大下季添设研究班,限制教授兼课已有具体办法》,《教育旬刊》(福建)第5期,1931年6月,第47—48页。

第四章 教育学科人才培养的制度化：大学教育学系的课程设置变迁

书、治学诸问题，均可径向各人所属之指导教授接洽、请益"。① 每组指导以一学年为限，一学年后再将各组重新区分，指导教授轮流担任。1935年，教育学系的经验推广至北大其他各系。②

　　与20世纪20年代的大学课堂注重讲义相比，蒋梦麟及其聘请的新教授，特别注重学生的"自动研究"。1931年9月，《京报》有题为《北大教育系变更教学法，注重自动研究》的报道："以教学法一项而论，过去只重讲演，不顾其他，按之新教学法原理，纯讲演式之教学法，效力殊鲜。故该系今后于讲演以外，对于学生自动研究，特别注重。考查成绩，除采月考、期考外，并限令学生，于一定期限内，必须作读书报告一次，以考查其平时自动研究之心得。"③ 1931年6月，杨廉所担任的"中学教学法"及"最近美国教育"两门课程，皆以学期论文的形式进行考察。杨廉在日刊公布可供选择的题目，如"中学教学法"的题目有"一，中国现在中学教学法之批评（须要具体的，分析的陈述）。二，怎样应用社会化教学法，举二种科目为例。三，怎样实施问题教学法"，"四，任择一种现行中学教科书，详细评其得失"。并要求每篇至少二千字，引用书报无论中外须指出页数、书名、著者、版本。"最近美国教育"的学期论文题目为"美国中学教育之演进""美国最近的大教育家——J. Dewey，P. Monroe，F. L. Thorndike"等，每个题目后皆列五六种英文参考文献，并申明图书馆没有的参考书，可直接向杨廉暂借。④ 吴俊升亦回忆，在北大教育学系任教期间，他鼓励学生在听课外，要自动学习。他也指定英文参考书，要学生做阅读报告，并在课间讲解和讨论。这样便增加了学生自动学习的兴趣

---

① 《教育系布告》，《北京大学日刊》第2693号，1931年9月26日，第2版。
② 《北大各系学生将由教授分组指导教育学系现已实行》，王学珍、郭建荣主编《北京大学史料第二卷·二（1912—1937）》，第1039页。
③ 转引自王学珍、郭建荣主编《北京大学史料第二卷·二（1912—1937）》，第1186页。
④ 杨廉：《中国（应为中学）教学法学期论文题目》《最近美国教育学期论文题目》，《北大日刊》第2648号，1931年6月9日，第1—2版。

和阅读英文书的能力。同时，教育学系教授还帮助学生组织课外活动。①

1932年，教育学系的学生参与了天津市教育调查以及后续的数据资料整理工作，以增加研究经验。② 同时，教育学系阅览室陆续收到"各省市县学校及教育机关赠送之刊物"，③ 图书刊物得到充实。经教学法的改革及研究资料的充实，"全系顿觉活动有生气"。④

2. 蒋梦麟支持、提携教育学系教授扩大社会影响

蒋梦麟不迷信"只讲教育，不谈政治"，⑤ 知识界不应借口社会和学术的重要，把学术研究作为"避世的桃源"，"来躲避实际政治的麻烦问题"；相反，他认为知识界应负研究实际政治问题的责任，"以不妨害研究学术和较远的问题为界限"讨论或参与"改革或革命的实际政治"，同时"决不可忘了自身的本职：发展学术、科学、思想等等"，"也不可利用自身的本职，作避世的桃源"。⑥ 20世纪30年代北大教育学系的教授，大多关注政治，本职之外社会活动丰富，亦不乏学而优则仕者。杨亮功、杨廉及萧恩承皆跨入政界。1933年，安徽省政府人事变动，南京行政院决定教育厅长人选时，当时教育部长王世杰因为蒋梦麟的推荐，提名杨廉为候选人。杨廉因此就任安徽教育厅厅长。⑦ 1933年2月，杨亮功辞职担任南京国民政府监察院监察委员，从此步入政坛。⑧ 萧恩承曾任武汉政府外交部秘书等职，到北大后兼任教育学系教

---

① 吴俊升：《教育生涯一周甲》，第56—57页。
② 《教育系布告》，《北京大学日刊》第2862号，1932年6月18日，第2版。
③ 《教育系阅览室启事（鸣谢）》（续），《北京大学日刊》第2871号，1932年6月29日，第1版。
④ 吴俊升：《教育生涯一周甲》，第57页。
⑤ 蒋梦麟：《晨报四周纪念日之感想》，《晨报附刊》1922年12月2日，第21版。
⑥ 蒋梦麟：《知识阶级的责任问题》，《晨报六周年增刊》，1924年12月，第12—13页。
⑦ 王道平：《驱逐杨廉学潮始末》，合肥市文史资料编辑部编印《合肥文史资料》第7辑，1991，第80—81页。
⑧ 竺午：《杨亮功传略》，《江淮文史》2001年第3期。

第四章　教育学科人才培养的制度化：大学教育学系的课程设置变迁

授及国语组主任。① 1932 年 7 月 12 日，萧恩承以顾问身份代表张学良赴南京处理事务。② 1934 年，萧恩承因华北危机加深弃学从政，进外交部工作。③ 蒋梦麟亦颇自豪北大人能扩大影响范围。④ 这一点与北师大形成鲜明对比，北师大教育学院的掌舵者李建勋坚持教育救国信念，"不问政治，不参加任何党派，一心一意搞教育"，⑤ 北师大教育学系的教授大多在大学间流动，甚少流向政界。

蒋梦麟亦不主张就教育论教育。与当时教育学者呕呕强调教育学科的独立性不同，蒋梦麟并不介意"门外汉"对教育问题提意见。如前文所述，傅斯年曾在《独立评论》上发表一系列文章，将矛头指向大学的教育学院、教育学系，甚至不留情面地批评北大教育学系"学生兼习系外功课占四分之一而弱，似仍不能成一种严切的训练，仍不免于杂碎之弊"。⑥ 吴俊升回忆北大从教经历，也明显感受到这两位的态度。"在学术气氛中教育并非被重视的学科，教育系也只是聊备一格的学系。虽然当时的校长蒋梦麟先生为国内所推重的教育专家，但是校内有力的人物，如傅斯年教授便是不重视教育学的一位学者"，"胡适之先生也不是太重视教育学的"。⑦ 傅斯年的文章在教育学界引起轩然大波，教育学者纷纷撰文辩驳，强调教育学的专业性与独立性，杨亮功亦出言回护北大教育学系。在此氛围中，蒋梦麟未直接表态。他曾提到"教育与政治循环影响，教育不能离政治现状而迈进；若但以教育立场论教

---

① 萧恩承：《一个理想的英文教学法与课程》，《明日之教育》第 1 卷第 2 期，1932 年 6 月。
② 《张学良代表萧恩承赴京谒汪》，《益世报》1932 年 7 月 12 日，第 1 版。
③ 朱鲁大：《萧恩承其人其书》，《近代名人逸闻》，香港：南粤出版社，1987，第 131 页。
④ 《蒋梦麟的惊人豪语》，《新生活》第 9 期，1931 年 10 月。
⑤ 杨毓节：《老教育家李湘宸先生事略》，中国人民政治协商会议全国委员会文史资料研究委员会编《文史资料选辑》（合订本第 87 辑），中国文史出版社，1983，第 88 页。
⑥ 孟真：《再谈几件教育问题》，《独立评论》第 20 号，1932 年 10 月，第 7 页。
⑦ 吴俊升：《教育生涯一周甲》，第 55 页。

育，未及体察四周所环绕的政治势力，其立论有时太理想化，自不能免"。① 在1936年中国哲学会首届年会上，蒋就他曾以"门外汉"的身份担任北大哲学系主任一事借题发挥："本人意见，任何一种学术，必有其相同之见解与供献。去年庐山会议，关于教育问题一项，集合多数学者，各有不同之意见，由此证明，门外汉之意见，亦并非完全不能中肯者。"② 可知蒋梦麟并不如其他教育学者那般排斥"门外汉"，且认为仅以教育立场论教育，立论容易理想化，而更主张"体察四周所环绕的政治势力"，从哲学、社会角度研究教育。

1929年，蒋梦麟给励志社的赠言中直言"我们中国近十年来的教育，太偏于发展个性方面了。对社会性方面过于忽略"。③ 蒋梦麟重视从哲学、社会角度研究教育，以及侧重大教育研究的倾向，与吴俊升的主张和风格颇多相和之处。吴俊升感念蒋梦麟的知遇之恩，"承他生前不弃，对于学问著作之事，常与商酌，且多见解相同之处"。④ 蒋梦麟对吴俊升的提携亦不遗余力。吴俊升自1931年9月任教北大，至1937年底出任教育部高等教育司司长，与北大及教育学系的"中兴"相始终。在北大期间，他受知于蒋梦麟与胡适，于1934年担任教育学系主任。此时北大教育学系的课程及师资均相对稳定，社会影响亦因吴俊升等教育学系教授的社会活动而扩大。1932年，以北大教育学系教授为主体的北平教育学界同人发起成立明日教育社，并发行《明日之教育》半月刊。明日教育社发起者，有北大教授杨廉、吴俊升、杨亮功、萧恩承，北大讲师刘吴卓生。其他五位即刘廷芳（燕京大学教授）、袁敦礼（北师大教授）、邱椿（北师大教授）、吴家镇（华北学院教授）、杜元

---

① 蒋梦麟：《国联中国教育考察团报告书中几个基本原则的讨论》（续），《独立评论》第41号，1933年3月，第21页。
② 《中国哲学会首届年会昨晨在平开幕》，《京报》1935年4月14日，第7版。
③ 蒋梦麟：《赠励志社》，《励志》第2期，1929年2月，第5页。
④ 吴俊升：《蒋梦麟》，中华学术院编《中国文化综合研究——近六十年来中国学人研究中国文化之贡献》，第513页。

第四章　教育学科人才培养的制度化：大学教育学系的课程设置变迁

载（民国学院教授），皆曾在北大教育学系兼课。① 《明日之教育》陆续刊行两卷十六期，1934年1月8日，与《大公报》合作，成为附属于《大公报》的专门性副刊之一。该副刊终于1937年6月28日，共出版178期。北大教育学系的教授们为《明日之教育》副刊的固定班底，随着《大公报》的发行，副刊社会影响非常大。1933年吴俊升的《重新估定新教育的理论和实施的价值》② 及《中国教育需要一种哲学》，均引发了教育学界的讨论，姜琦、郑宗海纷纷发文回应。《大公报》的有关教育改革的社评社论亦时常援引吴俊升的主张。③

蒋梦麟看重吴俊升，并刻意带吴俊升出入政府会议。1934年8月，庐山国防设计委员会开会前夕，蒋梦麟特意致电教育次长钱昌照请求带吴俊升一起参加国防设计委员会，称"本校教育系主任吴俊升君学有专长，弟等拟邀其偕往，加入讨论"。④ 最终吴俊升得以同北大校长蒋梦麟及文学院长胡适等人一起赴庐山出席国防设计委员会，并于文化股提交"用试验方法，修正中小学教育制度以适应国情案"的教育提案。这个提案从某种意义上可以看作北大及教育学系对中小学教育制度改造的意见。这个改造方案提出之后，全国教育界人士极为关注。⑤ 讨论持续到1935年，《教育杂志》组织讨论该案，以《全国专家对于学制改造的态度》为题集中发表教育学者对该案的态度。⑥ 北大教育学系的社会影响，亦在此时达到一个高峰。

北大教育学系创自蒋梦麟，亦改自蒋梦麟。对中国的教育系科在制度层面的设置问题，蒋梦麟始终坚持在大学开设教育学系。而北大开设教育学系，在学理层面很难说学习了哪一国的哪一模式，更多是在19世纪德国式大学模式的基础上，借鉴了20世纪美国哥伦比亚大学师范

---

① 刘廷芳：《明日之教育发刊词》，《明日之教育》第1卷第1期，1932年5月。
② 吴俊升：《近五十年来西方教育思想之介绍》，林子勋主编《教育学论集》，第92页。
③ 《社评：论确定整个教育目标》，《大公报》1935年2月25日，第2版。
④ 《电钱昌照要求吴俊升参加讨论新提案》，《申报》1934年8月19日，第16版。
⑤ 葛石熊：《一年来之中国教育》，《申报》1935年1月13日，第19版。
⑥ 《全国专家对于学制改造的态度》，《教育杂志》第25卷第1号，1935年1月。

339

学院的形式，满足国内中等教育提升后的师资培养要求。教育学系最初的课程也能反映德国哲学和美国实践的杂糅。20世纪20年代北京政局混乱，蒋梦麟未及深思教育学系的发展。而1930年他回长北大之后，有意识地引领北京大学向着近代式的大学方面走去。如罗家伦所说，蔡元培心目中之19世纪德国式大学的模式，渐为20世纪欧美大学之观念所取代。[1] 随着蒋梦麟对教育政策中放任与统制、教育研究中教育目的与教育方法的态度发生转变，教育学系成了他改革北大的先锋站。教育学系率先完成新旧教授更替，率先按教育部标准调整课程，率先实现导师制，虽然培养目标、课程内容仍不免"杂碎"之讥，但这实属世界范围内教育学科的难题。相对而言，蒋梦麟改革后的北大教育学系在同时期的大学教育学系中占据独特而重要的地位。

与同时期的北师大教育学系相比，两者虽然课程设置类似，但风格迥异。如果说北师大的影响主要在教育界，那么北大教育学系的社会影响则更大。吴俊升担任系主任时期，教育学系上得蒋梦麟、胡适支持，下得学生拥护。教授阵容，一时称盛。学生方面，也吸引了若干优秀青年。[2] 教授们教课之余，引导学生读书、讨论，培养研究精神。教授们亦是明日教育社同人，以《明日之教育》为阵地，统领平津教育评论。北师大教育学院院长李建勋特别强调应注意教育方法。[3] 与北师大教育学院相比，北大教育学系更有意于"从教育的哲学和社会的根本方面讲教育"，[4] 侧重于整个教育的目标而非种种教育新法。吴俊升、邱椿等皆属民国时期的一流教育学者，他们笔耕不辍，使北大教育学系在教育界影响大增。蒋梦麟曾议及"一个学校里，教员学生，共同抱一种

---

[1] 罗家伦：《国立北京大学的精神》，董鼐总编《学府纪闻：国立北京大学》，台北：南京出版有限公司，1981，第25页。
[2] 吴俊升：《教育生涯一周甲》，第56—57页。
[3] 《总理纪念周纪略：李院长报告》，《国立北平师范大学校务汇报》第115期，1935年4月15日，第3页。
[4] 吴俊升：《教育生涯一周甲》，第56页。

第四章 教育学科人才培养的制度化：大学教育学系的课程设置变迁

信仰，大家向那所信仰的方向走"，① 就是学风。在蒋梦麟长校的七年间，北大教育学系的教授学生同气相求，关注教育目的，注意教育学术研究，抱着共同的信仰，随着北大"中兴"一起实现了教育学系的"中兴"。

全面抗战爆发后，北大教育学系成为西南联合大学师范学院的重要组成部分，1946年随着北大复校而重新成为北大教育学系，邱椿等教授又重回北大，仍延续20世纪30年代"中兴"时期教育学系的传统。1948年，对比辅仁大学和北平师范学院的教育学系，学生们认为"北大的教育系着重在理论的研求上，教育名著的课本就是英文，这说明了在导引同学走上了更远一步的路程。而辅大和师院则由实际应用方面下手，对于毕业后发挥'学以致用'上是颇占便宜的。但如果想作深远的探讨，却形成不易弥补的漏洞而感到内在的空虚了"。② 1949年6月，华北高等教育委员会决定取消北大教育学系，③ 后来院系调整将北大教育学系合并到北师大教育学系中去，邱椿认为这是"一个好的教育系被取消，一个坏的教育系被保留"。④ 北师大教育学系坏不坏且不论，蒋梦麟长校时的国立北京大学教育学系，大约就是邱椿心目中"一个好的教育系"的模样。

---

① 蒋梦麟：《晨报四周纪念日之感想》，《晨报附刊》1922年12月2日，第21版。
② 艾治平：《今日的北大教育学系》（上），《世界日报》1948年4月12日，第4版。
③ 《华北高等教育委员会关于南开、北大、清华、北洋、师大等院系调整的决定（一九四九年六月二十七日）》，中央档案馆编《共和国雏形——华北人民政府》，西苑出版社，2000，第420页。
④ 秋赤：《邱椿教授反动的资产阶级思想必须彻底改造》，《人民教育》1952年第4期，第26页。

第五章

未完成的教育研究机构的制度化

大学设研究机构,在制度设计层面,壬寅学制中就有相关规定。蔡元培曾经追溯大学研究所的制度渊源,壬寅学制设计大学堂之上有"大学院","大学院为学问极则之研究,不主讲授,不主课程";癸卯学制将"大学院"改名为"通儒院";壬子癸丑学制又将"通儒院"改为"大学院","为大学教授与学生极深研究之所,不立年限"。① 20世纪20年代,以北大、清华为代表的学校开始创办以"国学"为名的研究院,将大学设研究机构的制度付诸实践。20世纪20年代前后,随着以学术引进为主阶段的结束,在国内普遍设立研究机构、开展自由的学术研究,已经成为当时学术界的共识。② 1928年,南京国民政府形式上统一全国之后,改大学院为研究院,研究院"为大学毕业生而设,年限不定"。中华民国大学院非常鼓励国立各大学设立各科研究所,开展科学研究。1930年,第二次全国教育会议后,教育部公布《改进高等教育计划》,规定凡国立大学设有研究讲座3个及以上者,称为研究所,设有研究所2个及以上者,称为研究院。③ 教育部通令全国国立各大学酌设研究所,推广科学研究。

---

① 蔡元培:《论大学应设各科研究所之理由》,《东方杂志》第32卷第1号,1935年1月,第13页。
② 陈亚玲:《民国时期研究所的建立与现代学术的自主创新》,《现代大学教育》2009年第4期。
③ 《改进高等教育计划》,《教育部公报》第2卷第30期,1930年7月,第11页。

第五章 未完成的教育研究机构的制度化

近些年来，随着对近代学术体制研究的开展，现代大学及其附设研究机构作为学术体制的主要内容和学人工作的基本空间，为左玉河、陈以爱、刘龙心、陈时伟、范铁权等学者所关注。以肖朗教授为代表的教育学术史研究团队瞩目于国立中山大学教育学研究所、国立中央大学的教育研究所的研究作为，对近代国立大学教育研究机构有所涉及，对全面抗战期间的师范研究所亦有梳理。作为教育学科史的研究者，笔者阅读中国近代学术转型相关研究作品时会下意识地寻找教育学科的位置、角色，思考教育学学科体制的建立、转型问题，对涉及教育学科的相关论证、结论会不自觉地辩驳、印证。相较于其他学科的研究机构，民国时期教育研究机构的设立有其特殊的历史境遇。在其他学科研究机构"积极准备设置"的时期，国家层面的教育研究机构始终未设立，而主要代之以大学设立教育研究所，且各大学教育研究所历经设立、发展及停办的复杂过程。

教育研究机构在民国时期的命运，始终与时代主题及教育学科、教育研究的地位息息相关。教育的重要自戊戌至今无人否认，而"教育之学"却历史短、学术根基未牢。由此形成了一个悖论，一方面，清末以来教育极受朝野重视，各时期报章杂志讨论教育改革的文章极多，"教育研究"好似盛况空前；另一方面，"教育学""教育研究"在中国的命运跌宕起伏，教育研究机构更是寥若晨星。正如前几章所述，围绕教育学科的争议从它进入高等教育体系之日起就未曾断过。可以说全国范围的教育研究机构的制度化在民国时期并未实现，其制度化主要通过大学附设教育研究所来体现。

一 中央研究院教育研究所：始终未实现的"计划"

中央研究院的设立，源于孙中山"设立中央学术院以为全国最高学术研究机关"的主张。1927年5月国民党中央政治会议第九十次会议议决设立中央研究院筹备处,蔡元培、李煜瀛、张人杰等为筹备委员。7月,国民政府公布《中华民国大学院组织条例》,其中第七条规定"本院设立中央研究院,其组织条例另定之"。10月大学院成立,即根据组织条例聘请中央研究院筹备员30余人。11月召集筹备会议,通过《中华民国大学院中央研究院组织条例》,蔡元培以大学院院长兼任院长。1928年4月,南京国民政府修正中央研究院组织条例,改中华民国大学院中央研究院为国立中央研究院,蔡元培为院长。由此确定中央研究院为最高学术研究机关,直隶政府。①

1928年11月,南京国民政府通过《国立中央研究院组织条例》,"现在就中国目前需要与本院经济状况"拟先设12家研究所,其中有教育研究所之议。此后中央研究院的组织法经历了四次修订皆列有"教育研究所",1936年11月公布《修正国立中央研究院组织法》,第六条罗列了"本院设研究所","教育研究所"为14所之一。② 1947年3月第四次修订,第三条"国立中央研究院设研究所"中亦有教育研究所。③

1929年3月,国立中央研究院心理及教育研究所就"已在计划中",连所需之地都已经核准,准备圈购,④ 似乎马上就要成立了。到1935年11月,蔡元培在中央党部总理纪念周上,提到中央研究院评议会当选的30位评议员代表中央研究院14种研究科目,称"凡国内重要的研究机关,设有研究所的著名大学,以及与科学研究有直接关系的教育部,无不网罗在内"。30人名单里没有教育学科代表,中央研究院14

---

① 行政院新闻局编印《中央研究院》,1947,第1页。
② 《国民政府公布修正国立中央研究院组织法》(1936年11月6日),中国第二历史档案馆编《中华民国史档案资料汇编》第五辑第一编《教育》(2),第1343页。
③ 行政院新闻局编印《中央研究院》,第17页。
④ 《国立中央研究院向国民党第三次全国代表大会工作报告稿》(1929年9月),中国第二历史档案馆编《中华民国史档案资料汇编》第五辑第一编《教育》(2),第1340页。

第五章　未完成的教育研究机构的制度化

种研究科目也不包括教育学。1937年4月，在《国立中央研究院十年来工作概况》①中，依然未见"教育研究所"的行迹。大约这个教育研究所在组织法中理应存在，但实际一直在计划筹备中。直到1949年，始终未见国家层面的教育研究所成立。

20世纪30—40年代，因中央研究院教育研究所迟迟未成立，教育学者、教育学术团体数次表达教育研究所的重要，呼吁尽快成立国家层面的教育研究所。

1932年，姜琦特别强调"最高学术研究机关"教育研究所的重要性，中央研究院"计划中之教育研究所，因种种阻碍，迄今尚未完全成立"，是一件"憾事"。他认为师范大学及一般大学里面的教育学院或教育学系乃至"教育学研究所"，不过是"辅助学习之机关"，还未能够承担起"独立研究之责"，"今后必须有一种最高学术研究机关，居高提倡，在上领导以促其发展，这种机关，就是国立中央研究院教育研究所"。研究三民主义的教育历史、教育哲学、教育科学以及种种教育新方法的责任，"不专在于中央党部宣传部与训练部的身上，也不专在于国民政府的教育行政机关教育部的身上，还要在于中华民国最高学术研究机关的国立中央研究院的身上，尤须在国立中央研究院里面有教育研究所之设立，才能够达到这种目的"。他希望国家设立一种研究高深教育学术之机关，如所谓"教育研究所"之类，担负起两方面的重大任务：一方面效法欧美日本的教育研究方法的得处与长处，而避免其失处与害处，并且与他们的教育学者互相提携，与他们的教育研究所或教育调查所联络研究；另一方面自身实行教育之学术的研究，以期有所发明、有所贡献，并指导或奖励国内各公私立教育学术机关或团体之研究。②

据王有春的考证，先后有三大教育团体对中央研究院教育研究所的

---

① 《国立中央研究院十年来工作概况》（1937年4月27日），中国第二历史档案馆编《中华民国史档案资料汇编》第五辑第一编《教育》（2），第1360—1366页。
② 姜琦：《从欧美日本的教育研究方法说到中国的教育研究方法的状况与趋势》，《中华教育界》第19卷第12期，1932年6月，第36、38、40页。

345

设立表达过意见，进行过催请。第一个团体是中华儿童教育社。1932年11月该社在南京召开第三届年会时，李清悚、马客谈、夏承枫、沈子善等联合提案"呈请中央研究院设教育研究所"，议决通过交该会执行委员会办理。第二个团体是上海市中等学校教职员联合会。1933年12月全体理事会议讨论通过"呈请国立中央研究院设教育研究所案"，议决交该联合会总务部办理。第三个团体是中国教育学会，其数次提出设立教育研究所的提案。1933年1月在中国教育学会成立大会上，通过"请中央研究院设教育研究所案"，呈请国民政府令中央研究院速设教育研究所。1934年第二届年会，再次向中央研究院催设教育研究所。1936年2月，中国教育学会在武昌举行第三届年会，再次通过"请中央研究院速设教育研究所"的提案；6月，中国教育学会第三届理事会第三次全体会议，通过"向中央研究院进行教育研究所案"并公推庄泽宣、陈礼江、陈剑脩等接洽。1937年7月中国教育学会在北平举行第四届年会，继续"催促中央研究院从速成立教育研究所"。①

南京国民政府成立后，历次中央会议都特别看重教育问题。1928年5月第一次全国教育会议、1930年4月第二次全国教育会议即为证据。既然如此重视，顺理成章应在最高学术研究机关成立教育研究所。关于其为何一直没有成立，王有春认为，可能有经费不足、主事者轻视教育学，以及教育部与中央研究院相互推诿等原因。② 此言大致不虚。

如前文所论，1932年，因政学两界对美国化的教育学科的指摘，教育学科举步维艰。多数教育学者对傅斯年那场对大学教育院系及教育学科的公开"审判"印象深刻。1930年前后，因实行大学区制及九一八事变等，北平、上海、南京等地相继爆发大规模学潮，阻隔南北交通，给舆论界以恶劣的观感，教育破产、教育崩溃论铺天

---

① 王有春：《民国时期中央研究院设立教育研究所的动议、结果及其原因探析》，《高教探索》2014年第3期。
② 王有春：《民国时期中央研究院设立教育研究所的动议、结果及其原因探析》，《高教探索》2014年第3期。

第五章 未完成的教育研究机构的制度化

盖地。1932年傅斯年在《独立评论》上发表《教育崩溃之原因》一文，指责"哥伦比亚大学的教员学院毕业生"应为中国教育崩溃承担部分责任，公开讥讽教育不成为一种学术，尤其对于当时流行的种种教育新法加以讥嘲，从而引发大论战。由于傅文的影响，教育学长期"处于不利的气氛之中"。① 教育学者认为傅斯年等人轻视师范教育、轻视教育学的言论，影响不局限于学界，更蔓延至教育行政领域。

1938年姜琦再回忆这一时期教育学科的处境，仍愤愤不平："师范教育事业却是被许多人，尤其被许多非研习教育学者所十分鄙视的。譬如国内很有权威的学者傅斯年先生认定，办理各级教育机关底行政者和教授中等以下各学校底各科者，不必要学习过师范教育者去担任，无论何人都能够去干的。傅先生又认为学习师范教育者都是低能儿，他痛骂美国哥伦比亚大学师范学院，并且指斥'师范学院'的名称为极不妥当。傅先生唱导此说之后，和之者有任叔永先生一辈人。后来虽经邱椿先生对之反复辩驳，然而好像处于劣败的地位，战不胜傅先生一辈人底言论。当时主持全国最高教育行政者还是蔡子民先生，在蔡先生自己虽则没有明白地表示着赞同傅先生底这种言论，然而在事实上，当时大学院就开始实行傅先生底这种主张。"② 据姜琦观察，傅斯年的言论发酵之后，各国立大学校长任命非教育学者担任；各省教育厅长，绝大多数也任命非学习教育者担任；甚至连各省中等学校校长乃至小学校长，也多任命非学习教育者担任。具体到中央研究院，1928年3月，傅斯年利用他及北大在政学两界的影响，在广州成立原本并未列入中央研究院计划的历史语言研究所。之后学界传言，中央研究院曾拨款五百元作教育研究所购置图书之用，"后未果行，图书费似已并作历史语言研究所

---

① 吴俊升：《教育生涯一周甲》，第56页。
② 姜琦：《中国师范教育制度之过去、现在与将来》（续完），《教育通讯》（汉口）第28期，1938年10月，第13页。

经费之一部分"。① 加之1932年傅斯年对教育学科毫不掩饰的轻视，罗廷光、黄敬思、吴俊升等教育学者，皆认为中央研究院没有成立教育研究所与傅斯年难逃干系。

目前留下的很多文献资料，都暗示了20世纪30年代教育学科的"否运"。1932年，中央大学教授罗廷光在《教育之科学的研究——谈教育研究所》一文开篇，就对中央研究院迟迟不设"教育研究所"表达了愤慨："质言之，世界上一切学术，似乎都值得研究，惟独于教育不值得；各门事业，都值得设研究所来研究，惟独于教育不值得。教育之在中国今日，真倒霉到万分。"在这么"不景气"的时候，也有几个例外，"中山大学的教育研究所及甫成立之南京中央大学教育学院教育研究所"在中国教育研究史上已辟了新纪元。然而就"这点点小嫩芽"，"仍不免被一辈不学无术的野心家所嫉视、所摧残，如今日各大学之教育学院一般，同为魔雾妖氛所笼罩"。②

1932年，北平师范大学教育学系教授、教育研究所导师黄敬思撰《教育研究所为何不办？》一文。明面上是阐述教育研究所的重要性和必要性，暗地里也在回应傅斯年等人对教育学科的指责。"迩来国人责教育专家者重以周矣，其如无研究之何？基于此，则对于中央计划甚久而不能早日设立之教育研究所，不能不问，更不能不存一种希望。"他认为教育学"近年始分门别类，然其问题之繁杂，内容之丰富紧要，决非时下所谓学术专家与指摘贬薄教育学术者所可一笔抹杀"，"其他认大学中之教育行政与教育心理等系为荒谬之学者之不能有所贡献，更无论矣"。接着黄敬思列举当时教育行政、教材、教法上纷争的问题，认为这些问题均有待于教育研究所搜集事实，整理理论，"最低限度亦决不至于再有教育而无'专家'，而仍为'中国社会造废物'"。再者，中央研究院"教育研究所"从筹备到1932年，四年尚未成立，"诚使

---

① 《编者按》，《华年》第1卷第38期，1932年12月，第747页。
② 罗廷光：《教育之科学的研究（下）——谈教育研究所》，《时代公论》第18号，1932年7月，第24页。

第五章　未完成的教育研究机构的制度化

一班研究教育者望眼欲穿，且使中国教育学术的奖励与联络无由进展"。"就教育研究所之设备言之，教育上发现与发明，须依据统计、测验与实验；其所需之图书、仪器以及各种工具甚夥，绝非教育学者私人所能自致。"面对1932年教育界的纷扰局面，黄敬思认为，无论是教育行政中的主张分歧、教材选用上的取舍不同，还是教法实施上的意见差异，不能仅仅依赖国联教育考察团的调查、其他研究所代为研究，或者是哲学家、历史学家，乃至军政党之谋国者等"非专业教育者"的教育改革方案，而应由教育上的科学研究来解决。改革教育经由"专家教育者"研究试验及"穷研邃讨"后再普遍推行，这样"教育不致终于崩溃而效率得以增加"。所以"专家教育者"呼吁："我们需要教育研究所，我们尤其盼中央研究院的教育研究所早日成立。"①

历任北大教授、教育部高等教育司司长的吴俊升晚年回忆中，暗示中央研究院教育研究所未成立与胡适、傅斯年二人的影响有关。吴俊升明言，傅斯年不重视教育学，胡适"也不是太重视教育学的"，"以他们所参加或主持的中央研究院而论，当它最初成立时，它的组织法中，即规定有教育研究所的设置，可是直到现在（1975）这研究所仍在无何有之乡。其中原因耐人深思"。② 事实上，在1928年第一次全国教育会议上，"教育研究所"是个不大不小的热点问题。对确立三民主义教育方针影响颇大的国立中山大学、广东教育厅、广西教育厅所提"确立教育方针实行三民主义的教育建设以立救国大计案"，提案原文有"设立教育学院，为今后教育建设之准备"，③ 会议讨论议决通过时，将"教育学院"改为"教育研究所"，在之后公布的定案中为"第二节""设立教育研究所为今后教育建设之准备"。理由是"学校教育须如何生活化之实际的预备、调查及研究，尤为不可缓之图"，"故中央及重

---

① 黄敬思：《教育研究所为何不办?》，《华年》第1卷第38期，1932年12月，第745—747页。
② 吴俊升：《教育生涯一周甲》，第55—56页。
③ 《开会之第十一日：议三民主义组报告》，《申报》1928年5月26日，第17版。

349

要学术中心地点，特设教育研究所，实为今后教育建设之要事。此研究所须具备调查及研究之学理的机能，并须作实验的工作"。议案中罗列了系列教育研究所的创办办法："（一）教育研究所，以大学院及大学委员会为指导机关。（二）教育研究所之任务，为关于教育问题之实际的研究，及中小学师范学校教程方案之制作实验并实施之指导。为教育问题之实际研究，得设立或指定备实验之中小学。"① 中山大学及两广教育厅的提案得到了戴季陶的大力支持，他特意致函蔡元培，希望将此提案交大会讨论。同时，在这次会议上，陶知行也提了"设立教育研究所案"。理由是"中小学教育，为国家根本大计。必须运用科学方法，分析研究，实地试验，方能免入歧路。吾国办教育的人，多半是为外国教育制度拉东洋车，一国拉厌了，又换一国，到底是拉来干吗？我们应当觉悟，惟独用科学的方法，才能建设适合国情的教育"。他建议"由大学院设立教育研究所，聘请专门人才，分工研究。所中一大部分的工作，是要研究试验中小学教育的"。②

在当时的时代氛围中，没有人否认"教育"及"教育研究"的意义。1928年《国立中央研究院组织条例》即拟设"教育研究所"，1929年《大学组织法》将教育学院列为与文理法农工商医并列的大学八院之一。这至少说明南京国民政府重视教育及教育研究，对中央研究院应该设立教育研究所并无异议。中央研究院院长蔡元培对教育学科并无成见，民国初年他即支持成立北大教育学系。1928年至1930年的教育部长蒋梦麟本人即教育学者。之后教育部长朱家骅虽整顿北师大，但也嘱咐李蒸"特别改进教育系与创设教育学研究所"。③ 即便是傅斯年，他虽然反对大学设教育院系，但也认为"大学中应设教育学讲座及教

---

① 中华民国大学院编纂《全国教育会议报告》，"全国教育会议报告乙编"第56—57页。
② 中华民国大学院编纂《全国教育会议报告》，"全国教育会议报告乙编"第352页。
③ 朱家骅：《致陈部长立夫函商讨师范学院制度（民国三十一年三月三十日）》，王聿均、孙斌编《朱家骅先生言论集》，第168页。

第五章　未完成的教育研究机构的制度化

育研究所,以为有志在中学做教员之文理科学生学习教育之训练,并为文理科已毕业学生有志攻治教育者之训练场所"。① 反对师范大学制度的任鸿隽,并不否认教育学的价值,他提及:"从人性发展的方面说,从社会影响的方面说,教育学都有蔚成专科的可能,所以我们对于教育的科学的研究,认为是应该而且必要的。"② 他们否定的是之前二十年的"新教育"及美国化的教育学,而非"教育研究"本身。与其说他们轻视教育学,不如说他们否认的是当时中国教育学科的状态,包括教育学者的学术背景及其对教育的认知不一,大学教育学科混乱的培养目标及驳杂的课程,以及注重方法忽视目的的倾向。

为什么中央研究院教育研究所一直没成立?从表面来看,是因为经费不足。1930年杨铨担任中央研究院总干事期间,本来计划增设教育研究所,由文书处主任许寿裳负责筹划,但因财政部不允增列预算而未果。1930年4月,在第二次全国教育会议召开期间,中央研究院招待与会人员,蔡元培就"中央研究院教育研究所"和"中央教育研究所"情况向教育界代表当面做过解释:"研究院对于教育,本有筹设教育研究所的计划。因此种研究所范围甚广,人才方面,固然不是几个人所能办成。设备方面,也不是有若干仪器即可办成。一实验室,必得有各种实验学校为其研究之场所,所需经费,亦复甚巨,因此不能着手。现在教部有筹设教育研究所之计划,希望与研究院方面合作,本院甚表赞同。"③ 1933年杨铨被暗杀后,蔡元培支持丁文江担任中研院总干事,因丁文江坚持带随他工作多年的熟人为副手,许寿裳辞去文书处主任一职,离开中央研究院,教育研究所便无人奔忙。据蔡元培的秘书高平叔回忆,1934年他在杭州遇到中山大学教育研究所原所长庄泽宣,庄因中山大学不肯增拨经费以扩充教育研究所的设施而辞职赴浙大教育学系。庄泽宣托高平叔向蔡元培建议,中央研究院与中山大学洽商,接收

---

① 孟真:《再谈几件教育问题》,《独立评论》第20号,1932年10月,第7页。
② 叔永:《教育改革声中的师范教育问题》,《独立评论》第28号,1932年11月,第7页。
③ 《中央研究院招待会员》,《申报》1930年4月18日,第11版。

351

中山大学教育研究所的设备及人员,供中研院增设一个教育研究所。①高平叔为此向蔡元培去信请示,蔡元培复信称:"庄泽宣先生所说中山大学教育研究所之图书设备,是无法转移者。中研院如欲添设此一研究所,必须自行设备,惟目前尚非其时耳。"②信中说"尚非其时",大约有许多现实考量。经费是最大的问题,此外,许寿裳离职,中研院内没有合适人选联络教育界,也是一重要原因。深层次的原因,可能与教育学界门派林立及教育学科本身的驳杂有关。

"教育"一词属于汉语中的外来语,是来自日语的回归汉语借词,20世纪初以前在中国并不见流行。③因其典出自"得天下英才而教育之",国人对"教育"并不陌生,对其中蕴含的日文新含义并没有经过审慎的辨析,之后来自欧美各国的、不同学术脉络的教育理论,皆汇聚于"教育"二字中。所以对"教育研究所"中的"教育"应如何理解,换言之,教育研究所该如何着手,恐怕在当时并不容易达成共识。1934年1月,燕京大学教授刘廷芳在中国教育学会第二届年会的开幕词中提到,"教育是一种科学。因为教育是人生,所以教育学便是包罗一切生活问题的科学。近世教育进步很速,不但已成为一种独立的科学,并且它的本身已将展成为多数专门的科学,非用科学的眼光与魄力,去细心研究是不能深造的。教育学不仅是高深的专门科学,并且是注重实行的应用科学。坐谈不能立行者于教育无补"。④姜琦也解释他为什么主张将研究机构命名为"教育研究所"而非"教育学研究所",因为教育有学有术,而"学"又有"教育哲学"与"教育科学"及

---

① 绍兴市政协文史资料委员会、浙江省政协文史资料委员会编《许寿裳纪念集》,浙江人民出版社,1992,第54—55页。
② 《复高平叔函》(1934年5月26日),高平叔、王世儒编注《蔡元培书信集》(下),浙江教育出版社,2000,第1711页。
③ 〔意〕马西尼:《现代汉语词汇的形成——十九世纪汉语外来词研究》,黄河清译,汉语大词典出版社,1997,第220页。
④ 《中国教育学会第二届年会》,《教育益闻录》第6卷第1、2期合刊,1934年4月,第22页。

第五章　未完成的教育研究机构的制度化

"教育之科学的研究"之分,"术"又有"教育之艺术"与"教育之技术"之别。如果称为"教育学研究"便是研究教育学而遗弃教育术。况且所谓"教育学"一语,究竟是指教育哲学还是教育科学,并不明了,故泛称为"教育研究所",就可以包括一切。①

因为"教育"无所不包,当时专门"研究教育者"在中国的作为并未达到国人预期,1932年之后,专门"研究教育者"的权威急剧下降,"门外汉"谈教育问题成风。姜琦在《我们为什么及怎么样谈中国教育改造》一文中提及:"近来谈中国教育改造者,可谓极一时之盛了!论团体,有前大学院全国教育会议,有教育部第二次全国教育会议,有训政时期的国民会议之教育组会议,有中央党部之各届代表大会的教育组会议,还有种种关于课程编制、体育等等之小会议。论个人,有中央委员,有行政长官,有大学校长,有大学教授,还有许多学者。论往外国视察者,有特派专员,有私人。论外国人来华考察者,有美有英有法有德有意有日,还有波兰。论各人的立场,有以政治,有以经济,有以教育,有以本国历史,有以外国学制等等。此外还多,不遑枚举。这些谈中国教育改造者,总算还是公开的,除此之外,听说那边还有些秘密的会议,在暗中摸摸索索的讨论或商量今后中国教育怎样改造才能够适合于某种特殊团体之要求而扶植或维持其现存的势力。……我们也可以发现,有许多意见与言论在未发表以前,似乎先有某种动机之存在,无非欲利用教育政策以作达到某种目的之手段与工具罢了。"②"教育"的范围至广,甚至是无所不包的,那么办这类囊括教育"学"与"术"的教育研究所,便不是几个人几台设备几所学校能支撑的。在这种情况下,中研院要成立教育研究所,谁来研究、研究什么、怎么研究等必然引起广泛争论。

---

① 姜琦:《从欧美日本的教育研究方法说到中国的教育研究方法的状况与趋势》,《中华教育界》第19卷第12期,1932年6月。
② 姜琦:《我们为什么及怎么样谈中国教育改造》,《中华教育界》(中国教育改造专号)第21卷第7期,1934年1月,第29页。

当然，直至 1949 年，国家最高学术研究机关教育研究所的设立皆"尚非其时"。我们很难将此归因于某几个人的影响，最根本的原因，还是民国时期"教育学"始终未改舶来品的性质，教育研究也未扎根中国的历史与实际，难以得到国人一致的认同。

二 教育部的"中央教育研究所"亦未成立

1928 年至 1930 年蒋梦麟担任教育部长期间，教育部有设立"中央教育研究所"的提议。1930 年 4 月，第二次全国教育会议召开，其间传出两条关于研究所的消息。一是国立各大学筹设研究院及研究所（其中条件之一即经常费须在百万元以上者），二是教育部即将筹设教育研究所。① 报载"教部为谋教育行政与教育学术之联络，并谋以科学方法促进全国教育起见，决于该部设立中央教育研究所。其学术研究部，与中央研究院各研究所联络进行，研究教育上兴革大计，供教部参考。教育部长兼任所长，并得酌量分设各组，及研究员若干人。闻将先成立中等教育研究组"。② 旋即公布《中央教育研究所简章》：

中央教育研究所简章
（1930 年 4 月 26 日）

第一条　教育部为谋教育行政与教育学术之联络，并谋以科学的方法改进全国教育起见，设立中央教育研究所。

第二条　中央教育研究所之学术研究部分，与国立中央研究院之各研究所联络进行。

第三条　中央教育研究所因科学的方法，研究教育上各项应兴

---

① 李蒸：《出席第二次全国教育会议报告》，《师大教育丛刊》第 2 期，1930 年。
② 《教部将设教育研究所：与研究院各所联络，所长由蒋梦麟兼任，中等教育组先成立》，《大公报》1930 年 4 月 29 日，第 5 版。

第五章　未完成的教育研究机构的制度化

应革事宜，作成具体设计供教育部采用。

第四条　中央教育研究所应择定地方分期观察，调查其实际教育现状，作为设计的依据，并应督促辅助各地方具体设计的实施，同时应辅导各地方解决教育上之特殊问题。

第五条　中央教育研究所，得酌量情形分设若干组。

第六条　中央教育研究所设所长一人，以教育部长兼任。中央教育研究所每组设主任一人，由所长聘任，待遇照大学教授或副教授；研究员若干人，由所长聘任，待遇照大学教授副教授、讲师或助教，教育部职员得兼任研究员，但不得兼薪。

第七条　中央教育研究所之事务，由教育部职员兼理。

第八条　中央教育研究所设于教育部内，其主任及研究员，由所长指定在部内各司从事研究，期与教育行政联络。

第九条　在简章有未尽未妥处，由教育部修正之。

第十条　本简章自公布之日施行。①

1930年5月6日，国民政府行政院第68次会议审议了教育部呈送的《中央教育研究所简章》，决定照原案核准备案，由教育部公布，但随即遭到反对。② 如此，教育部的"中央教育研究所"虽经筹议，且已请俞子夷担任初等教育组主任，杨廉担任中等教育组主任，③ 但因经费问题，亦未成立。虽是"暂缓开办"，④ 实际上，随着1930年12月蒋梦麟离任教育部，此后历任教育部长再未提及设置"中央教育研究所"一事。

---

① 《教部制定教育研究所简章》，《大公报》1930年5月5日，第2版。
② 王有春：《民国时期中央研究院设立教育研究所的动议、结果及其原因探析》，《高教探索》2014年第3期。
③ 《教育部之工作报告（十九年三月至十月）续》，《大公报》1930年11月15日，第2版。
④ 《教育研究所、中央教育馆均因款无着暂缓开办》，《申报》1930年8月20日，第17版。

三 20世纪30年代设置的大学教育研究机构

中央研究院教育研究所及教育部"中央教育研究所"皆未成立，教育研究机构主要由大学设立。20世纪30年代，主要有国立中山大学、北平师范大学、中央大学以及私立燕京大学开办教育研究机构，从事教育学科研究生的培养。1927年秋，中山大学在庄泽宣的主持下筹设教育学研究所。1928年春，教育学研究所成立。这是国内最早的教育专门研究机关。① 1928年，私立燕京大学教育学系设立研究部，招收研究生。1929年，教育部公布《改进高等教育计划》，其中规定国立大学符合下述条件者，可以设立研究机关："每年经常费在10万元以上，有充实的图书、仪器、标本等设备，校内教授对某种学术有特殊贡献，校内学生程度业已提高。"研究机关有研究学部、研究所和研究院。有3个及以上的研究学部时，称研究所；有2个及以上研究所时，称研究院。② 1929年公布的《大学组织法》亦明文规定"大学得设研究院"。当时国立中山大学、私立燕京大学都筹备设置研究院，1930年第二次全国教育会议更是鼓励全国各国立大学酌设研究所，推广科学研究。于是1930年6月，女师院开设研究所，其中有教育学组；1931年男女师大合并之后，成为北师大研究院的教育科学门，1932年后改为研究所，1934年6月改为教育研究所。1934年2月，中央大学创办教育实验所。

1934年5月19日，教育部颁布《大学研究院暂行组织规程》，对大学研究院之院长、教授学生肄业年限等，都有详细规定。其中第四条规定"研究院研究所暨研究所所属各部之设置，须经教育部之核准"，第五条规定"设置研究院、研究所之大学，须具备下列条件：一、除

---

① 方惇颐：《现代教育研究的演进及其趋势》，《广东教育》第1卷第2期，1946年6月。
② 教育部教育年鉴编纂委员会编《第二次中国教育年鉴》，第五编第574页。

第五章 未完成的教育研究机构的制度化

大学本科经费外,有确定充足之经费专供研究之用;二、图书仪器建筑等设备,堪供研究工作之需;三、师资优越"。并要求"各大学或独立学院在本规程公布前,已设置研究所者,应依本规程第四条、第五条之规定,呈部审核,经审核认可者方得继续设立"。[①] 此后各校的研究院所皆据此设立及调整。1934年5月30日,报载"教育部近来指令南京中央大学、武昌武汉大学及北平师范大学等三校,于下年度起,各设立教育研究所"。[②] 教育部召集各国庚款联席会议,以某国庚款计划补助未设立研究所的大学,如中央大学、浙江大学、武汉大学等;已经设立研究所的,如北京大学、北平师范大学等则就原有基础,不再增费。[③] 实际上,除了中山大学教育学研究所,其他几所大学的教育研究所并无设备及经费优势。原本计划成立的三校研究所,不但新的没成立,已经有基础的也未通过教育部的审核。

1935年南京国民政府公布《学位授予法》,规定在公立或已立案私立大学或独立学院之研究院或研究所继续研究两年以上,经该院所考核成绩合格者,由该院所提出为硕士学位候选人。由此,研究生的学位,亦有所据。1935年6月,教育部通令公私立各大学各学院:"查《大学研究院暂行组织规程》及《学位授予法》业经先后令饬施行。此两种法规,关系至为密切,均应严格实施,以杜流弊。依照《大学研究院暂行组织规程》之规定,研究院研究所暨研究所所属各部之设置,须经本部核准。又各大学或独立学院在前已设之研究院研究所,应依本规程第四条及第五条之规定,呈部审核,经审核认可者,方得继续设立。嗣后各大学研究院或研究所如欲适用《学位授予法》之规定,其招收研究生时,应以业经本部核准之研究所及所属各部为限。""再查大学

---

① 《教育部颁布大学研究院暂行组织规程(附大学研究院统计表)》(1934年5月19日),中国第二历史档案馆编《中华民国史档案资料汇编》第五辑第一编《教育》(2),第1384—1385页。
② 《教育部令师大设立教育研究所》,《华北日报》1934年5月30日,第9版。
③ 《李建勋未辞职,师大教育研究所经费无办法 下年度职业师资训练班恐难举办》,《益世报》(北京)1934年6月16日,第7版。

357

研究院研究所招收研究生应公开考试，不得限于本校毕业生。"① 严格规范大学研究院所的设置及招生。

1935年以后，共有12校呈请教育部设置研究院或研究所，共计26家研究所，45个学部。② 1936年统计，通过教育部审核的有11校，共计24家研究所，38个学部。涉及教育学科者，仅国立中山大学教育研究所的教育学部及教育心理学部。③ 北师大教育研究所及中央大学教育实验所皆未通过教育部核准，榜上无名。

（一）中山大学教育学研究所、教育研究所

1924年6月，广东高等师范学校与其他几校合并为广东大学，当时并未设教育科系。④ 1926年10月，广东大学改组为中山大学，戴季陶任校长。文科中设中国语言文学、哲学、史学、教育学及英吉利语文学五系，并拟增设语言历史研究所、教育学研究所。1927年秋，成立教育学系，同时筹设教育学研究所。⑤ 1927年10月，教育学研究所招考研究生，报考者须具有下列资格："（甲）在大学毕业，曾专习教育学，并曾任职教育界一年以上者；（乙）在高师毕业，曾任职教育界二年以上者；（丙）在大学专习教育学，肄业二年以上，并曾任职教育界二年以上者；（丁）在师范学校或中等学校师范科毕业，曾任职教育界五年以上，成绩确系昭著者。"⑥ 1928年2月，在中山大学校长戴季陶的关照下，教育学研究所成立，由庄泽宣主持。共计拨付6000元的开办费，3000元经常费。

---

① 《教部限制招收研究生》，《申报》1935年6月3日，第13版。
② 教育部教育年鉴编纂委员会编《第二次中国教育年鉴》，第五编第575—576页。
③ 《教育部颁布大学研究院暂行组织规程（附大学研究院统计表）》（1934年5月19日），中国第二历史档案馆编《中华民国史档案资料汇编》第五辑第一编《教育》(2)，第1385—1386页。所附《大学研究院统计表》为1936年。
④ 国立中山大学编印《国立中山大学一览》，"本校沿革"第5页。
⑤ 国立中山大学编印《国立中山大学一览》，"文科概述"第27页。
⑥ 国立中山大学编印《国立中山大学一览》，"文科概述"第31页。

第五章　未完成的教育研究机构的制度化

庄泽宣提到教育学研究所的目的,"我们一方面感到大学的工作太应以研究为主体,一方面看见国内的教育太外国化而不合于国情"。对于教育学研究所到底研究什么,庄泽宣及同人皆感到"这种研究工作的范围很广,问题太多"。① 中山大学教育学研究所只能就人财两方面力量所及和中国亟待解决的问题,主要从事三方面的工作:从经济、社会、政治各方面研究中国新教育的背景;从分析千字课、厘定字汇等工作来重新估定民众教育材料;对于国文教学问题的系统研究。② 1935 年前,教育学研究所的研究工作集中于国文教学研究、民众教育研究、教育一般问题研究三个方面。相应分为"研究的"和"普通的"两个系列,出版"国立中山大学教育学研究所丛书"。"研究的各种丛书以具有教育研究性质及可供教育上之研究资料或工具者为限","通俗的各种丛书以能帮助教育界中同人解决实际问题者为标准"。③ "研究的"丛书对应"教育一般问题研究",涉及两项内容:"一项为教育与一般社会关系;一项为供研究教育问题之一般参考资料。"教育学研究所的这部分研究工作,留下了一系列著作,如古楳的《中国农村经济问题》(中华书局,1931)、《现代中国及其教育》(上下册,中华书局,1934、1936),邰爽秋主持编辑的《教育论文索引》(1929)、《增订教育论文索引》(民智书局,1932)等,还有庄泽宣的《如何使新教育中国化》(民智书局,1929)、《教育学小辞典》(民智书局,1930)、《一个教育的书目》(民智书局,1930)等,成为我们现在研究民国教育、教育学不可缺少的参考资料和工具书。

在研究生培养方面,1933 年前,教育学研究所先后招研究生 5 人,3 人毕业。1933 年后,在招生方面进行了改革,一方面给予研究生津贴,另一方面报考资格限制为大学教育系毕业生。先后报名 60 余人,

---

① 国立中山大学编《国立中山大学教育学研究所一览》,国立中山大学出版部,1930,"引言"。
② 庄泽宣:《我的教育思想》,中华书局,1934,第 7—8 页。
③ 庄泽宣:《如何使新教育中国化》,民智书局,1929,"丛书凡例"第 1 页。

录取 7 人。1934 年 6 月 5 日,《申报》刊登《广州中大教育研究所招研究生》的广告。其中提到"国立中山大学教育学研究所为根本改造我国小学课程起见,特创编民族中心制小学课程","现该所为选择专材编写此项小学用书及研究小学各种实际问题,特定于本暑假中招收研究生若干人从事此项工作"。同时还规定了研究生"须在大学教育学系毕业",待遇方面,除了路费膳费自理,"每月津贴毫洋八十元,并不必缴纳学杂各费,宿舍亦由该校供给"。① 除研究生外,教育学系教授、学生以及附属学校教员如曹刍、古楳等人,皆担任研究工作。②

相较于同时期其他大学或大或小的经费问题,中山大学情况稍好。1929 年 9 月,《国民党中央对中山大学维持及建设办法案》给中山大学极特殊的定位:"中山大学为唯一纪念总理之学校,与其他国立学校历史性质均有不同,在本大学基本建设未完成而一般的教育学术又尚幼稚时期之今日,中国国民党不能不尽力维护,除一切组织仍应照大学组织法及大学规程等中央法令办理外,由中国国民党中央执行委员会选董事九人,组织董事会,担任建设本校之任务。"九人董事会为蒋介石、胡汉民、谭延闿、宋子文、古应芬、孙科、陈铭枢、朱家骅、戴传贤。③ 1935 年,教育部批准设立研究院的大学有三所,即清华大学、北京大学和中山大学,但"中山大学比北大清大所处地位与所负使命为独重",④ "经费在国立各校中,总算最充足的"。⑤ 即便如此,中山大学教育学研究所也难以如愿获增拨经费。1933 年 8 月,中山大学教育学研究所所长庄泽宣辞职。据高平叔回忆,"庄泽宣先生

---

① 《广州中大教育研究所招研究生》,《申报》1934 年 6 月 5 日,第 15 版。
② 国立中山大学编印《国立中山大学一览》,"文科概述"第 31—32 页。
③ 《国民党中央对中山大学维持及建设办法案》(1929 年 9 月 23 日),中国第二历史档案馆编《中华民国史档案资料汇编》第五辑第一编《教育》(1),第 236—237 页。
④ 黄义祥编著《中山大学史稿(1924—1949)》,中山大学出版社,1999,第 259—260 页。
⑤ 《朱家骅关于中山大学校务情况兼及广州"清党"事致蔡元培函》(1927 年 5 月 16 日),中国第二历史档案馆编《中华民国史档案资料汇编》第五辑第一编《教育》(1),第 224 页。

手创的广州中山大学教育研究所,成绩卓著,蜚声国内外。但该大学当局不甚重视,不肯增拨经费以扩充研究设施,庄愤而去职,改任浙江大学教育系主任"。① 崔载阳②接任所长。

1935年5月,教育部批准国立中山大学成立研究院,教育学研究所更名为教育研究所,所长仍为崔载阳。原实验心理部、普通教育部、社会教育部、教育行政部合并为教育学及教育心理两部。③ 1935年前,先后担任指导员的有庄泽宣、崔载阳、邰爽秋、陈礼江、唐惜分、胡毅、许逢熙、雷通群、周葆儒等20余位。1935年教育学部的导师有崔载阳、范锜、黄敬思、林本,教育心理部有许逢熙、王越、杨敏祺。④

华南师范大学胡耿的硕士学位论文《为谋新教育中国化——国立中山大学教育研究所研究(1927—1949)》在历史资料基础上,对中山大学教育研究所的沿革、经费和研究设备、科研成果及研究生招收和培养皆有详细呈现。⑤

(二) 私立燕京大学教育学系研究部

1925年,私立燕京大学设研究部。1928年,燕京大学教育学系设立研究部,招收研究生,从事教育问题的研究。与20世纪30年代国立大学教育学系与教育研究所相对独立不同,私立燕京大学研究部的各研究方向皆由各学系设置,"研究部各教授历来皆由本科教授兼任。间或有大部分工作专注于研究指导者,亦必于本科兼课数小时。此为本大学

---

① 绍兴市政协文史资料委员会、浙江省政协文史资料委员会编《许寿裳纪念集》,第54—55页。
② 崔载阳(1902—1991),广东增城人,早年留学法国里昂大学,获博士学位,1927年5月至中山大学任教。
③ 崔载阳:《国立中山大学教育研究所之过去现在与将来》,《教育杂志》第25卷第7号,1935年7月。
④ 《教育研究所近讯》,《国立中山大学日报》第2029号,1935年10月18日,第3版。
⑤ 胡耿:《为谋新教育中国化——国立中山大学教育研究所研究(1927—1949)》,硕士学位论文,华南师范大学教科院教育史研究所,2003。

历久不变之政策，非特限于财力不得不双方兼顾，即以教学效率而论，亦当以此法为最适宜"。①

相对而言，燕京大学研究部有较为规范的研究生培养程序。研究部刚设立时，研究生的修业年限定为一年，两学期共须选修18学分。撰写毕业论文的时间，必须相当于选读学程的1/3。"毕业时由特派委员五人授以口试。遇必要时，又加行笔试。对于待位生之发表能力、研究方法及相当范围内之专门知识，均详加考察焉。"② 实际上，学生能在一年时间内修完学分、写完论文、获得学位的很少。1935年，燕京大学遵照《大学研究院暂行组织规程》及《学位授予法》向教育部申请研究院立案手续，同时按照规程要求的肄业年限等充实内容，改订课程。1936年，教育部核准私立燕京大学研究院设理科研究所、法科研究所及文科研究所，其中文科研究所仅有历史学部，③ 未见有教育学部。但是资料显示，燕京大学教育学系研究部并未因此停招研究生，直至1939年仍有许梦瀛、吴占元等研究生在读。其中因缘，尚需进一步的资料发掘。

燕京大学教育学系成立于1919年，由美国传教士高厚德（Howard S. Galt）一手创办。1924年，高厚德在《燕京大学教育学系发展计划和预算》中即提出要提高培养层次，培养研究生。④ 1928年，教育学系正式设立研究部，成为燕京大学较早设立研究部的五个学系之一。教育学系"既重实施，复尚研究"，教育学系研究部则专事"研究"。

燕京大学虽为教会学校，然其教育学系研究部的设立仍立足中国问题。教育学系研究部设立的意义在于在纷繁芜杂的"欧西各种教育学说，各式学校制度"中，通过研究、实验确认"何种学说适合国情，

---

① 《研究院略史》，《燕京大学研究院同学会会刊》第1期，1939，第VIII页。
② 《研究院略史》，《燕京大学研究院同学会会刊》第1期，1939，第VIII页。
③ 《教育部颁布大学研究院暂行组织规程（附大学研究院统计表）》（1934年5月19日），中国第二历史档案馆编《中华民国史档案资料汇编》第五辑第一编《教育》（2），第1385—1386页。
④ 孙邦华、郭松：《理想与现实之间：燕京大学教育学科初期创办史论》，《教育文化论坛》2020年第2期。

第五章　未完成的教育研究机构的制度化

何种制度有调谐改造之必要"。具体来说，燕京大学教育学系研究部有三项"确立不移之目标"：培养高级教育行政人才、从事教育专门问题研究、"训练乡村领袖"。关于培养高级教育行政人才，"课内多作理论之探讨，课外重实地练习之经验"。关于教育专门问题研究，学理的探讨与客观的实验并重，燕大教育学系研究部曾在燕大附属学校做过繁简字学习难易的比较研究、小学算术教学法的改进等多种试验。此外，还在诚孚学校进行以四年完成小学六年课业、以三年完成乡师四年课业的教育试验。比较有特色的是训练乡建领袖，教育学系研究部自行开办了三旗及冉村两实验区，从事各种乡村建设工作的试验。主修乡村教育的待位生，必须驻区研究以便实际参与各项工作，"寓研究于实验之中，兼收学理与事实互相印证之功效"。① 1935 年春，燕京大学与华北农村建设协进会合作，由教育学系研究部负责河北定县及山东济宁两个实验区的教育改进工作。同时接受罗氏奖学金资助，专为培养乡村建设人才之用。1935 年后教育学系研究部在校研究生的论文选题大多与乡村建设相关。如 1939 年研究生二年级许梦瀛的论文选题为"我国乡建运动中之政教合一问题"，研一吴占元的选题为"乡村师范课程改造"。②

1928 年燕大教育学系有高厚德、周学章、王素意、曾秀香、傅葆琛等 5 人任教。1939 年，燕京大学教育学系的导师有周学章、高厚德及欧阳湘，其中周学章的指导范围包括教育测验、教育实验及中等教育，高厚德的指导范围包括教育哲学、教育社会学及课程论，欧阳湘的指导范围包括小学教育、教学法及师范教育。③

1928 年燕京大学招收研究生新生共 37 名，其中女生 5 名。教育学方向的研究生只有 1 人，是一名为成春兰的女生，山西汾阳人，毕业于

---

① 《教育学系研究部》，《燕京大学研究院同学会会刊》第 1 期，1939 年 5 月，第 14—15 页。
② 《在校研究院同学硕士论文题目（或研究范围）及导师姓名》，《燕京大学研究院同学会会刊》第 1 期，1939 年 5 月，第 119 页。
③ 《本届研究院导师及其指导范围》，《燕京大学研究院同学会会刊》第 1 期，1939 年 5 月。

燕京大学。① 她应该并未获得硕士学位。1931年5月，教育学系致文学院报告书中，提到"本年本系注册研究生共计四名，其中待位生一人，曾服务于北平教育界，同时并继续其研究工作。该生于5月初，已将其研究论文呈缴到系，修改评阅后，如能通过，则彼将为获得本系硕士学位之第一人"。② 也就是说，直到1931年，燕京大学教育学系才可能有研究生获得硕士学位。1931年之后教育学系研究部设备及师资日益充实，选读研究学科之人数，亦逐渐增加。截至1939年，教育学系研究部研究生前后注册者总计30余人，1931—1937年，在教育学系获得硕士学位者14人，其中男生10人、女生4人（见表5-1）。

表5-1 燕京大学教育学系研究部历届硕士毕业生名录（1931—1937）

毕业年份	姓名	论文题目
1931	童达	中国省教育行政制度的研究
1932	郑震寰	中国民众读物的分析研究
1933	卢峻慈（女）(R. Rooker)	The Correlation between Marks Given in English and in Other Subjects in Certain Peking Middle Schools（北京某中学英语学科与其他学科成绩评分的关联研究）
1934	欧阳子祥	A Critical Study of Empiricism and Rationalism in 20th Centnry Education（20世纪教育思潮中的经验主义与理性主义批判研究）
1935	陈景磐	中国现行省督学制度调查研究
1935	秦希廉	Sources of Modern Western Education in Rousean Pestalalozzi, and Froebel（卢梭、裴斯泰洛齐与福禄贝尔教育观中的现代西方教育源流）
1935	廖泰初	定县实验——一个历史发展的研究与评价
1935	景生然（女）	复式制与单式制教学效率之比较
1935	王建瑞（女）	The Chinese Examination System as Reorganiazed by National Government（国民政府对中国考试制度之改造）

---

① 《本年研究院新生一览表》，《燕京大学校刊》1928年9月21日，第2版。
② 《教育学系研究部》，《燕京大学研究院同学会会刊》第1期，1939年5月，第14页。

续表

毕业年份	姓名	论文题目
1936	赵企预	中国新学制变迁之批判与研究
	宁远	中国义务教育之运动与实际
	陈端珪（女）	中国基督教教育沿革史略
	阮雁鸣	杜威之教育学说及其在中国教育思想上之作用
1937	方觊予	梁漱溟先生乡村建设理论及实际工作

资料来源：《历届毕业校友名录（教育）》，《燕京大学研究院同学会会刊》第1期，1939年5月，第148—150页。

（三）中央大学教育实验所

1934年2月，国立中央大学教育学院院长艾伟①创设教育实验所。艾伟从事教育心理实验研究多年，他认为过去的教育改革侧重经验，甚至盲目仿效，所以并无成效，"教育问题非专恃仿效的方法所能解决，必须从心理的实验与统计的归纳，始能发见事实或真理"。② 教育实验所的主旨为"集中本院教育、心理两系人才设备，从心理的和统计的实验解决教育问题，建立中国化的科学教育"。教育实验所分为研究、陈列两部。研究部有心理统计等组，陈列部有教育资料征集、教具、儿童玩具、中小学教本、心理仪器、统计图表等组。教育实验所的提案获中央大学校务会议通过，并推选艾伟、萧孝嵘、杜佐周、许本震四教授为教育实验所筹备委员。

中央大学教育实验所的人才与图书、设备，相对而言较为充实。其招生计划称"凡属中大教育、心理两系教授，均系该所指导。该两系

---

① 艾伟（1891—1955），字险舟，湖北江陵人。上海圣约翰大学理科毕业，美国哥伦比亚大学心理学硕士，佐治·华盛顿大学哲学博士，并在英国伦敦大学研究统计一年。历任东南大学、中央大学心理学及统计学教授先后十年，中华教育文化基金会教育心理讲座七年，大夏大学高等师范科主任两年。时任中央大学教育学院院长兼心理统计学教授。

② 《中大创办教育实验所》，《申报》1934年2月26日，第15版。

现有教授十八人,均属国内最负盛名之教育学者及心理学者,如艾险舟、杜佐周、萧孝嵘、许恪生(原文如此,应为许恪士——引者注)、张士一、孟宪承、陈剑脩、潘菽、吴南轩、王书林、高君珊、赵迺传、钟道赞、桂质柏、熊文敏、王凤鸣、夏承枫、赵廷为等,人才之充实,为以前所未有"。在图书设备方面,"凡中大教育心理两系设备,均可供该所研究生之用。该两系现有专门图书五千册、杂志八百种,设有图书室、研究室各一所,甚为宽敞,可容百人以上在内从事研究工作。此外该所又向国内外各大书局征得教科书四百五十二套,将来尚须继续征集或购置其他教育资料。一俟该所专门房屋建筑完成后,即满室陈列,关于心理仪器及实验用品,现有两千三百余件,价值约近四万元……最近南京德国领事馆表示愿代向德国征集大批心理仪器书籍、儿童玩具及其他教育资料,以供该所陈列"。[①] 招生计划称,这些图书、设备及所有教育资料,都将对研究生开放。

同时,1934年3月,教育实验所即分期出版《心理教育实验专篇》,第一期为萧孝嵘所作《决定知觉单位之条件》,第二期为艾伟所作《汉字测量》。其余教授杜佐周、许本震、张士一、赵廷为、夏湛初、吴南轩、潘永叔、王书林等教授均从事各种教育实验,拟在《心理教育实验专篇》发表。此外,教育实验所还表示接受教育机关委托进行实验研究。[②] 教育实验所一经成立,便颇受教育机关欢迎。1934年4月20日,《申报》报道中央大学教育实验所工作近况。教育实验所接受中华教育文化基金会委托进行全国中学英文教学研究,由艾伟及张士一主持。报载"张氏所研究者注重调查,已携带大批问卷于春假后赴平津一带学校作实际调查矣。艾所研究者,注重测验与统计,特编成测验四种,拟选择测验全国各省市高中各级及大学一年级之学生约一万人。艾氏已亲赴华北鲁豫晋冀一带举行测验一次,得有结果不少。最近

---

① 《中大教育学院教育实验所收研究生计划》,《申报》1934年7月18日,第14版。
② 《中大创办教育实验所》,《申报》1934年2月26日,第15版。

第五章 未完成的教育研究机构的制度化

又约定测验员多人，分赴江浙皖赣两湖两广各省，使被测验者能普及全国，俾于各地英文教学实际问题得一最正确之认识，而获得科学上之解决。艾氏并拟亲自率领测验员于本月下旬前往广州、梧州等处一行，使此种大规模之测验能早日完成，并将结果提前公之于世，以期该所对于全国中学英文教学之实验研究，不久即有相当之贡献云"。①

教育实验所 1934 年 7 月开始招收研究生。1934 年 7 月 18 日，《申报》刊登《中大教育学院教育实验所收研究生计划》。教育实验所"应各方之要求，决定在本年暑假招收研究生八名，在教授指导之下，从事各种实验研究"。规定"凡在国内各大学教育系或心理系毕业或其他各系毕业，而以教育或心理为辅系者均可应考"。研究生待遇方面，每年津贴 360—420 元，免收学杂各费，并供给图书仪器及材料，并可在教育学院免费修习功课一种或两种。②

教育实验所成立一年后，艾伟总结称，教育实验所"在过去一年中，关于研究工作虽有猛进之趋势，但其范围大半属于校内者；其实此机关设置，乃为社会服务者，社会人士对于教育上发生疑问，均可委托本所同人代为解决。将来希望设置研究讲座，成立心理治疗所，以便扩充其事业"。③

中央大学教育实验所并未通过教育部的审核，其具体活动可能仍然继续，但作为一个机构，并没有成立。1936 年公布的《大学研究院统计表》中，并没有中央大学教育实验所。1938 年，因《师范学院规程》将心理系划归理学院独立成系，中央大学为了将心理学系留在师范学院向教育部据理力争，但遭驳回。作为折中的结果，教育部允许师范学院筹设师范研究所教育心理部。④ 中央大学师范研究所教育心理学部成立

---

① 《中央大学教育实验所工作近况》，《申报》1934 年 4 月 20 日，第 15 版。
② 《中大教育学院教育实验所收研究生计划》，《申报》1934 年 7 月 18 日，第 14 版。
③ 艾伟：《国立中央大学教育学院过去现在与将来》，《教育杂志》第 25 卷第 7 号，1935 年 7 月，205 页。
④ 刘静：《抗战期间国立中央大学师范学院研究》，硕士学位论文，南京大学历史学院，2017，第 27 页。

于 1939 年，主任为艾伟，指导教授萧孝嵘、潘菽。① 学部与教育实验所有渊源，但并非其延续。中央大学教育实验所在 1934—1935 年，只是昙花一现。

四 个案：北平师范大学教育研究所的历史境遇

国立北平师范大学教育研究机构的设置，自 1930 年 6 月女师院研究所教育学组始，至 1934 年 7 月北师大教育研究所终，存在 4 年时间。这 4 年，恰好处于南京国民政府教育部对高等教育统制逐步加强、学界对于教育学科的学术性的质疑加深、师范大学制度存废论争激烈的旋涡中。北师大的书生们为保存师范大学"研究高深教育学术"的"生命线"，左右支绌，结局仍未免于停办。用现在的眼光看，在朝野大力提倡各科研究所、研究院的 20 世纪 30 年代，全国唯一的师范大学下设教育研究所的命运令人唏嘘。从获得教育学科体制发展的中国经验考虑，剖析北师大教育研究机构这 4 年的境遇，是一个切入教育学科体制之中国历程的绝佳角度。

（一）北师大教育研究所的渊源

1922 年，黄公觉在北高师第一届教育研究科学生毕业典礼上宣称"中国各大学专门学校，迄无研究科之设，有之，自北高始"。② 有研究据此称北高师教育研究科"是我国高等学校招收研究生的开始"。③ 这

---

① 国立中央大学学生自治会编印《国立中央大学概况（二十九周年校庆纪念）》，1944，第 32 页。
② 黄公觉记《中国第一次授教育学士学位典礼纪盛》，《教育丛刊》第 3 卷第 3 集，1922 年 5 月，附录第 1 页。
③ 北京师范大学校史编写组编《北京师范大学校史（1902—1982）》，第 63—64 页。

种说法并不合适。北高师教育研究科是为了与大学学制年限平齐，为四年制的高师毕业生所设，毕业授予教育学士学位。也就是说，教育研究科相当于大学本科三年级、四年级。之后北师大教育研究所在回顾本部门历史时，并不以教育研究科为起点；而北师大教育学系则会追溯至教育研究科的创办。① 黎锦熙在《研究所略史》一文中，明确将北师大研究机构的历史追溯至 1930 年 6 月成立的国立北平大学女子师范学院研究所。之后承北师大教育研究所而来的西北师范学院师范研究所溯源时，亦以女子师范学院研究所为始。②

实际上，1929 年 8 月，邱椿主持国立北平大学第一师范学院时期，即有意设立教育研究所。"如果经费充裕，拟仿照广东中山大学的办法，设立教育研究所，为全国教育搜讨之中心。"③ 只是因时局变动、经费依然无着而未及实施。

1. 女师院研究所教育学组

1930 年 3 月，国立北平大学女子师范学院院务会议议决以停办预科省下来的经费创设研究所，设工具之学、语言文字学、史学、地学、哲学、教育学、文学、民俗学等八组。以"提高本院毕业生之程度及增进对于学术界教育界之贡献"为宗旨，主要针对女子中学毕业程度较低的情况，实际是变相延长大学年限，以增进女师院毕业生的程度，提高女师院在学术界教育界的地位。5 月，由院长徐炳昶聘定国文系主任教授黎锦熙、教授高步瀛，史地系主任王桐龄，外国文系主任王文培，教育系主任杨荫庆为研究所委员会委员，徐炳昶兼任所长，黎锦熙兼任副所长。

女师院呈请备案时，教育部并不支持其设立研究所。教育部建议女

---

① 国立北平师范大学编印《国立北平师范大学一览》，第 225 页。
② 《院务概况：(六)师范研究所概况》，《国立西北师范学院校务汇报》第 1 期，1939 年 12 月。
③ 《师大教育系积极工作：主任邱椿拟定工作大纲》（续），《大公报》1929 年 8 月 6 日，第 5 版。

师院考虑现时经费及教育情形,"应先从质量上力谋充实",指令重加考虑。针对教育部指令,女师院呈文陈述设置研究所缘由,请予备案。适逢有男女师大合并之议,遂于1931年1月在教育部暂行备案。

女师院研究所教育学组的负责人应为杨荫庆,导师主要有田培林、李建勋等。在《北平大学女子师范学院研究所分组研究细则》中列教育学组据研究内容有以下分类:"目的及原理、学制、学校、课程、教学法、学生生活、关于儿童的研究、译述等。"1931年7月并入北师大之前,相对于其他组,教育学组实际进行的工作并不多。主要有以下几项:导师田培林主持的中国学制变迁史研究,以及研究生吕云章主持的先秦教育思想研究,另有李建勋指导的教育系四年级学生毕业论文《师范学校训育问题》及《中学教师服务之状况》。这些成果1932年6月编入北师大研究院教育科学门专刊,由北师大出版课发行。①

2. 北师大研究院教育科学门

1931年7月1日,国立北平师范大学合组成立,原女师院研究所改称研究院,内分若干门,1931年先设教育科学门和历史科学门。院址设在广安门内,系学校向实业部北平国货陈列馆承租,共计楼房303间,平房89间。②

教育科学门由李建勋负责。《国立北平师范大学研究院教育科学门章程》称,"本门以研究高深教育学术,借资改进中国教育为宗旨"。李建勋在《师大研究院教育科学门一年之经过及今后之改进》一文中提到,1931年9月成立的教育科学门,目的在于养成学生独立研究教育实际问题之能力,毕业后,无论在教育行政机关或各级学校服务,均能做研究及实验工作,以谋教育效率之增进。③

教育科学门入学资格分三类。国立、省立或经教育部立案之私立大

---

① 黎锦熙:《研究所略史》,《师大月刊》创刊号,1932年11月,第45页。
② 国立北平师范大学编印《国立北平师范大学一览》,第225页。
③ 李建勋:《师大研究院教育科学门一年之经过及今后之改进》,《师大月刊》创刊号,1932年11月,第76页。

第五章　未完成的教育研究机构的制度化

学毕业生，可经入学考试考取，入学考试科目为国文、英文、教育心理、教育统计、教育哲学、教育行政。北师大本校教育学系毕业生，成绩总平均分在70分以上，教育统计、教育心理、教育哲学、教育行政四科平均在75分以上者，可免考入学；本系主科及教育必修科平均俱在75分以上者，可免考入学，但须补习教育统计及教育哲学。[①] 1931年，第一届招收了20名研究生，其中男生13人，女生7人。除2人来自燕京大学和中央大学外，其余18人皆为北师大毕业生。有14人为教育学系毕业生，6人为非教育学系毕业生。

导师方面，先后聘有7人，均系留学美国出身，具有博士学位者5人，硕士学位者2人。李建勋担任教育行政方向导师，周学章担任教育测验与实验方向导师，邱椿担任教育哲学方向导师，杨亮功担任教材与教法方向导师。课程方面，开设教育研究法、教育测验、教育实验、高等教育统计四门必修科目，开设学务调查、高等教育心理、课程论、教育哲学四门选修科目。除四门必修科外，每人须选修两科。学生除论文及格外，须修满16—18学分才能毕业，研究时间为1—3年。至于毕业后授予学位问题，在教育部学位法颁布之前，发给毕业证书。

教育科学门成立后，功能主要侧重"培养学生的研究知识与技能"。对于"研究教育实际问题，以求适当之解决"方面，李建勋曾计划开展"中小学各科一贯的教材"及"全国教育经费"等方面的研究，但限于经费，实际上没有余力专聘研究讲座从事上述研究。

据李建勋总结，教育科学门开设一年多后，主要有两项问题。一是研究生问题，二是经费问题。

研究生主要有两方面的问题。一是研究生兼职。导师们认为研究生并没有认识到研究院的性质，多数一边兼职，一边在研究院挂名，缺乏主动研究。最初享受津贴的8名研究生，5人因在外兼课影响研究工作停止发放其津贴，仅有3人始终遵照规章。研究生兼课较为普遍，甚至

[①] 黎锦熙：《研究所略史》，《师大月刊》创刊号，1932年11月，第60页。

兼课地点不限于北平。当时在读的田佩之便在天津民众教育专科学校兼教育课，每周在天津住两天。① 二是非教育学系毕业的研究生教育统计等教育基本科目基础较差，导师进行相关课程讲授时颇感困难，学生也因不了解而缺乏学习兴趣。非教育学系毕业的研究生6人中有5人因此休学。据此种种，第一年招收的20名研究生，出于畏难或别的原因休学、退学者约1/3，计划二年以上完成研究工作的占1/2，一年毕业的仅有3人。

经费方面，"研究所每月经费五千元，且不独立，现只设历史科学门及教育科学门，发展颇感困难"。② 虽然在师大校务会议上通过研究院经费每月5000元，分配给教育科学门每月2000元，但实际支取不到一半。原因一是经费本就未足额发放，二是研究院并不像师大附属中小学一样独立编制预算。以致每月经费到账时，仅能支发教职员薪俸及研究生津贴，设备及调查等费用几乎等于没有。同时限于经费，没有能力聘请专门的研究人员。为此，1932年春，李建勋向中华教育文化基金董事会请求拨款资助，但因为庚款停付未能如愿。③

同时，因研究院历史科学门的一部分工作是研究金石考古之学，引起校外的诸多非议，说师大是研究教育的机关，研究普通学术，已经离开了师大的特殊立场，实不相宜。④ 北师大校内部分学生对研究院亦存异议，在1932年针对李建勋继任校长的风潮中，学生自治会在致函李建勋请其辞职的同时，致函师大秘书处，要求结束研究院。⑤ 以上种种使源自女师的研究所改为研究院后，面临着校内外的各方压力，名为扩张，实为没落。雪上加霜的是，九一八事变后，东北大学学生流亡北

---

① 靳星五：《烽火挚友》，山东人民出版社，1995，第238页。
② 徐万钧：《北平国立各大学近况纪要》（续），《大公报》1932年1月28日，第5版。
③ 李建勋：《师大研究院教育科学门一年之经过及今后之改进》，《师大月刊》创刊号，1932年11月，第82—83页。
④ 李蒸等：《师大研究所开学典礼讲演》，《师大月刊》第8期（教育学院专号），1933年12月。
⑤ 《师大校长问题严重，学生拟罢课赴京坐索校长》，《大公报》1932年6月8日，第5版。

平,占用了研究院的房屋、设备,研究院仅余楼房67间、平房43间,研究工作实际上已很难进行。凡此种种,皆为1932年教育部"整理"北师大留下口实。

(二) 1932年"整理"声中的教育研究所

20世纪20年代到30年代初,随着政局的变换,教育制度朝令夕改,北京高等教育格局经历了数次变动,各校校名迭易,学潮频起。就院系设置来说,经历了将近十年的高等院校扩张,据教育部统计,1931年北平有公私立大学及独立学院12校,分30余学院,130余学系,院系重叠严重。① 各界公认"北京教育界的内幕复杂纷乱,本来是历届教育当局所最感头痛的问题。就事实上说,也早有根本整顿之必要"。② 问题在于怎么整顿。

1. 1932年"整理"师大事件

1932年上半年,北师大的校长问题闹得沸沸扬扬。5月,师大校长徐炳昶辞职。师大学生自治会拒绝接受国民政府任命的校长李建勋,③ 要求由易培基、经亨颐、张乃燕三人之一担任校长,并致电教育部长朱家骅,称如不依从,便立即罢课,全体赴南京坐索校长。④ 同时中央大学为经费、校长事请愿要求撤换教育部长,驱逐教授,殴打新任校长,闹得满城风雨。一时间,北平的师大和南京的中大,成为高等教育界崩溃的象征,校长一席几乎无人敢就。⑤ 朱家骅向来主张对学潮绝不姑息,同时特别重视高等教育,认为当下的大学毕业生并不是国家真正需要的人才,高等教育要向苏俄学习,"厘定一个适当的、整个的、精密的计

---

① 黄建中:《教育部最近改进专科以上学校之要点》,《大公报》1934年10月30日,第10版。
② 《整顿令下后之北平各大学,学潮潜伏爆发甚虞》,《大公报》1933年6月20日,第3版。
③ 《师大校长问题未决,学生会电教部表示拒李》,《大公报》1932年5月16日,第5版。
④ 《师大校长问题严重,学生拟罢课赴京坐索校长》,《大公报》1932年6月8日,第5版。
⑤ 臧晖:《论学潮》,《独立评论》第9号,1932年7月,第7页。

划"。① 1932年7月22日,国民政府行政院会议决议通过"整顿教育令"。学潮闹得最凶的中央大学、青岛大学、北平大学、北平师范大学分别以"整顿"为名被勒令解散或停止招生,以此拉开了整顿全国高等教育的序幕。②

1932年7月26日,报载朱家骅对"整顿"师大的说明是,师范大学"本为造就中学师资之目的,然按诸现在内容,竟与普通大学无异,颇患名实不副之病",令北师大暂停招生,"便于各该校之易于整理与改善"。③ 命令下达后,师大毕业同学会组织的反对停止招生委员会和学生自治会皆发表宣言;全体教授致电教育部据理力争,要求取消原令;新上任的校长李蒸赴南京"设法斡旋"。④ 教育部仅允许北师大自行拟订切实整理方案后核定施行,但招生事则"碍难通融"。8月初,李蒸回校传达了教育部的意思,开始按照教育部的意旨对北师大进行"整理"。

李蒸在《国立北平师范大学整理计划书》中,针对教育部所提出的问题,一方面进行适当的辩解,另一方面自我检讨,表示要整理改进。整理的原则为,按照教育部予师大培养中等教育师资的定位,充分表现"师大之特性",即师大之组织、课程、训育、教法等,必须与其他大学有明显的不同。⑤

2. 研究所的"整理"

基于北师大培养中等教育师资的定位,教育部主张取消师大的研究院,以有限的经费充实大学本部。李蒸与师大教职员认为师大必须为毕业生设置一个继续深造的机构,并且当时其他国立大学正开始创设研究院,师大既已有研究院便应力争保留。于是研究院的整理,一方面遵从

---

① 朱家骅:《大学教育现状及应行革除之弊病》,《大公报》1931年9月4日,第4版。
② 《行政院会议通过整顿教育令》,《大公报》1932年7月23日,第3版。
③ 《朱家骅对于政府整理大学之说明》,《大公报》1932年7月26日,第4版。
④ 北京师范大学校史编写组编《北京师范大学校史(1902—1982)》,第88页。
⑤ 李蒸:《国立北平师范大学整理计划书》,《师大月刊》创刊号,1932年11月,第4页。

第五章　未完成的教育研究机构的制度化

教育部意旨，裁减经费；另一方面顾虑外界批评，缩小范围，集中精力，专门研究教育问题。

在整理计划书中，李蒸主动提及将研究院改为研究所，其功用为：研究教育实际问题；培养教育学术专家；研究高深教育学术及有关教育之专门学术；为其他大学毕业有志教育事业者，施以短期训练。在教务方面，规定教育研究实验办法，要求研究所会同附校，从事有系统的教育实验工作，由校划款补助；研究所致力于教育调查，分别调查本国及外国教育实况，并发现教育问题。①

经过教育部修改之后正式公布的《国立北平师范大学研究所章程》规定，研究所的任务有三，即研究教育实际问题，培养教育学术专家，搜集整理并编纂各科教材。② 章程未提及"研究高深教育学术及有关教育之专门学术，为其他大学毕业有志教育事业者，施以短期训练"，而代之以更具体的、与培养中学师资关系更为密切的"搜集整理并编纂各科教材"。

1932 年 9 月，教务长、教育学系教授常道直，教育学院院长兼教育学系主任教授李建勋，教育学系教授邱椿，文学院院长教授黎锦熙，国文系主任教授钱玄同，国文系教授高步瀛，历史系主任教授陆懋德，理学院院长兼化学系主任教授刘拓组成研究所委员会；校长李蒸兼任研究所所长；李建勋主持教育研究事宜，黎锦熙、钱玄同分别主持教材编辑事宜。自此研究所"专以教育为鹄，道通为一，不复分设两门矣"。即便如此，1932 年 11 月 26 日，教育部仍训令师大："研究所内容，亟应力求充实。"③ 研究所据此进行一系列调整，努力往教育部训令的要求靠拢。

研究所针对前教育科学门的研究生问题，制定《国立北平师范大学研究所研究生细则》，提高了本校免考入学的成绩标准。师大教育学

---

① 李蒸：《国立北平师范大学整理计划书》，《师大月刊》创刊号，1932 年 11 月。
② 黎锦熙：《研究所略史》，《师大月刊》创刊号，1932 年 11 月，第 67 页。
③ 黎锦熙：《研究所略史》，《师大月刊》创刊号，1932 年 11 月，第 74 页。

系毕业生的免考门槛，总平均成绩要求从 70 分提高到 75 分，教育统计、教育心理、教育哲学、教育行政四科平均成绩从 75 分以上提高到 80 分以上。师大其他系毕业生的免考门槛，平均成绩从 70 分提高到 75 分，本系主科及教育必修科平均成绩要求从 75 分以上提高到 80 分以上，并要求曾修习教育统计及教育哲学。入学之后，研究生必修的学分从之前的 16—18 学分增加至 30 学分。

研究所以培养教育行政与教育实验人才为主。第一学年所设课程共有八种，即教育行政研究法、学务调查、教育测验法、教育实验法、高等教育心理、高等教育统计、农村教育及研究法、教育哲学及研究法，由研究所的李建勋、程克敬、陈雪屏、王征葵、黄敬思、常道直、李蒸等 7 位导师担任。① 与之前教育科学门的课程相比，不再设必修、选修，不再开设课程论，添设农村教育及研究法。

研究所除了培养研究生，还将"研究教育实际问题"列为主要任务之一。在李建勋的主持下，研究所主要从事中国教材及教育调查。曾调查天津市立小学 30 余处，编制《天津教育调查报告书》一册，于 1934 年 7 月付印。② 开展小学行政、普通心理、教育心理及教育概论等课程之教材教法研究，进行全国教育经费之调查及民众教育之意义及其设施方面的研究。③ 教材编纂工作在 1932 年 8 月之后次第展开，纂辑员依纂辑工作细则分为甲、乙两组，按教育实际上之需要，分类纂辑教材。1933 年 9 月，按照教育部的要求，先进行"中等学校国文教材选注"，然后及于历史、公民等科教材之纂辑。同时添设丙组，纂辑自然科学各种中学用的教科书。④ 教材编纂工作的开展，需要大量国文、历史、英文及自然科学类的纂辑员，由此带来了研究所教职员的膨胀。

---

① 李蒸等：《师大研究所开学典礼讲演》，《师大月刊》（教育学院专号）第 8 期，1933 年 12 月。
② 《师大教育研究院奉教育部令停办，李蒸到京商补救办法》，《大公报》1934 年 8 月 22 日，第 3 版。
③ 国立北平师范大学编印《国立北平师范大学一览》，第 227 页。
④ 国立北平师范大学编印《国立北平师范大学一览》，第 245 页。

第五章　未完成的教育研究机构的制度化

从 1931 年到 1934 年,研究所只在 1931 年、1933 年招考了两届研究生。1931 年招生 20 人,1933 年秋招生 8 人。1932 年,北师大被勒令停止招生,研究生也随之停招。加之研究所房屋被占、经费积欠等问题,研究所能坚持研究,已属不易。1932 年 8 月之后,经费问题稍事缓解,研究所马上展开教材研究及教育调查工作。据 1934 年的研究所教职员录,研究所有所长 1 人、主任导师 4 人、导师 5 人、研究所纂辑员 22 人、助理 8 人、研究员 2 人、图书管理员 1 人、书记 7 人,另有自然科学教材编辑组编辑员 6 人、助理 3 人,共有教职员 59 人。[①] 这些迹象都显示,研究所正在按部就班展开研究。教育部似乎并不愿多假时日,之前的经费设备问题、研究生的数量问题、教职员的数量问题,均成为教育部勒令停办研究所的理由。

(三) 教育研究所的停办及善后

1933 年,王世杰任教育部长后,先后颁布三道电令整理北平高等教育,并派高等教育观察专员视察平津专科以上学校,并据此对各校颁布一系列指令,进行整顿。在这一轮整顿中,师大教育研究所被勒令停办。

1934 年 5 月,教育部颁布《大学研究院暂行组织规程》,要求已经设立的研究机构亦需按规程要求调整整顿,并呈请教育部核准。教育部指令中央大学、武汉大学及北师大各设立教育研究所。[②] 北师大据此将"研究所"改为"教育研究所",根据《大学研究院暂行组织规程》的相关要求再行调整。李建勋认为之前研究所受限于经费,研究范围狭小,无专任的研究教授,没有太大成绩。如果改为符合教育部要求的教育研究所,范围扩大,至少须聘请三位专任研究教授,再加上其他设备及研究津贴,至少要经费 15 万元方可举办,要在原有 5 万元经费的基

[①] 国立北平师范大学编印《国立北平师范大学一览》,第 260—263 页。
[②] 《教育部令师大设立教育研究所》,《华北日报》1934 年 5 月 30 日,第 9 版。

础上再加2倍。① 校长李蒸带着教育研究所变更内部组织、增加设备课程计划及经费预算等具体方案，赴教育部请求增费。但教育部各国庚款联席会议通过的补助案规定，只补助之前未设立研究所的大学，北师大此前已有研究所，应就原有基础扩充。李蒸的增费接洽并无结果。②

紧接着，1934年7月4日，教育部训令北师大，"该校研究所学生仅十二名，而职员计有四十八人，月耗经费三千八百元，无何特殊设备，成立以来尚无成绩可言，该研究所应自下年度起停办，原有经费移供充实本科设备之用"。③ 接到教育部停办师大教育研究所令时，师大校长李蒸正在河南开封参加社会教育社年会，闻讯立即赶往南京谒见教育部长王世杰，以求补救。王世杰在庐山，由教育部次长段锡朋接待。段并未对师大教育研究所的处置结果说出个所以然。李蒸无奈对《大公报》记者介绍师大教育研究所，"已办有三年，以研究教育实际问题为目的，现有研究生十二人，明年毕业，从事研究中国教材及教育调查，已编制《天津教育调查报告书》一巨册，正付印中。现与教部磋商，拟将中学教材及教育调查两种工作暂停，保留研究生（月费一千元已足）。如王日内不返京，本人拟赴庐谒晤"。④

李蒸与王世杰留下的文字资料中都没有对停办北师大教育研究所的特别记载和说明。结果便是北师大服从教育部令。1934年8月，师大取消研究所纂辑处。9月，校务会议决定缩小研究所范围，不招研究生。10月，经李蒸的争取，教育部允许后，北师大组织"教育问题研究会"，由校长、教务长、三院院长任指导委员，⑤ 接收前研究所职员

---

① 《师大教育研究所经费预算十五万》，《益世报》1934年6月13日，第7版。
② 《李建勋未辞职，师大教育研究所经费无办法　下年度职业师资训练班恐难举办》，《益世报》（北京）1934年6月16日，第7版。
③ 《教育部致北平师范大学训令》（7月4日），中国第二历史档案馆编《中华民国史档案资料汇编》第五辑第一编《教育》（1），第210—211页。
④ 《师大教育研究院奉教育部令停办，李蒸到京商补救办法》，《大公报》1934年8月22日，第3版。
⑤ 国立北平师范大学编印《国立北平师范大学近况》，第7—8页。

第五章 未完成的教育研究机构的制度化

及研究生,继续教育研究工作。12月,李蒸向记者介绍,师大现从事的研究工作有国民教育、师范教育等数问题。① 1935年1月,原研究所职员及研究生由彰仪门大街迁往教理学院,原址由农商部拨给流亡在北平的东北大学。北师大教育研究所作为一个机构不复存在。

(四) 教育研究所停办的必然与偶然

1934年,北师大教育研究所作为一个存在于学术、社会网络中的研究实体单位,它的存在与发展,受到诸多因素的制约。在学科方面,教育研究所依托的是国内学术界的"弱小民族"教育学,学术地位不高;在经费方面,教育研究所所在的北师大之穷全国闻名;在国家加强统制的背景下,教育研究所没有强有力的政治力量可倚靠;北师大、教育研究所的教职员以书生为多,不涉政治,遭遇统制,并无招架之力。对于1934年的教育研究所来说,学科学术地位、经费、政治力量、人事,无一可凭恃。

1. 地处北平,经费是无解的老问题

从表面上看,教育部停办教育研究所是依章程公事公办,理由亦无可指摘。20世纪30年代南京国民政府教育部一再通令国立大学,大学设备费至少应占经常费15%,行政费不得超过10%,要以有限的经费充实设备,裁减职员役警,节省行政费,做到教员专任。②《大学研究院暂行组织规程》亦特别强调研究院(所)需有充足的经费、设备、师资。以这几条标准衡量,教育研究所皆犯大忌:职员数过多,且没有任何特殊设备。最根本的是经费短缺,这是北师大无解的老问题。结合教育部的审查标准,从经费上说,教育研究所停办有其必然性。

北师大地处北平。1931年前,北平一直处于政治动荡中,教育经

---

① 《李蒸到平师大决继续研究工作》,《大公报》1934年12月25日,第4版。
② 《教部训令北平各大学应依提示要点切实整顿》,《大公报》1934年7月13日,第3版。

费并无保障。政府将教育经费挪充军费，国立大学经费连年积欠，举步维艰。经过北京国立八校教职员生多年奔走呼号，方争取到俄庚款充作北京国立各大学经费，并特设俄庚款委员会管理。1929年10月，俄庚款委员会议决平津十院校每月经费35万元。

1931年之前，北平处于北方三大派军阀阎锡山、冯玉祥、张作霖的控制之下。1930年春至11月，国民党反蒋军事实力派及各政治派别联合起来，在北平建立党政军的中央机构，形成南京中央与北平中央的对立。① 南京政府随即将平津十院校的经费停发，将积欠4个月的140万元经费移充军费。11月南北交战结束，平津十院校的教职员要求恢复庚款基金，并要求各校独立。自1930年11月起至1931年7月，9个月之间，平津各院校经费虽然陆续拨发，但并不足额发给，而且通常要迟到两个月。九一八事变后，南京国民政府借口国难，对平津国立各院校之经费更加漠不关心。1931年9月至12月，经费继续积欠，电催不灵，坐索无效。各院校教职员于1932年1月6日成立教职员联合会，发起教育基金独立运动。② 并对全国宣言："平津国立各校历史有三十余年之久，民元以来，虽不能积极扩充，初尚勉强维持，至民八以后，陆续积欠，迄十七年国民政府北伐告成止，共积欠二年有余，民国十七年十一月，民国政府接收各校，对于此项旧欠，即未设法筹补，民国十九年一年内，又继续欠至五个月，计一百七十五万元……自去年八月至十二月，又继续积欠一百三十二万元。"③ 在北平的国立各校中，同属国立大学，清华有美国庚款支持，北大有中华教育文化基金委员会每年补助20万元，作为聘请研究教授与奖学金之用。④ 师大则所有开支皆仰教育部、财政部鼻息。而国立北平师范大学虽1923年即由高师升格

---

① 张同新：《中国国民党史纲》上册，人民出版社，2012，第233页。
② 李建勋：《北洋军阀和国民党统治时期的教育经费》，中国人民政治协商会议全国委员会文史资料委员会编《文史资料存稿选编·教育》，第1039—1040页。
③ 《平津院校请拨俄款充基金》，《大公报》1932年1月25日，第5版。
④ 《北平的几个大学》（一），《大公报》1934年1月21日，第13版。

为大学,但直到20世纪30年代仍是高师时代的预算,"即此区区者,又复欠辍数月,加以中间迭次校长虚悬,经年累月,校务常陷停顿"。①因此,师大的"穷"是闻名的,学生穷,教授穷,学校穷。在北平的高校中,师大最穷,设备最旧,楼最破。② 1932年积欠,"国立师范大学经费最感困难",可谓校库如洗,挹注无从,教授无用品,办公无纸笔,任职者无薪,执役者无饷。③

1932年8月1日,行政院第53次会议通过拨发教育经费办法,承诺财政部对中央教育文化经费按照原经费十足发放,但所有以前短发经费不再补发。北师大的经费状况并未明显好转。不补发之前短发经费,给平津各院校造成极大困难。"师大积欠最久,欠薪最巨",尤为困难。师大自男女两校合并后,实行裁员减政,仍无法维持。每月经费汇到,顷刻分发一空,会计课分文不存。④ 1933年12月,校长李蒸在北师大成立31周年纪念会上,报告了师大的经费分配状况。师大每月经费72240元,教职员薪金33540元,约占全部经费46.4%;办公费9331元,约占全部经费12.9%;研究所3000元,约占4.2%,附校占经费1/4。⑤ 这样的经费比例,势必难以通过教育部派出的高等教育观察专员的审查。

大河无水小河干,教育研究所的预算不独立,带来一系列问题。经费不够请专门的研究人员,1932年研究所又停招研究生,为了维持研究工作,教育研究所从1932年的师大毕业生中选留了不少学生担任助理。仅教育系即留了1位研究员、3位研究助理。⑥ 1932年8月之后,

---

① 李蒸:《国立北平师范大学整理计划书》,《师大月刊》创刊号,1932年11月,第2页。
② 黄日全:《穷师大面面观》,《中国学生》(上海)第2卷第24期,1936年。
③ 国立北平师范大学编印《国立北平师范大学毕业同学录》,1930,第7页。
④ 李建勋:《北洋军阀和国民党统治时期的教育经费》,中国人民政治协商会议全国委员会文史资料委员会编《文史资料存稿选编·教育》,第1042页。
⑤ 《北大师大两校昨分别纪念成立》,《大公报》1933年12月18日,第4版。
⑥ 《师大教育系一九三二班毕业同学之声》,《师大月刊》(教育学院专号)第4期,1933年5月。

为完成教育部指示的研究所"搜集整理并编纂各科教材"的任务,从师大其他系科毕业生中选聘作为各科教材纂辑员者便有22人。这便是教育部所指责的"学生仅十二名,而职员计有四十八人"的缘由。而研究所的办公空间狭小,中西文图书仅2000册,中西文杂志10余种,确有补充的必要。停止招生引发职员数增加,由此带来职员薪金所占经费比例的膨胀,设备书籍资料的购置费、调查研究的经费又所剩无几。在经费预算不增加的前提下,教育研究所不啻处于一个恶性循环中。北师大的书生们,巧妇难为无米之炊。正如李蒸所感慨,"欲求长足之发展,势所勿许也"。

2. 教育学科的"否运":政学两界对教育研究皆不以为然

教育学科从在高等教育体系中获得独立的系科建制开始,便代替"师范",成为"教育精神"所在,也成为此后"高师改大"与"废止高师"之争以及后续的师范大学制度之争的核心。1922年学制实行后,高等师范教育不再独立,各大学原有的教育学科生存空间被一再挤压,邱椿直言教育学在国内学术界不啻一"弱小民族",高等师范教育唯有国立北平师范大学,"如鲁灵光殿,巍然独存",① 护持着教育学科的传承与发展。国立北平师范大学自高师时代便重视教育学科的人才培养,1915年仿德制设置教育专攻科(1915—1919),1920年设置教育研究科(1920—1926),1924年开设教育学系,就教育学科设置、教育学人才培养的历史来说,自1915年开始从未中断。

北师大教育研究所的遭遇实际是20世纪30年代教育研究在中国的命运的折射。如前所论,目前留下的很多文献资料,都暗示了30年代教育学科的"否运"。常道直曾愤慨:"到了'九一八'之事变,久已潜伏的国难突然表面化严重化以后,国人痛心之余,穷究此项责任之最后的归属,结果几于朝野一致,佥认为由于过去教育失败所致!于是现

---

① 《师大教育系积极工作:主任邱椿拟定工作大纲》(续),《大公报》1929年8月6日,第5版。

第五章　未完成的教育研究机构的制度化

行学制被指摘，教育研究被揶揄，蔚然成为一时风尚！"① 这股教育学者眼中的"魔雾妖氛"与30年代的"教育崩溃"论加上南京国民政府统制高等教育政策，使教育学长期"处于不利的气氛之中"。②

1931年朱家骅就任教育部长后，开始强力统制高等教育。③ 确定了高等教育整顿要实现的三大目的：裁并同一地方重复学系，减少大学数量；减少文法科以免仕途拥挤；注重农工医等实科，造就社会必需人才。1933年王世杰就任教育部长后的三道整顿电令，仍是根据朱家骅时代的计划执行，主要目的是使以往不受任何国家计划指导而发展的教育系统走上国家管理和标准化的轨道。④ 教育部整理北平高等教育的原则，在于使学校单位减少，分别独立发展：师大专攻师范教育，北大设文理法三院，北平大学专办农工医三科。使三校成鼎足发展之势。⑤ 对"师范大学"，教育部看重的是"师范"，着眼点在中等学校师资的培养，而非教育学术的研究；而师大学者重视的是师范大学的"大学"属性。大学教育之目的既为"研究高深学术，养成专门人才"，⑥ 那么"师范大学"亦应"研究高深学术"，至少应研究高深教育学术。1932年11月第一次"整理"师大，黎锦熙写《研究所略史》，直言研究所对于师大的重要意义，"师大而无研究所，终将不能成其为'大'；研究所而办理不善，则亦'大而无当'"。文末则愤愤地对不了解研究所之为师大之"生命线"者说："天作孽，犹可违；自作孽，不可活。"⑦

---

① 常导之：《现行学制需要改善的几点》，《中华教育界》第22卷第9期，1935年3月，第25页。
② 吴俊升：《教育生涯一周甲》，第56页。
③ 高思庭：《国民党政府统治教育事业概述》，中国人民政治协商会议全国委员会文史资料研究委员会编《文史资料选辑》（合订本第87辑），第144页。
④ 〔美〕叶文心：《民国时期大学校园文化（1919—1937）》，冯夏根等译，中国人民大学出版社，2012，第174页。
⑤ 《整顿令下后之北平各大学，学潮潜伏爆发甚虞》，《大公报》1933年6月20日，第3版。
⑥ 《大学组织法（十八年七月二十六日政府公布）》，《教育部公报》第1卷第9期，1929年9月，第113页。
⑦ 黎锦熙：《研究所略史》，《师大月刊》创刊号，1932年11月，第113页。

没想到此后不久，不仅历史研究所停办，一年多以后，教育研究所亦停办。

1934年9月，停办北师大教育研究所后不久，教育部长王世杰对记者谈到教育部整顿高等教育的思路：教育部"对大学教育逐年改进，大致对各大学多注意设备，重视实科"，"大学研究院亦积极准备设置，养成研究人才，但须视各大学设备经济力量，斟酌添置何科何系之研究院，并非对各科系同时设置"。① 这一轮整改涉及的研究所只有北师大教育研究所，这段话便是对停办北师大教育研究所的回应，意指北师大的设备经费不足以办研究所，还有一层意思，眼下设置教育研究所没有那么迫切，不需要师范大学来研究高深教育学术。1937年前，政府对教育研究一直不热心，"大学不断地设师范学院，却不曾听见筹办研究院；设这一专科研究所那一专科研究所（最近又设地理等二研究所），不曾看见设一教育研究所；庚款考留学，一次两次三次，也轮不到教育"。② 1934年5月教育部指令设立的三校教育研究所，不但武汉大学的没建立起来，原来就有基础的北师大教育研究所及中央大学的教育实验所也未通过教育部的审核。

九一八事变之后，与"备战""应战"的时代主题相关，教育部统制高等教育以"灌输民族意识及储备技术人才为要义"。③ 对各学科而言，与"备战""应战"的时代主题距离远近，决定了获取资源的多寡。教育研究所的作为若不能被纳入时代主题，势必难以获得资源倾斜。全面抗战爆发后，随着教育部主政者的观念转换，"师范研究所"成为"灌输民族意识"的重要一环而得到教育部的特别扶持。

---

① 《高等教育王世杰谈整顿步骤》，《大公报》1934年9月5日，第3版。
② 龄：《冷落了教育研究》，《前进教育》第1卷第3期，1937年3月，第2页。
③ 《教育部关于国民党历届会议对于教育决议案及其实施情形之检讨总述》（1942年8月），中国第二历史档案馆编《中华民国史档案资料汇编》第五辑第一编《教育》（1），第285页。

第五章 未完成的教育研究机构的制度化

3. 无人无势可依:"书生"遇到"统制"

对民国时期政界与学界、政潮与学潮的纠葛,不少大学史的研究成果都有所揭示。① 教育部的一系列高等教育政策执行起来避免不了一些政治性的运作。蒋介石为此嘱咐陈布雷:"教育为革命建国要计,凡事当请教于吴(稚晖)、李(石曾)、蔡(元培)诸先进,然必勿堕入派别之见。总之,不可拂李、蔡诸公之意,亦不可一味顺从李、蔡之意见。宜以大公至诚之心,斩绝一切葛藤,而谋所以整顿风气。至于政府及教育部所行整顿大学教育与整顿学风之政策,则须排除万难以贯彻之,不以人事关系而稍为迁就也。"② 其中至少有两层意思,一是吴、李、蔡诸元老的意见确可影响教育领域,二是涉及大学整顿及学风整顿绝不迁就。实际上,高等教育整顿中裁并整改的标准很难一贯,经常受到国民党内各派势力的干涉。

这一点,教育部长、建议"以法治国"的王世杰在日记中曾有抱怨:"近年党中耆宿,往往受人怂恿,各思取得一二个学校。而此种学校类皆成绩不良,匪惟不宜奖励,且当严行取缔者也。此种趋势倘不及时纠正,教育整顿工作,将受重大影响。"1938年他卸任教育部长时,回顾四年多的经历,印象至深的是"党中元宿,有欲假学校以扶植个人政治势力者,有提倡复古以攻击现时教育者",他周旋其中,"就国民政府五院院长言,其因是而不满于予者,已有四人,他无论已"。③ 可见政界与学界的复杂纠葛。这种现象反过来看,对政治上有影响力的学校来说,或可暂免于裁并,而对北师大这种影响力偏重教育领域、在政治领域没有多少运作空间的国立院校而言,则只能服从教育部的统制。

---

① 如许小青、王东杰、林辉锋等人对中央大学、四川大学及民国时期教育派系的相关研究。
② 陈布雷:《陈布雷回忆录》,台北:传记文学出版社,1967,第81页。
③ 王世杰:《王世杰日记》(上),台北:"中央研究院"近代史研究所,2012,第12、78页。

385

1930年前后北平的政局一再变换，师大因为地位特殊，"为各方竞争之焦点"，各派收买学生为之鼓吹呼号，互相打来打去，结果是"谁也不敢说会得着最后的胜利，更谁也不会来先为师大帮一点忙，而图有丝毫之发展"。① 北师大的学生深谙其中的纠葛，故极力争取支持师大且有政治背景的人物长校。1930年2月，教育部任命李石曾为校长，但其未到任，而以李蒸代理。1932年5月，徐炳昶辞师大校长职后，国民政府任命李建勋为校长。② 师大学生自治会拒绝，要求教育部派易培基、经亨颐、张乃燕三者之一长校，三人之外，任何人均不欢迎。③ 迎拒之间，学生的目的很明确。李建勋为清白一书生，"不问政治，不参加任何党派，一心一意搞教育"，以保持个人的纯洁。④ 学生提名的三人，皆有相当的政治背景。易培基为前大学院大学委员会委员、北平分会委员，经亨颐为中央委员，易培基、经亨颐皆为以李石曾为首的"法日派"代表人物。张乃燕为国民党元老张静江的侄子。学生此举无理亦颇为无奈。为破师大发展的各种困境，"清白"的无党派教育名流长校必无办法，唯有在政治上寻求国民党元老张静江或李石曾的庇护。当然，学生们的激烈举动结果却适得其反，吴、李、蔡、张都没靠上，"指名索校长，具体排个人"⑤ 的行为恰是学风嚣张的明证，师大从而首当其冲成为"整顿教育令"的整顿对象。

1932年，教育部任命曾任职教育部社会教育司、毕业于北师大的无党派人士李蒸为校长，师大学生自治会又酝酿拒绝。此时学生内部发

---

① 狂雨：《什么是师大的危机》，《大公报》1930年1月5日，第4版。
② 《师大校长有人 国府命李建勋继任》，《大公报》（天津）1932年5月15日，第5版。
③ 《师大校长问题未决，学生会电教部表示拒李》，《大公报》（天津）1932年5月16日，第5版。
④ 杨毓节：《老教育家李湘宸先生事略》，中国人民政治协商会议全国委员会文史资料研究委员会编《文史资料选辑》（合订本第87辑），第88页。
⑤ 《北平学潮扩大之感想》，《大公报》1932年6月13日，第2版。

第五章 未完成的教育研究机构的制度化

生内讧,国民党支持的真正读书护校会及学生读书联合会致函李蒸表示欢迎,①李蒸始得就任。同时国民党北平市党部对师大学生的运动亦采取严厉的镇压措施,师大的政治环境转入所谓安定、平稳时期。②这在某种程度上确保了教育部政令通行,不致因学生的迎拒而横生枝节。

对于南京国民政府的整顿行为,身在北师大的学者们总归是意难平。1962年林砺儒在特定政治环境下写了《北京师范大学校史拾穗》,回顾这段时期意味深长地写道:"在北洋军阀政府时代,军阀官僚们是对教育不问不闻的,书生们还可以关起校门自鸣清高。而遇着国民党法西斯,便御侮乏术,只得饮恨吞声,无可奈何。况又有人因势乘时,卖身投靠,国民党便唾手而把师大置于他们铁蹄之下。"③师大研究院教育科学门和研究所在南京国民政府教育部雷厉风行的整顿下,确有"御侮乏术""饮恨吞声"之感。至于"卖身投靠"的人,似暗指李蒸。李蒸本人当时是无党派人士(抗战期间加入国民党),也不主动要求加入国民党。④他在国民党内没有雄厚的元老靠山,资历较浅,政治上没有力量能够影响教育部的教育政策。在这种情况下,李蒸只能当教育部整顿师大的执行者,在有限的机动空间中尽力争取师大的权益,结果也只能无可奈何花落去。

时移世易,全面抗战爆发后,1938年7月,"教育部以当抗战建国工作正在迈进之际,教育学术研究机关重要","特斟酌各校原有人材设备及经费情形,分别令饬各校就原设研究科部添招新生,或增设科部"。承北师大而来的西北联合大学师范学院奉令筹设师范研究所。"师范研究所与过去教育研究所名称虽为不同,而任务则一,当可与过

---

① 《师大一部学生欢迎李蒸 昨派代表访易静正》,《大公报》(天津)1932年7月15日,第4版。
② 北京师范大学校史编写组《北京师范大学校史(1902—1982)》,第100页。
③ 林砺儒:《北京师范大学校史拾穗》,北京师范大学校史研究室编《林砺儒文集》,第946页。
④ 高思庭:《国民党政府统治教育事业概述》,中国人民政治协商会议全国委员会文史资料研究委员会编《文史资料选辑》(合订本第87辑),第144页。

去教育研究所衔接矣。"① 实际上,西北联合大学师范学院的师范研究所的目的、组织及课程设置等,都与教育科学门、教育研究所时代相差无几,且主持者皆为李建勋。仅仅相距四年,同一拨人做类似的事,一则勒令停办,一则奉令筹办。教育部的统制对师大旧人来说,虽时移世易,然确有翻手为云覆手为雨之感。民国时期大学、研究机构与现实政治力量牵连之复杂,或是造成1934年北师大教育研究所停办最大的原因。

1934年12月,李蒸在北师大32周年纪念日感慨,"改大"以后十余年,是"我校生活史上最多事故之一页","其详细记载,将自成一部中国高级师范教育史"。② 从北高师的教育专攻科、教育研究科,到北师大的教育学系、教育研究所,师范大学教育系科的每一次变革都牵涉教育学内外的各种因素,穿插着教育学者之间以及教育学者与其他学者的辩驳,充满了教育学科发展的内在要求与外在政治、文化、经济条件的矛盾。国立北平师范大学的教育研究机构自1930年6月女师院研究所教育学组始,至1934年7月北师大教育研究所终,这四年的时间恰是南京国民政府教育部对高等教育尤其是北平高等教育界统制不断加强的四年。被称为"学制骈枝"的北师大,以及"教育精神"所在的教育学科,是教育部历次整顿的重点关注对象。当夹杂着学术、学制问题的教育研究机构遭遇现实的经费、政局及人事,它的命运便更有了各种各样的变数。

在教育部统制逐步加强的大背景下,若说北师大教育研究所的停办是教育当局对教育学及教育研究的轻视与否定,偏偏师资和课程设置与北师大相当的中山大学教育研究所安然无恙,顺利立案;若是单纯因为经费、设备不足,时隔四年,全面抗战期间的西北师院师范研究所的经费、设备只会比北师大教育研究所更差,却"奉命"成立。国家层面对中等教育师资培养模式及高等师范教育的政策徘徊在欧洲大陆派及英美

---

① 《院务概况:(六)师范研究所概况》,《国立西北师范学院校务汇报》第1期,1939年12月,第6页。
② 《三十二周年纪念日以前和以后:写在纪念专刊之后》,《师大月刊》三十二周年纪念专号,1934年12月,第1页。

派之间,与之密切相关的教育学系及教育研究机构的命运亦随着国家意志的摇摆而起伏。对于北师大教育研究所来说,这场统制与书生的角力,天时地利人和无一可恃,以书生"御侮乏术"、国家意志胜出告终。同时,这四年曲折,是教育研究机构与学术、学制以及现实经济、政治、人事纠葛的反映,也是教育研究及教育学科体制化过程的一个缩影。

有个很有意思的现象。1937年前中国大学所设的教育研究所,通过教育部审核的,只有中山大学教育研究所一所。正如北师大教育研究所由北师大"教育问题研究会"善后,据1933年统计,教育学术团体数量远多于其他类别的学术团体,是最多的,占到总数的24.3%,会员数占总数的52.8%。① 教育研究机构与教育学术团体两者数量差异之大,令人瞩目。两者的消长是否有联系、有怎样的联系还需更细致的考察。中国教育学会于1937年春约集中华儿童教育社、中华职业教育社、中国教育电影协会、中国卫生教育社、中华健康教育研究会等20余家教育学术团体于南京设中国教育学术团体联合办事处,以期互相密切联系。② 全面抗战爆发后办事处迁至重庆。这也从一个侧面说明,教育学科的体制化过程与中国近代学术体制化过程并不同步,而是具有本学科的特殊境遇和问题。而教育学科在中国的特殊境遇和问题,应该也必须成为我们关注的问题,否则便无所谓建设中国教育学派的"历史经验"。

五 1938年之后的师范研究所、教育研究所及教育学研究所

1937年7月全面抗战爆发后,因政府统制外汇、限制留学,大学

---

① 《表一:民国以来学术团体增加状况》(1933年6月),中国第二历史档案馆编《中华民国史档案资料汇编》第五辑第一编《教育》(2),第1402—1405页。
② 《中国教育学会会章、会务概况与历届理监事名录》(1944年5月),中国第二历史档案馆编《中华民国史档案资料汇编》第五辑第二编《教育》(2),第830页。

毕业生出国留学机会减少，"当抗战建国工作正在迈进之际，学术研究，需要尤大"。鉴于此，教育部就设备、人才较优长之国立大学，拨给经费，酌量增设各种研究所，同时并协助原有研究院所恢复招生。① 1938年7月，教育部颁布的《师范学院规程》第十二条规定"师范学院得附设师范研究所，招收师范学院毕业具有研究兴趣，或大学其他院系毕业有两年以上教学经验之中等学校教员，研究期限二年，期满经硕士学位考试及格者，授予教育硕士学位"。② 据此，中山大学教育研究所改名为师范研究所，承北师大而来的西北联合大学师范学院、中央大学师范学院皆筹设师范研究所。教育部规定1939年度应行招生的研究所及学部名单，共计8校32学部，涉及教育学科的有，中央大学师范科研究所设教育心理部，中山大学师范科研究所设教育学、教育心理二部，西北联大师范科研究所设教育学部，共计3校4学部。③ 1939年，教育部统令各校研究所招收新生。师范研究所投考者不多，中央大学研究所未录取研究生，中山大学师范研究所共有研究生7名，西北师范学院师范研究所共有研究生3名。④ 至1943年，仅此3校设立了师范研究所。⑤

1945年7月，教育部颁布《改进师范学院办法》十二项（1946年12月修正）。其中规定，"国立大学师范学院内，分设教育、体育两系，必要时得设第二部及教育研究所"，"现有之师范学院研究所，改为教育研究所，其招生办法、修业年限，仍照《师范学院规程》第十二条

---

① 教育部教育年鉴编纂委员会编《第二次中国教育年鉴》，第五编第575页。
② 《师范学院规程（教育部第四三七八号部令公布）（二七、八、十）》，《教育部公报》第10卷第8期，1938年8月，第11页。
③ 《国立各大学扩充研究院所：本年度八校共设三十二学部》，《教育季刊》第15卷第4期，1939年12月。
④ 边理庭：《高级师范教育现状概述》（续），《教育通讯》（汉口）第3卷第43期，1940年11月，第14—15页。
⑤ 《教育部训令第二三三六六号（三十二年五月十二日）再令颁发各研究院所工作连系办法，各大学及独立学院设置研究学部情形简表》，《教育部公报》第15卷第5期，1943年5月。

办理"。① 师范研究所据此改名为教育研究所，隶属师范科。1947年1月，教育部修正《大学研究院暂行组织规程》，更名为《大学研究所暂行组织规程》，废除大学研究院与研究学部，一律改为研究所，并将研究所与学系打成一片，依学系名称，称为某某研究所；由有关学系主任兼任研究所主任，学系内的教授、副教授、讲师、助教等，均为研究所工作人员，不另支薪津，亦不因此减少学系内教学。② 各校原设的研究院所学部，均照此新规程改组。"教育研究所"据以改名为"教育学研究所"，隶属师范科或文科。至1947年第一学期，全国共设有中央大学师范科教育学研究所、中山大学师范科教育学研究所、浙江大学文科教育学研究所、西北师范学院教育学研究所、北京大学文科教育学研究所、北平师范学院教育学研究所等6家教育学研究所。③ 1948年12月，教育部修正公布了《师范学院规程》，其中第十条又规定"师范学院得设教育研究所"。④

据教育部的统计，1936年、1937年教育研究所没有在读研究生；师范研究所1938年有在读研究生1人，1939年14人，1940年36人，1941年33人，1942年33人，1943年34人，1944年30人；1945年教育研究所在读38人。⑤ 教育学科的研究生培养，在全面抗战时期开枝散叶。

从1927年到1947年，大学的教育研究机构从无到有，历经数次制度调整、名称变换，终于在大学学术研究组织中占牢一席。

---

① 教育部参事室编《教育法令》，第187—188页。
② 《教育法令：大学研究所暂行组织规程（三十六年一月颁布）》，《教育通讯》（汉口）复刊第2卷第10期，1947年1月。
③ 教育部教育年鉴纂编委员会编《第二次中国教育年鉴》，第五编第575—576页。
④ 《师范学院规程：教育部修正公布（三十七年十二月）》，《教育通讯》（汉口）复刊第6卷第9期，1949年1月，第50页。
⑤ 《抗战以来全国专科以上学校增设概况表》（1936—1945年），中国第二历史档案馆编《中华民国史档案资料汇编》第五辑第二编《教育》（1），第783—787页。

(一)"师范研究所""教育研究所"的名称和组织问题

1938年《师范学院规程》颁行之后,其第十二条对"师范研究所"的名称和规定即引发学界讨论。按照1934年的《大学研究院暂行组织规程》,有教育研究所无师范研究所,且教育研究所隶属于大学的研究院。《师范学院规程》颁布后,"教育研究所"不但名称改为"师范研究所",而且要"附设"于大学附设的师范学院。教育部仅仅令教育研究所改隶师范学院,其他研究所并未采取同样的办法改隶各个学院。"师范研究所"的组织隶属问题,又引发了学界的疑虑,"教育部着重师范教育的至意弥足仰佩。不过因为着重师范教育的缘故,而牵动到教育研究所的名称与系统,似乎值得我们审慎的考虑",在学制系统上,师范研究所"降于附属地位,更易启人误会"。①

再者,教育部并未颁布师范研究所组织规程之类的文件,师范学院应如何分部?从招生对象看,"招收师范学院毕业具有研究兴趣,或大学其他院系毕业有两年以上教学经验之中等学校教员",招师范学院各系毕业生来师范研究所研究什么?若按照《大学研究院暂行组织规程》,研究所的分部应该按照其本科所设的学系而定。师范研究所的研究范围,应当参照师范学院的国文、史地、数理化、博物等系来设部。若是招师范学院各系的毕业生进师范研究所系"专研这些科目的教学或其在中学课程中的地位和价值"② 并不用两年,况且这么多学科所需的图书与师资设备,并不是一个学院的经费所能支撑的。就其授予的学位看,"期满经硕士学位考试及格者,授予教育硕士学位",而不称"师范硕士学位",那么师范研究所的研究范围,应以教育为主。方惇颐据此提出,"教育研究所设在师范学院内,容或可行,而

---

① 方惇颐:《师范学院的设置及组织问题》,《教育研究》第87、88号合刊,1938年12月,第40—41页。
② 高觉敷:《大学教育学院改制问题》,《教育杂志》第28卷第10号,1938年10月,第20—21页。

更名为师范研究所,则大可不必"。① 高觉敷亦持相同观点,认为"师范研究所的名称是不对的","师范的范围小,教育的范围大,教育名可包举师范,教育学院和师范学院系代表两个训练师资的制度,以改教育学院为师范学院为前提,不必就产生了以教育研究所改为师范研究所的结论"。②

师范研究所的名称和组织问题,后续并没有得到妥善解决。1945年颁布的《改进师范学院办法》将"师范研究所"改回"教育研究所";据1947年《大学研究所暂行组织规程》,研究所与学系打成一片,教育研究所随教育学系改为教育学研究所;1948年12月,教育部修正公布了《师范学院规程》,其中第十条又规定"师范学院得设教育研究所,招收教育学系毕业之非师范生及师范学院毕业服务两年或大学其他院系毕业而有两年以上教学经验者,研究期限二年,期满经硕士学位及考试及格,授予硕士学位"。③"教育研究所"是由独立师范学院及大学师范学院设置,而不是由师范学院的教育学系设置,就"教育研究所"的名称和组织来说,皆与《大学研究所暂行组织规程》冲突。这些制度上的冲突与摇摆,皆成了新中国成立初期新的教育研究机构格局的制度基础。

(二) 各校研究所的作为

统观20世纪30—40年代,设有教育研究机构历史最长的是中山大学,还有北师大(西北师院、北平师范学院)及中央大学两校。全面抗战期间,三校的研究工作皆有一定的延续性。

1937年全面抗战爆发后,北师大迁陕,与北平大学、北洋工学院组

---

① 方惇颐:《师范学院的设置及组织问题》,《教育研究》第87、88号合刊,1938年12月,第41页。
② 高觉敷:《大学教育学院改制问题》,《教育杂志》第28卷第10号,1938年10月,第20—21页。
③ 《师范学院规程:教育部修正公布(三十七年十二月)》,《教育通讯》(汉口)复刊第6卷第9期,1949年1月,第50页。

成西北联合大学,原北师大为西北联合大学师范学院。1938年,西北联大师范学院奉教育部令筹设师范研究所。1939年9月,西北联合大学改组为国立西北大学、国立西北师范学院及国立西北医学院。国立西北师范学院1939年9月1日成立,系由原西北联合大学师范学院改组而成,教职员多为北师大旧人。故"沿用师大成规,以建设西北高级师范教育基础"。西北师范学院仍照西北联大师范学院原有编制设置国文、英语、史地、数学、理化、教育等十系及劳作专修科,并设师范研究所。①

西北师院师范研究所在追溯历史时明确渊源为1930年女师院研究所的教育学组。1934年北师大教育研究所被教育部勒令停办后,由"教育问题研究会"善后,"继续其未了的工作,但以限于经费,实难负高深教育学术研究之责任"。按理说,"应由国立大学教育学院办理有成绩者设立教育研究所,以完成教育改进任务"。"师范研究所,与过去教育研究所名称虽为不同,而任务则一,当可与过去教育研究所衔接矣。"研究所奉教育部令后,即着手拟定章程,寻定所址,聘请教授及职员,以及招考研究生等,1938年12月开始正式运行。②

师范研究所"以研究高深教育学术,训练教育学术专材及协助师范学院所划区内教育行政机关研究教育问题,并辅导改进其教育设施为目的"。入学资格亦有特别规定,公私立大学教育学系之外其他学系毕业者,"曾在中等学校服务二年以上",入学考试合格可入学;师范学院教育学系毕业者,成绩总平均在75分以上,教育统计、教育心理、教育哲学、教育行政四科平均在80分以上者,可免入学考试;师范学院其他系毕业生,志愿研究各科教材教法者,平均成绩75分以上,教育学系主科及教育必修科平均80分以上者,亦可免考。③ 师范研究所

---

① 《院务概况:(一)改组经过》,《国立西北师范学院校务汇报》第1期,1939年12月,第2页。
② 《院务概况:(六)师范研究所概况》,《国立西北师范学院校务汇报》第1期,1939年12月,第6页。
③ 《章则:本大学师范学院师范研究所章程》,《西北联大校刊》第13期,1939年3月,第15—16页。

第五章　未完成的教育研究机构的制度化

成立后，由教育学系主任李建勋兼任主任，参与研究的教师有程克敬、金树荣、鲁世英、王镜铭等人。章程中本将师范研究所分为教育原理、教育心理、教育行政及教材教法四部，以便分门研究，限于经费，只先设教育学部，但研究生可于教育原理、教育心理、教育行政及教材教法四科范围内选择研究问题。

师范研究所的工作主要有两大部分，一为训练研究生，训练教育学术专材；一为从事教育研究，研究高深学术。师范研究所1938年未招到研究生，1939年招考2名，因教育部令师范学院各系助教可兼作研究生，同时有3名助教参加研究。研究生的课程设置与1934年教育研究所时期类似，各大学教育系毕业考入者应修满20学分，其中必修16学分（教育研究法4学分、高等教育原理4学分、高等教育统计4学分、学务调查4学分、论文研究不计学分），选修科目4学分：教育哲学问题讨论（研究教育哲学问题者必选）4学分、课程研究（研究教材教法问题者必选）4学分、教育实验法（研究教育心理问题者必选）4学分。大学文理学院各系未曾学过教育学的毕业生考入，须再补修教育统计4学分、教育哲学4学分、教育心理4学分、教育行政4学分。

西北师范学院成立初期，因没有专任教授，研究工作由教育系教授、讲师及家政系主任兼任研究工作。1939—1941年，师范研究所主要的研究问题有"战时与战后教育"，研究者为教育系教授李建勋；"中学英语教材及教法之研究"，研究者为教育系教授金树荣；"师范学校之训育"，研究者为教育系教授程克敬；"师范学校家事科教材教法"，研究者为教育系教授齐国梁；"中等学校教师之人格特质"，研究者为教育系教授鲁世英[①]；"改进西北师范区中等学校师资之研究"，研

---

① 鲁世英（1897—1976），字岫轩，濮阳清丰县人。1917年考入北京高等师范学校英语部，1922年入北高师教育研究科，1924年毕业，从事中等教育工作多年，1931—1934年赴美留学，相继就读于芝加哥大学教育研究院和哥伦比亚大学师范学院，获教育硕士学位。1935年回国后，任北平师范大学教育系教授，兼任北平大学、燕京大学教授。全面抗战爆发后，先后在西北临大、西北联合大学、西北师范学院、国立白沙女子师范学院、西北大学等任教。

究者亦为金树荣；"战时民众组织与训练"，研究者王镜铭。① 1943年，教育部派员视察西北师院，对师范研究所观感不错，认为"研究所研究成绩亦佳"。②

国立中山大学研究院教育研究所1938年奉令改为师范研究所。根据《师范研究所章程》，师范研究所仍分教育学部与教育心理学部，并设三民主义教育研究室、教育博物室、教育编译室、心理实验室、测验统计室。招收"公立或已立案之私立大学文学院教育学系毕业生、公立大学或独立师范学院各系毕业生、外国大学教育科毕业生"，研究年限"由大学毕业后曾在中等学校服务两年以上者，定为最少两年。但由大学毕业后径行考入本所者，最少须研究三年"。③ 师范研究所主任崔载阳兼任教育学部主任，教育心理学部主任为郭一岑，教育学部特约教授为罗廷光，教育心理学部教授为陈一百，此外有研究员、助教等5人。1943年在读研究生7人。之前毕业研究生共计17人。④

按照中山大学研究院学则规定，研究生须修习27—36学分，并撰写一篇合格的毕业论文，方可"提出为硕士学位候选人"。课程教学方面，教育学部规定必修教育研究法、高等教育心理学、高等教育社会学、课程研究、教育行政问题、教育专史研究、教育哲学问题、中国教育问题研究，以及硕士论文（不算学分），共计24学分。选修课有民族教育研究、中国教育政策研究、训育问题、民众教育研究、中学各科教学法等，共计15学分。教育心理学部必修教育研究法、高等教育心理学、高等教育社会学、学科心理问题、生理心理学、实验心理学、变态心理学、心理学派别，以及硕士论文；选修课有社会心理问题研究、

---

① 《国立西北师范学院师范研究所研究近况》，《中等教育季刊》第1卷第1期，1941年3月，第91—92页。
② 《教育部对于本院之嘉奖与指正》，《国立西北师范学院校务汇报》第62期，1943年12月，第3页。
③ 国立中山大学编印《国立中山大学现状》，1943，第40—41页。
④ 国立中山大学编印《国立中山大学现状》，第52—54页。

第五章 未完成的教育研究机构的制度化

心理测验问题研究、高等教育统计学、心理学史等。① 研究生培养由教授指导研究生进行研究，方法多用哲学研究法、调查法、问卷法、测验法及实验法。并且每月举行"半月会"两次，以演讲、座谈、报告等方式进行。②

作为中国设立最早、历史最久的教育研究机构，中山大学教育研究所的成果相对丰富。据统计，1927—1937 年，国立中山大学教育研究所的中心工作在"民族中心教育理论之建立及民族中心小学课程之实验"，共计完成了 56 项专题研究。全面抗战爆发后，中山大学经历两次搬迁，但仍坚持研究工作。③ 师范研究所的工作侧重于全国战时教育方案研究以及举办抗战教育。至 1943 年，完成了"师范生入学因素之分析""中国教育行政制度之研究""现代教育哲学思潮之研究""数系填充测验的试验研究""我国干部训练之研究""中学导师制之研究""教师组织的比较研究""中学兼办社会教育之研究""中学课外活动之研究""我国女中学生训导问题之研究"等 10 项专题研究。此外还有"战时广东儿童教养事业之研究""三民主义教育政策之研究""我国中学历史教育研究""我国中学英语作文教学之研究""国父教育思想研究""广东师范教育问题之研究""我国战时儿童人格适应之研究""中学生择业心理研究""自由主义集体主义态度的试验研究""三民主义基本知识测验之标准化""中学生国语造句能力之分析研究""少年心理问卷之编制"等 12 项专题研究。④ 中山大学师范研究所还主办《教育研究》月刊，坚持办刊多年，刊发研究所师生相关研究成果，在国内有很大影响力。

中央大学师范研究所教育心理学部的研究工作主要集中于教育心理

---

① 国立中山大学编印《国立中山大学现状》，第 42—43 页。
② 国立中山大学编印《国立中山大学现状》，第 44 页。
③ 《中山大学师范研究所工作近讯》，《教育通讯》（汉口）第 4 卷第 34 期，1941 年 9 月，第 5—6 页。
④ 国立中山大学编印《国立中山大学现状》，第 45—46 页。

何以建制：民国时期教育学科制度化研究

学方面，主要有词汇分析、阅读心理、英语学习心理、中小学智慧暨各学科测验之编造等。此外也接受其他机关的委托研究，如接受地方委托进行贵州小学教育测验、湖北教员测验、四川小学儿童之智慧测验等，接受教育部委托进行体育测验，接受中国教育学会委托进行重庆迁建区教育调查及西南各省教育调查，以及接受青年团、兵工署等机关委托进行其他各种测验及机械能力研究等。中央大学师范研究所教育心理学部各项研究结果，大多发表于《教育心理研究》专刊。此外，教育部拨发专款，为中央大学师范学院附设一所六年一贯制实验中学，专供教育心理学部进行各项学科心理实验之用。①

20世纪30—40年代各校教育研究所、师范研究所的研究内容，大致是欧美教育研究问题的折射。克伯屈将美国教育家研究教育的兴趣大致分为三种：一是理论的兴趣，研究教育的目的问题；一是实用的兴趣，研究教育的实施问题；一是测验的兴趣，以严整的数量的方法应用于教育研究。这三种兴趣，分别集中于教育哲学、教育行政、教育心理学三门学科，各以杜威、克伯莱、桑代克为巨擘。与此相应，教育研究的问题也大致可以分为三大类：第一类问题，是关于教育事实本身的研究（教育史、比较教育、民族学）；第二类问题，是关于教育理想的研究（教育哲学、教育社会学）；第三类问题，是关于教育实施方法的研究（行政组织、课程编制、教学方法等）。② 从中国的各教育（师范）研究所研究生的选题来看，基本不外乎这三类，且第三类占绝对多数，第二类最少。崔载阳曾经提及中山大学教育研究所的研究取向："研究所因所内工作人员的能力与兴趣之变迁与夫内外实际情境之不同，其过去的主要工作，显然趋于教育科学的研究，而现在则有趋于教育哲学的研究的倾向。惟过去趋于教育科学的研究，故过去多喜运用分析方法，精密探讨客观的事业，求为个别问题

---

① 国立中央大学学生自治会编印《国立中央大学概况（二十九周年校庆纪念）》，第32页。
② 吴俊升：《教育研究的检讨和展望》，《中华教育界》第23卷第10期，1936年4月。

第五章　未完成的教育研究机构的制度化

的认识与解决。惟现在趋于教育哲学的研究，故现在多喜用综合的方法，注意民族教育整个的考察，求为最高原理之建立与阐明。"① 对这种现象，中国的教育学者后来也有反思。

19世纪末，教育科学兴起，教育学者试图借鉴自然科学的研究方法追求教育研究的科学化。数量的、分析的研究法颇为盛行，教育统计和测验运动应运而起。教育科学家大都主张这种方法。1922年麦柯尔应中华教育改进社之邀来华担任心理测验研究主任后，在南京、北京设立两大测验中心，由中华教育改进社、北高师、东南大学协同进行各地调查研究，并在东南大学、北大、北高师、燕大等校培养测验人才。教育测验是一种促成教育科学化的工具和方法，渐渐成为教育界共识，并在很大程度上代表了"教育科学"的面貌。"科玄论战"推动了教育学追求科学化的第一次高潮。为提高教育学的学科地位，不少中国教育学者积极倡导教育学的科学化。适逢1922年学制颁布不久，在理论方面，"教育科学是美国对世界学术的重要贡献"② 成为共识；在实践方面，以美国为学习对象的改革运动如火如荼，"或从事整个大单元的实验，或致力于某种教材教法的研究，盛极一时"。③ 教育科学研究内化为近代教育的强烈追求。在中小学教育实践领域亦积极吸收和运用科学研究方法，美国的设计教学法、道尔顿制等也相继引进到中国。1926年，夏承枫总结称，"近年教育科学空气弥漫"，"科学的教育学术"做得比较有成效的事有测验工作、统计方法、课程标准、学习方法的研究等。④ 1932年前后，中国"教育破产""教育崩溃"论将矛头指向将美

---

① 崔载阳：《国立中山大学教育研究所之过去现在与将来》，《教育杂志》第25卷第7号，1935年7月，第211页。
② 陈友松：《五十年来美国之教育科学运动的贡献》，《教育杂志》第30卷第9号，1940年9月，第11页。
③ 方惇颐：《现代教育研究的演进及其趋势》，《广东教育》第1卷第2期，1946年6月，第26页。
④ 夏承枫：《教育学术科学化与教育者》，《教育杂志》第18卷第2号，1926年2月，第4—8页。

国经验奉为圭臬的教育学界。由于20世纪20年代提倡的美国化的教育科学并未达到预期效果而被多方指摘,在实践层面,30年代的教育学界实验、统计、调查、测验等教育科学研究方法的范围缩小,但各大学教育研究机构仍坚持用教育科学研究方法进行相关研究。中山大学王士略批评这一类型的研究,从一方面来看,是"只注意到教育历程之片段,而忽略了教育领域内各部门之相互联系性,更忽略了教育实践与现阶段中国社会之关联性";从他方面来看,又"往往犯粗疏的、主观的错误,尚够不上机械观的科学化的标准"。① 这些批评用来评价民国时期教育研究机构的相关成果,也算恰切。

  1945年抗战胜利后,随着各大学的复员,中国高等教育格局再次调整变动。1947年统计的6家教育学研究所,西北师范学院教育学研究所与北平师范学院教育学研究所同源,实际新设立的为北京大学和浙江大学的教育学研究所。然而此时国内政局再次动荡,学术研究似乎也难以有实质的进展。经历20世纪上半叶几十年的争议和积累,教育学科在高等教育领域形成的格局,最终成了中华人民共和国成立后大学教育学科的基础和起点。

---

① 方惇颐:《现代教育研究的演进及其趋势》,《广东教育》第1卷第2期,1946年6月,第26—27页。

余论　无关"规训"的制度化

华勒斯坦等讨论了18世纪至1945年西方经济学、社会学、政治学等学科的制度化过程后,提出实现学科制度化的三种主要途径:大学以学科名称建立学系,成立国家级学者机构,图书馆开始以学科作为书籍分类的系统。① 当然他们意在讨论学科规训形成过程中的学科、知识与权力的关系。我们拿这些学科制度化的途径反观20世纪40年代的中国教育学科,可能会惊喜地发现,教育学科虽然还未完成规训,却已然实现了"制度化"。

中国传统目录学中没有"教育"类目。西学东渐之际,以《西学书目表》为代表的东西学书目,将新学分为"学""政"两部。"教育"一词流行后,在新学书目及图书分类法中,取代了"学制""学校"成为"政"的一个类目。随着新式图书馆的建立,"教育""教育学"开始作为学科名称,用于书籍分类。同时教育学科作为纯正的"西学"通过书目及图书分类在调整期的中国知识系统中扎根。

1915年之前,中国的高等教育体系中没有以"教育"为名的系科,从1915年北京高等师范学校设置的教育专攻科始,至1947年,国立大

---

① 〔美〕华勒斯坦:《超越年鉴学派?》,〔美〕华勒斯坦等:《学科·知识·权力》,第213—214页。

学4校在师范学院中设教育学系，25校在文学院中设教育学系；私立大学中有3校设教育学院，其他各校多于文学院中设教育学系；9所以"师范学院"为名的国立独立学院皆设有教育学系；省立独立学院有5校设教育学系。① 在制度层面，教育学系可以存在于大学的师范学院、文学院及教育学院中，也可以存在于以"师范学院"及"教育学院"为名的独立学院中。教育学科作为培养师资必不可少的"专业"一环，在大学中牢牢扎根。虽然国家层面的教育研究机构始终未成立，截至1947年，也有6家大学（学院）设立的、可授予教育硕士学位的教育研究所。

与遍地开花的教育学系相应，教育学系的师生数量相较于20世纪第一个十年亦有数十倍的增长。据教育部1941年1月至1944年3月的不完全统计，师范科"教育学门"共有教授112人，副教授40人，讲师81人，助教38人，② 共计271人。这些数字至1949年肯定有进一步的增长。1919年，中国教育学科制度的开创者北京高等师范学校教育专攻科毕业仅21人，到1945年，全国教育学院有本科生2225人，师范学院有本科生5672人（教育学系学生至少占一半），教育研究所在读研究生38人。③ 师生数量在抗战胜利后想必会有更大幅度的增长。不管学界如何看待教育学科的学术水平，事实是历经30余年，教育学科在中国的高等教育体系中占据了一个相当重要的位置，这样的发展速度和规模，恐怕别的学科并不多见。

中国作为"后来者"，在教育学科的制度建设上走的是一条捷径。教育学科在中国扎根的过程，并不是形成"学科规训"的过程。通过前文对民国时期教育学科制度化三个维度的考察，可以得到一个基本结

---

① 教育部教育年鉴编纂委员会编《第二次中国教育年鉴》，第五编第577—582页。
② 教育部编印《专科以上学校教员名册（1941.2—1942.10）》（第1册），1942，第207—234页；教育部编印《专科以上学校教员名册（1942.11—1944.3）》（第2册），1945，第265—292页。
③ 《抗战以来全国专科以上学校增设概况表》（1936—1945年），中国第二历史档案馆编《中华民国史档案资料汇编》第五辑第二编《教育》（1），第783—787页。

论：尽管一路与争议相伴而行，树欲静而风不止，在制度层面，教育学科已经在图书分类体系、在大学牢牢扎根，形成以教育学科为业的教师群体及专业学者，有了形式上统一的学习与训练制度，实现了不间断的人才培养；并设置了教育学术研究机构，开启了教育新知识的生产与延续。这些在制度层面都实现了，但争议从未间断。20世纪初，在"教育救国"的时代氛围中，教育学带着"世所号为最有用之学"① 的光环在中国强势传播。教育学传播了近半个世纪，在大学扎根近30年后，到1948年，口号从"教育救国"变成了"救救教育"，② 教育界讨论的热点问题仍是"我国教育纷乱"的原因与对策。这么想来，民国时期教育学科即便在某种程度上实现了"制度化"，其效果大概也并不那么尽如人意。

一 教育学科制度化的动力在培养师资的实践需要

现代教育学就其包含的内容来说，具有双重起源，一是关于教育问题的哲学思辨，一是实际教学经验的总结。③ 晚清学人并无意识地同时面对教育学"学"与"术"的双重起源。对这一时期的中国来说，面临的课题不是对教育进行何种哲学思辨，而是通过学习外国先进的制度和经验，建立一个适合中国国情的近代化教育体系。④ 在这种情况下，国人必先将眼光放在西方的学校教育制度上。中国教育学出现的机遇也

---

① 王国维：《奏定经学科大学文学科大学章程书后》，《东方杂志》第3卷第6号，1906年，第112页。
② 林砺儒：《从"教育救国"说到"救救教育"》，《中华教育界》复刊第2期，1948年9月，第1页。
③ 陈桂生：《历史的"教育学现象"透视——近代教育学史探索》，第5页；瞿葆奎编著《教育学的探究》，第383页。
④ 于述胜：《中国教育制度通史》（第7卷），第3页。

不是首先出于教育实践的需要或源于学习某一种学派理论，而是作为救亡的重要一环。

甲午海战中国战败，面对中国如何在列国并立的世界中图存图强这一时代命题，有识之士必然求变。民众没有国家意识，就不可能实现国家的生存和发展。中国要成为国民国家，一方面有必要实行开设议会或改革科举等政治制度的大改革；另一方面，为了造就"国民"，有必要进行教育制度的大变革。① 师范被置于"教员之基，学生之母，国民之命"② 的地位，成为立宪"造就国民"最重要的一环而被朝野重视。至民国初年，政治变革屡遭失败，加上第一次世界大战的震荡，更多国人倾向于以教育的大变革来实现国家的生存与发展。

中国作为"后发外生型现代化"国家，教育学赖以生成的机遇，是按照强国家—造人才—兴学堂—造教师的历史需要，作为师范教育的实践中的必要一环而存在的。19世纪60年代以前，欧美各国教育发展缓慢，师范教育极为落后，教师地位低下。19世纪后半期世界范围内兴起了赫尔巴特学派运动，赫尔巴特教育学的信奉者大力提倡发展教育科学，广泛创立师范学校，传授赫尔巴特学派的教育理论，使未来的教师在短期内掌握教学的步骤和技巧，由此提高教师的素质。③ 德国的师范教育经验因此在世界各国流行。各国都意识到中学教师和大学研究者需要研究教育学，并因此建立了许多独立的教育学院和师范学院。④ 清末中国创办师范教育，恰逢赫尔巴特学派教育学风靡于全世界之后，所以中国师范学堂的课程，自创办之日起就强调必修教育学科，教育一科因此作为师范学校（堂）培养教师不可缺少的课程在学制体系中出现、

---

① 〔日〕佐藤慎一：《近代中国的知识分子与文明》，第89页。
② 《黄太史寿衮上前江苏学政唐春卿侍郎论学务书》，《大公报》1906年8月1日，第2版。
③ 单中惠、贺国庆主编《外国教育思想通史》（第8卷下），湖南教育出版社，2002，第367页。
④ M. V. O'shea, "The Function of the University in the Training of Secondary Teachers," *The School Review* Vol. 8, No. 3 (1990), p. 161. 文章指出，中学教师和大学教师对教育研究的需求日益增强，这导致了独立教育学院和师范学院的建立。

余论 无关"规训"的制度化

扎根。

"教育学"中的"教育"理所当然地被定位在学校教育的层面上。1902年梁启超在《论教育当定宗旨》中说"吾国自经甲午之难,教育之论始萌蘖焉"。① 他在这里所谓的"教育",指的是新式学堂教育。"教育"一词被日文借用,又带着日文新含义回到汉语世界,"教育"有了在制度层面特指"学校教育"的意思。"教育学"理所当然为学校教育之学。这种对"教育"概念先入为主的印象也影响了对中国教育学术的历史追溯,目录学家、图书馆学专家以及教育家、教育学家,都承认中国古代并无教育学。在这种情况下,中国传统教育学术的"大学问"和"大学习"只能让位于学校教育之学的"小学问"和"小学习","教育学"自然成了对教师进行职业训练、为教师所用的关于学校教育的学问。这就先天地决定了中国现代教育学为国家富强所用、为教师的职业训练所用这样一种历史命运。中国现代教育学就是以此为历史出发点而生成和发展的。② 这样,中国的教育学科制度从起点开始,面对西方现代教育学"学"与"术"的双重起源,较少顾及教育问题的哲学思辨,而侧重教学经验总结;对中国传统教育学术,亦较少关注。"西洋教育学"在中国刚出现,《论语》《学记》便成为"沉晦"的代名词,在师范学堂和教育改革实践中被国人摒弃;一些传统的教育思想和言论,大都被充作"修身"的教材,或者在"教育史"一科中述其梗概。至于"教育学","绝对没有只言片语谈及中国自身的教育学说",对此民国时期著名教育学家姜琦颇为痛心:"我中国自身所有的一切教育思想和学说,不拘其具有怎样的丰富之内容和重大的价值,总难能惹起一般具有现代科学的眼光者底注意,把它当做'教育学'看待,反而为他们所轻视,以为它毫没有科学的根据和价值而置诸不顾了。"③ 这种"西倾"而自我否定的学术心态,使教育学在中国"离根离

---

① 梁启超:《论教育当定宗旨》,《饮冰室合集·文集之十》(1),第52页。
② 于述胜等:《从教育学史到教育学术史》,《教育研究》2005年第12期,第5页。
③ 姜琦:《教育学新论》,正中书局,1946,第8页。

土",成为与中国几千年教育传统基本没有联系的舶来品。①

在图书分类领域,至杜威十进分类法传入,以教育实践形式为主的学科内容更加强化了中国图书分类中教育学科的制度、实践倾向。各家分类法不管是独成一大类,还是在"社会科学"类下,尽管顺序不同、细目有别,但基本是以学校教育体系为主,兼及其他教育形式。而占据"教育学总论""概论"位置的,皆为师范学校、高等师范学校教育学类教科书。现代教育学的双重起源,并没有反映在20世纪上半叶中国的图书分类中,其明显地偏重制度与实践。

民国初年,世界范围内关于中等教育师资培养的改革潮流激荡,中国的教育学科制度也随之变动。"教师须有专业的训练(professional training),早为一般人所公认。"②而承担这项"专业训练"任务的机构,在各国都已经"入侵"大学。1915年,高等师范学校开始开设独立的教育系科。1919年前后,随着第一次世界大战后世界潮流的转向,高等师范学校向美国学习,将教育一科做专业的研究,开设教育专修科、教育研究科。1922年学制出台前后,中等教育师资,由独立的高等师范教育体系培养转向由大学培养,教育系科随即因师资培养模式的转变得以在大学开设。高等师范教育制度在事实上废除后,中等教育师资由谁培养、怎样培养,成为20世纪20—30年代教育界争论的重要问题,大学教育科、教育学院、教育学系因其在中等教育师资培养中的角色而备受瞩目。1938年7月,师范学院制度的出台,恢复了高等师范教育制度,教育学系处于师范学院中的核心地位,在师范学院整体不景气的情况下,处于相对良好的境遇。1945年7月《改进师范学院办法》在制度层面事实上恢复了全面抗战前的教育学院、教育学系,教育学科形成了"遍地开花"的局面,凡是与中等教育师资培养有关的公私立大学、独立学院,皆可开设教育学系。

---

① 张小丽:《清末中国教育学的发展状态研究》,山西人民出版社,2022,第207页。
② 赵迺传等:《女师大与女大问题之讨论》,《新教育评论》第1卷第2期,1925年12月,第5页。

余论　无关"规训"的制度化

通过历时性考察可见,教育学科在中国大学中的制度化过程,一直与培养中等教育师资联系在一起。与大学中的教育学科相关的论争,通常围绕教育学科的独立性,以及教育学科事实上是否有助于师资培养而展开。正如瞿葆奎先生所提到的,"教育学"的历史和师范院校的历史关系密切,师范院校为培养教师而开设教育学课程。而"教育学"作为一门师资训练的必修教学科目,具有"概论"的性质,就像"普通物理学""普通心理学"一样,它更多地以教材体系表现其内容,是一门教学科目(subject),很难说是科学体系中的一门学科(discipline)。[①] 我们不得不承认,起码在历史进程中,进入高等教育体系的"教育学"的根基是师范教育中发展出来的一门训练科目(subject),而不是一门由若干规训证明自身存在合法性的学科(discipline)。直到现在,教育学仍为"次等学科",是其他学科的"大杂烩":"'教育学'不是一门学科。今天,即使是把教育视为一门学科的想法,也会使人感到不安和难堪。'教育学'是一种次等学科(subdiscipline),把其他'真正'的学科共冶一炉,所以在其他严谨的学术同侪眼中,根本不屑一顾。在讨论学科问题的真正学术著作当中,你不会找到'教育学'这一项目。"[②]

这可能是清末带有浓重的制度与实践色彩的"教育"概念的附带影响。民国时期身处制度中的不同群体,对教育学科性质"学"与"术"的不同定位,造成了教育学科在高等教育体系制度化过程中培养目标及课程体系皆在"学"与"术"之间摇摆,而哪些课程能成为教育学科的"学"则未达成共识。

[①] 瞿葆奎编著《教育学的探究》,第 26 页。
[②] 〔美〕霍斯金:《教育与学科规训制度的缘起》,〔美〕华勒斯坦等:《学科·知识·权力》,第 43 页。

二 "教育"还是"教育学"?

考察过教育学科在图书分类法、高等教育体系及研究机构的名称后,可以发现一个共同的问题,那便是"教育"与"教育学"的混用。按照现行的学术规范,这一现象不禁引人追问:我们到底该用什么术语来指称研究所涉?

图书分类法中,不管是教育还是教育学,其英文名称并无疑义。在杜威十进分类法中,均为 Education。译为"教育"还是"教育学",则各家不一,同一本书各处不一。这或许也反映了图书馆学家对教育学科"学"与"术"性质的纠结。1922 年,根据杜定友在菲律宾大学的英文博士学位论文出版的《世界图书分类法》,总目下设"200 Education 教育学"。① 1925 年《世界图书分类法》改编为《图书分类法》,纲目中为"200 Educational Sciences 教育科学",在正文内容又为"200 Education 教育"。② 1935 年,《图书分类法》改名为《杜氏图书分类法》,纲目中为"200 教育科学",在正文中则为"200 Education"。③ 沈祖荣、胡庆生的《仿杜威书目十类法》目录中为"200 社会学与教育学",在"凡例"中也社会学、教育学云云,但在正文中则一变为"教育"。④ 何日章、袁涌进在《中国图书十进分类法》"凡例"中提及"教育心理学分入社会科学部教育学类教育心理学 371",此处为"教育学类",而正文细目中为"教育"。⑤

教育与教育学在名称上的模糊,还表现在民国时期教育学者的口头

---

① 杜定友:《世界图书分类法》,穆耀枢译述,广东全省教育委员会,1922,第 1 页。
② 杜定友:《图书分类法》,上海图书馆协会,1925,第 i、29 页。
③ 杜定友:《杜氏图书分类法》中册,第 3、99 页。
④ 沈祖荣、胡庆生:《仿杜威书目十类法》,第 7 页。
⑤ 何日章、袁涌进编《中国图书十进分类法》,第 9、86—93 页。

余论　无关"规训"的制度化

及书面表达中。比如郑通和回忆:"余到美时对于选科问题曾详加考虑,认为教育为国家兴强最重要之因素,更以平时敬佩张伯苓先生办学之精神,乃决定选习教育为主科。"① 杨亮功晚年回忆:"我在北大文科读到第三年,我的求学兴趣渐渐由中国文学转移到教育学科方面……那时北大尚无教育学系,我仅选修两门教育课程。……后来我在学校毕业后做了一年中学校长,即赴美专习教育。"② "学教育"即是"学教育学"的简称。本书的引文中类似材料不胜枚举。

如果说以上都属习惯性称谓,不具严密性的话,官方文件亦同样如此。1904 年《奏定初级师范学堂章程》"学科程度"部分载"初级师范学堂完全科科目分十二科",其中有"四　教育学";在"分科教法"中其他 11 科均保持原名称,只有"四　教育学"变成了"四　教育"。③ 1935 年教育部订定的学位分级细则,同样让人困惑。学位分级细则规定了文科、理科、法科、教育科等 8 科的学位分级,其中规定教育科的学位分教育学士、教育硕士、教育博士三级,而其他 7 科都称某学学士、某学硕士、某学博士。④ 教育科的学位称谓与其他 7 科相比,在语法构造上独树一帜。

类似的例子还有很多,民国时期的学者似对"教育"与"教育学"在各种场合的混用习以为常。20 世纪 30 年代以后,"教育"的范围更广,几乎成了无所不包的概念。教育学者也未就此达成一致。黄敬思说,教育是广义的,教育学是狭义的,教育包含各种知识、技能、习惯、态度及理想,教育学为研究教育之各种学术。⑤ 姜琦认为"教育"有学有术,而"教育学"又有"教育哲学"与"教育科学"及"教育之科学的研究"之分,"教育术"有"教育之艺术"与"教育之技术"

---

① 郑通和:《六十自述》,台北:三民书局,1972,第 4 页。
② 杨亮功:《早期三十年的教学生活·五四》,第 83—84 页。
③ 多贺秋五郎编《近代中国教育史资料·清末编》,第 326—329 页。
④ 《教育部订定的学位分级细则》(1935 年 5 月 23 日),中国第二历史档案馆编《中华民国史档案资料汇编》第五辑第一编《教育》(2),第 1407 页。
⑤ 黄敬思:《教育研究所为何不办?》,《华年》第 1 卷第 38 期,1932 年 12 月。

之别，"教育"则可以包括一切。① 刘廷芳说"教育是一种科学。因为教育是人生，所以教育学便是包罗一切生活问题的科学"。② 其实很难找到两个完全一致的定义，彼时的教育学者各据不同的渊源划定"教育"一词含义的广狭。

图书分类著作中，将 Education 译为"教育"还是"教育学"，各家不一，同一本书各处不一；高等教育体系中的教育学科，用过"教育专攻科""教育专修科""教育研究科""教育科""教育系""教育学系""教育学院""师范学院"等名称；教育研究机构用过"教育学研究所""教育研究所""师范研究所"等名称。在"课程标准"中，教育学科即是教育学相关课程；在教育学者的表述中，"学教育"即是"学教育学"的简称；"教育学系"即使在正式文件中也常被称为"教育系"。我们已习惯以学科叙事认知"过去"与"当下"，故对此总会感到困惑：我们到底该用什么来称呼 Education 所指涉的学科？是"教育学科"，还是"教育学学科"？这对确定教育学科以及教育学学科在中国近代学术版图中的位置来说很重要。这个问题在民国时期是一桩公案，到现在也未见得有很好的解决方案。

我们经常说教育学是"西学"，是"舶来品"，但是统一的"西方"和"西学"基本只存在于观念世界，"西学"相应也只有抽象意义。一旦从笼统的"学"落实到具体的学科、学说，统一的西方或西学便消失不见，逐渐显现出来的是由不同民族和国家的历史文化渊源发展而来的独立系统。对于教育学来说也是如此。教育学研究有"日尔曼式的教育学"和"盎格鲁式的教育科学"，各自都有其发展的历史背景和文化传统，研究的侧重点和方法也不尽相同。据学者考证，教育学（Pedagogia，西班牙语）一词在古希腊已出现，渐渐具有了教育行业或

---

① 姜琦：《从欧美日本的教育研究方法说到中国的教育研究方法的状况与趋势》，《中华教育界》第 19 卷第 12 期，1932 年 6 月，第 40 页。
② 《中国教育学会第二届年会》，《教育益闻录》第 6 卷第 1、2 期合刊，1934 年 4 月，第 22 页。

职业的含义。后来，Pedagogia 逐渐进入西班牙语、葡萄牙语、意大利语、法语、德语和俄语，但是没有进入英语。因此人们对英语中 pedagogy 一词比较陌生，讲英语的人不会区分作为现象的教育和作为学科的教育之间的差别。[①] 法国和德国偏向于"日尔曼式的教育学"，将"教育学"与"教育科学"看作取代与被取代的关系，美国则将"教育科学"与"教育哲学"相对举。[②] 民国时期，来自欧美各国的教育、教育学、教育科学的概念统系，皆汇聚在汉语词"教育""教育学""教育科学"等中，留学不同国家、学习不同教育研究范式的教育学者，并未对其中国含义进行细致的梳理辨析，便各据其理解，使用汉语的"教育""教育学""教育科学"概念指称教育现象、教育学科。这些教育学科的基本概念，往往牵一发而动全身。况且在半个世纪的时间里，中国经历了数次留学潮，学教育的中国留学生遍及日本及欧美各国，几十年间积累的多国的概念统系皆融于单一的中文概念中。可以说，每个中文的"老概念"，都饱受古今中外的影响。考察这些概念在不同历史时期的中国含义，理清楚它们在中文语境中的来龙去脉，是建立中国的教育学概念体系的基本前提。

三 大学教育学系培养目标的"学"与"术"

考察历史的过程中大学教育学系遇到的一系列问题，可以发现其中部分问题甚至可以与当下无缝对接。教育学科已经在大学登堂入室了，大学教育学系的培养目标到底应如何设置？教育学术人才怎么培养？师资怎么培养？教育行政人才怎么培养？毕业生的出路问题解决了吗？当

[①] 黄志成：《教育研究中的两大范式比较："日尔曼式教育学"与"盎格鲁式教育科学"》，《教育学报》2007 年第 2 期。

[②] 张小丽、侯怀银：《论 20 世纪上半叶"教育科学"概念在中国的形成》，《教育学报》2014 年第 3 期。

下再来审视这些困扰民国时期大学教育学系的问题，可以发现仍然没有适切的答案。

高等师范学校设置的教育专科，目的大多在培养师范学校的教育学科师资。以往这一类型的师资系直接由高等师范学校各部学生担任。实际上，各高师教育专科包括北高师教育研究科、南高师教育专修科的毕业生，有很大一部分并未担任师范学校的教育一科教师，而是散布于各级各类学校。而且自北高师教育专攻科开始，教育专科学生的实习就是一个大问题。高师时代的培养目标尚属明确，只是师范学校教育一科教师需求有限。1922年之后，高等师范学校制度实际被废除，大学教育系科随之而起。中国大学的教育学院系，"从历史方面看，是高等师范学校的变相；从制度方面说，是美国 Teachers College 或 School of Education 的摹仿"。① 两者都与中等学校师资密切联系。再者，按照《大学组织法》的规定，大学的任务在于"研究高深学术，养成专门人才"，大学教育学院系的培养目标应以研究教育学术、养成教育研究人才为主。问题在于，不论在中国还是欧美，教育学科进入大学（欧美称之为"侵入"）所依恃的都不是学科本身的学术价值，而多与培养中等学校师资的需求捆绑。那么大学中教育学科的"学"与"术"该做何解？民国时期教育学界内外对此并无共识。

综合教育学院系的历史、制度与现实，民国时期大学教育学系各校的培养目标大致有三：培养教育学术研究人才，培养中等学校师资，培养教育行政人才。由于对教育学科的性质、目的、内容，无一不在争议中，图书分类、大学教育学系的培养目标及课程设置等自然也各行其政。教育学科的目标与课程则以"杂"著称，被批评为"博而不精，易流空泛"。

20世纪30年代，大学教育院系偏向教育学理的培养目标，与现实的中等学校师资需求之间形成了"人无事做""事无人做"的偏差。针

---

① 谢循初:《师范学院之设置》,《中央周刊》第1卷第7期,1938年9月。

余论　无关"规训"的制度化

对这种现象，傅斯年直言大学教育院系"造废物"。傅斯年对教育学科、大学教育院系的质问无疑是影响深远的。即便今天听来，仍觉振聋发聩。"先有一种文理专科之素养，再谈教育，方是实在的，否则教育学虽有原理，而空空如也，何所附丽？"① 这一点教育学家也无法否认。关于中等学校师资问题及教育学系学生的出路问题，教育学界曾有关于教育学系培养目标和课程的讨论。讨论中大多数学者认为教育学系应该承担起中等学校师资培养的责任，但如何承担并未达成一致。《大学规程》规定"大学各学院或独立学院各科学生（医学院除外）从第二年起应认定某学系为主系，并选定他系为辅系"。1938年以前，大学教育学系通常据此规定本系学生须就文理法学院各学系选一辅系，选习若干学分，一方面，可以培养某一专科的素养；另一方面，为教育学系毕业生的出路考虑，毕业后在中等学校内可担任一种教育学以外的科目。当然教育学系也为选教育学系为辅系的其他各系提供选习课程。关于教育学系的辅系配置，各个学校风格不一，有的风格倾向美国，"鼓励专攻教育者自由选习其他系之科目"；有的则认同日本，"偏于比较固定的配置"。②

教育学界则较为认同辅系的设置："就各校设置辅系之经验而言，似乎均属有利无弊。"③ 赵廷为不认同因大学教育学系学生毕业出路而设置辅系，"大学修学期限只有四年，若是以整个的时间去研究教育的学术，还嫌不够，今再分其时间来研究副系，如何希望能有所深造？"学生出路问题不是教育学系本身能解决的，但从学生研究教育学术的需要出发，辅系仍有存在之必要。"教育的学术与其他学科常不免有若干的关系，所以使学生选习各种有关系的科目为副系，实有极正当的理由"，如学生对于民众教育方面感兴趣，可选习社会学、

---

① 孟真：《通信》，《独立评论》第11号，1932年7月，第23页。
② 常道直：《师范学院教育学系课程问题》，《教育通讯》（汉口）第4卷第19期，1941年5月，第2页。
③ 常道直：《师范学院教育学系课程问题》，《教育通讯》（汉口）第4卷第19期，1941年5月，第1页。

经济学、政治学等科目;对教育心理学感兴趣,则可选习普通心理学、生理学、心理学史等科目。① 傅斯年仍批评这种设置辅系的做法,"不上不下,不伦不类。其结果只是一碗杂碎菜,任何学科都得不到一个严整的训练"。②

在 1938 年颁布的《师范学院规程》及之后的"师范学院分系必修及选修科目表施行要点"中,明确规定了师范学院以养成师资为宗旨,并规定了师范学院必修教育基本科目(教育概论、教育心理、中等教育、普通教学法)22 学分,没有再规定设置辅系的问题。对于其他各系来说,教育基本科目属于共同必修,没有必要再另设辅系。对设置在师范学院中的教育学系来说,则又回到老问题,师范学院其他各系专门承担培养中学师资的任务,"教育学系毕业者,则仅有师范学校教育学科教师之一途,在服务机会方面显然相形见绌",各师范学院教育学系学生人数最多,而各级师范学校所能接纳的教育学教师极其有限,教育学系毕业生势必仍要充任中等学校各科教师。以供需而论,又造成"人无事做""事无人做"的局面。所以各师范学院对教育部制定的教育学系必修及选修科目表草案提出的意见,多涉及"分组",或者设置辅系。1941 年,常道直在《师范学院教育学系课程问题》一文中,也强调教育学系设置"辅系"的重要性:"就教育学系而言,此等普通基本科目,如能与'辅系'科目相与妥善配合,则我们可能的收获,有如下之三方面:一则可使原来仅含有一般之陶冶之价值者,同时更备具实用之价值;二则可借提高并坚定学者对于此等科目之研究兴趣;三则可为教育学术研究奠定一更深广的基础。"③

1948 年 12 月,教育部修正公布《师范学院规程》,规定独立师范

---

① 赵轶尘:《大学教育系和师范大学是一样的吗?》,《文化与教育》第 37 期,1934 年 11 月,第 11—12 页。
② 孟真:《再谈几件教育问题》,《独立评论》第 20 号,1932 年 10 月,第 6 页。
③ 常道直:《师范学院教育学系课程问题》,《教育通讯》(汉口)第 4 卷第 19 期,1941 年 5 月,第 2 页。

余论　无关"规训"的制度化

学院与大学师范学院的"辅系"之设置:"师范学院学生应于主系外选择一辅系。大学师范学院学生应以文理学院有关中等学校教学之学系为辅系。"① 大学师范学院只有教育学系和体育系两系,这一规定可以说有相当强的针对性。这一法令有没有来得及付诸实施暂且不论,其条文可以看作民国时期高等师范教育的经验结晶。然而,这种"双系"的设置涉及学分的分配问题。随着教育学科及文理学院各学科分化得越来越细密,在时间、精力以及学分一定的情况下,如何保证主系及辅系的培养质量仍是一个难题。

面对傅斯年当时的诘问,当下的大学教育学系恐怕仍无言以对。以现在的学科分化程度,已很难再设置"辅系"来补充教育学系学生的专科素养,来拓宽教育学系毕业生的出路。1935年中央大学教授张士一所论,亦并未过时:"教育学系是拿研究教育来自命的,若是他自己所施的教育,还是犯学非所用的毛病,那未免太滑稽了。"一般教育学系的课程"重智识的获得,而轻技术的娴习","关于理论的课目特别的多,关于观察和实习的课目特别的少。理论的课目里头,往往把教育学先进之国所专供大学毕业后研究生用的,也令我们未毕业的学生去修习。观察及实习的课目,在四年里头,也许只有一二种。这种训练方法所造成的人材,在致用方面,势必发生重大的困难。教育学系毕业生出去服务之后,我们常听到他们说,在校所修的课程太空"。"我们看欧美大学教育系的学生,大都是已经有经验的教师。我国旧时的高等师范学校,也只收有一二年教育服务经验的学生。现在的大学教育学系可不是这样了。所收的新生,不但是和其他各系所收的一样不必有过教育服务经验,反而使曾经服务的师范毕业生不及非师范毕业生的容易考取。因为大学入学试验的科目,例如英语之类,在师范学校课程里头所处的地位,根本是比不上高中的。怪不得教育系所收的新生,大概都是完全

---

① 《师范学院规程:教育部修正公布(三十七年十二月)》,《教育通讯》(汉口)复刊第6卷第9期,1949年1月,第50页。

没有教育服务经验的青年。给这些青年讲教育研究和行政,难有真正亲切的领会。"① 这些剖析现在看来也十分贴切。大学教育学系若偏重"教育学科专门人才的训练",则毕业生出路成问题,由于教育学科本身的不足,难以形成一种"严整的训练";若兼顾"学"与"术",则课程庞杂,易惹"杂碎菜"之讥。这种进退两难,亲历者皆深有体会。

四 "教育纷乱"并未因教育学科制度化而终止

即便表面完成了所谓的"制度化",不间断的制度调整亦似乎并没有达到预期的效果。1948 年,北京大学教育学教授邱椿在教育界浮沉几十年后,断言"近数十年来我国新教育的行政制度,学校系统,课程,教学法,教育思潮的错杂纷歧是一个不可讳饰的事实"。②

"教育思潮的错乱纷歧"是民国时期教育思想领域非常鲜明的特色。与清末赫尔巴特教育学风靡全世界的学术背景不同,民国时期,教育界面对的是教育学发展的多元趋势。赫尔巴特的《普通教育学》问世以后,19 世纪的教育研究分化为两大方面。一方面是教育实践的发展问题,诸如普及义务教育问题、基础教育质量问题、教育制度的完善和教育内容的更新问题、幼儿教育问题等,对这些问题的研究促进了近代教育体系的形成。19 世纪末,西方国家已形成了相对稳定和系统的近代学校教育制度,建立了普及义务教育制度。师范教育的形成提高了教师职业的专业训练要求,也促进了学校教学方法的规范。对实践问题的研究,自然涉及教育理论问题,但不以系统研究教育理论为目标。另

---

① 张士一:《大学教育学系的课程问题》,《国立中央大学教育丛刊》第 3 卷第 1 期,1935 年 12 月,第 30—31 页。
② 邱椿:《我国教育纷乱的原因》,独立时论社编印《独立时论集》(第 1 集),1948,第 65 页。

余论 无关"规训"的制度化

一方面,以教育学的理论问题为中心,其结果是促使教育学流派形成,使问题研究深化。① 在理论层面,针对赫尔巴特教育学的个人本位特征,产生了以拿托普、贝格曼等为代表的社会教育学;针对赫尔巴特教育学的哲学、思辨倾向,产生了以梅伊曼、拉伊等为代表的一大批试图站在自然科学立场上研究教育现象的实验教育学。② 民国时期,这些理论体系被陆续引介到中国。

民国时期学者盘点中国教育研究的历史,几乎皆以模仿对象的转换进行分期。1927年前,中国教育制度先仿日本,后学德国,一战结束后舍德日、效美国。西方的教育之学在不同的时空中有不同的系统,这些系统也在中国教育思想门户开放的时代骤然而至。可以说,中国教育思想界不啻欧美各国教育学派的陈列馆。吴俊升曾系统梳理西方教育思想在民国时期的历程:"自清末废科举兴学校以来,最初的一切教育制度取法日本,也是间接取法西方德法英美各国,以后直接取法西方。教育制度既然间接或直接取法西方,为教育制度张本的教育思想,自然同时加以介绍。"1919—1927年,是中国"介绍西洋教育思想的全盛时期"。在这一时期,"所有西方教育思想从整个的教育哲学系统以至各种特殊的关于学制、课程、教学方法的理论,都经过介绍,并且有些思想经过介绍之后,往往即加以接受,付诸实施,这时乃是西方教育思想百花齐放时期,也是中国教育思想门户开放,来者不拒,在理论与实施上多姿多采,也是纷异复杂的时期"。③ 自1919年杜威来华讲演以后,中国教育界对西方教育思想的介绍达到高潮。"这时期的教育学,因为西洋思想的介绍,尤其杜威的提倡,乃成为一种显学。许多教育学者以翻译和著作来介绍西方各派教育思想,以及由之而生的各种教育实施方法,并多主张加以接受而付诸实施。就所介绍各派之教育思想而言,中岛半次郎所举之十大派,即人文主义、实利主义、宗教主义、理想主

---

① 叶澜:《教育研究方法论初探》,上海教育出版社,1999,第64—65页。
② 瞿葆奎编著《教育学的探究》,第405页。
③ 吴俊升:《近五十年来西方教育思想之介绍》,林子勋主编《教育学论集》,第75页。

义、自然主义、机械主义、个人主义、社会主义、国家主义、国际主义等，在当时都有介绍。虽然所介绍之思想与人物，不尽然可以划归十派主义中之一派，但杜威的教育思想，实为所介绍的西方教育思想的主流。"① 这一时期，欧美教育学者根据一种教育思想而提倡的一种教育新方法，一经介绍，往往便被接受实行，风靡全中国，如设计教学法、道尔顿制、学生自治制，"未经就其所根据的理论本身与国情需要详加择别或修改，即行全盘介绍施行"。② 吴俊升认为，接下来的1927—1937年，国内对于西方教育思想的介绍，"进入一个有选择性与批判性的时期"。③ 许多教育学者对于已介绍的各种西方教育思想，如极端个人主义的思想、国家主义思想、国际主义思想等都予以批评。1927年前的许多教育思潮及教育改革受到批评和改造。如克伯屈及伯克赫斯特来中国便未受到如杜威般盛大的欢迎。1927年前，杜威教育思想对于中国教育的影响"实是普遍而彻底的"。④ 20 世纪30 年代，随着国内政治舆论的转向，国内对杜威一派的评价"趋于极端"，认为美国化的教育"太偏于尊重个性自由"，而国家的内忧外患日益加重，正需要"牺牲个己团结御侮的爱国主义的教育"。部分教育学者开始对风靡一时的杜威教育思想做批判性介绍，提出"应以社会的观点来平衡杜威教育思想在中国的极端趋向"。⑤ 此后杜威教育思想不再独立支配中国教育，欧美各家思想齐头并进。20 世纪30 年代，美国、英国、法国、德国不同流派的教育研究风格在中国各有拥护者。

欧美的教育之学在不同的时空中也有不同的系统，各种不同的系统在大变革时代骤然而至，汇合纠缠，令人眼花缭乱。民国时期教育学科制度的论争，看起来是国内一派对另一派的质疑，背后则可能是一个系

---

① 吴俊升：《近五十年来西方教育思想之介绍》，林子勋主编《教育学论集》，第77页。
② 吴俊升：《近五十年来西方教育思想之介绍》，林子勋主编《教育学论集》，第78页。
③ 吴俊升：《近五十年来西方教育思想之介绍》，林子勋主编《教育学论集》，第77页。
④ 吴俊升：《近五十年来西方教育思想之介绍》，林子勋主编《教育学论集》，第94页。
⑤ 吴俊升：《近五十年来西方教育思想之介绍》，林子勋主编《教育学论集》，第92页。

余论 无关"规训"的制度化

统的"西学"对另一个系统的"西学"的讨伐。如1932年国联教育考察团观察到的:"中国新时代之知识份子,自革命以还,咸努力于依照某种舶来之思想,以改造中国之教育制度。而中国几千年以来之传统文化,则认为不合时宜。中国高度之文明,其源泉大抵已告涸竭矣。"① 中国教育研究一度"不知来自何处,亦不知往那里走,忘记了这方法技术在整个教育中的地位,更忽略了教育在整个中国的地位"。② 即便同一人,在纷繁多变的大变革时代,思想也时不时发生转向。如蒋梦麟,五四运动时期大倡"新教育",宣传杜威的"新教育理论";至南京国民政府成立,他在教育部长任内,确定并实行了三民主义教育政策,这与他回国之初所大力倡导的"新教育理论"难免有扞格的地方。③ 他的前后作为也遭到了学者暗讽:"最可笑的是当年五体投地崇拜美国教育的人,此刻忽一变而为唾骂美国教育(好坏另一问题)的主角了。"④

1948年,邱椿认为"教育纷乱的政治的和经济的因素是外在的,其文化的因素是内在的",其文曰:

> 由于新旧文化的冲突,教育思想界形成三大壁垒:中国本位文化派,全盘西化派,东西文化调和派。这三派人对于教育政策、课程、教学法等各有其特殊主张,所以在教育上亦曾引起若干纠纷。并且在本位文化中有考据、词章、义理的冲突,在义理中有道、法、儒、墨的对立,在西洋文化中又有科学与宗教、唯心与唯物、个人与社会、资本主义与共产主义、国家主义与大同主义的斗争。

---

① 国联教育考察团:《中国教育之改进》,第14页。
② 廖泰初:《中国教育研究的回顾与前瞻提要初稿》,《教育学报》第5期,1940年4月,第44页。
③ 吴俊升:《蒋梦麟》,中华学术院编《中国文化综合研究——近六十年来中国学人研究中国文化之贡献》,第526页。
④ 罗廷光:《一年来关于"教育改革"的回忆》,《时代公论》第40、41号合刊,1933年1月,第47页。

419

这些冲突反映于教育界,自会产生若干纷乱现象。留学政策亦是教育纷乱的因素之一。在欧美各国和日本都有大批中国留学生。这些国家各有其特殊的文化背景,受这些文化熏陶的留学生们各自以为其留学国的文化是全世界最优美的文化,其教育制度是全世界最完善的制度,他们最大的责任是将这种教育制度移植于中国。所以当留日学生掌握教育权时,我国教育制度完全抄袭日本;当留美学生掌握教育权时,一切教育设施又完全模仿美国;留法学生上台时,大学区制被采用;留英学生当政时,会考制度风行于本国。这些留学生在高等教育界的竞争亦毋庸讳言。在各级教育行政机关和学校内,各种以区域、毕业母校、个人为中心的派别亦极复杂,它们各推行其扩展政策,都无"自求生存,亦让人生存"的雅量,于是引起许多纵横捭阖的事变。教会学校对于教育纷乱亦有相当影响。教会学校中有新教旧教的区别,在新旧教中又有许多教会单独或联合设立的学校,以等级言,下自幼稚园,上至大学,无不具备;以学生数目言,约有百万人以上;以教育行政言,则全国自成一系统。这些学校代表殊异的信仰和教育理想,其一切设施亦不同,它们在我国文化的启蒙工作之劳绩诚不可磨灭,但其增加我国教育纷乱的现象亦是不能否认的一个事实。新旧文化的冲突,留学政策,教育界派别的对立,教会学校等,是我们教育纷乱之文化的原因。①

在历史资料中做过一番时间旅行后,笔者比较认同邱椿的说法。教育纷乱的内在原因在文化,教育学科制度频繁变动的内在原因亦在文化。民国时期,教育学是公认与中国传统知识体系没多大关系的学科。特别是在西学分类被尊崇为唯一"正确"或"正当"的体系后,教育

---

① 邱椿:《我国教育纷乱的原因》,独立时论社编印《独立时论集》(第1集),第66—67页。

余论 无关"规训"的制度化

学科作为根红苗正的西学,在新确立的学术分类体系中具有天然的正当性。凡遇中西新旧之争,教育学科主动站队"西"与"新",主动与中国传统文化保持距离。庄泽宣的《一个教育的书目》、郑宗海的《英美教育书报指南》、查士元的《世界教育名著提要》等工具书也向"初学者"强化教育学科的根在西方,属"西学"的印象。教育学科在大学的制度化过程,从制度形式到课程内容,都鲜明地表现出这一点。从这个意义上来说,中国的教育学科以西方近代以来产生的教育形式为主,与中国传统格格不入。而"西学"却不是铁板一块,在不同时空中有不同的系统。民国时期凡遇到教育学科制度相关的论争,各方辩驳的一个通用"套路",是抛出问题后,依次追溯德、法、英、美等国家的相关传统与渊源,借以为自身理论的依据。有意思的是,即使面对同一学习对象,也会因各取所需而有不同的解读。

比如在高师改并论争中,各方皆号称借鉴的是美国哥伦比亚大学师范学院的经验,但其着眼点可以完全相反。参照哥伦比亚大学与师范学院的历史,1893年之前,哥伦比亚学院与师范学院是各自独立的,1893年两校正式结盟,1897年哥伦比亚大学"接受教师学院作为其教师培训的专业学院",至1900年,师范学院被授予学士学位课程的管理权,并在1915年被哥伦比亚大学认可是其当然院系之一,成为一个既是大学一部分,又拥有"独立主权"的教师专业培训学院。[1] 更看重师范学院是大学的一部分,还是更看重师范学院的相对独立地位,高等师范学校内外学理的、实际的分歧不断。

南京高等师范学校要升格成大学,郭秉文践行哥伦比亚大学模式,"寓师范于大学",主张"师范学院应办在大学之内,教师的来源不必局限于学院"。[2] 北京大学计划"参酌加仑比亚大学办法,由北京大学

---

[1] 〔美〕劳伦斯·A. 克雷明、〔美〕戴维·A. 香农、〔美〕玛丽·伊芙琳·汤森:《黄金时代:哥伦比亚大学教师学院史》,何ející云、杨依林译,华东师范大学出版社,2021,第29—30页。
[2] 耿有权主编《郭秉文教育思想研究》,东南大学出版社,2014,第312页。

421

先办一教育院,北京高师学生毕业后可入教育院三年级补习不足科目,及自由选修大学各系科目,两年毕业,授予学士学位",由北大自兼哥伦比亚大学及师范学院,呈文"办教育院"。① 北高师教育研究科的设置,也是来自哥伦比亚大学师范学院的经验。所谓合并派关注的是哥伦比亚大学办师范的制度形式,而北高师则更强调哥伦比亚大学师范学院的相对独立状态。在高师改并论争如火如荼时,北高师教育研究科的教师李建勋、汪懋祖、邓萃英等人,皆公开发文强调哥伦比亚大学师范学院的"独立"地位。1922年9月,教育部召集全国学制会议,李建勋提议的《请改全国国立高等师范为师范大学案》议决通过。李建勋将哥伦比亚 Teachers College 译为"哥伦比亚师范大学",并以之为师范大学之成例。提案中提到"美国哥伦比亚师范大学为世界最大最完善之教育研究机关,内设教育、实艺两科。教育科内兼备他科,如英文、法文、体育、历史、数学、生物学等",就"哥伦比亚师范大学"的成例论,"师大除教育科外,宜兼设各科者"。② 汪懋祖提出:"美国哥伦比亚大学教育院,名义上虽似合设,实际则经费行政管理与大学本部渺不相涉。故能不受牵制,遂其发展。由此观之,则师范学校与他种学校,乃由合而分,为社会分工进化自然之理。"③ 邓萃英在讲演《高等师范教育之意义及其价值》时,也提到"克仑比亚(Columbia)大学早先并没有师范院(Teacher's College),仅有几个教授,教授教育学科,后来一点一点的发展,渐成了一个学院,现在名义上因为从克仑比亚产出来的,仍冠上克仑比亚大学一个名词,但实质上经济与办事,是完全独立的。该师范院所以有今日之隆盛,完全是独立之赐。这样看来,人家原来合的,因进步的原故,

---

① 蒋梦麟:《蒋梦麟致陈宝泉书:北京高师事件经过之事实》,《北京大学日刊》第760号,1920年12月4日,第2版。
② 李建勋:《请改全国国立高等师范为师范大学案》,《教育丛刊》第3卷第5集,1922年9月,第3页。
③ 汪懋祖:《师范教育三大问题》,《新教育》第9卷第1、2合期,1924年9月,第103页。

余论　无关"规训"的制度化

渐渐分开独立。我们学校，本来是独立的，反可以退步，失掉独立吗？提高是应时势需求，是应当的；独立是随着分工进化的原则，更是应当的"。① 就此说来，同是号称学习哥伦比亚大学师范学院，合并派学习的是哥伦比亚大学师范学院的制度形式，而北高师更留意其课程设置及具体内容。虽然三校主张各异，但实际的结果是三校都得偿所愿。教育学科在大学中的存在形式能"百花齐放"，大多也是得益于这种各有所据的妥协。

在教育实践领域亦不免"纷乱"，涂尔干、杜威之后，"普通人（尤其是政客和商人）都可以成为自己的教育专家。教育实践的方式愈来愈受到来自四方八面的批评，接受改造和进行实验，但教育学却无法找到一种显示出其学科地位的声音去作出回应"。② 不同的系统在它们的文化背景中是自洽的，但如集邮般集合在一起，必然导致"行政制度，学校系统，课程，教学法，教育思潮的错杂纷歧"。③ 教育学科的"西倾"心态带来的是追"新"、追"西"，关于教育哲学的原创性研究，屈指可数。从这个意义上说，因中西学术的"根本不同之点"，教育学科的"传统中断"是制度性的，也是不可避免的。换言之，清末民国时期在高等教育体系内实现了制度化的"教育学"，并未立足中国文化就教育的根本问题给出令国人信服的回答，实际上很难成为"教育纷乱"的澄清者。甚至教育学科进入大学后，不同文化倾向对于"教育"的理解和定位亦多源于某一国经验，大学教育学系本身也是"教育纷乱"的贡献者。

民国时期教育学科制度化过程中的许多争议，一则源于教育学科本身的学科性质问题、独立性问题以及"学"与"术"的分野问题，一

---

① 邓萃英：《高等师范教育之意义及其价值》，汪懋祖编《师范教育问题》，无出版者信息，1925，第24—25页。
② 〔美〕霍斯金：《教育与学科规训制度的缘起》，〔美〕华勒斯坦等：《学科·知识·权力》，第44页。
③ 邱椿：《我国教育纷乱的原因》，独立时论社编印《独立时论集》（第1集），第65页。

则源于近代以来中国教育改革"西倾"的学术心态，认定"教育"是"西学"。而这种西倾的学术心态造成了20世纪上半叶的一个怪现象：一方面，中国教育应基于中国历史和实际成为各界公论，皆批评盲目抄袭、模仿及外国化，此类批评甚至已经成为讨论教育问题的陈词滥调；另一方面却在不停地用另外一个外国替代前一个外国，在外国化的道路上越走越远。

大学教育学系在民国时期面对的这些问题，并没有随着时间的流逝而得到完满的回答。近些年，多所高校的教育学院、高等教育研究所等教育学相关的教学、科研单位遭到不同程度的裁撤。① 教育学科的毕业生因与民国时期类似的学科背景问题，就业前景堪忧，而就业形势恶化进一步加剧了教育学院存续的危机。学术性方面，也面临着傅斯年指摘的老问题，即教育学缺乏鲜明的学科特色，没有严密的概念体系，没有专门的研究方法，需要借用哲学、政治学、经济学、社会学、心理学等方面的知识来进行综合研究，从而导致了学术性的弱化。② 在最能体现教育学科地位的实践方面，教育理论与实践的关系又是一个"多年煮不烂的老问题"。③

教育是什么，教育学科如何划分"学"与"术"，教育学系到底应培养什么人才，怎么培养，或许也需要顺着20世纪30—40年代教育学者的讨论继续思考。按照"学科规训制度"④ 的标准，作为"后来者"，中国的教育学科，远未达到"规训"的程度。民国时期教育学科的制度化进程只是表面完成，道阻且长。

---

① 韩琨：《教育学科遭遇裁撤：功利or理性》，《中国科学报》2016年7月21日，第5版。
② 石中英：《教育学的文化性格》，山西教育出版社，2001，第360页。
③ 叶澜：《思维在断裂处穿行——教育理论与教育实践关系的再寻找》，《中国教育学刊》2001年第4期，第1页。
④ 〔美〕沙姆韦、梅瑟-达维多：《学科规训制度导论》，〔美〕华勒斯坦等：《学科·知识·权力》。

参考文献

一 历史文献

（一）资料汇编及工具书

陈元晖主编《中国近代教育史资料汇编·学制演变》，上海教育出版社，1991。

陈元晖主编《中国近代教育史资料汇编·实业教育、师范教育》，上海教育出版社，1994。

邓菊英、高莹编《北京近代教育行政史料》，北京教育出版社，1995。

丁致聘编《中国近七十年来教育记事》，上海国立编译馆，1935。

〔日〕多贺秋五郎编《近代中国教育史资料·民国编》，台北：文海出版社，1976。

教育部教育年鉴编纂委员会编《第二次中国教育年鉴》，商务印书馆，1948。

教育部中国教育年鉴编审委员会编《第一次中国教育年鉴》，开明书店，1934。

李景文：《民国教育史料丛刊总目提要》，大象出版社，2015。

吕顺长编著《教育考察记》，杭州大学出版社，1999。

李友芝等编《中国近代师范教育史资料》，1983。

《申报索引》编辑委员会编《申报索引》，上海书店出版社，2008。

宋恩荣、章咸选编《中华民国教育法规选编》，江苏教育出版社，2005。

舒新城编《中国近代教育史资料》（共 3 册），人民教育出版社，1962。

邰爽秋等合选《历届教育会议议决案汇编》（教育参考资料选辑第 5 种），教育编译馆，1935。

唐钺等编纂《教育大辞书》，商务印书馆，1935。

王㐖等编辑《中国教育辞典》，中华书局，1928。

王学珍、郭建荣主编《北京大学史料》，北京大学出版社，2000。

张静庐辑注《中国近代出版史料》（初编），群联出版社，1954。

张研、孙燕京主编《民国史料丛刊》（共 1128 册），大象出版社，2009。

中国第二历史档案馆编《中华民国史档案资料汇编》第五辑第一编《教育》、第五辑第二编《教育》，江苏古籍出版社，1994、1997。

《中国科学家辞典》编委会编《中国科学家辞典》（现代第 2 分册），山东科学技术出版社，1983。

朱有瓛等编《中国近代教育史资料汇编·教育行政机构及教育团体》，上海教育出版社，1993。

朱有瓛、高时良主编《中国近代学制史料》（共 4 辑），华东师范大学出版社，1983—1993。

（二）报刊

报纸：《晨报》《大公报》《民国日报》《申报》《益世报》

刊物：《北京大学日刊》、《北京高等师范学校校友会杂志》、《北京高等师范学校周报》、《鞭策周刊》、《第四中山大学教育行政周刊》、《东方杂志》、《独立评论》、《奉天公报》、《广东教育》、《广东省教育会杂志》、《国立北平师范大学校务汇报》、《国立西北师范学院校务汇报》、《国立中山大学日报》、《国立中央大学教育丛刊》、《国立中央大学日刊》、《国师季刊》、《甲寅》（北京）、《江苏教育公报》、《教育部公报》、《教育潮》、《教育丛刊》（北高师）、《教育公报》、《教育汇刊》（东南大学）、《教育通讯》（汉口）、《教育学报》（上海）、《教育研究》（中山大学）、《教育益闻录》、《教育杂志》、《教育周报》、《少年中国》、《师大月刊》、《时代公论》、《图书馆学季刊》、《厦门大学学报》、《勷勤大学季刊》、《新教育》、《新教育评论》、《醒狮》、《燕京大学图书馆报》、《政府公报》、《之江学报》、《中国出版月刊》、《中华基督教教育季刊》、《中华教育界》、《中央周报》、《传记文学》

（三）文集、日记、书信、年谱、回忆录等

北京师范大学校史研究室编《林砺儒文集》，广东教育出版社，1994。

蔡振声、刘立德编《陈宝泉教育论著选》，人民教育出版社，1996。

常国玲主编《大夏教育文存：欧元怀卷》，华东师范大学出版社，2018。

陈布雷：《陈布雷回忆录》，台北：传记文学出版社，1967。

陈德溥编《陈黻宸集》，中华书局，1995。

董远骞编《俞子夷教育论著选》，人民教育出版社，1991。

高平叔、王世儒编注《蔡元培书信集》，浙江教育出版社，2000。

顾毓琇编《战时教育的回忆》，国立中央大学，1948。

耿云志主编《胡适遗稿及秘藏书信》，黄山书社，1994。

胡宗刚：《胡先骕先生年谱长编》，江西教育出版社，2008。

黄绍箕：《黄绍箕集》，谢作拳点校，中华书局，2018。

蒋梦麟：《西潮·新潮》，岳麓书社，2000。

《康有为全集》（3），姜义华、张荣华编校，中国人民大学出版社，2007。

李溪桥主编《李蒸纪念文集》，中国社会科学出版社，1996。

梁启超：《饮冰室合集》，中华书局，1989。

罗家伦：《逝者如斯集》，台北：传记文学出版社，1981。

吕达、刘立德编《舒新城教育论著选》，人民教育出版社，2004。

马叙伦：《我在六十岁以前》，生活·读书·新知三联书店，1983。

欧阳哲生编《胡适文集》，北京大学出版社，1998。

钱穆：《八十忆双亲 师友杂忆》，生活·读书·新知三联书店，1998。

钱锺书：《围城》，人民文学出版社，1991。

全国政协文史资料选辑编辑委员会编《文史资料选辑》（61），中华书局，1979。

绍兴市政协文史资料委员会、浙江省政协文史资料委员会编《许寿裳纪念集》，浙江人民出版社，1992。

舒新城：《我和教育》，广东人民出版社，2016。

《陶行知全集》编辑委员会编《陶行知全集》，四川教育出版社，1991。

王承绪、赵端瑛编《郑晓沧教育论著选》，人民教育出版社，1993。

王海清、龚文浩编《大夏教育文存：赵廷为卷》，华东师范大学出版社，2018。

王世杰：《王世杰日记》，台北："中央研究院"近代史研究所，2012。

王聿均、孙斌编《朱家骅先生言论集》，台北："中央研究院"近代史研究所，1977。

《王云五全集》，九州出版社，2013。

文明国编《邹鲁自述》，人民日报出版社，2013。

吴俊升：《教育生涯一周甲》，台北：传记文学出版社，1976。

许椿生编《李建勋教育论著选》，人民教育出版社，1993。

许锡挥编《许崇清文集》，中山大学出版社，2004。

杨来恩主编《大夏教育文存：常道直卷》，华东师范大学出版社，2018。

杨亮功：《早期三十年的教学生活·五四》，黄山书社，2008。

余家菊：《余景陶家菊先生回忆录》，台北：慧炬出版社，1994。

俞天舒辑《黄绍箕集》，《瑞安文史资料》（第17辑），政协瑞安市文史资料委员会，1998。

余子侠编《中国近代思想家文库·黄炎培卷》，中国人民大学出版社，2015。

中共广东省委党史资料征集委员会、中共广东省委党史研究委员会编《尚仲衣教授》，《广东党史资料丛刊》编辑部，1989。

中国人民政治协商会议全国委员会文史资料委员会编《文史资料存稿选编·教育》，中国文史出版社，2002。

中国人民政治协商会议全国委员会文史资料研究委员会编《文史资料选辑》（合订本第87辑），文史资料出版社，1983。

中国人民政治协商会议云南省委员会文史资料委员会编《云南文史资料选辑第53辑内迁院校在云南》，云南人民出版社，1998。

中国社会科学院近代史研究所中华民国史组编《胡适来往书信选》，中华书局，1979。

周谷平等编《孟宪承集》，浙江大学出版社，2010。

郑通和：《六十自述》，台北：三民书局，1972。

张晓阳主编《大夏教育文存：廖世承卷》，华东师范大学出版社，2018。

庄泽宣：《我的教育思想》，中华书局，1934。

（四）相关著作、概览、目录

安徽省立图书馆编印《安徽省立图书馆图书分类法》，1935。

北京高等师范学校编印《北京高等师范学校十周纪念录》，1918。

北京师范大学编印《民国一三北京师大毕业同学录》，1924。

北京师范大学教育研究科同学会编印《北京师范大学教育研究科同学会会员录》，1924。

常导之：《各国教育制度》，中华书局，1941。

陈宝泉等：《考察日本、斐律宾教育团纪实》，商务印书馆，1917。

陈天鸿：《中外一贯实用图书分类法》，上海民立中学图书馆，1926。

陈序经：《中国文化的出路》，商务印书馆，1934。

陈翊林：《最近三十年中国教育史》，太平洋书店，1932。

陈子彝编《中央大学区立苏州图书馆图书分类法》，中央大学区立苏州图书馆，1929。

东山主人编辑《新辑各国政治艺学全书》，鸿宝书局石印，1902。

独立出版社编印《战时全国各大学鸟瞰》，1941。

杜定友：《杜氏图书分类法》，中国圕服务社，1935。

杜定友：《图书分类法》，上海图书馆协会，1925。

杜定友：《世界图书分类法》，穆耀枢译述，广东全省教育委员会，1922。

广东省教育会秘书处编印《最近教育重要宣言及决议案汇编》，1931。

桂质柏：《国立中央大学图书馆分类大全》，南京国立中央大学图书馆，1935。

郭秉文：《中国教育制度沿革史》，商务印书馆，1922。

国联教育考察团：《中国教育之改进》，国立编译馆译，国立编译馆，1932。

国立北京大学编印《国立北京大学一览》，1933。

国立北京大学编印《国立北京大学一览》，1934。

国立北京大学编印《民国二十四年度国立北京大学一览》，1935。

国立北京大学卅一周年纪念会宣传股编印《北京大学卅一周年纪念刊》，1929。

国立北京大学文学院编印《国立北京大学文学院课程一览（民国二十一年至二十二年度）》，1933。

国立北京师范大学编印《国立北京师范大学民国十四年毕业同学录》，1925。

国立北京师范大学编印《国立北京师范大学民国十五年毕业同学录》，1926。

国立北平师范大学编印《国立北平师范大学一览》，1934。

国立北平师范大学编印《国立北平师范大学近况》，1936。

国立成都大学编印《国立成都大学一览》，1929。

国立成都师范大学编印《国立成都师范大学概览》，1930。

国立东南大学编印《国立东南大学一览》，1923。

《国立京师大学校师范部毕业同学录》，无出版者，1927。

国立四川大学编印《国立四川大学一览》，1935。

国立武汉大学编印《中华民国廿二年度国立武汉大学一览》，1933。

国立武汉大学编印《国立武汉大学一览（中华民国廿六、廿七年度合刊）》，1938。

国立中山大学：《国立中山大学现状》，国立中山大学出版部，1935。

国立中山大学：《国立中山大学现状》，国立中山大学出版部，1943。

国立中山大学编《国立中山大学教育学研究所一览》，国立中山大学出版部，1930。

国立中山大学教育研究所编印《国立中山大学教育研究所概况》，1934。

国立中山大学文学院编《国立中山大学文学院概览》，国立中山大学出版部，1933。

国立中山大学研究院教育研究所编印《本所研究事业十年》，1937。

国立中山大学研究院总办事处编《国立中山大学研究院年报》，国立中山大学出版部，1936。

国立中山大学研究院总办事处编《国立中山大学研究院年报》，国立中山大学出版部，1937。

国立中山大学编印《国立中山大学一览》，1930。

国立中央大学教务处编印《国立南高东大中大毕业同学录》，1945。

国立中央大学学生自治会编印《国立中央大学概况：二十九周年校庆纪念》，1944。

何日章、袁涌进编《中国图书十进分类法》，国立北平师范大学图书馆，1934。

胡立民、邢舜田：《国难教育面面观》，亚东图书馆，1937。

姜琦：《中国教育哲学问题之讨论的我见》，福建省立师范学校印行，1937。

姜琦、邱椿：《中国新教育行政制度研究》，商务印书馆，1927。

姜琦、邱椿：《欧战后之西洋教育》，商务印书馆，1929。

蒋梦麟：《过渡时代之思想与教育》，商务印书馆，1933。

蒋元卿：《中国图书分类之沿革》，中华书局，1935。

教育部编订《教育部改进专科以上学校训令汇编（中华民国二十二年至二十四年）》，商务印书馆，1935。

教育部编《大学科目表》，正中书局，1940。

教育部编《全国专科以上学校要览》（上），正中书局，1942。

教育部参事室编《教育法令》，中华书局，1947。

教育部高等教育局编印《最近高等教育概况》，1942。

教育部资料研究室编印《一九三七年以来之中国教育》，教育通讯丛书之一，1946。

李之鸥编《各国师范教育概观》，商务印书馆，1932。

刘国钧：《中国图书分类法》，金陵大学图书馆，1936。

罗廷光：《教育行政》（下册），商务印书馆，1948。

秘书处编纂组编印《国立中央大学沿革史》，1930。

缪彻言辑录《第二次全国教育会议始末记》，上海江东书局，1930。

南京高等师范学校编印《南京高等师范学校一览》，1918。

平津国立院校教职员联合会：《驳朱家骅部长整顿大学教育意见书》，平津国立院校教职员联合会，1932。

商务印书馆：《大学丛书目录》，商务印书馆，1935。

商务印书馆：《大学丛书目录》，商务印书馆，1937。

商务印书馆编译所编《涵芬楼新书分类总目》，商务印书馆，1911。

商务印书馆编译所编《学校指南》，商务印书馆，1922。

沈兆祎：《新学书目提要》，通雅书局，1903。

沈祖荣、胡庆生：《仿杜威书目十类法》，武昌文华公书林，1922。

师大改进研究委员会编印《国立北京师范大学改进研究报告》，1949。

司徒义编辑《南大教育论文集》，广州私立岭南大学教育学会，1931。

汪懋祖编《师范教育问题》，无出版者信息，1925。

王云五：《中外图书统一分类法》，商务印书馆，1928。

卫士生、官廉、顾克彬编《英美教育近著摘要》，郑宗海校阅，商务印书馆，1923。

吴自强编著《日本现代教育概论》，商务印书馆，1935。

杨复、胡焕：《浙江藏书楼乙编书目》，杭州华丰局铅印本，1907。

姚名达：《目录学》，商务印书馆，1933。

姚名达：《中国目录学史》，商务印书馆，1937。

余家菊：《国家主义教育学》，中华书局，1925。

袁俊德辑《富强斋丛书续全集》，小仓山房石印，1901。

浙江省立图书馆编印《浙江省立图书馆图书总目中日文书第一辑》（上册），1935。

中国青年互助总会编《最近全国公私立专科以上学校概况一览》，中央青年出版社，1948。

中华民国大学院编纂《全国教育会议报告》，商务印书馆，1928。

中山文化教育馆研究部：《中国教育制度讨论专刊》，商务印书馆，1936。

朱元善：《教育学与各科学》，商务印书馆，1915。

庄泽宣编《一个教育的书目》，民智书局，1930。

二 研究著作

(一) 中文著作

〔美〕埃伦·康德利夫·拉格曼：《一门捉摸不定的科学：困扰不断的教育研究的历史》，花海燕等译，教育科学出版社，2006。

北京师范大学校史编写组编《北京师范大学校史（1902—1982）》，北京师范大学出版社，1982。

陈桂生：《历史的"教育学现象"透视——近代教育学史探索》，人民教育出版社，1998。

陈瑶：《美国教育学科构建的开端》，浙江教育出版社，2015。

陈志科：《留美生与中国教育学》，南开大学出版社，2009。

董鼎总编《学府纪闻：国立北京大学》，台北：南京出版有限公司，1981。

董鼎总编《学府纪闻：国立北平师范大学》，台北：南京出版有限公司，1981。

董鼎总编《学府纪闻：国立西南联合大学》，台北：南京出版有限公司，1981。

国务院学位委员会办公室编《中国社会科学家自述》，上海教育出版社，1997。

〔美〕Herbert M. Kliebard（克里巴德）：《美国中小学课程竞逐史（1893—1958）》，单文经译注，新北：心理出版社股份有限公司，2021。

侯怀银：《民国教育学术研究》，湖南教育出版社，2018。

〔美〕华勒斯坦等：《开放社会科学——重建社会科学报告书》，刘锋译，生活·读书·新知三联书店，1997。

〔美〕华勒斯坦等：《学科·知识·权力》，刘健芝等编译，生活·读书·新知三联书店，1999。

黄丽安：《朱家骅学术理想及其实践》，社会科学文献出版社，2018。

黄义祥编著《中山大学史稿（1924—1949）》，中山大学出版社，1999。

靳星五：《烽火挚友》，山东人民出版社，1995。

来新夏、柯平主编《目录学读本》，上海交通大学出版社，2014。

〔美〕劳伦斯·A. 克雷明、〔美〕戴维·A. 香农、〔美〕玛丽·伊芙琳·汤森：《黄金时代：哥伦比亚大学教师学院史》，何珊云、杨依林译，华东师范大学出版社，2021。

林子勋主编《教育学论集》，台北：中国文化大学出版部，1983。

刘国铭主编《中华民国国民政府军政职官人物志》，春秋出版社，1989。

刘国铭主编《中国国民党百年人物全书》（上册），团结出版社，2005。

刘绍唐主编《民国人物小传》（第6、8册），上海三联书店，2015。

吕芳上：《从学生运动到运动学生（民国八年至十八年）》，台北："中央研究院"近代史研究所，1994。

〔意〕马西尼：《现代汉语词汇的形成——十九世纪汉语外来词研究》，黄河清译，汉语大词典出版社，1997。

齐梅、马林：《学科制度视野下的中国教育学学科发展研究》，人民出版社，2012。

瞿葆奎编著《教育学的探究》，人民教育出版社，2004。

〔美〕R.K.默顿：《科学社会学》（上），鲁旭东、林聚任译，商务印书馆，2017。

斯日古楞：《中国近代国立大学学科建制与发展史研究（1895—1937）》，中国社会科学出版社，2016。

唐莹：《元教育学》，人民教育出版社，2002。

项建英：《近代中国大学教育学科研究》，华东师范大学出版社，2012。

熊月之主编《晚清新学书目提要》，上海书店出版社，2014。

杨卫明：《教育学会与中国近代教育学术研究》，清华大学出版社，2018。

姚纯安：《社会学在近代中国的进程（1895—1919）》，生活·读书·新知三联书店，2006。

叶澜主编《二十世纪中国社会科学：教育学卷》，上海人民出版社，2005。

〔美〕叶文心：《民国时期大学校园文化（1919—1937）》，冯夏根译,中国人民大学出版社,2012。

于述胜:《中国教育制度通史》(第7卷),山东教育出版社,2004。

张礼永:《民国教育社团研究》,湖南教育出版社,2018。

张同新:《中国国民党史纲》(上册),人民出版社,2012。

张耀杰:《民国背影——政学两界人和事》,浙江人民出版社,2008。

郑金洲、瞿葆奎:《中国教育学百年》,教育科学出版社,2002。

中华学术院编《中国文化综合研究——近六十年来中国学人研究中国文化之贡献》,台北:中华学术院,1971。

周邦道:《近代教育先进传略初集》,台北:中国文化大学出版部,1981。

周谷平等:《中国近代大学的现代转型:移植、调适与发展》,浙江大学出版社,2012。

周洪宇编《陶行知研究在海外》,人民教育出版社,1991。

周宁之:《近代中国师范教育课程研究》,教育科学出版社,2017。

朱鲁大:《近代名人逸闻》,香港:南粤出版社,1987。

〔日〕佐藤慎一:《近代中国的知识分子与文明》,刘岳兵译,江苏人民出版社,2008。

左玉河:《从四部之学到七科之学——学术分科与近代中国知识系统之创建》,上海书店出版社,2004。

(二)外文著作

Alice H. Cregg, *China and Educational Autonomy: The Changing Role of the Protestant Educational Missionary in China, 1807-1937* (New York: Syracuse University Press, 1946).

Herbert M. Kliebard, *The Struggle for the American Curriculum, 1893-1958* (New York: Routledge, 2004).

Levi Seeley, *History of Education* (Chicago: Chicago American Book Company, 1899).

Mariolina Rizzi Salvatori, *Pedagogy: Disturbing History, 1820-1930*

(Pittsburgh: University of Pittsburgh Press, 1996).

Thomas S. Popkewitz, edited, *Rethinking the History of Education: Transnational Perspectives on Its Questions, Methods, and Knowledge* (London: Palgrave Macmillan, 2013).

三 论文

（一）学位论文

陈能治：《战前十年中国的大学教育（1927—1937）》，硕士学位论文，台湾师范大学历史研究所，1982。

陈元：《民国时期我国大学研究院所研究》，博士学位论文，华中师范大学教育学院，2012。

胡耿：《为谋新教育中国化——国立中山大学教育研究所研究（1927—1949）》，硕士学位论文，华南师范大学教科院教育史研究所，2003。

刘静：《抗战期间国立中央大学师范学院研究》，硕士学位论文，南京大学历史学院，2017。

陆道坤：《制度的输入与体制的构建——20世纪中国高等师范教育体制的演变》，博士学位论文，华东师范大学教育科学学院，2009。

孙青：《晚清之"西政"东渐及本土回应》，博士学位论文，复旦大学历史学系，2005。

王有春：《近代中国教育研究机构考察——学术史的视角》，博士学位论文，浙江大学教育学院，2013。

喻永庆：《〈中华教育界〉与民国时期教育改革》，博士学位论文，华中师范大学教育学院，2011。

曾科：《国家主义与20世纪20年代的文化、政治思潮》，博士学位论文，中国社会科学院近代史系，2014。

（二）期刊论文

白国应：《杜威十进分类法对我国图书分类法的影响——纪念杜威

十进分类法出版120周年》,《上海高校图书情报学刊》1996年第3期。

陈亚玲:《民国时期研究所的建立与现代学术的自主创新》,《现代大学教育》2009年第4期。

冯建军:《杜威中国之行与南高师——东南大学教育学科的发展》,《东南大学学报》2019年第4期。

侯怀银、李艳莉:《民国时期教育系科的分布及其特征》,《高等教育研究》2011年第10期。

霍益萍:《中国近代高等师范教育发展史略(1902—1949)》,《高等师范教育研究》1989年第1期。

李剑萍:《中国近代师范教育争论问题的透视》,《华东师范大学学报》(教育科学版)1996年第3期。

李兴韵:《杜威、孟禄访华与中国高等教育界的派别纷争》,《北京大学教育评论》2007年第4期。

李媛、沈一心:《北高师教育研究科与中国教育学科建设的早期探索》,《高教探索》2018年第4期。

李政涛:《教育学科发展中的"制度"与"制度化"问题》,《华东师范大学学报》(教育科学版)2001年第3期。

林辉锋:《南京国民政府初期教育界的派系之争——以马叙伦的经历为线索的考察》,《北京大学教育评论》2009年第3期。

刘蔚之:《美国社会效率派教育研究典范的崛起:以芝加哥大学教育系早期的课程角逐为例》,《课程与教学集刊》第23卷第2期,2020年4月。

刘蔚之:《中国留美教育学者的知识学习与转化——以哥伦比亚大学师范学院为对象 1930—1950)》,《市北教育学刊》第51期,2015年8月。

刘幸、李泽微:《杜威来华讲学与中国教育学学科的奠基》,《教育史研究》2021年第1期。

陆道坤:《简论中国高等师范教育史上的"美国模式"》,《大学教育科学》2009 年第 6 期。

罗志田:《西方的分裂:国际风云与五四前后中国思想界的演变》,《中国社会科学》1999 年第 3 期。

罗志田:《西学冲击下近代中国学术分科的演变》,《社会科学研究》2003 年第 1 期。

秋赤:《邱椿教授反动的资产阶级思想必须彻底改造》,《人民教育》1952 年第 4 期。

桑兵:《世界主义与民族主义——孙中山对新文化派的回应》,《近代史研究》2003 年第 2 期。

孙邦华、郭松:《理想与现实之间:燕京大学教育学科初期创办史论》,《教育文化论坛》2020 年第 2 期。

孙宏云:《近代中国知识与制度转型学术研讨会述评》,《历史研究》2005 年第 3 期。

孙元涛、刘伟:《东南大学与中国现代教育学的创建——以东大留美归国教育学者为中心的考察》,《高教探索》2020 年第 1 期。

孙元涛、刘伟:《哥伦比亚大学留学归国群体与中国教育学的创建》,《大学教育科学》2020 年第 4 期。

田正平、陈玉玲:《国民政府初期对高等院校教育学院(系)的整顿——以 1931—1936 年为中心的考察》,《高等教育研究》2012 年第 9 期。

田正平、张寅:《南京国民政府初期教育厅长群体研究》,《高等教育研究》2014 第 9 期。

汪兆悌、蔡振生:《我国高等师范教育独立体制的历史考察》,《北京师范大学学报》1984 年第 4 期。

王聪颖、孙邦华:《民国时期高师制度存废之争的原因探析——以 1932 年北平师范大学的停办危机为中心》,《教师教育研究》2017 年第 1 期。

王有春:《民国时期中央研究院设立教育研究所的动议、结果及其原因探析》,《高教探索》2014 年第 3 期。

项建英：《民国时期综合性大学教育学科论略——以中央大学、北京大学为个案》，《高教探索》2006 年第 5 期。

项建英：《近代中国大学教育学科设置的四种模式》，《华东师范大学学报》（教育科学版）2012 年第 2 期。

肖朗、孙岩：《20 世纪美国综合性大学教育学科的发展——以哥伦比亚大学和芝加哥大学为考察中心》，《现代大学教育》2015 年第 1 期。

肖朗、吴涛：《商务印书馆"大学丛书"与近代中国大学教材建设》，《高等教育研究》2013 年第 12 期。

肖朗、项建英：《学术史视野中的近代中国大学教育学科》，《社会科学战线》2009 年第 9 期。

谢喆平：《清华留美学人与中国现代教育学的滥觞：一项初步研究》，《清华大学教育研究》2018 年第 5 期。

杨翠华：《蒋梦麟与北京大学，1930—1937》，《"中央研究院"近代史研究所集刊》第 17 期下册，1988 年 12 月。

叶澜：《中国教育学发展世纪问题的审视》，《教育研究》2004 年第 7 期。

喻永庆：《近代大学教育学科发展研究——以东南大学教育科为例》，《高教发展与评估》2014 年第 2 期。

张礼永：《重温师范大学制的"孟胡之争"——孟宪承与胡先骕关于师范大学制的论争之探析（1925）》，《华东师范大学学报》（教育科学版）2014 年第 2 期。

张礼永：《高师教育的"朱陈之争"——1942 年朱家骅与陈立夫争论师范学院制之探析》，《河北科技大学学报》2016 年第 1 期。

章柳泉：《忆行知师在南京高师时的几件事》，《上海师范大学学报》1981 年第 3 期。

章清：《"学归于一"：近代中国学科知识成长的意义》，《天津社会科学》2021 年第 5 期。

张小丽：《北高师教育专攻科的历史境遇》，《教育学报》2010 年第 4 期。

张小丽：《清末国人"教育"观念的演变》，《中国人民大学教育学刊》2011 年第 2 期。

张小丽：《北高师教育研究科的历史境遇》，《教育学报》2011 年第 4 期。

张小丽、侯怀银：《论 20 世纪上半叶"教育科学"概念在中国的形成》，《教育学报》2014 年第 3 期。

张小丽：《民国时期赫尔巴特教育学的中国样貌》，《北京教育学院学报》2018 年第 4 期。

张小丽：《国立北平师范大学教育研究所的历史境遇》，《教育学报》2019 年第 5 期。

张小丽：《蒋梦麟与国立北京大学教育学系》，《当代教育与文化》2021 年第 3 期。

张小丽：《乱局中的变与不变：20 世纪 20 年代国立北京大学教育学系的史实考论》，《现代教育论丛》2021 年第 3 期。

张小丽：《中国教育学科的制度起点："尚德制"的北高师教育专攻科》，《教育史研究》2022 年第 1 期。

张小丽：《20 世纪上半叶教育学科在中国图书分类法中的变迁》，《北京社会科学》2022 年第 5 期。

郑金洲：《我国教育系科发展史略》，《华东师范大学学报》（教育科学版）1999 年第 4 期。

邹振环：《中国图书分类法的沿革与知识结构的变化》，《复旦学报》1987 年第 3 期。

左玉河：《典籍分类与近代中国知识系统之演化》，《华东师范大学学报》（哲学社会科学版）2004 年第 6 期。

左玉河：《从藏书楼到图书馆：中国近代图书馆制度之建立》，《史林》2007 年第 4 期。

后　记

本书初稿完成于 2021 年 7 月，彼时我 39 岁，本以为会趁着"青年教师"的最后一丝锐气一鼓作气修改完成，没想到赶上了一波又一波的疫情。其间但觉人在生活的琐碎间形神俱散，竟然没有将书稿捡拾起来的勇气和精力。两年过去，生活已然回到常轨，再拖，自己都不好意思了，趁着暑假，回到久违的图书馆，收敛心神拾掇旧书稿。修改到"后记"，才惊觉当下与写作初稿时已经横亘了一个不惑之年。感觉人一过四十，过了小半辈子的那种沧桑感就藏不住了。

2004 年 8 月，我带着一肚子对研究生生活的"计划"到北京师范大学报到，虎虎地过了 3 年，又 3 年。在北京 6 年，现在想来，就像对北京、对图书馆、对教育史做了一个长长的文献综述，从无知者无畏的横冲直撞，到心知人外有人、天外有天而充满敬畏。我的导师于述胜教授带我 6 年，想起来，一股烟味儿就穿过时光飘到了鼻子边。老师带我像师傅带徒弟一样，言传身教，烟熏火燎。现在 19 年过去了，一切如昨。读书期间心无旁骛，每天三点一线，简单充实。学生时代的生活成为我博士毕业后这十几年的比照模板。2010 年 7 月，我博士毕业了。一时间多重的身份转换，喧闹且不照常理出牌的烟火生活让人心生迷茫。这样的愤懑消极持续了两三年。这两三年间我亲身体验了人生的旦夕祸福，以之前没有的视角冷静地观察这个世界，愤懑迷茫随之消散，

后　记

心思逐渐沉下来。2013年8月之后，我的工作调动至教学科研单位。2015年1月，儿子任意诚出生。对于女性研究者来说，处理好工作与家庭的关系，是必修课。从2016年起，我的生活虽然不能完全回到读书时的三点一线，但基本理清楚了工作、生活的节奏。工作和孩子是两条基本线，孩子有着落的时候，抓紧时间忙自己的事，不能停、不要等、不要靠。这些年，孩子和学生之外的科研时间，是被本书角角落落所论的零碎问题占据的。

我的博士学位论文题为《清末中国教育学的发展状态研究（1901—1911）》，读书期间一直绕着晚清转悠。在所读文献中，印象最深的是桑兵教授的《近代中国的知识与制度转型解说》中提到的研究"转型"需要考虑的五点问题，读来深以为然。"近代中国的知识与制度转型"那一套丛书中有姚纯安的《社会学在近代中国的进程（1895—1919）》、孙宏云的《中国现代政治学的展开：清华政治学系的早期发展（1926—1937）》。除了社会学、政治学，历史学科更有颇多类似的学科史研究。教育学科也需要近代知识与制度转型背景下的学科史研究，但史学研究者很少关注到教育学科在中国的历程和特殊问题。作为教育学科出身的研究者，从我本科进教育学专业开始，耳边就不乏对教育学的调侃。教育学仿佛带着学科独立性的"原罪"，理论上有"危机"有"终结"，制度上时不时传来某大学撤销教育学院、停招教育学本科生的声音。教育学科在中国从落地生根到发展壮大，是怎么发生的，兴为什么兴，衰为什么衰，这些我都想在历史中寻求理解和解释。可是这些问题史学研究者不会关注；教育学研究者的回答似乎是带着情绪看历史，史实层面又有许多断层。课题"民国时期教育学科制度化问题研究"是我回答这些问题的尝试。

我是从史料入门教育史研究领域的，多多少少有点考据癖。近些年近代史相关的文献检索工具、数据库越来越多，文献搜集越来越便利。从制度切入学科，涉及许许多多必须归置到时代中的人和事，尤其是教育学科在高等教育体系中的制度化，是由各个高等师范学校、大学的教育科系院这些五脏俱全的小麻雀支撑起来的，关涉教育部、大学、会议、制度条文、教育学科建制，还有来来往往的"教育专家"。这些细节都没有现成的研究可参考。每天泡在故纸堆里，为了满足好奇心，为了芝麻绿豆的人和事，抠抠搜搜地考据，费了很大劲却只是为了搞清楚一个离题万里的细节——这是件乐事，因为每每弄明白了一个问题会有莫名的成就感。考据多了，奇奇怪怪的知识便增加了。比如北大教育学系教授萧恩承做过汪精卫的英文秘书；杨荫庆与奉系军阀关系甚密，全面抗战时期留在北平；赵迺传和赵迺抟是兄弟俩，不是一个人⋯⋯知道了前辈们的来路和归途，再看时代大潮中的他们，陈宝泉、李建勋、邱椿、姜琦、汪懋祖、赵迺传、孟宪承、李蒸、常道直、吴俊升、罗廷光⋯⋯其性情和形象便也鲜活起来，李建勋是严肃严谨不苟言笑的，邱椿大气幽默爱吹牛，罗廷光的文字有少年气，姜琦言必称三民主义教育哲学⋯⋯还知道了许多现在并不闻名、普通如你我的默默耕耘的研究者，如中山大学教育研究所的研究生梁瓯第、方惇颐，岭南大学的朱有光，北平师范大学的许椿生，之江大学的张文昌等。几年间穿梭于历史文献中，如一场场时光旅行，厘清制度来龙去脉的同时，也贴近了民国时期几代教育学人的精神世界。

特别遗憾的是，有那么多问题可以研究，可是没有那么多时间。2020年上半年，本来打算重回母校访问，过几个月心无旁骛的专研生活，未料遭遇新冠疫情。经此一疫，本来就不算充裕的时间更加捉襟见肘。限于结题的时间，只能收拾自己随心所欲的时间旅行，对有些颇值得深挖的问题做浮光掠影的处理，待日后慢慢研磨。

课题研究期间，得到了诸多前辈的提携和帮助。感谢我的导师于述胜教授。老师是我学术研究的领路人。读研究生的6年，老师言传身教，展示给我学问人的犀利、勤勉、担当，还有正直。在我的心目中，这就是学者该有的模样。我也当了老师，虽达不到于老师的水平，但于老师一直是我的榜样。毕业后的每次见面，老师仍告诫，不要止步于考据的"专家之学"，要关注哲学义理。对我毕业后的文章，老师都觉得

后 记

可以更精到。虽然敢在老师跟前插科打诨,但是心里对老师还是敬畏的,而且倔强地特别在意老师的评价。2020年发表的一篇文章,老师在师门微信群内鼓励"做得不错。有点历史研究的味道了。加油!"本来忐忑的心放下了,终于获得了老师的肯定,瞬间有截图裱起来的冲动。

老师之外,几位前辈的帮助与鼓励也是我坚持研究的动力。山西大学侯怀银教授对我帮助颇多。2013年我调回学院,与侯老师有很多合作。侯老师强调的教育学基本理论界对教育学史的研究视角对我很有启发。还要感谢浙江大学肖朗教授,在2016年11月的太原教育史年会以及2017年6月的首届教育学史论坛期间,与肖老师有很多交流。肖老师关注本课题的设计及研究,其间特意赠予他的学生王有春博士及杨卫明博士涉及教育研究所及教育学会的大作。浙江大学的田正平教授是我的博士学位论文答辩委员会主席。田老师当年从头到尾批注修改过的毕业论文,现在翻看仍觉感佩。毕业后,田老师每次见面都会告诫鼓励:女性研究者非常不容易,一定要克服困难坚持下去。2021年5月,在中国教育学会教育史分会第四届青年学者学术沙龙期间,田老师与肖老师莅临听会并指导讨论,我参与其中,有酣畅淋漓之感。这些年也从心底非常感念华东师范大学的杜成宪教授。2013年12月的深圳教育史年会上,杜老师因为之前我投给华东师大学报的一篇文章,特意找到我,解释文章虽未刊发,但他觉得不错,鼓励我踏踏实实坚持研究,一定能做出成绩来。杜老师之前并不认识我,能因一篇文章而点拨鼓励,让我受宠若惊。2016年11月的太原教育史年会期间,杜老师又予鼓励,并提醒,太原是个适合生活的地方,不要懈怠。之后每次写邮件及见面,杜老师都鼓励我坚持教育史的研究路子,关注教育、教育学问题。后来听闻杜老师素来"严厉",暗忖自己不拘小节没大没小是否太过放肆。不管是否造次,杜老师的知遇之恩,感念于心。也感谢台湾师范大学的刘蔚之教授。我与蔚之老师素未谋面,纯以文交,邮件往来交流研究所缺所得。书稿修改期间承蒙蔚之老师惠赠珍贵的研究资料,得以补充所

445

论。能够靠研究和文章交到志同道合的朋友，让我体会到"学术交往"的踏实与欣喜。还要特别感谢山西大学的刘庆昌教授。在我论文投稿被拒到怀疑人生，怀疑自己的研究是不是真的没什么意义，已经对自己说"算了"的时候，刘老师坦诚地帮我分析原因，点拨努力方向，鼓励我坚持研究。最近几年，感念于前辈的鼓励、鞭策，纵使并非身处学术研究中心，纵使栖身"中年妇女"群体而俗务缠身，亦未敢随波逐流。

师长之外，还要感谢几位志趣相投的同龄人。谢谢我的同学、室友陈露茜。因为年龄相仿、身份类似，我们遇到的人生问题也基本同步，所以多年来我们相互守望，扮演着彼此的学术交流对象、生活顾问、心理咨询师等多重角色。还感谢师姐娄岙菲。娄师姐是个在学问中自得其乐又淡然随性的人，还有些孩子气，时不时给忙论文、忙书稿的人发上几个"论文多少字了""文献看了吗"的表情包，欣赏到对方的崩溃炸毛之后哈哈而去。与师姐一起，会随着她的娄式豁达沉静下来，也会赧然于不如师姐专心。陈露茜和娄岙菲都是行走的资料库，在图书馆没网、缺数据库的日子里，经常叨扰她们，要这要那，她们从未推诿，出手进行精准的文献"扶贫"。跟她们交流也常有知耻而后勇之感，她们在不断进步，我不敢原地不动。受益于现在发达的通信手段，真正实现了"海内存知己，天涯若比邻"。

例行感谢家人时，脑中响起多年前听的几个"老男人"唱《最近比较烦》中的两句："你们的关心让我温暖，家是我最甘心的负担。"谢谢爱人任卫军和儿子任意诚，两个慢性子男人为我建筑了温暖平和的后方。任卫军同志在他的能力范围内给予了最大的支持。儿子任意诚是幸福的源泉，"任意诚妈妈"永远是我最骄傲的身份。

张小丽

2023 年 10 月 29 日

记于山西大学教育科学学院

图书在版编目(CIP)数据

何以建制：民国时期教育学科制度化研究 / 张小丽著 . -- 北京：社会科学文献出版社，2025.3.
ISBN 978-7-5228-4371-1

Ⅰ.G40-092.6

中国国家版本馆 CIP 数据核字第 2024KU8305 号

何以建制：民国时期教育学科制度化研究

著　　者 / 张小丽

出 版 人 / 冀祥德
责任编辑 / 石　岩
文稿编辑 / 孙少帅
责任印制 / 岳　阳

出　　版 / 社会科学文献出版社·历史学分社（010）59367256
　　　　　 地址：北京市北三环中路甲29号院华龙大厦　邮编：100029
　　　　　 网址：www.ssap.com.cn
发　　行 / 社会科学文献出版社（010）59367028
印　　装 / 三河市龙林印务有限公司

规　　格 / 开　本：787mm×1092mm　1/16
　　　　　 印　张：28.5　字　数：408千字
版　　次 / 2025年3月第1版　2025年3月第1次印刷
书　　号 / ISBN 978-7-5228-4371-1
定　　价 / 128.00元

读者服务电话：4008918866

版权所有 翻印必究